Jan-Henning Kromminga
Der Westen als Wir-Gruppe im „Kampf der Kulturen"

Diskursmuster
Discourse Patterns

───

Herausgegeben von
Beatrix Busse und Ingo H. Warnke

Band 31

Jan-Henning Kromminga

Der Westen als Wir-Gruppe im „Kampf der Kulturen"

Diskursanalysen zu sprachlichen Konstruktionen der sozialen Welt

DE GRUYTER

Die freie Verfügbarkeit der E-Book-Ausgabe dieser Publikation wurde durch 35 wissenschaftliche Bibliotheken und Initiativen ermöglicht, die die Open-Access-Transformation in der Germanistischen Linguistik fördern.

Zugl.: Berlin, Technische Universität, Diss., 2021 u. d. T. „Der Westen als Wir-Gruppe im ‚Kampf der Kulturen'. Über die sprachliche Konstruktion großer Kollektive zur Einteilung der Menschheit"

ISBN 978-3-11-162256-9
e-ISBN (PDF) 978-3-11-077431-3
e-ISBN (EPUB) 978-3-11-077444-3
ISSN 2701-0260
DOI https://doi.org/10.1515/9783110774313

Dieses Werk ist lizenziert unter der Creative Commons Attribution 4.0 International Lizenz. Weitere Informationen finden Sie unter http://creativecommons.org/licenses/by/4.0/.

Library of Congress Control Number: 2022949464

Bibliografische Information der Deutschen Nationalbibliothek
Die Deutsche Nationalbibliothek verzeichnet diese Publikation in der Deutschen Nationalbibliografie; detaillierte bibliografische Daten sind im Internet über http://dnb.dnb.de abrufbar.

© 2024 bei den Autorinnen und Autoren, publiziert von Walter de Gruyter GmbH, Berlin/Boston
Dieser Band ist text- und seitenidentisch mit der 2022 erschienenen gebundenen Ausgabe.
Dieses Buch ist als Open-Access-Publikation verfügbar über www.degruyter.com.

www.degruyter.com

Open-Access-Transformation in der Linguistik

Open Access für exzellente Publikationen aus der Germanistischen Linguistik: Dank der Unterstützung von 35 wissenschaftlichen Bibliotheken und Initiativen können 2022 insgesamt neun sprachwissenschaftliche Neuerscheinungen transformiert und unmittelbar im Open Access veröffentlicht werden, ohne dass für Autorinnen und Autoren Publikationskosten entstehen.

Folgende Einrichtungen und Initiativen haben durch ihren Beitrag die Open-Access-Veröffentlichung dieses Titels ermöglicht:

Dachinitiative „Hochschule.digital Niedersachsen" des Landes Niedersachsen
Universitätsbibliothek Bayreuth
Staatsbibliothek zu Berlin – Preußischer Kulturbesitz
Universitätsbibliothek der Humboldt-Universität zu Berlin
Universitätsbibliothek Bochum
Universitäts- und Landesbibliothek Bonn
Staats- und Universitätsbibliothek Bremen
Universitätsbibliothek Chemnitz
Universitäts- und Landesbibliothek Darmstadt
Technische Universität Dortmund, Universitätsbibliothek / Universitätsbibliothek Dortmund
Sächsische Landesbibliothek – Staats- und Universitätsbibliothek Dresden
Universitätsbibliothek Duisburg-Essen
Universitäts- und Landesbibliothek Düsseldorf
Universitätsbibliothek Johann Christian Senckenberg, Frankfurt a. M.
Albert-Ludwigs-Universität Freiburg – Universitätsbibliothek
Bibliothek der Pädagogischen Hochschule Freiburg
Niedersächsische Staats- und Universitätsbibliothek Göttingen
Universitätsbibliothek Greifswald
Staats- und Universitätsbibliothek Hamburg Carl von Ossietzky
Gottfried Wilhelm Leibniz Bibliothek – Niedersächsische Landesbibliothek, Hannover
Technische Informationsbibliothek (TIB) Hannover
Universitätsbibliothek Kassel – Landesbibliothek und Murhardsche Bibliothek der Stadt Kassel
Universitäts- und Stadtbibliothek Köln
Universitätsbibliothek der Universität Koblenz-Landau
Zentral- und Hochschulbibliothek Luzern
Universitätsbibliothek Magdeburg
Bibliothek des Leibniz-Instituts für Deutsche Sprache, Mannheim
Universitätsbibliothek Marburg
Universitätsbibliothek der Ludwig-Maximilians-Universität München
Universitäts- und Landesbibliothek Münster
Universitätsbibliothek Osnabrück
Universitätsbibliothek Vechta
Universitätsbibliothek Wuppertal
ZHAW Zürcher Hochschule für Angewandte Wissenschaften, Hochschulbibliothek
Zentralbibliothek Zürich

Inhalt

Vorwort und Danksagung —— IX

Abbildungsverzeichnis —— XI

Tabellenverzeichnis —— XIII

Abkürzungsverzeichnis —— XV

1   **Einleitung** —— 1

2   **Theorie und Methodik** —— 5
2.1   Zur theoretischen Verortung —— 5
2.2   Zum methodischen Vorgehen —— 10

3   **Was ist der „Kampf der Kulturen"?** —— 16
3.1   Zur Entstehung des „Kampfes der Kulturen" —— 17
3.1.1   Zur Person und Rolle Samuel P. Huntingtons —— 17
3.1.2   Zur Publikationsgeschichte des „Kampfes der Kulturen" —— 22
3.1.3   Zusammenfassung der Thesen vom „Kampf der Kulturen" —— 26
3.1.4   Zur Rezeption der Thesen vom „Kampf der Kulturen" —— 33
3.2   Linguistische Perspektiven auf den *Kampf der Kulturen* —— 40
3.2.1   Relevanz und Desiderat der linguistischen Fragestellungen —— 40
3.2.2   Zur Übersetzungsproblematik —— 42
3.2.3   Zur systemlinguistischen Beschreibung des *Kampfes der Kulturen* —— 50
3.2.4   Zur rhetorischen Beschreibung des *Kampfes der Kulturen* —— 52
3.2.5   Zur pragmalinguistischen Beschreibung des *Kampfes der Kulturen* —— 54
3.3   Korpusanalysen zum *Kampf der Kulturen* —— 57
3.3.1   Zur Vorkommenshäufigkeit und zum Diskursverlauf des *Kampfes der Kulturen* —— 57
3.3.2   Zur kotextuellen Einbettung des *Kampfes der Kulturen* —— 66
3.3.3   Zur Evaluierung der Thesen vom *Kampf der Kulturen* —— 72
3.3.4   Zu den Akteursspezifizierungen im *Kampf der Kulturen* —— 79
3.4   Kapitelzusammenfassung —— 87

4 Was sind „Wir-Gruppen-Konstruktionen"? —— 91
4.1 Zum „Wir" —— 92
4.1.1 Zur diskursiven Relevanz des Personalpronomens der 1. Person Plural —— 92
4.1.2 Zur linguistischen Beschreibung des *wir* —— 96
4.1.3 Zur Funktionalität und zum Bedeutungspotenzial des *wir* —— 109
4.2 Zum Begriff der „Gruppen-Konstruktionen" —— 113
4.2.1 Diskussionen zum Phänomen der Kollektivität —— 114
4.2.2 Begriffsdefinitionen und terminologische Abgrenzungen —— 128
4.2.3 Zwischenfazit zum Begriff der „Wir-Gruppen-Konstruktion" —— 140
4.3 Korpusanalysen zum Wir-Gebrauch —— 141
4.3.1 Die Vorkommen im Gesamtkorpus —— 142
4.3.2 Fallanalysen zum Wir-Gebrauch —— 153
4.3.3 Zur spezifizierenden Apposition im Wir-Gebrauch —— 164
4.4 Kapitelzusammenfassung —— 180

5 Was ist der „Westen"? —— 185
5.1 Zur Kontextualisierung des Westens —— 185
5.1.1 Der Westen im „Kampf der Kulturen" —— 185
5.1.2 Geschichtliche Aspekte des Westens —— 190
5.1.3 Politische Aspekte des Westens —— 195
5.2 Korpusanalysen zum Westen —— 201
5.2.1 Die sprachlichen Mittel zur Referenz auf den Westen —— 203
5.2.2 Zur Konzeptualisierung des Westens —— 215
5.2.3 Zur Darstellung des ontologischen Status des Westens —— 240
5.3 Kapitelzusammenfassung —— 252

6 Fazit und Ausblick —— 258

Anhang —— 267
Auflistung der Stichproben-Pressetexte —— 267

Quellenverzeichnis —— 269
Verzeichnis der benutzten Online-Quellen —— 269
Online verfügbare Analyse-Hilfsmittel —— 269
Online-Quellen —— 269
Literaturverzeichnis —— 270

Vorwort und Danksagung

Bei diesem Buch handelt es sich um eine geringfügig überarbeitete Fassung meiner Dissertation, die ich am 17.06.2021 in einer wissenschaftlichen Aussprache an der Fakultät 1 der Technischen Universität Berlin erfolgreich verteidigt habe.

Dass Sie, verehrte Leser*innen, dieses Buch nun vor sich haben, gleicht aus meiner eigenen Perspektive einem kleinen Wunder. Mein Dissertationsprojekt durchzuführen und abzuschließen, fiel mir nämlich nicht leicht. Im Gegenteil war es jahrelang eher von Arbeitsblockaden sowie ungesunden Konstellationen aus überambitioniertem Perfektionismus und Selbstunsicherheit geprägt. Das möchte ich an dieser Stelle ganz ehrlich kundtun und zugleich aktuell Promovierenden mit ähnlichen Schwierigkeiten versuchen Mut zu machen, ihr Projekt trotz aller Zweifel und innerer Widerstände abzuschließen.

Dafür, dass ich es letztlich doch geschafft habe, meine Promotion erfolgreich zu bestehen und dieses Buch veröffentlichen zu dürfen, gebührt vielen Menschen ein umso größerer Dank.

Zuallererst möchte ich hierfür meine Betreuerin und meine Betreuer nennen: Prof. Dr. Dr. h.c. Monika Schwarz-Friesel war von Anfang an meine Erstbetreuerin, Prof. Dr. Dr. Dr. h.c. Ernest W.B. Hess-Lüttich wurde bald darauf mein Zweitbetreuer. Beide haben mich mit sehr viel Wohlwollen und enormer Geduld begleitet und mich durch universitäre Anstellungen finanziell entscheidend unterstützt. Ass.-Prof. Dr. Martin Reisigl kam kurzfristig als externer Gutachter hinzu, hat aber bereits vorher mein Dissertationsprojekt freundschaftlich mit großem Interesse und mit vielen wichtigen inhaltlichen Verbesserungsvorschlägen begleitet. Allen dreien danke ich hiermit ganz herzlich und aufrichtig!

Ich möchte den Herausgeber*innen der Reihe „Diskursmuster / Discourse Patterns", Prof. Dr. Beatrix Busse und Prof. Dr. Ingo H. Warnke, herzlich für die Aufnahme meines Buches in ihre Reihe und für ihre hilfreichen Verbesserungsvorschläge danken! Ebenso möchte ich Carolin Eckardt und Julie Miess vom De-Gruyter-Verlag sowie Csilla Serestely für die Erstellung der Druckfassung ganz herzlich danken! Loreen Hille hat die Erstfassung meiner Dissertation gründlich Korrektur gelesen, wofür ich ihr herzlich danke! Gleichfalls fühle ich mich allen ehemaligen Kolleg*innen der TU Berlin, der Uni Bern, der Uni Bremen und der University of Calgary zu Dank verpflichtet, ebenso allen interessierten und aufgeschlossenen Studierenden dieser Universitäten, die über die Jahre hinweg meine Lehrveranstaltungen besucht haben.

Ohne vielfältige Unterstützung durch meine Freunde und meine Familie hätte ich es sicher nicht geschafft, meine Dissertation abzuschließen. Daher danke ich hiermit Rebekka & Christoph, Jan, Steffen & Alice, Marwin, Enno, Stephan, Henning, Marc sowie Insa, Maike & Heyko und – für die Zeit seit der Verteidigung der Dissertation – Katharina! Meinen Eltern Hero & Edda Kromminga sei dieses Buch in unermesslicher Dankbarkeit und tiefster Verbundenheit gewidmet!

Jan-Henning Kromminga　　　　　　　　　　Calgary/Bremen, September 2022

Abbildungsverzeichnis

Abbildung 1: Vergleich der Vorkommen der Konkurrenzphrasen in absoluten Zahlen, siehe Kapitel 3.3.1 —— **60**

Abbildung 2: Relative Frequenz der Phrase *Kampf der Kulturen* als Prozent der Gesamtwortmenge der DeReKo-Jahrgänge, siehe Kapitel 3.3.1 —— **62**

Abbildung 3: Der Anteil der Evaluationsmuster im Diskursverlauf als Prozentangaben, siehe Kapitel 3.3.3.4 —— **78**

Abbildung 4: Die Verlaufskurve des Lemmas *wir* im DWDS-Zeitungskorpus, siehe Kapitel 4.3.1.1 —— **146**

Abbildung 5: Die Verlaufskurve der Wortform *wir* im DWDS-Zeitungskorpus, siehe Kapitel 4.3.1.1 —— **147**

Abbildung 6: Häufigkeitsvergleich relevanter Substantive, siehe Kapitel 5.2.1.1 —— **206**

Abbildung 7: Absolute Häufigkeiten der Evaluierungskategorie in einer randomisierten Stichprobe von 50 Pressetexten, siehe Kapitel 5.2.2.2.4 —— **235**

∂ Open Access. © 2022 bei den Autorinnen und Autoren, publiziert von De Gruyter. Dieses Werk ist lizenziert unter der Creative Commons Attribution 4.0 International Lizenz.
https://doi.org/10.1515/9783110774313-204

Tabellenverzeichnis

Tabelle 1: Vorkommen der Evaluationsmuster in verschiedenen Diskursetappen, siehe Kapitel 3.3.3.4 —— **78**
Tabelle 2: Absolute Häufigkeiten der Modalverben in Kontaktstellung zu *wir*, siehe Kapitel 4.3.1.2 —— **150**
Tabelle 3: Häufigkeiten relevanter Inhaltswörter im gesamten Untersuchungskorpus, siehe Kapitel 5.2.1.1 —— **204**
Tabelle 4: Häufigkeiten relevanter Adj.+Nom.-Phrasen, siehe Kapitel 5.2.1.2 —— **211**

Abkürzungsverzeichnis

CoC	„Clash of Civilizations", siehe auch: Huntington, Samuel P. (1996a): *The Clash of Civilizations and the Remaking of World Order*. New York: Simon & Schuster.
KdK	„Kampf der Kulturen", siehe auch: Huntington, Samuel P. (1996b): *Der Kampf der Kulturen. Die Neugestaltung der Weltpolitik im 21. Jahrhundert*. Übersetzt von Holger Fliessbach. München: Goldmann.
NP	Nominalphrase
PPr	Personalpronomina
SPH	Samuel P. Huntington (1927–2008)

1 Einleitung

Die vorliegende Monographie entspricht, wie im Vorwort ausgeführt wurde, der geringfügig überarbeiteten Version einer Dissertationsschrift und ist daher als die Dokumentation eines eigenständig durchgeführten Forschungsprojekts intendiert. Es geht in dieser Arbeit um die wissenschaftliche Beantwortung von drei aufeinander aufbauenden Hauptfragen; nämlich erstens: „Was ist der Kampf der Kulturen?", zweitens: „Was sind Wir-Gruppen?", drittens: „Was ist der Westen?".

Die Strukturierung sowie die Kapitel-Einteilung dieser Monographie sind an diesem Aufbau orientiert, wobei die drei entsprechenden Hauptkapitel – Kapitel 3 zum „Kampf der Kulturen", Kapitel 4 zu „Wir-Gruppen", Kapitel 5 zum „Westen" – eine doppelte Funktion erfüllen sollen. Es ist der erklärte Wunsch, dass diese Hauptkapitel sowohl als elementare Gefüge der Gesamtuntersuchung zusammengehörig als auch im Sinne von selbständig stehenden, für sich genommen nachvollziehbaren Argumentationen separat rezipiert werden können. Am Ende eines jeden Hauptkapitels findet sich dementsprechend eine Inhaltszusammenfassung zur Abrundung der Argumentation.

Die drei formulierten Hauptfragen stellen das Erkenntnisinteresse dieser Arbeit dar, das im Folgenden zunächst skizzenhaft kontextualisiert werden soll. Die drei erfragten Phänomene scheinen auf den ersten Blick eher zu den Bereichen des Sozialen, des Politischen und des Kulturellen zu gehören. Bei dieser Arbeit handelt es sich jedoch um eine sprachwissenschaftliche Abhandlung respektive um ein primär linguistisches, interdisziplinär interessiertes Forschungsprojekt.

Es ist ein zusätzliches Ziel dieser Arbeit zu zeigen, dass die genannten Themenbereiche und die fachwissenschaftliche Kategorisierung sich nicht ausschließen. Vielmehr geht es um den Konnex zwischen Sprache und der sprachlich vermittelten Herstellung der zwischenmenschlichen Umwelt. Mithin wird versucht, den Zusammenhang zwischen sprachlichen und sozialen, politischen, kulturellen Phänomenen zu verdeutlichen. Diese Thematik wird in Kapitel 2 innerhalb der Ausführungen zum Begriff des „Diskurses" wieder aufgegriffen.

Zunächst werden in der Einleitung die Vorgehensweise und die grobe Kapitel-Einteilung vorgestellt. Zwischen dieser Einleitung und den drei genannten Hauptkapiteln steht ein kurzer Abschnitt (Kapitel 2) zur Beschreibung der zugrundeliegenden Theorie und der verwendeten Methodik. Die Nennung dieser Aspekte gehört zu den Mindestvoraussetzungen einer wissenschaftlichen Arbeit, um die intersubjektive Nachvollziehbarkeit der Wissensgenerierung zu gewährleisten und um eine Überprüfbarkeit der Ergebnisse anzustreben. Allerdings werden diese Ausführungen relativ kurz gehalten, da der Fokus dieser Arbeit erklärtermaßen nicht darauf liegt, eine ausführliche Theorie-Diskussion zu führen oder gar eine eigenständige Methodologie kritisch zu entwickeln. Stattdessen liegt der Schwerpunkt dieser Arbeit explizit auf dem Versuch einer adäquat detaillierten, d. h. der Komplexität der Gegenstände gerecht werdenden Erfüllung des dreiteiligen Erkenntnisinteresses.

Das Kapitel 3 befasst sich dann mit der ersten der oben angesprochenen Hauptfragen: „Was ist der Kampf der Kulturen?" und ist in drei Schritte eingeteilt. In Kapitel 3.1 geht es um die Entstehungsbedingungen und -kontexte der als „Kampf der Kulturen" betitelten Theorie, genauer gesagt wird die Diskursprominenz von Samuel P. Huntington und die Veröffentlichungsgeschichte herausgearbeitet, bevor die hauptsächlichen Thesen zusammengefasst und die verschiedenen fachwissenschaftlichen Reaktionen auf diese Thesen erläutert werden. Das anschließende Kapitel 3.2 stellt verschiedene linguistische Perspektiven auf die Phrase *Kampf der Kulturen*[1] vor: Zunächst wird einmal die Relevanz dieser Herangehensweise und dann die Problematik der Übersetzung des englischen Buchtitels ins Deutsche herausgestellt. Anschließend wird der *Kampf der Kulturen* dann systemlinguistisch, rhetorisch und schließlich pragmalinguistisch beschrieben. Im darauffolgenden Kapitel 3.3 wird die Korpusanalyse zum medialen Gebrauch ebendieser Phrase vorgestellt. Dabei werden die Vorkommenshäufigkeiten im diachronen Verlauf und die kotextuelle Einbettung dieser Phrase detaillierter betrachtet. Danach wird die faktische und normative Bewertung der Thesen durch die Textproduzent*innen und anschließend die Akteursspezifizierungen untersucht, also die diskursiv vermittelten Annahmen darüber, welche „Kulturen" denn gegeneinander „kämpfen" würden. Das Kapitel 3.4 fasst die so gewonnenen Ergebnisse zusammen.

Das Kapitel 4 ist der Hauptfrage „Was sind Wir-Gruppen?" gewidmet und ist ebenfalls in drei Arbeitsschritte unterteilt. In Kapitel 4.1 wird der sprachliche Ausdruck *wir* thematisiert, indem zunächst auf die diskursive Relevanz dieses Ausdrucks hingewiesen wird, bevor verschiedene linguistische Beschreibungsmodelle und ihre jeweiligen Problemlagen vorgestellt werden. Anschließend werden das Bedeutungspotenzial und damit die spezielle Funktionalität dieser sprachlichen Einheit erörtert. Das Kapitel 4.2 beschäftigt sich mit dem Begriff

---

[1] Die hier verwendeten graphischen Konventionen folgen dem Standard der Kognitiven Linguistik: Die *Kursivierung* steht für die Bezugnahme auf sprachliche Einheiten, die GROSSSCHREIBUNG steht für die Bezugnahme auf konzeptuelle Einheiten und die „Setzung in Anführungsstriche" steht für eine zitierende Verwendungsweise oder eine sonstige metasprachliche Hervorhebung.

der „Gruppen-Konstruktionen", genauer gesagt mit einer ausführlichen Diskussion des Phänomens der Kollektivität und einer detaillierten Begriffsdefinition und -abgrenzung. Die letzten Punkte werden dabei ebenfalls in mehreren Unterkapiteln ausdifferenziert behandelt. Das Kapitel 4.3 liefert die empirische Analyse des Wir-Gebrauchs im Untersuchungskorpus. Zunächst werden die Vorkommen des *wir* im Gesamtkorpus bezüglich ihrer Häufigkeit sowie bezüglich ihrer Kotexte und ihrer Wortbildungsaktivität untersucht. Nachfolgend geht es um Fallanalysen ausgewählter Phänomene, nämlich um das Referenzpotenzial bestimmter Verwendungen von *wir*, um metasprachliche Verwendungen und um besonders aufgeladene, metonymische Verwendungen. Im anschließenden Unterkapitel werden spezifizierende Appositionen zum *wir*, also attributive Anhängsel, analysiert und dabei als explizite Marker von Wir-Gruppen ausführlich diskutiert. Das Kapitel 4.4 fasst dann wiederum die gewonnenen Ergebnisse dieses Hauptteils zusammen.

Das Kapitel 5 stellt die Beantwortung der Hauptfrage „Was ist der Westen?" bereit und es ist in zwei Schritte eingeteilt. In Kapitel 5.1 findet eine gründliche Kontextualisierung des Westens in Form einer Darstellung verschiedener fachwissenschaftlicher Diskussionen zu dieser Großgruppe statt. Weiter unterteilt ist diese Kontextualisierung in eine Rekapitulation der Thesen vom „Kampf der Kulturen" sowie in Abschnitte zu geschichtlichen Aspekten des Westens und zu politischen Aspekten. Anschließend folgt das Kapitel 5.2, dessen Gegenstand die Korpusanalyse zur sprachlichen Konstruktion der als Wir-Gruppe identifizierten Einheit des *Westens* ist. Untergliedert ist diese Analyse des Mediendiskurses – in Abgrenzung zur Analyse des Fachdiskurses im vorherigen Teil 5.1 – in drei Arbeitsschritte, die wiederum in Unterkapitel aufgefächert sind: Zunächst werden die Referenzausdrücke zur Bezugnahme auf den Westen erörtert, genauer gesagt die substantivischen Ausdrücke und die mit dem Adjektiv *westlich* gebildeten Phrasen. Danach werden die wichtigsten Aspekte des Konzepts des WESTENS herausgearbeitet. Die Analyse der Konzeptualisierung ist untergliedert in einen kürzeren Abschnitt zur Perspektivierung und einen deutlich längeren Abschnitt zur Evaluierung. Der nächste Analyseteil befasst sich mit dem ontologischen Status, der dem Westen zugeschrieben wird, genauer gesagt mit einer Analyse der Darstellung des *Westens* als kollektivem Akteur und als Emotionsträger. Erneut werden die so gewonnenen Ergebnisse zur Beantwortung der Hauptfrage zusammengefasst, nämlich in Kapitel 5.3. Darauffolgend wird mit Kapitel 6 der inhaltliche Teil dieser Forschungsarbeit durch ein Fazit und einen kurzen forschungsorientierten sowie diskurs-prognostischen Ausblick abgeschlossen. Zuletzt folgen noch der Anhang sowie Quellen- und Literaturverweisen.

Die Segmentierung der drei Hauptteile in mehrere Unterkapitel sollte im Laufe der Argumentation selbsterklärend sein. Sie ist jeweils den in entscheidender Weise zu untersuchenden Facetten der vielgestaltigen Forschungsgegenstände geschuldet.² Die Kapitel-Untergliederung und das argumentative Vorgehen werden jeweils zu Beginn der Hauptteile kurz erläutert. Sie sollen an dieser Stelle aus Gründen der Redundanzvermeidung nicht dezidiert begründet werden. Dass die vorliegende Arbeit der Komplexität ihrer mehrteiligen Erkenntnisinteressen gerecht wird, ohne in ihrer Gesamtheit die Grenzen eines adäquaten Umfangs zu sprengen, ist die zugrundeliegende Absicht.

---

2 Mit anderen Worten lässt sich die Aufgliederung des komplexen Erkenntnisinteresses folgendermaßen auf die Kapitel des Hauptteils beziehen: Der „Kampf der Kulturen" wird diskursanalytisch-publizistisch (siehe 3.1), linguistisch (siehe 3.2) und korpusanalytisch untersucht (siehe 3.3); die „Wir-Gruppen-Konstruktion" wiederum linguistisch (siehe 4.1), sozialtheoretisch (siehe 4.2) und korpusanalytisch (siehe 4.3); der „Westen" schließlich diskursanalytisch bzw. politisch und geschichtlich kontextualisierend (siehe 5.1) sowie abschließend korpusanalytisch (siehe 5.2).

2 Theorie und Methodik

Für dieses Kapitel ist die Beschreibung der theoretischen Verortung dieser Arbeit und des sich daraus ergebenden methodischen Vorgehens vorgesehen. Gleich zu Beginn ist diesbezüglich eine wichtige Einschränkung erforderlich: Die Bemerkungen in diesem kurzen Abschnitt sind deskriptiv ausgerichtet und nicht explanativ. Die Theorie und die Methodik dieser Arbeit werden also nur vorgestellt und beschrieben, aber nicht in kritischer Abwägung unterschiedlicher Methodenoptionen erörtert. Diese Einschränkung ist dadurch begründet, dass der Fokus dieser Arbeit weder auf der Methodologie noch auf der Produktion primär theoretischer Erkenntnisse liegt, sondern auf einer intersubjektiv nachvollziehbaren Beantwortung der in der Einleitung vorgestellten drei Fragen. Diese Fragen – also was ist der Kampf der Kulturen, was sind Wir-Gruppen, was ist der Westen? – sind für sich genommen bereits interdisziplinär auslegbar und ihre Beantwortung wird dementsprechend sowohl verschiedene linguistische, sozialwissenschaftliche, philosophische und begriffskritische Diskussionen als auch empirische Datenanalysen umfassen.

Die für das theoretische Verständnis dieser Arbeit grundlegenden Begriffe werden im ersten Unterkapitel 2.1 kurz skizziert, bevor im darauffolgenden Unterkapitel 2.2 die hier benutzte Methodik der (hauptsächlich) qualitativen Korpusanalyse sowie das spezifische, sehr umfangreiche Untersuchungskorpus dargestellt werden.

2.1 Zur theoretischen Verortung

Im Selbstverständnis handelt es sich bei dieser Arbeit um eine kognitionslinguistisch informierte, kritische Diskursanalyse. Deshalb steht zunächst nun die Klärung der zentralen Termini „Diskurs", „Kognition" und „Kritik" an.

„Diskurs" ist ein schillernder Begriff, der in den letzten Jahren in unterschiedlichen Sozial-, Kultur- bzw. Geisteswissenschaften sehr viel Aufmerksamkeit auf sich gezogen hat. Die Theorieschule und damit zusammenhängend die Methode der Diskursanalyse haben sich in vielfältiger Form etabliert. Unzählige wissenschaftliche Arbeiten ließen sich als Belege für diese Entwicklung anführen. Als grundlegende Werke der deutschsprachigen, linguistisch ausgerichteten Diskursanalyse können Jäger (2001), Warnke/Spitzmüller (2008), Reisigl/Wodak (2009), Spitzmüller/Warnke (2011) gelten, für die anglophone Discourse Analysis zudem Fairclough (1995, 2008), van Dijk (2001), Blommaert (2005). In jüngerer Zeit sind mehrere Handbücher zur Diskursanalyse erschienen, wie bspw. Wodak/Meyer (2009), Angermuller/Nonhoff/Herschinger/ Macgilchrist/Reisigl/Wedl/Wrana/Ziem (2014), Warnke (2018). Außerdem sind ein brauchbares Studienbuch von Bendel Larcher (2015) und eine Bibliographie von Schmidt-Brücken (2016) zu nennen.

Ohne auf die kontroversen diskurstheoretischen Diskussionen einzugehen, soll an dieser Stelle ein Begriffsverständnis vorgestellt und vertreten werden, das an kritische und interdisziplinär offene Perspektiven (vgl. bspw. Jäger 2001, Reisigl/Wodak 2009) angelehnt ist und das gleichzeitig zu der relevanten Frage, ob Diskurse etwas Sprachliches oder etwas Nicht-Sprachliches sind, eine dezidierte Position bezieht. Mit Bezug auf diese Frage soll der Doppelcharakter von Diskursen betont werden. Diskurse sind im Verständnis dieser Arbeit nämlich durchaus sprachliche Gegenstände und gleichzeitig sind sie nicht-nur-sprachlich. In analytischer Perspektive sind sie sowohl linguistisch als auch sozialwissenschaftlich verortet.

Als sprachliche Gegenstände sind Diskurse so bestimmbar, dass sie textübergreifende, transphrastische Einheiten ausmachen. Alle thematisch zusammengehörigen Texte können als ein bestimmter Diskurs aufgefasst werden (vgl. Bender Larcher 2015: 15).[3]

Zunächst einmal handelt es sich bei dem Gegenstand des Begriffs „Diskurs" also um eine abstrakte Größe, nämlich um eine nicht genau festlegbare Menge von Texten, eben um alle Texte, die prinzipiell zu einem Thema gehören könnten. Neben den thematisch festgelegten Textverbünden können auch andere Ordnungskriterien dazu führen, einen bestimmten Diskurs als solchen abzugrenzen. Hierzu zählen Produktionsparameter, weshalb die gesammelten Textmengen bzw. Äußerungen einer einzelnen Person oder spezifischer Berufsgruppen oder verschiedener Medien als separate Diskurse aufgefasst werden können. Damit kann auch zwischen Fachdiskursen und Mediendiskursen differenziert werden: Fachdiskurse sind dann diejenigen Texte von untereinander kommunizierenden Personen, die im weitesten Sinne als Expert*innen ihrer Wissensfelder oder eben als Mitglieder der „scientific community" anerkannt werden, während Mediendiskurse aus den in speziellen Zeitungen oder Zeitschriften oder ähnlichen Organen publizierten Texten bestehen, die von Journalist*innen verfasst und für die Öffentlichkeit bestimmt sind. Fachdiskurse und Mediendiskurse unterliegen allein durch die genannten Funktionsunterschiede ihrer Produzent*innen ungleichen Kommunikationsbedingungen, auch wenn

---

3 Aus diesem Begriffsverständnis leitet sich ebenfalls ab, dass das Schema sprachlicher Strukturebenen dergestalt seine oberste Grenze erhält: Phoneme bilden Morpheme, Morpheme bilden Wörter, Wörter bilden Sätze, Sätze bilden Texte, Texte bilden Diskurse.

beide Bereiche oft ineinander übergehen und nicht immer trennscharf abgegrenzt werden können. Der kontrastive Blick auf die wissenschaftlich orientierte Fachliteratur einerseits und auf die Presseartikel auflagenstarker, öffentlich orientierter Printmedien andererseits prägt diese Arbeit, vor allem die Kapitel 3 (bzw. die Ergebnisse in 3.1 versus 3.3) und Kapitel 5 (bzw. 5.1 versus 5.2). Für die datengeleitete Beantwortung der Fragen, wie in deutschsprachigen Mediendiskursen der „Kampf der Kulturen", die darin eingebettete „Wir-Gruppe" und letztlich „der Westen" dargestellt werden, wird aus dem abstrakten Begriff „Mediendiskurs" eine konkrete Textsammlung zur empirischen Untersuchung abgeleitet. Eine solche Textsammlung wird „Korpus" genannt und das hier benutzte Korpus wird im folgenden Unterkapitel 2.2 detailliert beschrieben.

Neben der Betrachtung von Diskursen als rein sprachliche Objekte, eben als Textverbünde, findet sich die Annahme, dass Diskurse etwas Soziales seien. Genauer gesagt können Diskurse als die Orte der gesellschaftlichen Bedeutungsproduktion angesehen werden.

Dass die Aushandlung von akzeptiertem Wissen, von Werten und Normen, mithin die Konstruktion der sozialen Welt sprachlich vermittelt in Diskursen abläuft, ist die dahinterstehende Grundannahme (vgl. bspw. Reisigl/Wodak 2009: 89). Prägnant formuliert dies Bendel Larcher (2015: 16):

> Ein Diskurs ist der gesellschaftliche Prozess der Verständigung darüber, wie die Welt zu deuten und zu gestalten ist. Der Diskurs wird durch die materielle Wirklichkeit geprägt und wirkt durch gesellschaftliche Praktiken auf diese zurück. Der Diskurs äußert sich in konkreten Texten, die das Wissen und Denken einer bestimmten Zeit repräsentieren.

Aus dieser Definition lässt sich der Doppelcharakter des Begriffs „Diskurs" schließen, ein sprachlicher Gegenstand und zugleich der sprachlich vermittelte, aber über Sprache hinausweisende Aushandlungsprozess der gesellschaftlichen Wirklichkeit zu sein.

Im Anschluss an dieses Begriffsverständnis lassen sich auch weitere wichtige Theorieaspekte besprechen, zunächst zum Begriff der „Kritik": Aus dem erwähnten Doppelcharakter des Diskursbegriffs ergibt sich ein Potenzial für eine kritische Wissenschaftsperspektive. Eine Diskursanalyse bietet ein Instrument zur kritischen Beurteilung von Wahrheitsbehauptungen sowie, allgemeiner formuliert, von gesellschaftlichen Geltungsansprüchen. Wie Personen nämlich ihre moralischen Positionen oder ihre politischen Forderungen legitimieren und wie sie sich dabei auf Argumentationstopoi wie *die Wahrheit, die Realität, die Normalität* o. ä. berufen, all dies ist in Diskursen ablesbar und damit als potenzieller Gegenstand für eine Diskursanalyse verfügbar.[4]

Das Verhältnis zwischen Deskription und Kritik sorgt sicherlich für einigen Diskussionsstoff innerhalb der Diskurstheorie und für die daraus abgeleiteten Methodologien. Aufschlussreich hierzu ist beispielsweise der Aufsatz von Reisigl/Warnke „Diskurslinguistik im Spannungsfeld von Deskription, Präskription und Kritik" (2013). Zur nachvollziehbaren Herleitung der Notwendigkeit von machtpolitischer und Ideologie-sensibler Kritik im Feld der Diskursanalyse siehe zudem Jäger (2001: 149–157, 222–232).

Neben dem Plädoyer für eine „kritische" Perspektive wird allerdings auch eingeräumt, dass hinsichtlich gewisser linguistischer Teilfragen, die auf zeichenzentriert-abstrakte Gegenstandsebenen abzielen, ein eher neutral orientierter Beschreibungsmodus sinnvoll erscheint; konkret gemeint ist damit die empirische, datengestützte Vorgehensweise der Korpusanalysen in den Kapiteln 3.3, 4.3, 5.2, bei denen nicht überall eine soziopolitische Aushandlung der Ideologeme von Seiten der Textverfasser*innen fokussiert wird.

Für die Ausrichtung dieser Arbeit soll festgehalten werden, dass beide Ansätze nicht als sich gegenseitig ausschließende Antipoden wahrgenommen werden müssen, sondern dass beiden Ansätzen ihre (zumindest partielle) Berechtigung eingeräumt werden sollte.[5] Die Einnahme eines kritischen, also nicht

---

4 Diese Bemerkungen zur sprachlich-diskursiven Vermittlung von „Wahrheit" o. ä. sollen nicht als radikaler Anti-Realismus verstanden werden, so als führe ein diskurstheoretisch begründeter Sozialkonstruktivismus notgedrungen zu der Annahme, eine Wirklichkeit außerhalb der Diskurse existiere überhaupt nicht. Die hier vertretene Position zielt eher auf einen erkenntnistheoretisch moderaten Konstruktivismus ab. Auch in der mittels Diskursen sozial konstruierten Welt kann es „Wahrheit" und „Unwahrheit" und verschiedene Phänomene dazwischen geben. Auch wenn Menschen ihre Umwelt und ihr Miteinander aktiv selbst gestalten und regulieren, können Aussagen über die sozial-konstruierte Wirklichkeit „wahr" oder „falsch" sein – exemplarisch für eine wahre Aussage: *Donald J. Trump hat die Wahl zum US-Präsidenten 2020 verloren*. In einer philosophisch-erkenntnistheoretischen Diskussion kann darüber reflektiert werden, ob diese „Wahrheit" vielleicht eine im Detail anders funktionierende ist als die Wahrheit von bestimmten Aussagen über die außer-menschliche Wirklichkeit (*Die Erde bewegt sich auf einer nahezu kreisrunden, leicht elliptischen Bahn um die Sonne.*) und erst recht als die Wahrheit von bestimmten logisch richtigen Aussagen bzw. Urteilen a priori (*2+3=5*). Wahrheitstheoretisch sollte hier, ohne diese Diskussion zu sehr vertiefen zu wollen, auf unterschiedliche Prinzipien der Aussagenkalküle für die Sozial-/Geisteswissenschaften versus die Naturwissenschaften versus die Systemwissenschaften hingewiesen werden, wobei diese Wissenschaftsfelder bekanntlich ineinander übergehen können.

5 Zu der Frage nach den Bedingungen einer deskriptiven Vorgehensweise ist insbesondere zu beachten, dass eine völlig neutrale Ausführung einer Diskursanalyse prinzipiell unmöglich ist, da eine Position außerhalb der Diskurse, mit einer rein beobachtenden und uninvolviert-

nur neutral beurteilenden Gestus gegenüber bestimmten Diskursbeteiligten und ihren Äußerungen soll also unbedingt prinzipiell möglich und stellenweise empfehlenswert[6] sein, aber nicht notwendigerweise in jedem Arbeitsabschnitt im Vordergrund stehen.

In welchem Verhältnis stehen die beiden Begriffe „Diskurs" und „Kognition" zueinander? Wenn Diskurse als sprachliche Groß-Einheiten aus Texten aufgebaut sind, dann sollte auch für sie die Kategorisierung als Kommunikationsprodukte gelten. Diskurse sind von Menschen hergestellte, also durch Akte der Sprachbenutzung materialisierte Elemente. Gleichzeitig findet die Materialisierung von Diskursen nicht in einem luftleeren Raum statt, vielmehr beruht sie auf Vorbedingungen. Dass Menschen Sprache benutzen können, setzt voraus, dass sie kognitive Apparate besitzen, in denen ihre Sprachkompetenz durch mentale Aktivität in Sprachproduktion umgesetzt wird. Die menschliche Kognition ist eine unbedingte Voraussetzung für das Hervorbringen menschlicher Sprache und damit eben auch für das Hervorbringen von Texten bzw. von Diskursfragmenten.

Gleichzeitig können Texte bzw. Diskursfragmente dann als Spuren der kognitiven Aktivität ihrer Produzent*innen angesehen werden. Aus komplexen Sprachprodukten kann darauf rückgeschlossen werden, wie die sie herstellenden Personen über bestimmte Themen denken, welche Wissensbestände sie aufrufen, welche Sichtweisen und Bewertungen sie dabei einnehmen. Dies sind Fragestellungen, die der Kognitiven Linguistik zugeordnet werden können. Siehe zur Kognitiven Linguistik in allgemeiner Perspektive Schwarz (2008), zur kognitionslinguistisch orientierten Textlinguistik vor allem Schwarz-Friesel (2013) und Schwarz-Friesel/Consten (2014).

In dem DFG-geförderten Forschungsprojekt „Aktuelle Konzeptualisierungen von Terrorismus – expliziert am Metapherngebrauch im öffentlichen Diskurs nach dem 11. September", dessen Methodik und Ergebnisse in Schwarz-Friesel/Kromminga (2014) bzw. besonders in Schwarz-Friesel (2014b) dokumentiert wurden, fand eine Diskursanalyse im Sinne einer Verbindung von qualitati-

---

beschreibenden Tätigkeitsausrichtung nicht eingenommen werden kann. Jede wissenschaftlich aktive Person partizipiert notgedrungen an verschiedenen Diskursen und ist ebenso von verschiedenen Diskursen im Rahmen ihrer Sozialisierung geprägt worden. Im Verständnis dieser Arbeit folgt daraus, dass ein neutral-deskriptives Vorgehen zwar in Teilfragen angestrebt, aber nicht vollständig umgesetzt werden kann.

6 Dies gilt insbesondere bezüglich denjenigen Sprachgebrauchsmustern, aus denen sich Menschengruppen-feindliche Einstellungen erschließen lassen. Im Verlauf dieser Arbeit wird dies durchaus relevant, vor allem bei der Behandlung einer kulturalistisch-ausgrenzenden Auslegung der Wir-Gruppe des Westens in Kapitel 5.1.3.

ven und quantitativen Korpusanalysen und kognitionslinguistisch ausgerichteten Text- und Textstellenanalysen statt. Ein analoges Vorgehen verfolgt diese Arbeit, wie im folgenden Unterkapitel zur Methodik detaillierter dargestellt wird.

Dass die menschliche Kognition die Hervorbringung von Diskursen erst ermöglicht und dass in Diskursen eine sprachliche Großeinheit vorliegt und sich darin die Ausdeutung und Gestaltung der sozialen Welt vollzieht, sind die Grundannahmen zur theoretischen Verortung dieser Arbeit. Offensichtlich wird dabei die Multidimensionalität von Sprache. Sprache kann nämlich vielfältig charakterisiert werden: als Phänomen in den Köpfen von Menschen; als Phänomen des kommunikativen Austausches zwischen Menschen; als Phänomen, das in materialisierten, analysierbaren Produkten vorliegt; als Phänomen, mittels dem Menschen die Strukturen und Bedingungen ihres Zusammenlebens wahrnehmen und aushandeln.

Hieraus ergibt sich der Zugang zu den in der Einleitung ausformulierten drei Hauptfragen dieser Arbeit. Für das weitere Vorgehen sind diese Perspektiven auf die menschliche Sprache in einem gleichwertigen Verhältnis zueinander gültig und relevant. Beileibe ist dies nicht als erschöpfende Sprachtheorie intendiert und eine plurale Linguistik sollte unbedingt auch für andere Gegenstandsbestimmungen und Methoden empfänglich sein.

2.2 Zum methodischen Vorgehen

Wie in der Einleitung dargestellt wurde, werden die drei Hauptfragen dieser Arbeit zunächst im Rahmen von fachwissenschaftlich orientierten Diskussionen kontextualisiert. Dies wird in den Kapiteln 3.1, 3.2 sowie 4.1, 4.2 und 5.1 stattfinden. In den Kapiteln 3.3, 4.3 und 5.2 werden dann die Analysen empirischer Daten vorgestellt. Wie diese Analysen aussehen und worauf sie sich stützen, soll nun in aller Kürze beschrieben und eingeordnet werden.

Im vorherigen Unterkapitel wurde angerissen, dass Diskurse einer sprachlichen Großeinheit entsprechen und aus einer unzählbar umfangreichen, folglich nicht direkt erfassbaren Textmenge bestehen können. Zur analytischen Verfügbarmachung dieser abstrakten Menge dient ein Korpus, also eine bewusste Textzusammenstellung. Konkrete Korpora sollen Diskurse approximativ repräsentieren, sie also nach spezifisch ausgewählten Kriterien möglichst genau wiedergeben. Die Korpuslinguistik beschäftigt sich mit diesen Punkten eingehender. Zahlreiche wissenschaftliche Arbeiten ließen sich hier nennen. Es sei beispielhaft verwiesen auf Busch (2007), Bubenhofer (2009), Lemnitzer/Zinsmeister (2010), Bubenhofer/Scharloth (2013).

Das Korpus, das für diese Arbeit zusammengestellt wurde und das im Folgenden eingehender beschrieben wird, soll ein Segment des öffentlichen Diskurses in Gestalt eines Ausschnitts aus deutschsprachigen Printmedien annäherungshaft repräsentieren. Zur Rolle von Medienkorpora als linguistischem Instrument zur Untersuchung der Öffentlichkeit siehe Schwarz-Friesel (2014a: 10ff.). Für verschiedene Arbeitsschritte wurde zusätzlich auf sogenannte Referenzkorpora zurückgegriffen, die weiter unten näher erläutert werden.

Das Untersuchungskorpus dieser Arbeit besteht aus zwei unterschiedlich umfangreichen Teilkorpora, die beide mithilfe der Pressetextdatenbank „wiso"[7] zusammengestellt wurden. Das erste Teilkorpus entspricht demjenigen Korpus, welches im Rahmen des oben genannten Forschungsprojekts „Aktuelle Konzeptualisierungen von Terrorismus" (vgl. Schwarz-Friesel 2014b) aufgebaut wurde.[8] Dieses Korpus wird in den folgenden Kapiteln zur Datenanalyse teilweise auch als „Korpus A" bezeichnet, es ist mit einem Bestand von ungefähr 100.000 Pressetexten äußerst umfangreich. Das zweite Teilkorpus, in späteren Kapiteln teilweise als „Korpus B" bezeichnet, wurde nach Abschluss des genannten Forschungsprojekts speziell zur Ergänzung des Korpus A für diese Arbeit angelegt, es ist mit einem Bestand von etwa 1100 Pressetexten deutlich kleiner.

Die Zusammenstellung beider Teilkorpora wurde also mittels der Pressetextdatenbank „wiso" vollzogen und bestand aus der Suche und Abspeicherung aller Presseartikel, in denen in festgelegten Zeiträumen und in festgelegten Medien bestimmte Suchwörter vorkamen. Für das Korpus A waren die Suchwörter absichtlich sehr weitgefasst, während die Suchzeiträume und die Medien eingeschränkt waren, so dass ein äußerst umfangreiches, aber analytisch kontrollierbares, also hinsichtlich von Zeiträumen und Medien differenzierbares Untersuchungskorpus entstand. Für das Ergänzungskorpus B waren im Gegensatz dazu die Suchwörter deutlich spezieller, während der Suchzeitraum nur geringfügig eingeschränkt und die durchsuchten Medien überhaupt nicht eingeschränkt wurden.

Die Suchanfrage für das Korpus A bestand aus *„islam* oder *terror"*. Es wurden also alle Pressetexte abgespeichert, die entweder die Buchstabenfolge *islam* oder *terror* enthielten. Eingeschränkt war die Suche erstens auf den Zeitraum September 2001 bis Dezember 2001 (zur Erfassung des Diskurses zu 9/11) sowie auf mehrmonatige Zeiträume in den Jahren 1993, 1997, 1998, 2004, 2005, 2006,

---

7 Vgl.: https://www.wiso-net.de [zuletzt aufgerufen am 22.09.2022].
8 Ich danke an dieser Stelle ausdrücklich Prof. Dr. Dr. h.c. Monika Schwarz-Friesel, der Leiterin des genannten Forschungsprojekts, das von 2010 bis 2013 lief und von der DFG finanziert wurde, dafür, das Korpus nach Abschluss des Projekts weiterverwenden zu dürfen!

2007, 2008, 2010, 2011 (zur Erfassung verschiedener Ereignisse mit Bezug auf den islamistischen Terrorismus) sowie auf die jährliche Wiederholung des Datums „11. September" von 2002 bis 2011 (zur Erfassung der kommemorativen Mediendiskurse zum Jahrestag von 9/11). Zweitens war die Suche eingeschränkt auf folgende Tageszeitungen bzw. Wochenzeitschriften: „B.Z.", „Express", „Focus", „Frankfurter Rundschau", „Hamburger Abendblatt", „Handelsblatt", „Der Tagesspiegel", „taz", „Die Welt", „Die Zeit".[9]

Die Erstellung des Korpus B diente zur thematisch engen, aber bezüglich der Zeitabschnitte und Medienauswahl weiten Ergänzung des Korpus A. Die Suchabfrage lautete *„huntington* plus *kampf der kulturen* oder *huntington* plus *clash of civilizations"*. Der Suchzeitraum wurde eingeschränkt auf 1993 bis 2019 (die letzte Aktualisierung erfolgte am 24.05.2019), während die in der Datenbank enthaltenen Publikationsorgane nicht eingeschränkt wurden.[10] Im Korpus B befinden sich dementsprechend diejenigen in der Textdatenbank „wiso" verfügbaren Presseartikel, in denen ein expliziter Bezug auf den Buchautoren Samuel Huntington und seinen entweder deutsch- oder englischsprachigen Buchtitel genommen wird. Die so erfassten Textsorten reichen von Rezensionen über tagesaktuelle Kommentare zu feuilletonistischen Essays.

Die Aufbereitung und spätere Untersuchung des Korpus erfolgte hauptsächlich mit Hilfe des Konkordanzprogramms „antconc".[11] Eine gewisse Schwierigkeit in der Korpusbehandlung ergab sich durch die Inkompatibilität von zwei im Laufe der Korpuserstellung verwendeten Zeichensätzen, nämlich einmal „Unicode / UTF-8" und einmal „Western Europe, Latin1 / ISO-8859-1", wodurch die Zusammenführung beider Teilkorpora erschwert und die Suchanfragen, die

---

9 Für das DFG-Forschungsprojekt wurden Grob-Charakterisierungen der Korpusmedien entlang des politischen Spektrums vorgenommen, siehe hierzu Schwarz-Friesel (2014b: 52). Dies waren Medien der Mitte („Hamburger Abendblatt", „Der Tagesspiegel", „Die Zeit"), rechts-orientierte Medien („Focus", „Handelsblatt", „Die Welt"), links-orientierte Medien („Frankfurter Rundschau", „taz") und Boulevardmedien („B.Z.", „Express"). Zusätzlich wurde im genannten Forschungsprojekt noch die Boulevardzeitung „Bild" untersucht, in der vorliegenden Arbeit jedoch nicht, da die „Bild" nicht in der benutzten Datenbank enthalten ist.
10 Die Liste der in „wiso" enthaltenen Zeitungen und Zeitschriften ist sehr lang und wird deshalb nicht hier aufgeführt. Laut „Genios", dem Unternehmen, das die Datenbank „wiso" betreibt, können bis zu 170 Millionen Volltexte aus Presseunternehmen des deutschsprachigen Raums aufgerufen werden. Die gesamte Liste der verfügbaren Tages- und Wochenpresse kann eingesehen werden unter: https://www.genios.de/dosearch/%3A2%3APRESSE?searchlater=t&selectedNavigationPath=%3A2%3APRESSE [zuletzt aufgerufen am 22.09.2022].
11 Bei „antconc" handelt es sich um eine sehr empfehlenswerte Open Source-Software, die von Laurence Anthony entwickelt wurde und auf seiner Homepage frei und kostenlos zugänglich ist: https://www.laurenceanthony.net/software/antconc/ [zuletzt aufgerufen am 22.09.2022].

Umlaute enthielten, teilweise verfälscht wurden. Für die wichtigsten Korpusrecherchen wurde Sorge getragen, dass beide Zeichensatz-Einstellungen berücksichtigt und keine potenziell relevanten Suchergebnisse ausgelassen wurden.

Außerdem ergeben sich einige Ungenauigkeiten hinsichtlich der Optionen einer statistischen Auswertung der Korpora durch die Tatsache, dass alle abgespeicherten Pressetexte technische Artefakte der Datenbank-Annotation wie Dokumentnummern und Homepage-Adressen enthalten.

Die Rahmendaten der Korpora sehen ungeachtet der genannten Einschränkungen folgendermaßen aus: Die Menge an Pressetexten wurde bereits oben genannt, sie liegt für das Gesamtkorpus bei etwa 101.100 Exemplaren (ca. 100.000 im Korpus A, ca. 1.100 im Korpus B). Die darin enthaltene Menge an Wörtern, verstanden als Wort-Type – also alle als verschieden identifizierten Wörter einmal gezählt –, beläuft sich auf 602.545, die Menge an Wort-Token auf 48.030.367. Die Gesamtanzahl aller als Wort erkannten sprachlichen Einheiten innerhalb des Korpus liegt also knapp über 48 Millionen, was die immense Größe der dieser Forschungsarbeit zugrundeliegenden Textsammlung unterstreichen soll. Im Korpus A sind 589.897 Wort-Type und 47.257.845 Wort-Token abgespeichert, im Korpus B sind es 60.158 Wort-Type und 772.522 Wort-Token.

Die genaue Korpusanalyse ist korpusbasiert ausgerichtet und nicht korpusgetrieben, d. h. es wurden Fragestellungen an das Korpus herangetragen und versucht, in den empirischen Daten Evidenz für oder gegen vorher aufgestellte Hypothesen zu finden. Eine alternative Vorgehensweise, dass allein aus der systematischen Betrachtung der Daten bestimmte Hypothesen im Sinne eines Bottom-up-Verfahrens gewonnen werden, wurde nicht verfolgt. Der Hauptteil der durchgeführten Korpusanalysen ist zudem qualitativ ausgerichtet, d. h. in den meisten Fällen wurde die Identifizierung und Interpretation bestimmter Phänomene als vorrangig erachtet. Zusätzlich werden zwei quantitative Untersuchungen durchgeführt, nämlich im Unterkapitel 3.3.3 (siehe zur statistischen Auswertung besonders Kapitel 3.3.3.4) zur Frage nach der Evaluation der Phrase *Kampf der Kulturen* und im Unterkapitel 5.2.2.2 (siehe zur statistischen Auswertung besonders Kapitel 5.2.2.2.4) zur Frage nach der Evaluation der Wir-Gruppe des *Westens*. Für beide quantitativen Analysen wurden Stichproben durch eine zufällige Auswahl von Texten erstellt. Die Pressetexte der Stichprobe wurden dann in Kategorien, die in einer Feinanalyse als Evaluationsmuster identifiziert wurden, eingeteilt und anschließend ausgezählt. Die Liste der derartig kategorisierten Pressetexte findet sich im Anhang.

Die Korpusanalysen wurden wie gesagt mit dem Konkordanzprogramm „antconc" durchgeführt. Die spezifischen Operationen waren die Wortsuche, die KWIC-Suche („Keyword-in-context"), die N-Gramm-Analyse, die Kollokationsanalyse und die Erstellung von Wortfrequenzlisten. In den folgenden korpusanalytischen Kapiteln wird an den jeweiligen Stellen kurz erläutert, welche Operationen genau ausgeführt und welche sprachlichen Phänomene damit aufgezeigt werden. Es soll hier aber erwähnt werden, dass die Korpusanalyse aufgrund der genannten Operationen hauptsächlich als Textstellenanalyse zu charakterisieren ist, da die genannten Rechercheakte eben hauptsächlich in Textabschnitte eingebettete kleinere Spracheinheiten (Wörter und Phrasen) fokussierten. Mittels der in „antconc" inkludierten Programmfunktion „File View" konnten jedoch die vollständigen Pressetexte, die den gesamten Kotext einer per Suche identifizierten Spracheinheit ausmachen, aufgerufen und anschließend analysiert werden. Relevant ist dies insbesondere für die soeben genannten Stichprobenanalysen, innerhalb derer Kategorisierungen von evaluativen Mustern vorgenommen wurden, die sich auf die vollständigen Texte und nicht nur auf die begrenzten Textstellen bezogen. Selbstverständlich werden analysierte Textstellen im Verlauf der folgenden Kapitel zitiert, nämlich durchgängig nummeriert in runden Klammern.

Für thematisch komplexe Diskursanalysen ist es ratsam, sich nicht ausschließlich auf die eigens erstellten Korpora zu beschränken, da es in Form der großen Referenzkorpora enorm umfangreiche, leicht zugängliche Textmengen gibt. Als Kontrastoptionen zur Überprüfung bestimmter Hypothesen sind sie bestens geeignet. Im Laufe dieser Arbeit wurde auf drei online verfügbare Referenzkorpora zugegriffen: auf Cosmas II des IDS[12], auf das DWDS-Referenzkorpus[13] und auf das Korpusprojekt zum deutschen Wortschatz der Universität Leipzig[14]. An den entsprechenden Stellen wird explizit darauf hingewiesen, auf welche Datengrundlage sich die vorgestellten Ergebnisse empirischer Analysen genau beziehen. Die Auswahl der Korpora und der spezifischen Analyseoperationen mag teilweise etwas eklektisch erscheinen, sie ist aber an die jeweiligen Untersuchungsgegenstände flexibel angepasst und wird hoffentlich im Verlaufe der Arbeit nachvollziehbar vermittelt.

Als Zusammenfassung dieser methodisch orientierten Vorbemerkungen sei festgehalten, dass sich im Zuge der intendierten kognitionslinguistisch informierten, kritischen Diskursanalyse die Notwendigkeit einer Korpusanalyse ergab, wozu ein vielseitiges Gesamtkorpus herangezogen wurde. Das Gesamtkorpus besteht aus einem sehr umfangreichen, im Rahmen eines früheren Forschungsprojekts erstellten Teilkorpus und aus einem kleineren, thematisch

---
12 Vgl.: https://cosmas2.ids-mannheim.de/cosmas2-web/ [zuletzt aufgerufen am 22.09.2022].
13 Vgl.: https://www.dwds.de/ [zuletzt aufgerufen am 22.09.2022].
14 Vgl. https://wortschatz.uni-leipzig.de/de [zuletzt aufgerufen am 22.09.2022].

engeren Ergänzungskorpus. Basierend auf diesen Korpus-Daten wurden verschiedene qualitative und vereinzelt auch quantitative Analyseverfahren – plus unterstützende Referenzkorpus-Recherchen – angewandt, um zu validen, reliablen Ergebnissen zur empirischen Beantwortung der drei Hauptfragen zu gelangen.

3 Was ist der „Kampf der Kulturen"?

Dieses Kapitel stellt den ersten von drei Hauptteilen der vorliegenden Monographie dar, mithin den eigentlichen Beginn der eigenständigen Argumentation und dasjenige Kapitel, in dem zuerst inhaltliche Ergebnisse erarbeitet und vorgestellt werden. Es ist zugleich der Anfang der kombiniert theorieinformierten und zugleich empirisch ausgerichteten Arbeit zur Beantwortung derjenigen drei Fragen, um die sich diese Arbeit dreht; hier im Kapitel 3 zur Beantwortung der initialen Frage, was der „Kampf der Kulturen" sei.

Wie in der Einleitung kurz dargestellt wurde, gibt es für diese drei Hauptteile eine doppelte Aufgabenstellung. Jedes der drei Hauptkapitel soll für sich genommen separat lesbar, in sich argumentativ abgeschlossen sein und die jeweils gestellte Frage ergiebig beantworten. Diese drei Hauptfragen – erstens was der Kampf der Kulturen ist, zweitens was Wir-Gruppen sind, drittens was der Westen ist – stehen darüber hinaus in einem engen thematischen Konnex zueinander, deren jeweilige Beantwortung im Rahmen der Einzelkapitel folglich aufeinander aufbauen und so die Arbeit ergeben wird.

In diesem ersten Hauptkapitel dreht es sich also um die Frage, was der „Kampf der Kulturen" sei. Es soll herausgearbeitet werden, welche Entstehungsbedingungen, welche sprachlichen Merkmale und Wirkungsfaktoren diesem „Kampf" im deutschsprachigen Mediendiskurs zugeordnet werden können. Vorherrschend ist die Herangehensweise, nicht einen physischen Kampf zu untersuchen, sondern diese spezifische Phrase als ein komplexes, ebenso hochfrequentes Diskurselement wie konsequenzenreiches Deutungsmodell zu betrachten. Dazu wird zunächst eine mehrteilige Rekonstruktion dieser Phrase, ihrer Bildung und Verbreitung im öffentlichen, medienvermittelten Sprachgebrauch vollzogen. Mehrere separate Diskursformationen sind hierbei identifizierbar und für die weitere Gliederung ausschlaggebend. Zunächst wird im Kapitel 3.1 die Entstehung des Diskurselements vom „Kampf der Kulturen" beschrieben und kontextualisiert. Im Kapitel 3.2 folgt die mehrdimensionale linguistische Auseinandersetzung mit der Phrase und im Kapitel 3.3 schließlich die korpusanalytische Untersuchung des Mediendiskurses.

Der erste Abschnitt zur mehrteiligen Kontextualisierung des „Kampfes der Kulturen" ist so gegliedert, dass zuerst in 3.1.1 der Autor der politischkulturhistorischen Thesen, nämlich Samuel P. Huntington, vorgestellt und seine besondere Diskursprominenz herausgestellt wird. Im darauffolgenden Unterkapitel 3.1.2 wird die Publikationsgeschichte der Thesen beschrieben, bevor die Thesen in 3.1.3 zusammengefasst werden. Die kritische, teilweise kontroverse Diskussion dieser Thesen in politik- und kulturwissenschaftlichen

Fachdiskursen wird daran anschließend im Unterkapitel 3.1.4 komprimiert wiedergegeben.

3.1 Zur Entstehung des „Kampfes der Kulturen"

3.1.1 Zur Person und Rolle Samuel P. Huntingtons

Samuel Phillips Huntington (im Folgenden manchmal als „SPH" abgekürzt) wurde 1927 in New York City geboren und war Teil einer großen, alteingesessenen und einflussreichen US-amerikanischen Familie protestantisch-britischer Abstammung. Diese Feststellung der Zugehörigkeit zu einer speziellen Familie, für die das „WASP"-Label wie gemacht erscheint – also die Annahme einer US-Funktionselite exklusiv aus Mitgliedern mit einer Abstammung als „white anglo saxon protestants" –, mag auf den ersten Blick nebensächlich erscheinen. Sie ist aber insofern relevant, als sich dadurch eine gewisse Bekanntheit des Namens „Huntington" erklärt.[15] Die Wichtigkeit seiner angloprotestantischen Abstammung für Samuel P. Huntingtons Selbstverständnis hebt Ostendorf (2011: 92, 103) anschaulich hervor.

Samuel Phillips Huntington war eine akademisch erfolgreiche Persönlichkeit, die gleichzeitig in der Öffentlichkeit und in der politischen Funktionselite der Vereinigten Staaten von Amerika einiges an Gewicht erlangte. Seine akademische Ausbildung erhielt er in Yale und Harvard. An der Harvard University war er daraufhin beruflich tätig und als Professor und Institutsdirektor äußerst erfolgreich. Folgende akademische Titel werden genannt (vgl. Huntington/Rose 2013): Eaton Professor of the Science of Government, Director of the John M. Olin Institute for Strategic Studies (1993), Albert J. Weatherhead III. University Professor, Chairman of the Harvard Academy for International and Area Studies (1996).

---

15 Der Familienname „Huntington" ist in den USA weit verbreitet. Allein unter dem Personennamen „Samuel Huntington" firmieren mehrere bekannte Persönlichkeiten. Neben dem in dieser Arbeit fokussierten Buchautor besonders hervorzuheben ist ein von 1731 bis 1796 lebender Samuel Huntington, der ein Kongress-Delegierter aus Connecticut war, die Unabhängigkeitserklärung 1776 mitunterzeichnete und daher als einer der berühmten „Founding Fathers" der US-amerikanischen Demokratie gilt. Nach diesem Samuel Huntington sind viele nordamerikanische Orte benannt, wie beispielsweise „Huntington Beach" in Kalifornien. Der Name „Huntington" kann möglicherweise zu einer gewissen Diskursprominenz und elitären Autorität des Buchautors im 20./21. Jahrhundert beigetragen haben.

Von 1986 bis 1987 war Huntington zusätzlich Präsident der renommierten American Political Science Association. In den 1970er Jahren wurde er zum Mitbegründer und Ko-Editor der politologischen Fachzeitschrift „Foreign Policy".

Bemerkenswert ist zudem, dass Samuel P. Huntington neben diesen vielfältigen akademischen Tätigkeiten als hochrangiger Politikberater aktiv war. Während der Präsidentschaft von Jimmy Carter war er Teil des National Security Council bzw. neben dem National Security Advisor Zbigniew Brzezinski dessen White House Coordinator. Im Hinblick auf seine ideologische Verortung während dieser Eingriffe in das politische Tagesgeschäft im Bereich der „national security policies" wird Huntington zumeist als Angehöriger des konservativen Flügels der Demokratischen Partei im Zeitalter des Kalten Krieges charakterisiert (vgl. bspw. Ostendorf 2011: 92f.).

Die Beratung hochrangiger Politiker war nicht nur auf die USA beschränkt: SPH war in Südafrika zu Zeiten der Apartheid als Berater des damaligen Präsidenten P.W. Botha tätig und empfahl in dieser Rolle vorsichtige, von oben kontrollierte Reformen.[16] Außerdem war SPH für Brasiliens diktatorisch-faschistisches Militärregime in den frühen 1980ern beratend tätig (vgl. Eisfeld 2019: 37). Müller (1998: 16) ergänzt, dass er auch als Sachverständiger für auswärtige Kulturpolitik im Deutschen Bundestag tätig war.

Diese für einen Akademiker nicht selbstverständlichen Positionen bringen einen stark erweiterten Wirkungsbereich mit sich. Samuel P. Huntington war also in überdurchschnittlich vielen „sozialen Feldern" – hier verstanden im Sinne Bourdieus (vgl. Bourdieu 1996, Diaz-Bone 2010) – produktiv und erfolgreich: in dem wissenschaftlichen Feld, in Abgrenzung dazu im akademischen Feld, im Feld der öffentlichen Meinungsbildung und im Feld der aktiven Politik, genauer den außen- und sicherheitspolitischen policies der USA der späten 1970er Jahre. Dass diese sozialen Felder aber auch interdependent sind und ein hohes Ansehen in einem dieser Felder insgesamt ein kumulativ gesteigertes Prestige bewirkt, ist naheliegend. Menzel (1998: 72) formuliert dies folgendermaßen: „Beigetragen zur Publizität des Buches [Clash of Civilizations, Anm. JHK] hat aber das außerordentliche Renommée seines Autors, gehört Huntington doch zur ersten Garnitur der amerikanischen egg-heads [...]". Auch Müller weist auf das Talent zur medialen Selbstvermarktung Huntingtons hin (Müller 1998: 15f.).

---

16 Diese Aktivität wirft sicherlich aus heutiger Sicht mit dem Wissen um die dem Apartheid-Regime inhärenten Verbrechen gegen die Menschlichkeit ein zweifelhaftes Licht auf Samuel P. Huntington und vor allem auf sein Demokratieverständnis sowie die rassistischen Potenziale seiner später berühmten Theorien.

Als tatsächlicher Experte kann SPH somit vor allem in Fragen der US-amerikanischen Außen- und Sicherheitspolitik eingeschätzt werden. Die Zuschreibung eines vermeintlichen oder echten Expertenstatus kann diskursiv eine wichtige Rolle spielen, da hierüber ein erhöhtes Persuasionspotenzial der von diesen Personen getätigten Aussagen erreicht werden kann (vgl. Schwarz-Friesel 2013: 225f.) bzw. das Indizieren oder Suggerieren von Kompetenz eine Substrategie zur Produktion inferentieller Evidenz darstellt (Peters 2014: 188ff.), potenziell auch über die Fragestellungen und Themenbereiche echter Expertise hinaus.

Samuel P. Huntington kann somit als eine Figur mit einem sehr hohen Grad an Diskursprominenz bezeichnet werden. Diese Diskursprominenz ist hier in einem mehrfachen Sinne zu verstehen, da es sich um eine hervorgehobene Stellung in mehreren, sich überlagernden Kommunikationsbereichen und Resonanzräumen handelt.[17] Huntington gilt als eine Autorität und diese sich aus mehreren Quellen speisende Autorität wirkt nicht nur in Bezug auf diejenigen außen- und sicherheitspolitischen Fragen, für die SPH als Fachexperte im engeren Sinne eingeschätzt werden kann. Somit scheint es angebracht, ihm eine hypertrophe Autorität im öffentlichen Diskurs zu bescheinigen. Während die Faktoren der Autorität und der Diskursprominenz nicht quantitativ ermittelbar sind, bleibt der Eindruck, dass beide SPH in einem hohen Maße im englisch- wie deutschsprachigen Diskurs zukommen. Die Experten-Charakterisierung und daran anschließenden Einschätzungen der Person Huntingtons im massenmedialen Diskurs werden im Kapitel 3.3.2.1 wieder aufgegriffen.

Die frühen Schriften Samuel Huntingtons wurden vor allem in Fachkreisen gelesen, genauer gesagt in dem Bereich der Politikwissenschaft, der sich mit internationaler Demokratie- und Modernisierungstheorie befasst (vgl. auch Salzborn/Stich 2016: 401). Erst mit den späteren Schriften ab 1996 erlangte Huntington deutlich höhere Verkaufszahlen und größere Wirkungskreise, die es erlauben, ihn als einen in der breiteren Öffentlichkeit wahrgenommenen Intellektuellen zu beschreiben.

Die im engeren Sinne wissenschaftlichen Arbeitsschwerpunkte Huntingtons waren sowohl die „Internationalen Beziehungen" (in Fachkreisen oft zu „IB" akronymisiert) als Unterdisziplin der Politikwissenschaft als auch die si-

---

17 Zur Erläuterung: Der Professorentitel wertet den Rang des Präsidentenberaters auf und umgekehrt. Beide zusammen verstärken das Gewicht, das den Schriften und Meinungsäußerungen in allen möglichen gesellschaftlichen Diskussionen zukommt. Der im Kontext der Gründung der USA glanzvolle Name und die WASP-Abstammung tun in diesem Fall ihr Übriges.

cherheitspolitischen Studien („security studies"). Im Bereich der Internationalen Beziehungen gibt es seit langem eine Aufspaltung in disparate Theorieschulen. SPH wird dabei der Schule des „empirischen Realismus" zugerechnet (vgl. Müller 1998: 20). In dieser Denkrichtung stehen Staaten als die hauptsächlich oder alleinig relevanten Akteure der internationalen Politik im Vordergrund, sie sind dabei zumeist ausschließlich durch ihre Machtinteressen und Machtressourcen charakterisiert und bilden hierdurch determiniert verschiedene Bündnisse. Die internen Vorgänge und möglichen innenpolitischen Konflikte innerhalb von Staaten spielen für die Theorie des Realismus in den Internationalen Beziehungen keine ausschlaggebende Rolle oder sie werden gar ignoriert, da Staaten als homogene Black-Box-Einheiten wahrgenommen und empirisch beschrieben werden sollen (vgl. Müller 1998: 20). Dass im politiktheoretischen Kalkül des Realismus in den IB, der primären Denktradition Huntingtons, Staaten also eher nicht als komplex strukturierte, divers motivierte, potenziell widersprüchlich handelnde Gebilde eingeschätzt, sondern zu agentivischen Monolithen ohne Innenleben generalisiert werden, ist für die Einschätzung der Theorie vom „Clash of civilizations" nicht unwichtig.

Im Adressatenfokus der späteren bekannteren Publikationen Huntingtons steht jedoch weniger die scientific community als vielmehr die allgemeine Öffentlichkeit. Huntingtons Hausverlage ab 1996 sind Simon & Schuster (New York) und der Goldmann Verlag (München, mittlerweile zur Bertelsmann-Gruppe gehörend). Beides sind typische Publikumsverlage, also keine Wissenschaftsverlage, sondern Verlage mit breiten Sachbuchsparten, die hauptsächlich an einer möglichst uneingeschränkten Verbreitung interessiert sind. Weitere Ausführungen zu den Adressierungen der Arbeiten Samuel Huntingtons werden an dieser Stelle nicht angestellt. Es sei aber die etwas vereinfachende Darstellung erlaubt, dass Huntington sich zwischen 1993 und 1996 von einem vornehmlich in akademischen Kreisen zu einem in breiteren gesellschaftlichen Schichten gelesenen Autoren entwickelt hat.

Erwähnenswert ist, dass Huntingtons aktive Teilnahme am hier nachzuzeichnenden öffentlichen Diskurs mit seiner Buchveröffentlichung, respektive mit den verschiedenen Publikationsetappen zum „Kampf der Kulturen" keineswegs abgeschlossen ist. Vielmehr hat er sich Zeit seines Lebens mit den Thesen, ihrer Aktualität und Anwendbarkeit auf konkrete globalpolitische Ereignisse und Entwicklungen weiter beschäftigt und sich häufiger hierzu geäußert. Gerade durch diese Diskursbeiträge hat sich Huntington eben auch als öffentlich wahrgenommener und viel diskutierter Intellektueller positioniert. Von den späteren, nach 1996 veröffentlichten Schriften Huntingtons sollen erstens noch der Sammelband „Culture Matters" und zweitens das äußerst umstrittene Buch „Who Are We?" kurz angerissen werden.

In dem Sammelband „Streit um Werte. Wie Kulturen den Fortschritt prägen" (Huntington/Harrison 2000; engl. Originaltitel: „Culture Matters. How Values Shape Human Progress") geht es um die entwicklungs- und wirtschaftspolitischen Konsequenzen aus der in „Clash of Civilizations" vorgelegten Analyse globalpolitischer Verhältnisse und (vermeintlich) kulturbedingter Gesellschaftsdynamiken. Es sind hier Aufsätze zusammengefasst, in denen die Nationalstaaten und besonders ihre Nationalökonomien auf spezifische, zumeist klar bestimmbare Kulturen reduziert und gleichzeitig in dem kapitalistischen Konkurrenzsystem bezüglich ihrer Modernisierung und technologischen Fortschrittlichkeit verglichen werden. Aus der Annahme starrer Kulturgrenzen und -zugehörigkeiten folgen daraufhin die Gleichsetzung von wirtschaftlichen und kulturellen Entwicklungsstadien. Diese Thesen können meines Erachtens zugleich als die Anwendung des von Huntington zuvor entworfenen Zivilisations-Paradigmas auf Fragen der internationalen Wirtschaftszusammenarbeit und der Ethik der Entwicklungshilfe gelesen werden.

Eine nicht unbedeutende Monographie Huntingtons ist 2004 erschienen: „Who are we? Die Krise der amerikanischen Identität" (engl. Originaltitel: „Who are we? The Challenges to America's National Identity"). Hierin werden Aspekte der Clash-of-Civilizations-Thesen aufgegriffen und neu ausgeführt, diesmal mit einer deutlichen Fokusverschiebung auf die Innenpolitik der USA. Huntington (2004) deklariert hispanische Migrant*innen als explizite Gefahr für eine starre, als angloprotestantisch hypostasierte Kulturidentität der USA. Er führt aus, dass vor allem die englische Sprache und die protestantische Religion elementar für die USA und die sogenannte „American Creed" seien, die Einwanderung aus Mexiko dies grundsätzlich bedrohe und die eingewanderten Personen aufgrund ihrer Herkunft, ihrer Bildungsmängel und ihrer relativen Armut nicht zur Assimilation in die Gesellschaftssystem der USA fähig seien. Huntington plädiert in dieser Arbeit fortlaufend für eine angloprotestantische Dominanzkultur und gegen einen wie auch immer verstandenen Multikulturalismus, womit die Anknüpfungspunkte zum Clash-of-Civilizations-Paradigma offenbar werden. „Who we are?" kann als eine simplifizierende Engführung desjenigen Schlussappells im letzten Kapitel von „Clash of Civilizations" (Huntington 1996a: 318) verstanden werden, dass die USA sich auf ihre westliche Zugehörigkeit besinnen und Multikulturalismus im Inneren strengstens vermeiden sollen. Vermittelt werden durch die Fokusverschiebung auf die US-Innen- und Migrationspolitik aber eine zugespitztere Homogenisierung der Kulturkreis-Begrifflichkeiten. Die Beantwortung der Frage, ob mittelamerikanische Gesellschaften zum Westen gehören oder gehören könnten, läuft nicht nur auf eine Verneinung hinaus; Personen lateinamerikanischer Herkunft können nicht nur nicht dazugehören, sondern sie gefährden den Westen allein durch ihre Anwesenheit in den USA. Ersichtlich wird ein statischer, essenzialisierender Identitätsbegriff, der für einen kulturalistisch-rassistischen Ethnozentrismus mehr als anschlussfähig ist.

Es ist sicherlich nicht überraschend, dass sich vielfältige Kritik (Wolfe 2004; für eine deutschsprachige Diskussion siehe Ostendorf 2011: 95ff.) gegen dieses Buch und die darin zentrale, kulturell begründete Exklusion von Migrant*innen im Allgemeinen und US-Amerikaner*innen lateinamerikanischer Herkunft im Besonderen richtet. Die häufiger erhobenen Vorwürfe, dass Huntington einen kulturell argumentierenden Rassismus vertrete, beziehen sich zuvorderst auf dieses Werk, werden aber auch auf sein Gesamtwerk und seine Person übertragen. Im Kontext dieser vorliegenden Untersuchung sollen diese Vorwürfe nicht als Argument ad hominem zur voreiligen Diskreditierung Huntingtons aufgefasst werden, vielmehr sollen die Entstehungsbedingungen der These vom „Kampf der Kulturen" und ihrer diskursiven Wirkungen erhellt werden.

Wie in diesem Unterkapitel gezeigt wurde, kann Huntington als ein Autor mit einem sehr hohen Grad an Medienpräsenz und einer hypertrophen Diskursprominenz über die Gebiete seiner eigentlichen Expertisen hinaus beschrieben werden, dessen Werke aufgrund der Möglichkeit kulturalistisch-ausgrenzender Lesarten umstritten sind.

3.1.2 Zur Publikationsgeschichte des „Kampfes der Kulturen"

Im Sommer des Jahres 1993 veröffentlichte Samuel P. Huntington in der renommierten Fachzeitschrift „Foreign Affairs" einen Aufsatz mit dem Titel „The Clash of Civilizations?" (Huntington 1993a). Der Inhalt dieses Aufsatzes wird im nächsten Unterkapitel 3.1.3 gemeinsam mit dem der darauffolgenden Monographie referiert.

Zur Genese dieses Aufsatzes sei auf das Forschungsprojekt „The Changing Security Environment and American National Interest" verwiesen, welches SPH in Harvard leitete (vgl. Paech 1994: 310). Als Ausgangspunkt der Überlegungen Huntingtons kann das Bedürfnis nach einer Anpassung der Sicherheitspolitik der USA an die veränderte Weltlage identifiziert werden, also ein nationales Interesse der verbliebenen Hegemonialmacht. Der Veröffentlichung ging ebenso ein Vortrag am renommierten American Enterprise Institute und das Erscheinen einer gekürzten Version in der New York Times am 06.06.1993 unter dem vielsagenden Titel „The Coming Clash of Civilizations – or, the West against the

Rest" voraus. Der Zeitkontext dieser Arbeiten und der Veröffentlichung ist folglich besonders wichtig. Huntingtons Interessensfokus ist das Ende der zuvor gültigen geopolitischen Determinanten, nämlich der Blockkonfrontation im Kalten Krieg. Das strategische Ziel der präsentierten Forschungen besteht in der Bestimmung der veränderten globalen Sicherheitslage und der damit verbundenen Interessenskonflikte nach dem Zusammenbruch des Ostblocks rund um 1989/1990/1991. Nicht umsonst werden Huntingtons Thesen des Öfteren im Kontrast zu Francis Fukuyamas Hypothese vom „Ende der Geschichte" bzw. zu seiner Arbeit „The End of History and the Last Man" (Fukuyama 1992) als konkurrierende epochendiagnostische Analysen der geopolitischen Verschiebungen diskutiert. Huntingtons erklärtes Ziel ist es, ein neues politologisch und kulturwissenschaftlich brauchbares Paradigma zur Beschreibung der Internationalen Beziehungen in dieser neuen Epoche bereitzustellen. Bisweilen werden die Thesen Huntingtons auch als „Zivilisationsparadigma" bezeichnet.[18]

Der Aufsatz zog sofort nach Erscheinen äußerst viel Aufmerksamkeit auf sich und es entwickelte sich eine lebhafte und vielfältige Diskussion in politik- und sozialwissenschaftlichen Fachkreisen. Kein Beitrag der Zeitschrift „Foreign Affairs" wurde seit den 1940er Jahren so häufig zitiert wie „The Clash of Civilizations?". Gut dokumentiert ist dieser Beitrag inklusive der frühen Reaktionen in einer Sonderausgabe der Zeitschrift „Foreign Affairs" zum zwanzigsten Jubiläum der Veröffentlichung im Jahre 2013 (Huntington/Rose 2013).

Die Erstübersetzung dieses Aufsatzes und damit der Thesen Huntingtons in die deutsche Sprache findet sich in der Wochenzeitung „Die Zeit" in der Ausgabe Nr. 33 vom 13.08.1993 (Huntington 1993b). Die Artikelüberschrift lautet „Im Kampf der Kulturen". Hier taucht also die inkriminierte Phrase *Kampf der Kulturen* als sprachliches Objekt in der für diese Arbeit relevanten Verwendungsweise auf. Unter dem Artikel findet sich folgender editorischer Vermerk: „Dieser Artikel erscheint in erweiterter Fassung in der amerikanischen Zeitschrift ‚Foreign Affairs'. (Übersetzung: Stefan Schreiber)" (Die Zeit, 13.08.1993 / Huntington 1993b)

Die ausführliche Diskussion der Übersetzungsleistung und ihrer Problematik wird zunächst einmal aufgeschoben und erst im nächsten Teilkapitel 3.2

---

18 Dieser eigene Anspruch der Bildung eines neuen Paradigmas ist auch der Gegenstand der Verteidigung seines Foreign-Affairs-Aufsatzes durch einen wiederum in diesem Fachjournal veröffentlichten Artikel in der Ausgabe vom November/Dezember 1993 unter dem Titel „If Not Civilizations, What?" (Huntington 1993c), in dem Huntington auf die zuerst publizierten Antworten und Kritiken eingeht und weiterhin für die Berücksichtigung von umfangreichen Kulturgemeinschaften in der politologischen Analyse plädiert.

bzw. vor allem in 3.2.2 präsentiert, da dies besser unter einer linguistischen Fragestellung zu fassen ist. Es sei aber an dieser Stelle auf einige Aspekte des Translationsprodukts von 1993 hingewiesen. Als verantwortlicher Übersetzer fungierte Stefan Schreiber, der von den späten 1980er Jahren an für „Die Zeit" englischsprachige Bücher übersetzt und rezensiert hat und sonst nicht weiter publizistisch in Erscheinung getreten ist. Der deutschsprachige Zeitungsartikel ist insgesamt gegenüber dem englischsprachigen Fachjournalaufsatz deutlich gekürzt, von etwa 9750 Wörtern auf genau 2546 Wörter, unter Auslassung ganzer Abschnitte des Originaltexts.[19] Neben der Artikelüberschrift sind auch die Zwischenüberschriften sehr frei übersetzt.

Tatsächlich finden sich die später „berühmten" (und in Kapitel 3.2 diskutierten) Übertragungen von *civilization* zu *Kultur* oder *Kulturkreis* bereits hier im Zeit-Artikel. Zur Veranschaulichung sei hier die erstmalige Übersetzung im zweiten Artikelabsatz zitiert, in welcher der translatorische Ausdruckswechsel erst in einer nachgeschobenen Apposition erfolgt und zusätzlich durch eine Nennung des Originalausdrucks in Klammern angezeigt wird: „The clash of civilizations will dominate global politics. The fault lines between civilizations will be the battle lines of the future." (Huntington 1993a: 22) wird übersetzt zu: „Der Zusammenprall der Zivilisationen, der Kulturen *(civilizations)* [*Kursivierung im Original, Anm. JHK*], wird die Weltpolitik beherrschen. Verwerfungen zwischen den Kulturkreisen werden den Frontverlauf der Zukunft bestimmen." (Die Zeit, 13.8.1993)

Es folgte die Ausarbeitung der im Aufsatz präsentierten Thesen zur Buchform, um die Aufmerksamkeit in Fachkreisen ausnutzen und auszuweiten. Die Monographie „The Clash of Civilizations and the Remaking of World Order" wurde 1996 im Verlag Simon & Schuster veröffentlicht (im Folgenden trägt der Verweis auf dieses Buch die Sigle „CoC").

Diese Buchveröffentlichung stellt eine deutlich umfangreichere Version dar mit zahlreichen Erweiterungen und zusätzlichen Ausführungen gerade in den Beschreibungen der Konfliktbeispiele. Die Grundaussagen der beiden Texte sind aber gleich einzuschätzen, d.h. gravierende inhaltliche Änderungen sind nicht vorzufinden, woraus folgt, dass Huntington seine Ansichten zu den 1993

---

[19] Herausgekürzt sind längere Absätze zur Geschichte von Kriegen und Konflikten vom Westfälischen Frieden bis in das 20. Jahrhundert: zum Kalten Krieg, zur Spaltung Europas, zum Verhältnis der USA und Japan. Es fehlen aber auch Abschnitte des Originaltexts, die zu den zentralen Thesen der später folgenden Buchpublikation zu zählen sind, nämlich sowohl Ausführungen zum Islam und einer möglichen Allianz islamischer Staaten mit konfuzianischen Staaten in klarer Gegnerschaft zum Westen als auch Bemerkungen zum Verständnis der „kulturellen Identität" und zum Verhältnis von Kultur und Region.

formulierten Thesen bis mindestens 1996 nicht modifiziert hat. Der sprachlich eklatante Unterschied zwischen beiden Texten besteht im Titel, in Form der Interpunktionsänderung durch Streichen des Fragezeichens und die Titelerweiterung durch die zusätzliche, syntaktisch koordinierte Nominalphrase *and the Remaking of World Order*. Diese zusätzliche Phrase kontextualisiert die Arbeit im Zeitgeschehen, dass es eben um die Bestimmung der neuen Weltordnung gehen wird. Die Entfernung des Fragezeichens macht aus einem interrogativen Titel, der so interpretiert werden kann, dass die folgenden Thesen für die Fachwelt lediglich zur Diskussion gestellt werden, einen assertiven Sprechakt. Im modifizierten Titel kann der *Clash* je nach Lesart der aussagenlogisch unterspezifizierten Nominalphrase als faktisch gegeben aufgefasst werden. Zumindest aber wird der *Clash* nun mit einer größeren Gewissheit prognostiziert als in der Version von 1993, die dem Illokutionstyps eines Quaestivs entspricht und damit keinen Geltungsanspruch für den formulierten Sachverhalt mitträgt. Diese Änderungen lassen sich auf das Motiv der erhofften verkaufsfördernden Wirkung eines dramatischeren Titels zurückführen.

Insgesamt kann das Buch gegenüber dem Fachjournal-Aufsatz trotz des ausschweifenderen Stils und der Detailtiefe einfacher auf die Hauptthesen reduziert werden. Es ist unter der Annahme der Option einer unvollständigen Lektüre als leichter konsumierbar einzuschätzen. Beide Textversionen zusammen ergeben eine zweistufige Publikationsgeschichte, deren Etappen zugleich unterschiedliche Diskursformationen bedienen, der Aufsatz von 1993 den Fachdiskurs und das Buch von 1996 den Öffentlichkeitsdiskurs. Das Buch wurde ein enormer Verkaufserfolg und in 39 Sprachen übersetzt (vgl. Fütterer 2016: 208).

Die deutsche Übersetzung des Buches wurde von Holger Fliessbach ausgeführt, einem produktiven Übersetzer zahlreicher Sachbücher aus dem Englischen. Ebenfalls im Jahr 1996 wurde im Goldmann Verlag (München) „Der Kampf der Kulturen. Die Neugestaltung der Weltpolitik im 21. Jahrhundert" veröffentlicht (im Folgenden trägt der Verweis auf dieses Buch die Sigle „KdK"). Neben der Veröffentlichung im Goldmann Verlag gibt es auch im Europaverlag (München, Wien) erschienene Ausgaben, es handelt sich wohl um Mehrfach-Lizenzierungen.

Fliessbach übernimmt die Übersetzungsentscheidungen des Zeit-Artikels von 1993 und kürzt den damaligen Titel um die inhaltlich überflüssige Präposition *im*. Er versieht die deutsche Ausgabe mit einer direkt auf das Vorwort Huntingtons folgenden Notiz (Huntington 1996b / KdK: 14):

> Vorbemerkung zur Übersetzung: Es wäre der Wunsch des Autors gewesen, die Begriffe „civilization" und „culture" mit „Zivilisation" und „Kultur" zu übersetzen. Dies wurde in einer ersten Fassung versucht, was sich aber aus praktischen und Verständnisgründen

nicht durchhalten ließ. Deswegen wird „civilization" jeweils mit „Kultur", „Kulturkreis" oder „Hochkultur" wiedergegeben und für „culture« der Begriff „Zivilisation" verwendet, in Einzelfällen auch „Kultur". Der deutsche Sprachgebrauch für „Kultur" und „Zivilisation« entspricht gerade nicht dem Englischen und Französischen. Vgl. dazu Norbert Elias, Über den Prozeß der Zivilisation (Frankfurt 1976), Einleitung zum ersten Band. H. F.

Hierdurch beansprucht Holger Fliessbach die Übersetzung allein für sich, ohne Stefan Schreiber oder den Artikel in der „Zeit" von 1993 zu erwähnen, und ist damit erfolgreich. Wenn in der deutschsprachigen Diskussion die Problematik der Übersetzung thematisiert wird, was selten genug der Fall ist, dann wird als Verantwortlicher bemerkenswerterweise unisono Holger Fliessbach und nicht Stefan Schreiber genannt (vgl. Salzborn/Stich 2013: 170; Fütterer 2016: 208). Die Übersetzung wird in Kapitel 3.2.2 wieder aufgegriffen und dort aus linguistischer Perspektive erörtert und kritisch beurteilt.

3.1.3 Zusammenfassung der Thesen vom „Kampf der Kulturen"

Der Inhalt der Thesen vom „Kampf der Kulturen" soll an dieser Stelle kurz und prägnant zusammengefasst werden, um einen praktikablen Bezugspunkt für die weitere Argumentation zur Verfügung zu stellen. Die Verweise beziehen sich dabei auf die originalsprachliche Arbeit „The Clash of Civilizations" (Huntington 1996a / CoC), die für dieses Kapitel als Referenzwerk angesetzt wird.

Die gesamte Monographie ist an einigen Stellen durchaus als ausschweifend zu bezeichnen und durch umfangreiche Diskussionen zahlreicher Beispiele der internationalen Politik des 20. Jahrhunderts, vornehmlich von zumeist militärisch ausgetragenen Konflikten und anderen zwischenstaatlichen Auseinandersetzungen, geprägt. Huntington liefert jedoch selbst eine Zusammenfassung seiner wichtigsten Thesen im Einleitungskapitel (CoC: 20f.): Die Grundaussage bestehe darin, dass Kulturen und kulturelle Identitäten, die in ihrer maximalen Reichweite Zivilisationen ergeben, in der Welt nach dem Ende des Kalten Krieges die zukünftigen Konflikte und die Muster von Kohäsion und Desintegration bestimmen werden. Im Original lautet dies wie folgt (CoC: 20):

> The central theme of this book is that culture and cultural identities, which at the broadest level are civilization identities, are shaping the patterns of cohesion, disintegration, and conflict in the post-Cold War world.

Im ersten Teil des Buches (CoC: 19–80), betitelt als „A World of Civilizations", wird ausgeführt, dass die Weltpolitik zum ersten Mal in der Geschichte der Menschheit multipolar und multikulturell sei. Die Modernisierung von Gesellschaften sei nicht mit Verwestlichung gleichzusetzen und führe nicht zur Einförmigkeit von Gesellschaften oder gar zu einer Universalkultur, sondern nur zu einer unterschiedlich ausgeprägten wirtschaftlichen und sozialen Fortentwicklung.

Im zweiten Teil (CoC: 81–124), der den Untertitel „The Shifting Balance of Civilizations" trägt, werden die Machtverhältnisse zwischen diesen Zivilisationen behandelt, dergestalt dass der Westen relativ gesehen schwächer werde, asiatische Zivilisationen dagegen wirtschaftlich wie politisch und militärisch einflussreicher werden. Der Islam hingegen gerate aufgrund einer Bevölkerungsexplosion in eine Krise und destabilisiere so die mehrheitlich muslimischen Länder ebenso wie deren Nachbarstaaten. Außerdem seien weitere nichtwestliche Gesellschaften zunehmend selbstbewusster und weniger abhängig vom Westen.

Der dritte Teil (CoC: 125–182) ist als „The Emerging Order of Civilizations" betitelt und beinhaltet die These, dass sich eine kulturell strukturierte Weltordnung entwickle, indem Kooperationen innerhalb einer Zivilisation viel erfolgreicher und häufiger seien als über Zivilisationsgrenzen hinweg. Zudem könne eine bestimmte Gesellschaft nicht aus einer Zivilisation in eine andere transponiert werden. Innerhalb von Zivilisationen bilden sich Kern- bzw. Führungsstaaten heraus, um die herum sich die anderen Länder mit gleicher Zivilisationszugehörigkeit gruppierten.

Der vierte Teil (CoC: 183–300) lautet „Clashes of Civilizations". Hier werden die universalistischen Ansprüche des Westens als konfliktträchtig erörtert. Besonders gegenüber dem Islam und China sei das Konfliktpotenzial gravierend. An den Orten, an denen Zivilisationen aufeinandertreffen, können Bruchlinienkriege entstehen, die von lokalen Konflikten ausgehend eine große Eskalationsgefahr darstellen. In der Realität habe vor allem der Islam blutige Grenzen, die meisten der bereits identifizierbaren Bruchlinienkriege seien also solche zwischen Muslimen und Nicht-Muslimen. Die Kernstaaten wiederum können sich darum bemühen, die Bruchlinienkriege einzuhegen und zu befrieden.

Im fünften und abschließenden Teil (CoC: 301–322), betitelt als „The Future of Civilizations", geht es um die Zukunftsperspektiven des Westens, dessen Überleben davon abhänge, dass sich die USA ihrer westlichen Identität besinnen und dass der Westen seine Einzigartigkeit anerkenne, ohne von einer Universalität seiner selbst auszugehen. Der Westen solle also nicht versuchen, seine Werte und kulturellen Überzeugungen global zu verbreiten, sondern solle vielmehr intern zur Einigung aufrufen und sich gemeinsam den globalen Herausforderungen und der Konkurrenz nicht-westlicher Gesellschaften stellen. Ein weltweiter Kampf der Kulturen müsse vermieden werden und dies gehe nur durch eine globale Politik der Berücksichtigung unterschiedlicher kultureller Wertvorstellungen.

Diese synoptische Zusammenstellung wird nun noch um einige Aspekte punktuell ergänzt, die zu einem allgemeineren Verständnis der Thesen beitragen sollen. Weitere Aspekte werden im nächsten Unterkapitel 3.1.4 zur diskursiven Rezeption dieser Thesen angerissen.

Huntington führt zu Beginn seiner Arbeit (CoC: 21f.) aus, dass die bisherigen globalen Konflikte durch die ideologische Bipolarität des Kalten Krieges determiniert wurden. Nach dem Ende dieser Epoche sei nun die Welt nicht mehr bipolar, sondern multipolar und gleichzeitig multikulturell. Zwar seien Staaten weiterhin die Hauptakteure des Weltgeschehens – wie oben dargestellt wurde, ist dies ein klassisches Versatzstück der Theorie des Realismus in den Internationalen Beziehungen – , aber die Art und Weise, wie diese Nationalstaaten sich gruppieren und welche darüberliegenden Ordnungen sich ergeben, sei völlig neu in der Weltgeschichte.

Huntington (CoC: 21) greift sogleich zur Erklärung dieser neuen Weltordnung – nicht mehr ideologisch, politisch, ökonomisch determiniert, sondern nun kulturell bestimmt – auf den Begriff von kollektiven Identitäten zurück. Die elementare wie entscheidende Frage, wer wir seien, liefere nun das kategoriale Abgrenzungs- und Differenzkriterium zur geopolitisch relevanten Einteilung der Welt.[20]

Das zugrundeliegende Verständnis von Kultur bzw. von kultureller Identität und Zivilisation wird im zweiten Kapitel, das zweite Unterkapitel im ersten Teil des Buches, ausgearbeitet (CoC: 40–55). Hier thematisiert Huntington die schwierige Abgrenzung der Begriffe *civilization* und *culture* mit Rückgriff auf die Begriffstrennung im Deutschen (CoC: 41), worauf im folgenden Kapitel 3.2.2.1 gesondert eingegangen wird. Für Huntington stehen diese beiden Begriffe in einem Über-Unterordnungsverhältnis, insofern als dass *culture* fundamental ist

---

20 Im Original liest sich dieser fulminante Passus wie folgt: „In the late 1980s the communist world collapsed, and the Cold War international system became history. In the post-Cold War world, the most important distinctions among peoples are not ideological, political, or economic. They are cultural. Peoples and nations are attempting to answer the most basic question humans can face: Who are we? And they are answering that question in the traditional way human beings have answered it, by reference to the things that mean most to them. People define themselves in terms of ancestry, religion, language, history, values, customs, and institutions. They identify with cultural groups: tribes, ethnic groups, religious communities, nations, and, at the broadest level, civilizations. People use politics not just to advance their interests but also to define their identity. We know who we are only when we know who we are not and often only when we know whom we are against." (CoC: 21)

und sich auf der obersten Zuordnungsebene aus *culture* dann *civilization* ergibt.[21]

Culture kann hierbei also auf viele verschiedene Dimensionen menschlichen Handelns und Erlebens bezogen werden, wie Huntington an anderer Stelle (CoC: 42) betont: „Blood, language, religion, way of life". Darunter ist die Religion die relevanteste und prominenteste Kategorie zivilisatorischer Abgrenzung (ebd.):

> Of all the objective elements which define civilizations, however, the most important usually is religion [...]. To a very large degree, the major civilizations in human history have been closely identified with the world's great religions [...].

Eine hochproblematische Kategorie zur Abgrenzung von Menschen spricht Huntington ebenfalls an, nämlich „race". Dieser Terminus wird hier absichtlich nicht in das Deutsche übersetzt, anders als in der Übersetzung von Holger Fliessbach (KdK: 52f.), da der ähnlich lautende, deutschsprachige Ausdruck *Rasse* wissenschaftlich obsolet ist und nicht der humanbiologischen Realität entspricht. Laut Huntington (CoC: 42) gebe es eine nicht näher bestimmte signifikante Korrespondenz zwischen der kulturell basierten Einteilung in Zivilisationen und der anhand physischer Charakteristika vollzogenen Einteilung in *races*, wobei diese Kategorien dennoch nicht identisch seien. In den größeren Zivilisationen seien Menschen mehrerer *races* zusammengefasst, ebenso sei es möglich, dass Menschen der gleichen *race* durch Zivilisationen getrennt sein können. „The crucial distinctions among human groups concern their values, beliefs, institutions, and social structures, not their physical size, head shapes,

---

21 Der originalsprachliche Absatz lautet wie folgt: „A civilization is the broadest cultural entity. Villages, regions, ethnic groups, nationalities, religious groups, all have distinct cultures at different levels of cultural heterogeneity. The culture of a village in southern Italy may be different from that of a village in northern Italy, but both will share in a common Italian culture that distinguishes them from German villages. European communities, in turn, will share cultural features that distinguish them from Chinese or Hindu communities. Chinese, Hindus, and Westerners, however, are not part of any broader cultural entity. They constitute civilizations. A civilization is thus the highest cultural grouping of people and the broadest level of cultural identity people have short of that which distinguishes humans from other species. It is defined both by common objective elements, such as language, history, religion, customs, institutions, and by the subjective self-identification of people. People have levels of identity: a resident of Rome may define himself with varying degrees of intensity as a Roman, an Italian, a Catholic, a Christian, a European, a Westerner. The civilization to which he belongs is the broadest level of identification with which he strongly identifies. Civilizations are the biggest ‚we' within which we feel culturally at home as distinguished from all the other ‚thems' out there." (CoC: 43)

and skin colors." (ebd.) Dass Huntington bei der begrifflichen Fundierung von als *civilization* bezeichneten Menschengruppen überhaupt physische Charakteristika ins Spiel bringt, kann bereits kritisch beurteilt werden. Es kann zugleich darauf hingewiesen werden, dass er dabei Kultur und Biologie nicht völlig gleichsetzt, sondern nur partiell korreliert.[22]

Von wie vielen und welchen Zivilisationen Huntington nun ausgeht, ist nicht ganz eindeutig beantwortbar, da er sich bezüglich einer möglichen afrikanischen Zivilisation nicht gänzlich sicher ist (CoC: 47). Es ergeben sich nach einer kurzen Diskussion verschiedener Konzeptionen historischer Zivilisationen im Paradigma Huntingtons sieben oder acht Einheiten: „These include Western, Confucian [später auch als Chinese oder Sinic bezeichnet, Anm. JHK], Japanese, Islamic, Hindu, Slavic-Orthodox, Latin American and possibly African civilization." (Huntington 1993a: 5; in der späteren Monographie vgl. CoC: 45ff.). Drei oder vier dieser angenommenen Zivilisationen gehen auf Weltreligionen bzw. eine christliche Konfession zurück (*konfuzianisch, islamisch, hinduistisch, orthodox*), zwei sind aus Kontinenten bzw. Kontinentteilen abgeleitet (*lateinamerikanisch, afrikanisch*), dazu kommen eine Landesbezeichnung (*japanisch*) sowie eine Himmelsrichtungsbezeichnung (*westlich*). Die Beschreibung des Westens, die Huntington dann vornimmt (CoC: 45ff.), wird im dritten inhaltlichen Hauptteil dieser Arbeit, besonders in Kapitel 5.1.1, ausführlich thematisiert.

Alle diese sieben oder acht Zivilisationen sieht Huntington als potenzielle Konfliktakteure an, ganz besonders jedoch den Islam und seine „blutigen Grenzen" (CoC: 254–259). Eine prognostizierte Konfliktkonstellation interessiert Huntington besonders, und zwar diejenige vom Westen versus eine konfuzianisch-islamische Allianz (CoC: 183–186), bisweilen als „the West and the Rest" tituliert (CoC: 183). Huntington vermutet, dass der gefährlichste Antagonismus der Makro-Ebene sich aufgrund von westlicher Arroganz einerseits und islamischer Intoleranz sowie chinesischer Selbstbehauptung andererseits einstellen werde (ebd.). In diesem Kontext solle der Westen sich untereinander besser strategisch koordinieren und die eigenen wirtschaftlichen Vorteile und Interessen gezielter verfolgen. Huntington plädiert zudem dafür, dass erstens der Wes-

---

22 Ob diese Distinktion von allen Rezipient*innen Huntingtons so nachvollzogen wurde, kann bezweifelt werden. Die Problematik der divergenten Verständnisse des Begriffs von „Zivilisation" bzw. die Option, diese Gruppen-Einheiten sogleich kulturell als auch „ethnisch" zu fundieren, wird an späterer Stelle wieder thematisiert, nämlich in Kapitel 3.2.2.1 und später in Kapitel 5.1.3. Für die politische und ideologiekritische Rezeption der Schriften Samuel P. Huntingtons ist dies ein entscheidender Punkt.

ten den internationalen Waffenhandel begrenzen und die eigene militärische Vormacht ausbauen solle, dass zweitens der Westen die Durchsetzung der als westlich aufgefassten Menschenrechte als Machtinstrument einsetzen solle, und dass drittens der Westen die Immigration aus nicht-westlichen Ländern einschränken und so seine kulturelle, soziale und ethnische Integrität bewahren solle (CoC: 185f.).[23]

Ein zentrales Element dieser prognostizierten Konfliktkonstellationen ist die Annahme, der Westen verliere an Macht und befinde sich nach einer Phase globaler Dominanz in einem Niedergang (CoC: 81ff.). In welchem Tempo und mit welchen Zwischenepisoden dieser Niedergang des Westens ablaufe, sei hingegen noch offen, feststellbar sei eine relative Rückentwicklung des Westens seit der Mitte des 20. Jahrhunderts in Bezug auf Territorium und Bevölkerung (CoC: 84ff.), in Bezug auf die Wirtschaftsproduktivität (CoC: 86ff.) und auf die militärischen Kapazitäten (CoC: 88ff.).

Schließlich führt Huntington recht deutlich aus, welche geopolitischen Grundsätze er dem Westen insgesamt und speziell den Vereinigten Staaten von Amerika empfiehlt. Er argumentiert gegen einen Universalismus des Westens in der Welt, gegen einen Multikulturalismus innerhalb der Staaten des Westens (CoC: 318f.) und für eine Anerkennung der Einzigartigkeit der westlichen Zivilisation. Dies beinhalte eine Nicht-Einmischung in die Belange anderer Zivilisationen und eine interessensgeleitete Machtpolitik, die auf einen Ausbau der wirtschaftlichen wie militärischen Stärke des Westens abziele (CoC: 311f.). Die Multikulturalität der neuen Weltordnung sei also ein zu akzeptierendes Faktum, ein multikultureller Westen sei jedoch strikt abzulehnen. Der Westen solle seine Einflusssphären sichern, einem drohenden Machtverlust versuchen entgegenzuwirken, dabei aber nicht imperialistisch auftreten oder seine Werte als universalistisch präsentieren.

Ein möglicher globaler Krieg, wie er aus der oben skizzierten Konfliktprognose entstehen könne, solle vermieden werden. Der Westen solle gemeinsam mit den anderen Zivilisationen für die Förderung einer höheren Zivilisiertheit eintreten, welche Huntington als „Civilization in the singular [...] a complex mix

---

[23] Im dritten Part des Plädoyers steckt eine Verquickung soziokultureller und ethnischer Aspekte. Aus der Forderung, die „ethnische Integrität" zu schützen bzw. „to protect the cultural, social, and ethnic integrity of Western societies" (CoC: 186) ergibt sich eine exklusionistische Haltung gegenüber vielen Personenkreisen. Huntington nennt noch die Beschränkung der Einwanderung nicht-westlicher Migranten und Flüchtlinge (ebd.) als Konsequenz seines Plädoyers. Es soll an dieser Stelle keine vertiefte politologische Diskussion geführt werden, aber das, was bspw. Terkessidis als die Ethnifizierung von (Kultur-)Politik an Huntington kritisiert (vgl. 1995: 121), wird hier deutlich, siehe hierzu auch das spätere Kapitel 5.1.3.

of higher levels of morality, religion, learning, art, philosophy, technology, material wellbeing" (CoC: 320) beschreibt. Diese Formen des einzelne Zivilisationen übergreifenden Zusammenlebens sollen gezielt gefördert werden durch die Regeln der Kommunalität, nämlich die gemeinsam geteilten Werte, Institutionen und Praktiken aufzusuchen und auszubauen (vgl. ebd.).[24]

Huntingtons deontisch-normative Haltung zu seinen eigenen Thesen ist also, dass der vorher en détail beschriebene Clash nicht eintreten solle, dass bestehende und potenzielle Konflikte nicht eskalieren, und dass weltweit ausgetragene Kriege verhindert werden sollen (CoC: 321):

> The futures of both peace and Civilization depend upon understanding and cooperation among the political, spiritual, and intellectual leaders of the world's major civilizations. In the clash of civilizations, Europe and America will hang together or hang separately. In the greater clash, the global „real clash," between Civilization and barbarism, the world's great civilizations, with their rich accomplishments in religion, art, literature, philosophy, science, technology, morality, and compassion, will also hang together or hang separately. In the emerging era, clashes of civilizations are the greatest threat to world peace, and an international order based on civilizations is the surest safeguard against world war.

Huntington entwickelt seine Thesen und das daraus abgeleitete Paradigma anhand einer Fülle von Material, aber begrifflich-konzeptionell relativ eigenständig und zugleich innovativ. In den Abschnitten zur Theorie von Kultur und Zivilisation stützt sich Huntington auf einige Referenzen (vgl. CoC: 324–328). Er beruft sich dabei ausführlich und wiederholt vor allem auf Oswald Spengler („Der Untergang des Abendlands"), Arnold Toynbee („Study of History", „Civilization on Trial") und Fernand Braudel („History of Civilizations", „On History"). Zusätzlich werden als bedeutende Kultur- und Zivilisationstheoretiker u. a. Max Weber, Emile Durkheim, Marcel Mauss, Alfred Weber, A.L. Kroeber, Immanuel Wallerstein und andere mehr genannt. Bernard Lewis[25] wird im Zuge der

---

24 Ganz am Ende seiner Monographie ändert Samuel P. Huntington also ein wenig den Ton der Argumentation, weg von einer konfliktorientierten und hin zu einer kooperationsorientierten Perspektive für die Zukunft der Menschheit. Teilweise wurde kommentiert, dass das Ende des Buchs sich deutlich vom Rest unterscheide, dass es nämlich insgesamt deutlich versöhnlicher klinge (vgl. Müller 1998: 12).
25 Zur Person Bernard Lewis soll noch hinzugefügt werden, dass die Ansicht kursiert, der Titel „Clash of Civilizations" gehe auf ihn zurück und sei von Samuel P. Huntington ohne Quellenangabe übernommen worden (vgl. https://en.wikipedia.org/wiki/Bernard_Lewis [zuletzt aufgerufen am 22.09.2022]). Die Frage der Autorschaft des englischen Titels wird hier nicht weiterverfolgt, die entscheidendere Frage der Autorschaft des deutschen Titels „Kampf der Kulturen" wurde zudem bereits in Kapitel 3.1.2 beantwortet.

Beschreibung des Islams und der Prognose eines Konflikts zwischen dem Westen und dem Islam mehrmals zustimmend zitiert (vgl. CoC: 210ff.).

3.1.4 Zur Rezeption der Thesen vom „Kampf der Kulturen"

Im folgenden Unterkapitel soll die Aufnahme und Bewertung der Thesen Huntingtons vom „Clash of Civilizations" bzw. vom „Kampf der Kulturen" in den verschiedenen politik-, geschichts- und kulturwissenschaftlichen Diskussionen nachgezeichnet werden. Die hier präsentierte Fokussierung auf Fachdiskurse dient dazu, ein Kontrastmoment zu den in Kapitel 3.3 folgenden Korpusanalysen des deutschsprachigen Mediendiskurses zur Verfügung zu haben. So ermöglicht die Aufteilung der Rezeption Huntingtons auf getrennte Diskursstränge, hier auf den Fach- und den Mediendiskurs, die Erfassung der Wirkung der gesamten Vielgestaltigkeit des „Kampfes der Kulturen".

Für dieses Unterkapitel stellt dies keine gravierende Quantitätsbeschränkung dar, da sich eine enorme Fülle an Repliken, Reaktionen und Rezensionen zu Samuel P. Huntingtons Thesen allein in wissenschaftlichen Arbeiten finden lässt. Angesichts dessen kann an dieser Stelle kein Anspruch auf Vollständigkeit formuliert werden, es sollen jedoch einige wichtige fachlich orientierte Stimmen hier vorgestellt werden. Durch die enorm weitreichenden Themenbezüge der Werke Huntingtons bieten sich insgesamt sehr viele Wissenschaftsdisziplinen zur Berücksichtigung an. Der „Clash of Civilizations" als wissenschaftliche Fragestellung betrifft vordergründig die Politikwissenschaft und dabei je nach Disziplinenverständnis die Internationalen Beziehungen, die Friedens- und Konfliktforschung und die Security Studies (Sicherheitspolitik); zweitens sind ebenso betroffen die historischen Wissenschaften, vor allem die Globalgeschichte und die vergleichenden Kulturwissenschaften wie die Ethnologie und Kulturanthropologie, aber auch die Humangeographie. Drittens können alle diejenigen Wissenschaften etwas beitragen, die sich mit den Gegenständen befassen, die Huntington zur Grenzziehung und Bestimmung seiner Zivilisationen einsetzt (vgl. CoC: 42ff.). Offensichtlich ist dies für die Religionswissenschaft, im Grunde aber auch für quasi alle Sozial- und Geisteswissenschaften gültig.

Die frühen Antworten auf Huntingtons 1993er Artikel finden sich sogleich in den nachfolgenden Ausgaben des Journals „Foreign Affairs" und ergeben zusammengenommen sozusagen eine erste Fachcommunity-interne Diskussionsetappe. Sie sind gut dokumentiert in der Sonderausgabe der „Foreign Affairs" zum 20. Jubiläum des Aufsatzes (vgl. Huntington/Rose 2013). Es handelt sich um Beiträge von Fouad Ajami, Kishore Mahbubani, Robert Bartley, Liu Binyan, Jeane Kirkpatrick, Albert Weeks und Gerard Piel. Frappant ist, dass diese Beiträge in ihrer Gesamtheit inhaltlich sehr kritisch sind und die Clash-of-Civilizations-Theorie überwiegend deutlich ablehnen, dabei aber Samuel Huntington als Person und seinem Ansehen gegenüber wohlwollend und rücksichtsvoll formuliert sind, was sich gut durch das besondere Standing Huntingtons in seiner Peer-Group erklären lässt.

International prominente, also weltweit oft zitierte Reaktionen auf die Clash-of-Civilizations-Thesen liefern Amartya Sen mit „Die Identitätsfalle. Warum es keinen Kampf der Kulturen gibt" (2007, englischer Originaltitel „Identity and Violence. The Illusion of Destiny" [2006]) und Tzvetan Todorov mit „Die Angst vor den Barbaren. Kulturelle Vielfalt versus Kampf der Kulturen" (2010, französischer Originaltitel „La peur des barbares. Au-déla du choc des civilisations" [2008]). In beiden Arbeiten werden fundierte Kritiken an vielen verschiedenen Aspekten der Thesen Huntingtons präsentiert, vor allem am verkürzten Kulturverständnis, das im Sinne eines falsch verstandenen „Multikulturalismus" nur einen „pluralen Monokulturalismus" darstellt (vgl. Sen 2007: 165, Todorov 2010: 96f.), also die Aufforderung zur Reduzierung vielfältiger Gemeinschaften auf einen vermeintlich wesenshaften, eben essenzialisierten Kulturbezug sowie die strikte Auftrennung aller Personen auf ebendiese Gruppen. Sen (2007) beschreibt zudem eindringlich, wie diese reduktionistische Zuschreibung nur einer entscheidenden Identität, statt der in komplexen Gesellschaften eigentlich gegebenen Pluralität und Hybridität von Identitäten, fundamentalistisch aufgeladen und in gruppenidentitätsbezogene Gewalt umschlagen kann. Eine weitere international prominente Stimme, die Huntington entschieden kritisiert hat und in eine ähnliche Richtung argumentiert, stellt Edward Said dar (vgl. Said 2001).

Nun folgend soll der Fokus auf die deutschsprachige Rezeption Huntingtons gelegt werden, da diese einzelsprachlich-bezogene Beschränkung auch die weiteren Kapitel und die Fragestellung betrifft.

Die umfangreichsten Arbeiten, die sich dezidiert nur mit den Thesen vom „Clash of Civilizations" auseinandersetzen, stellen die Monographien von Menzel (1998), Müller (1998), Metzinger (2000), Çağlar (2002), Jurewicz (2008) sowie ein Sammelband von Mokre (2000) und ein Zeitschriften-Sonderheft von Bröning/Hillebrand (2014) dar. Unzählige weitere kleinere Arbeiten wie Aufsätze, Buchkapitel oder Journalartikel könnten hier aufgelistet werden; allein als deutschsprachige politikwissenschaftliche Texte seien Paech (1994), Hummel/Wehrhöfer (1996), Senghaas (1997), Weller (2004), Salzborn/Stich (2013, 2016) und Fütterer (2016) genannt.

Mit welchen Bewertungen geht nun die fachliche Rezeption der Thesen Huntingtons einher? Ganz überwiegend ist die Bewertung negativ, die fachliche Rezeption ist von inhaltlichem Widerspruch und kritischer Ablehnung des Paradigmas vom Zivilisationskonflikt dominiert. Alle oben genannten Arbeiten gehören in unterschiedlicher Ausprägung und mit verschiedenen Graden der Schärfe der Kritik zu diesem Lager. Am entschiedensten sprechen sich dabei Paech (1994), Müller (1998) und Çağlar (2002) gegen die Korrektheit und Verwendbarkeit der Thesen Huntingtons aus.

Unter Berücksichtigung der größeren, deutschsprachigen Arbeiten in Auseinandersetzung mit Huntingtons Thesen steht der überwiegend negativen Haltung nur der Islamwissenschaftler Bassam Tibi (1998) gegenüber. Zwar distanziert sich Tibi wiederholt von Huntington (1998: 72–74; 307; 328ff.), stellt seine eigene Theorie von Zivilisationskonflikten aber auch als eine teilweise affirmativ angelegte Weiterentwicklung dar. Er betont in Abgrenzung zu den CoC-Thesen die stärkere Werte-Orientierung der Zivilisationen und die Optionen der Deeskalation durch vernunftorientierte Friedensstrategien wie eine Nicht-Politisierung von Weltanschauungskonflikten. Es sei eben, anders als Huntington andeute, keine Zwangsläufigkeit der möglichen kulturell aufgeladenen Konflikte, kein fundamental kriegerisches Wesen der Zivilisationen gegeben (Tibi 1998: XV, 331). Trotzdem wird Tibi zumeist als Verteidiger Huntingtons eingestuft (bspw. bei Menzel 1998: 79, Fütterer 2016: 222). Ihm wird dabei vor allem analog zu Huntington eine Essenzialisierung und Homogenisierung der Zivilisationen vorgeworfen (Krämer 2015: 30).

Um einen synoptischen Überblick über den Fachdiskurs zu den CoC-Thesen inklusive des Verhältnisses von Zustimmung und Ablehnung zu erhalten, ist es ratsam, in den genannten wissenschaftlichen Arbeiten nach Debattenzusammenfassungen und -bilanzierungen zu suchen. Dafür eignen sich besonders die genau darauf abzielende Monographie von Metzinger (2000), ein Textabschnitt bei Menzel (1998) und das Sonderheft von Bröning/Hillebrand (2014), die jeweils für sich in Anspruch nehmen, genau diese Fachdiskurs-Bilanz liefern zu können.

Die erste Ergebnisübersicht über die sogenannte Huntington-Debatte liefert also Menzel (1998: 79):

[D]ie Sichtung von etwa 60 Titeln, die bis zum Sommer 1997 erschienen sind, [läßt] eine Verteilung von etwa 40 % eher Zustimmung zu etwa 60 % eher Ablehnung erkennen. [...] [D]ie zustimmenden Beiträge [gehören] eher dem konservativen und damit realistischen Lager an, während die Kritiker sich aus dem linken oder liberalen und damit idealistischen oder neoinstitutionalistischen Spektrum rekrutieren.

Neutrale oder unentschiedene Reaktionen seien so gut wie nicht vorhanden, was wiederum darauf zurückgeführt werden könne, dass Huntingtons Thesen provoziert und polarisiert haben (ebd.).

Metzinger widmet der Aufgabe, die publizistischen Reaktionen auf die CoC-Thesen zusammenzufassen und einzuordnen, seine gesamte Arbeit (2000). Er beschreibt zunächst, wie zahlreich und emotional aufgeladen die Diskussionsbeiträge waren, dass aber nach 1997 die Debatte abgeebbt sei und nunmehr nur noch der deutsche Buchtitel als Schlagwort zirkuliere (2000: 8f.). Diese Einschätzung ist angesichts des Erscheinungszeitpunkts der Arbeit Metzingers im Jahr 2000 hochrelevant und deutet einen Diskursverlauf mit abgrenzbaren Etappen an, was im medienanalytischen Kapitel, vor allem in 3.3.1, wieder aufgegriffen wird. Metzinger fasst die also vor allem 1993/1994 und 1996/1997 ablaufende Debatte so zusammen, dass Huntington insgesamt weder in der Politikwissenschaft noch in der gesellschaftsorientierten Publizistik allgemeine Zustimmung gefunden habe; dass es dabei jedoch Abstufungen gab sowohl hinsichtlich der politikwissenschaftlichen Denkschulen, mit der meisten Kritik an Huntington von außerhalb der Theorie des Realismus, als auch zwischen anglophonen und deutschsprachigen Diskussionen; dass es insgesamt betrachtet Huntington nicht gelungen sei, ein neues, gemeinhin akzeptiertes geopolitisches Paradigma zu begründen (2000: 84ff.).

Die aktuellere Debattensynopsis, also inklusive der nach 9/11 und dem globalen Erstarken des islamistischen Terrorismus verfassten Beiträge, findet sich bei Bröning/Hillebrand (2014) in der Sammlung von 23 Kurzessays von „führende[n] deutsche[n] Experten und Wissenschaftler[n]" (2014: 4) zur heutigen Relevanz und Gültigkeit der CoC-Thesen. Es überwiegen dabei deutlich die Kritik an den Thesen mit verschiedenen theoriebezogenen Mängelvorwürfen und eine Ablehnung der geschlussfolgerten Aufforderungen Huntingtons. Demgegenüber stehen vereinzelte Beiträge mit Gegenpositionen (zahlenmäßig etwa 4–5 von 23), in denen Huntington zumindest teilweise oder ganz explizit dafür gelobt wird, eine wichtige, möglicherweise gar prophetische Debatte angestoßen und vorangetrieben zu haben und zugleich den kulturellen Einflussfaktor für die Internationalen Beziehungen wieder stark gemacht zu haben (ebd.). In mehreren Beiträgen wird betont, dass es einen eklatanten Unterschied zwischen den wissenschaftlichen und massenmedialen Diskussionen hinsichtlich der Bewertung und Anerkennung der Thesen gegeben habe, bezeichnend ist hierfür der Beitragstitel „Stammtisch: Hui, Hochschule: Pfui" von Stahl (2014: 34–35).

Ähnlich orientiert sehen auch die Debattenzusammenfassungen in weiteren Arbeiten aus. Jurewicz (2008: 51) beschreibt, dass Huntington selbst für einige Kritiker eine nützliche Debatte begonnen habe, „das Werk selbst jedoch nicht aus seinem wissenschaftlichen Gehalt, sondern aus der öffentlichen Wirkung seine Bedeutung speist" (ebd.). Fütterer (2016: 222f.) bilanziert dies analog. Müller (1998: 15f., 19ff., 31ff.) weist wiederholt auf den Publikationserfolg Huntingtons mitsamt der enormen medialen Resonanz der Thesen hin und kontrastiert diese mit dem wissenschaftlichen Widerspruch und fachlicher Ablehnung: „Kultur- und Regionalspezialisten wiesen dem Autor zahlreiche Irrtümer nach, Historiker und Politikwissenschaftler griffen die Theorie und ihre Begriffe an." (Müller 1998: 16)

Schließlich sollen die hauptsächlichen Kritikpunkte gegenüber den CoC-Thesen hier zusammengetragen werden. Metzinger (2000) identifiziert in seiner Untersuchung der politologischen und publizistischen Huntington-Debatten vier Aspekte, die am häufigsten und intensivsten Gegenstände der Kritik wurden: erstens „Huntingtons Kulturbegriff und Weltkarte" (2000: 19ff.), worunter die begrifflichen und konzeptionellen Mängel der Definition von Civilizations bzw. Kulturkreisen fallen, also die Fragen nach dem unklaren Verhältnis von Kultur und Religion oder die Rolle von Wertprinzipien als vermeintlicher Kulturbasis, sowie die Annahme Huntingtons, dass die von ihm unsauber definierten *civilizations* in sich homogen seien; zweitens (2000: 33ff.) stehen die von Huntington diskutierten empirischen Beispiele in der Kritik und werden vielfach anders analysiert und interpretiert, als dass die jeweiligen Konflikte (v.a. die Balkankriege, der zweite Golfkrieg, Kaukasus-Konflikte u.a.) ausschließlich oder zumindest primär aufgrund unterschiedlicher Kulturgruppen-Zugehörigkeiten der Kontrahenten erklärbar sind; drittens (2000: 46ff.) bezieht sich die Kritik sehr oft auf Huntingtons Prognose vom Konflikt „The West Versus the Rest"; und viertens (2000: 70ff.) steht der Anspruch Huntingtons, ein neues politologisches Paradigma begründet zu haben, vielfach in der Kritik und die prognostische Qualität der CoC-Thesen wird bezweifelt. Hierunter fallen auch die Beiträge, in denen Huntingtons Thesen als eine „self-fulfilling prophecy" gedeutet werden (2000: 78ff.): Erst indem der Westen dazu aufgefordert werde, seine eigenen Interessen gezielter zu verfolgen und sich dadurch neue Feinde schaffe, deren potenziell antagonistisches Verhalten dann wiederum in der Blaupause eines geopolitischen Konflikts gedeutet werde, erfülle sich die Vorhersage eines Kampfes vom Westen gegen des Rest. Die Logik der Feindbildkonstruktion und Feindwahrnehmung werde auf die globalpolitische Ebene übertragen und könne sich hier selbst verstärken, weshalb die CoC-Thesen auch „moralisch fragwürdig und politisch gefährlich" (Hassner 1997, zitiert nach Metzinger 2000: 78) seien.

Dass Huntingtons Thesen einerseits unterkomplex und simplifizierend seien, dass seine daraus abgeleiteten Konfliktprognosen aber gleichzeitig übergeneralisiert-vereinfachend und anschaulich-nachvollziehbar seien, wird häufiger ausgeführt und problematisiert (vgl. Metzinger 2000: 80 mit zahlreichen Verweisen). Die CoC-Thesen enthalten eine „große prima-facie-Plausibilität" (Walt 1997, zitiert nach Metzinger 2000: 80), aus der sich ihr medialer Erfolg ergebe, trotz ihrer Eindimensionalität und explanativen Mängel bei genauerer Betrachtung. Ähnlich argumentiert Müller (1998: 19ff.), der das Bedürfnis nach einer vereinfachenden Welttheorie ausführlich beschreibt und damit den Erfolg Huntingtons erklärt. Müller zufolge sind aber auch die politische Theoriebildung und die zugrundeliegenden Konzeptionen mangelhaft (1998: 15ff).

Daran schließt sich der zentrale und oftmals vorgebrachte Vorwurf an, dass Huntingtons Kulturverständnis fehlerbehaftet sei und zu kurz greife. Große Kultureinheiten seien eben nur Konstruktionen (Menzel 1998: 73), jedoch keine politischen Akteure und können nicht unmittelbar handeln (Müller 1998: 42). Bröning/Hillebrand (2014: 2ff.) benennen ebenso als eklatanten Mangel der CoC-Thesen, dass die vermeintlichen Kulturblöcke nicht ausreichend begründet werden, dass die ihnen inhärente Heterogenität nicht gesehen wird und dass es in realiter eine enorme Dynamik in der Zuordnung von Territorium und Kultur gebe, die Huntington im Zuge seiner Übergeneralisierungen ignoriert habe.

Es wurde verschiedentlich und nachdrücklich darauf hingewiesen (vgl. Müller 1998, Bröning/Hillebrand 2014, Abdi 2018, Melchers 2018), dass Huntington in der konzeptionellen Bildung von umfangreichen Kultureinheiten diese als starre Kollektive mit festen und unveränderlichen Zugehörigkeiten repräsentiere und dass damit eine Essenzialisierung des Kulturbegriffs einhergeht. Salzborn/Stich beschreiben dies als den problematischen „kulturalistischen bias" (2013: 179), der allerdings in der deutschen Übersetzung um ein Vielfaches verstärkt sei; während Huntington originalsprachlich die Begriffe zwar nicht kritisch, aber eher additiv und assoziativ gebrauche, sei er durch die deutsche Übersetzung zu einem normativen Kulturalisten gemacht worden (2013: 170f.).

Huntington setzt diese essenzialisierten Kultureinheiten in seinem simplifizierten Erklärungsmodell der Globalkonflikte dergestalt ein, dass die kulturellen Differenzen zwischen den Kulturkreisen fundamental und unveränderbar seien und quasi notwendigerweise zu Konflikten führten. Damit ergeben sich laut Hummel/Wehrhöfer (1996: 12) prinzipiell unlösbare Machtkonflikte, weshalb die Konfliktparteien geradezu gezwungenermaßen stärker nach Hegemonie als nach Ausgleich streben. In diesem Sinne wird der Kulturbegriff also nicht nur essenzialisierend, sondern hinsichtlich seines Konfliktpotenzials reduktionistisch und deterministisch benutzt.

Zusätzlich kritisiert Dietz (2007: 23ff.) aus philosophisch-begriffslogischer Perspektive, dass Huntingtons Gebrauch des Kulturbegriffs problematisch sei, weil er deskriptive und normative Begriffsverwendungen miteinander vermische und gleichzeitig partikulär-geschlossene Kulturen vermittle. Hawel (2006) spricht in diesem Kontext auch kritisch von der kulturbezogenen Identitätspolitik, die sich aus Huntingtons Thesen ableiten lasse.

Es ist dann nicht mehr überraschend, dass bei einer empirischen Überprüfung der von Huntington 1993/1996 angestellten Prognosen geopolitischer Konflikte erkennbar wird, dass er sehr oft falsch lag, dass viel häufiger Konflikte innerhalb der „civilizations/Kulturkreise" als zwischen diesen oder entlang der angenommenen Bruchlinien ablaufen (vgl. Senghaas 1997: 218; Zürn 2014: 46f.; Melchers 2018: 3). Zürn zufolge lag Huntington „empirisch falsch, politisch [...] wahrlich falsch" (2014: 47).

Hiermit zeigt sich, dass die Hauptthese Huntingtons, dass nämlich zukünftige globale Konflikte kulturell, statt nationalistisch oder ideologisch determiniert seien, substanziell angegriffen und infrage gestellt wird.

Die Entstehung des „Kampfes der Kulturen" ist vierteilig rekonstruiert worden, um der Komplexität des Gegenstands gerecht zu werden. Zunächst wurde dargestellt, inwiefern Samuel P. Huntington eine privilegierte Position im Diskurs, die sich aus mehreren biographischen Elementen speist, einnimmt und inwiefern dies die Verbreitung und Wirkung seiner Arbeiten beeinflusst haben kann. Die komplexe Publikationsgeschichte des „Clash of Civilization" wurde ebenso wie die des „Kampfes der Kulturen" dargestellt. Als relevantes Ergebnis mag dabei gelten, dass ursprünglich Stefan Schreiber, ein für „Die Zeit" arbeitender Artikelübersetzer, für die originäre deutsche Übersetzung verantwortlich ist, dass dann aber der Buchübersetzer Holger Fliessbach sich diese zu eigen gemacht und qua Editionsnotiz sich diese Übersetzungsleistung diskursiv „gesichert" hat. In Kapitel 3.1.3 wurden dann zentrale Thesen und Argumente der Arbeiten Huntingtons referiert. Schließlich wurde der unermesslich breite und vielfältige Fachdiskurs in aller gebotenen Kürze skizziert. Sowohl international als auch deutschsprachig erfuhren die Thesen größtenteils Ablehnung, teilweise war diese Ablehnung ganz entschieden formuliert, teilweise war sie durch Respektsbekundungen gegenüber Huntingtons Persona oder gegenüber dem publizistisch-medialen Erfolg der Thesen abgeschwächt. So gut wie alle wichtigen Inhaltsaspekte der Thesen vom „Clash of Civilizations" sind aus wissenschaftlicher Perspektive kritisierbar. Es gibt Widerspruch gegen konzeptionelle, empirische und normative Elemente der Schriften Huntingtons, vor allem aber gegen die fundamentale Behauptung, die zukünftigen Konflikte der Menschheit würden sich zwischen eindeutig fassbaren, homogenen Zivilisationseinheiten abspielen.

3.2 Linguistische Perspektiven auf den *Kampf der Kulturen*

Nach der im vorigen Kapitel erfolgten Darstellung der Entstehungsbedingungen des „Kampfes der Kulturen" wird in diesem Kapitel der Fokus auf die sprachlichen Aspekte gelegt. Insofern als das vorige Kapitel eine Erarbeitung der komplexen Kontextualisierung dieses Diskurselements darstellte und dabei mehrheitlich biographisch, publizistisch, inhaltsanalytisch orientiert war, werden nun verschiedene linguistische Perspektiven aufgezeigt, aus denen sich eine Beschäftigung mit dem *Kampf der Kulturen* lohnt. Somit wird dieses Kapitel auch erstmals solche Überlegungen vermitteln, die von einer in der Sprachwissenschaft angesiedelten Forschungsarbeit erwartbar sind. Im Folgenden wird zunächst in dem Unterkapitel 3.2.1 die Relevanz der linguistischen Herangehensweise an den Gegenstand herausgestellt, bevor in 3.2.2 die Übersetzungsproblematik aufgegriffen wird. Genauer gesagt wird hierbei in weiteren Untergliederungsschritten eine adäquate Beurteilung der Übersetzung vorgenommen, und zwar mit Hinblick auf die Übersetzungsrelationen *civilization/Kultur* (3.2.2.1) und *clash/Kampf* (3.2.2.2) sowie mit einem kurzen Vergleich der Buchtitel-Übersetzungen in weiteren Sprachen (3.2.2.3). Anschließend erfolgt eine mehrteilige Analyse des *Kampfes der Kulturen*, die systemlinguistisch (3.2.3), rhetorisch (3.2.4) und pragmalinguistisch (3.2.5) ausgerichtet sein wird.

3.2.1 Relevanz und Desiderat der linguistischen Fragestellungen

Dass der *Kampf der Kulturen* ein relevanter Gegenstand für Sprachuntersuchungen ist, wird bereits bei einem kursorischen Blick in die zuvor ausführlicher besprochene Rezeption der Thesen Huntingtons deutlich: Laut H. Müller (1998: 16) habe der *Kampf der Kulturen* Eingang in Sprache und Denken gefunden. Metzinger (2000: 8) beschreibt, dass der Buchtitel nach einem Abnehmen der ersten Debatten immer noch als Schlagwort zirkuliere. Bei A. Müller (2014: 25) verwandeln sich die als welterklärend intendierten Thesen Huntingtons schließlich zu einer „[m]odisch agitatorische[n] Propagandaformel" (ebd.), bedingt durch „Small-Talk [und] Kommunikation über diese Themen und Thesen […], ohne ihren Sinn und auch ihr Verständnis richtig zu befragen und zu hinterfragen" (ebd.). Ähnlich formuliert Hauck hinsichtlich der außerordentlichen Publicity des Werks Huntingtons und der damit einhergehenden Verbreitung des Titels (2006: 130):

Auf die Floskel vom „Kampf der Kulturen" (so der deutsche Titel des Buches) nimmt bei uns zu Lande inzwischen so gut wie jeder Politiker oder Feuilletonist (positiv oder negativ) Bezug, der über Weltpolitik, über Außenpolitik, über Migration, über „den" Westen oder über „den" Islam redet.

„Schlagworte", „Floskeln", „Propagandaformeln" sind zweifelsohne sprachliche Einheiten und ergeben folglich sprachwissenschaftliche Untersuchungsobjekte. Dennoch ist mir keine umfassende Arbeit sprachwissenschaftlicher Provenienz bekannt, die sich dezidiert mit dem „Kampf der Kulturen" beschäftigt.

Einzelne Facetten der den „Kampf der Kulturen" behandelnden Diskurse werden bisweilen in der Angewandten Linguistik und dort vor allem in der Interkulturellen Kommunikation (IK) untersucht, insbesondere das von Huntington vermittelte folgenschwere Kulturverständnis. Als Gegenstand genuin linguistischer Analyse wird die Phrase *Kampf der Kulturen* dabei zumeist nur peripher behandelt. In anderen, sich mit Sprache befassenden Arbeiten wird das Thema vereinzelt angerissen.

Meier (2013) beschreibt das ideologisch und kommunikationstheoretisch aufgeladene Verhältnis von *Kampf der Kulturen* und *Dialog der Kulturen* zueinander. Kalverkämper betitelt einen längeren Aufsatz mit „‚Kampf der Kulturen' als Konkurrenz der Sprachkulturen – Anglophonie im globalen Spannungsfeld von Protest, Prestige und Gleichgültigkeit" (2008). Darin geht es jedoch vor allem um die globale Konkurrenz von Weltsprachen und die sprachtheoretischen Konsequenzen von Monolingualität, um die titelgebende Phrase geht es nur peripher und nur in Form einer kurzen etymologischen Notiz, die später in Kapitel 3.2.2.2 kurz aufgegriffen wird.

Dementsprechend soll das Vorhaben dieses Unterkapitels, den *Kampf der Kulturen* sprachwissenschaftlich adäquat zu beschreiben, hiermit als Reaktion auf ein Forschungsdesiderat herausgestellt werden. Die hier präsentierten Ausführungen sind dezidiert an Sprache als komplexem Zusammenspiel von grammatischen und lexikalischen Elementen mit ihren jeweiligen Vorkommens- und Gebrauchsbedingungen interessiert, woraus sich ein mehrteiliger Aufbau des Kapitels mit einer internen Gliederung entlang der groben linguistischen Subdisziplinen ableitet. Folglich wird der *Kampf der Kulturen* nicht einfach nur als „ein" sprachliches Phänomen betrachtet, sondern als ein Phänomen, das translatologisch, grammatisch, rhetorisch, pragmalinguistisch und – im späteren Kapitel 3.3 – korpusanalytisch behandelt werden kann.

In den oben referierten Beschreibungen der Entwicklung hin zu einem Schlagwort oder einer Floskel werden gleichzeitig bestimmte Prozesse des Gebrauchs der Phrase genannt. Die Diskursdomäne der Massenmedien spielt hierfür die entscheidende Rolle. Im Fortgang dieser Arbeit ist die Beschäftigung damit für das nächste Kapitel (3.3) als Gegenstand der korpuslinguistischen Analyse vorgesehen. Im Hinblick auf dieses Teilkapitel sind medienlinguistische Ausführungen also vorerst aufgeschoben.

3.2.2 Zur Übersetzungsproblematik

Ein ganz zentraler Aspekt der Beschäftigung mit der Frage, was der *Kampf der Kulturen* sei, besteht in der Übersetzungsproblematik, respektive des Verhältnisses zwischen den englischsprachigen Titeln der originalen Arbeiten Samuel P. Huntingtons und denjenigen, die in deutschsprachigen Diskursen Verwendung gefunden haben. Dies sind die Phrasen *clash of civilizations* versus *Kampf der Kulturen*. Die zeitlichen wie publizistischen Faktoren ihres jeweils primären Auftretens wurden detailliert in Kapitel 3.1.2 herausgearbeitet. Als kurze Rekapitulation sei auf die Etablierung dieser Übersetzung durch Stefan Schreiber 1993 und die „doppelte Übernahme" dieser Übersetzung durch Holger Fliessbach 1996 verwiesen. Die Buchübersetzung entspricht einer doppelten Übernahme der Translation, erstens im Sinne einer Weiterbenutzung bzw. Weiterverbreitung und zweitens im Sinne einer Verschiebung der Verantwortlichkeit für die Übersetzung, die sich im Folgenden diskursiv durchgesetzt hat. Die überwiegend sehr kritische Bewertung der Translationsleistung, die die politologischen und sozialwissenschaftlichen Fachdiskurse dominiert, wurde ebenso bereits herausgestellt (in 3.1.2 und 3.1.4).

Das also von Schreiber zuerst produzierte und von Fliessbach popularisierte Translat *Kampf der Kulturen* ist aus zwei Autosemantika aufgebaut, deren Übertragungsrelationen auffällig sind und die entsprechend beide im Folgenden thematisiert werden sollen (in 3.2.2.1 *civilization – Kultur* und in 3.2.2.2 *clash – Kampf*), bevor die deutsche Übersetzung mit den aus einzelnen anderen europäischen Sprachen verglichen und abschließend bewertet wird (in 3.2.2.3).

3.2.2.1 Zur Übersetzungsrelation von *civilization* und *Kultur*

Wenn die Übersetzung von *clash of civilizations* zu *Kampf der Kulturen* thematisiert wird, dann steht gemeinhin das Verhältnis von *civilizations* und *Kulturen* im Fokus der Aufmerksamkeit. Zusammen mit den jeweils etymologisch verwandten Ausdrücken, *civilization – Zivilisation* und *culture – Kultur*, ergeben sich komplexe, mehrgliedrige Verwendungskonkurrenzen. Die englischen wie die deutschen Vokabeln haben lange, teilweise kontrastierende Begriffstraditionen und sind verschiedentlich politisch-ideologisch aufgeladen worden, was in diesem Unterkapitel differenziert und in aller gebotenen Kürze dargestellt wird.

Im originalsprachlichen Text benutzt SPH sowohl *culture* als auch *civilization*, wie bereits im vorherigen Kapitel 3.1.3 referiert wurde. Er setzt beide Ausdrücke in eine terminologische Beziehung der Über-Unterordnung entsprechend ihrer gruppenbildenden Reichweite, wobei *culture* als grundlegendere Bezeichnung für alle möglichen Merkmale menschlicher Verschiedenheit fungiert und *civilization* die Bezeichnung für die umfangreichste Zuordnungsebene darstellt. Alle identifizierbaren Differenzen[26] zwischen Menschen prägen also *culture*, die sich schließlich zu einer von weltweit sieben oder acht *civilizations* zusammenschließen lassen. In den deutschen Übersetzungen sowohl von Schreiber 1993 als auch von Fliessbach 1996 wird dieses Verhältnis der begrifflichen Über-Unterordnung aufgebrochen. Die Übersetzung von *culture* ist in beiden deutschen Texten jeweils uneinheitlich, teilweise wird dieser Ausdruck als *Kultur, kulturell*, teilweise als *Zivilisation* wiedergegeben.[27] Gleichzeitig wird der titelgebende Oberbegriff *civilization* zu *Kultur* oder *Kulturkreis* übersetzt, deutlich seltener auch zu *Hochkultur*. Der Ausdruck *Kulturkreis* verweist dabei auf die Übergeordnetheit und möglichst ausgedehnte Reichweite dieser Kategorie in Abgrenzung zu den grundständigeren Kulturmerkmalen. Laut Altmayer (2004: 94) findet sich diese markante Verwendungsweise von *Kulturkreis* bereits bei dem frühen Ethnologen Leo Frobenius (1873–1938).

Für die gesamten Übersetzungen von Huntingtons Schriften in die deutsche Sprache kann also das Begriffspaar *Kultur-Kulturkreis* als intendiertes Analogon zur Bedeutungsbeziehung von *culture-civilization* angesehen werden. Im entscheidenden Buchtitel ist diese Gleichsetzung aber nicht vorzufinden, da dort der prägnantere Ausdruck *Kultur* dem sperrigen Kompositum *Kulturkreis* vorgezogen wurde. Hierauf wird später zurückzukommen sein.

Holger Fliessbach fügt seiner Buchübersetzung eine editorische Notiz bei, die bereits in Kapitel 3.1.2 zitiert wurde, und die als Rechtfertigungsversuch genau dieser Übersetzungsleistung gelten kann (KdK: 14). Fliessbach erwähnt darin Unterschiede beim Gebrauch von *Kultur* und *Zivilisation* zwischen der deutschen Sprache einerseits und dem Englischen und Französischen andererseits und verweist kurz auf Norbert Elias und dessen Werk „Über den Prozeß der Zivilisation" (Elias 1978 [1939]). Diese Vorbemerkung findet jedoch keine Zu-

---

26 Wie in 3.1.3 dargestellt sind aber für SPH einige Aspekte zur „Kultur"-Abgrenzung relevanter als andere. Zuvorderst ist hier die Religion zu nennen.
27 Eine Auszählung aller Vorkommen dieser Ausdrücke wurde nicht vorgenommen. Als Tendenz ist aber die höhere Frequenz von *Kultur* als Translat von *culture* feststellbar.

stimmung, Salzborn/Stich zufolge „stiften [Fliessbachs Ausführungen] begrifflich mehr Verwirrung, als sie aufklären" (2013: 170, Fußnote 7).

Der begriffliche Dualismus zwischen den Ausdrücken *Kultur* und *Zivilisation* ist damit vollends ins Licht der Aufmerksamkeit gerückt. Viele sozialwissenschaftliche und begriffstheoretische Arbeiten befassen sich mit diesen beiden schillernden Lexemen, ihrer Konkurrenz bzw. Ähnlichkeit zueinander und den einzelsprachlichen Gebrauchstraditionen. Die präziseste Auseinandersetzung mit diesen Fragestellungen liefert dabei Fisch (1992: 679ff.) unter dem Lemma „Zivilisation/Kultur" im historischen Lexikon „Geschichtliche Grundbegriffe" (Band 7). Fisch untersucht die komplexe Begriffsbeziehung unter Berücksichtigung der lateinischen Wortbildungsgrundlagen und der semantischen Entwicklungen im englischen, französischen, italienischen und deutschen Sprachraum. Das Motiv der Begriffsbildungen sei laut Fisch ähnlich und gehe in beiden Fällen auf die Identifizierung der Gesamtheit der menschlichen Leistungen, auf das menschliche Wirken und die Naturunterwerfung zurück (vgl. Fisch 1992: 680f.). So seien die Verwendungsweisen jahrhundertelang über die verschiedenen Sprachräume hinweg relativ ähnlich, wobei beide Ausdrücke wertend und grundlegend positiv evaluierend gebraucht worden seien (ebd.). Erst mit den Krisen und nationenübergreifenden Konflikten zu Beginn des 20. Jahrhunderts habe sich im deutschen Sprachraum eine Begriffsdifferenzierung etabliert, in welcher *Zivilisation* als Auffangbecken für negative Aspekte und *Kultur* zur eigenen Aufwertung inklusive der Möglichkeit nationalistischer Abgrenzung dienen könne. Vor allem konservative Theoretiker haben sich an der Bildung einer solchen Antithese versucht, der zufolge unter dem deutschen Begriff *Kultur* etwas Tiefes, Geistiges, Ideales verstanden werde, *Zivilisation* hingegen auf Materielles, Seichtes beschränkt sei.

Dieser national-ideologischen Aufladung habe aber stets die Möglichkeit der weitgehend synonymen Verwendung beider Ausdrücke gegenübergestanden. Fisch (1992: 722) widerspricht explizit Norbert Elias, auf den sich eben Holger Fliessbach zur Stützung seiner Übersetzung beruft. Die Annahme, dass die Präferenz der „Kultur" – als Ausdruck und Konzept – spezifisch deutsch und die Präferenz der „Zivilisation" spezifisch französisch oder englisch sei und beide derart unterschiedliche soziale und national-mentale Verhältnisse abbildeten, mithin also das jeweilige Nationalbewusstsein ausdrückten (vgl. Elias 1978: 2ff.), sei empirisch nicht belegt und ihr entgegen stehe die weitgehende inhaltliche Übereinstimmung der beiden Begriffe. Zudem sei Elias' Argumentation unhistorisch und in mehreren zeitgeschichtlichen Explikationen inkorrekt (Fisch 1992: 722).

Laut Fisch bildeten sich im späteren 20. Jahrhundert fachspezifische Verwendungsweisen beider Begriffe heraus, die gleichfalls nicht der Annahme nationaler Divergenzen entsprechen. In wissenschaftlichen Diskursen seien dabei *Kultur* und vielmehr noch das englische *culture* die deutlich frequenteren Termini (1992: 768). Bisweilen fungieren nun beide Ausdrücke zur Sachverhaltsdifferenzierung und -präzisierung in spezifischen Begriffssystemen. Hierunter falle auch die Terminologie von Arnold Toynbee mit *civilization* als großen, herausgehobenen Einheiten, die der *culture* übergeordnet seien (1992: 773).

Civilization entspricht hier quasi der Kategorie der Makroebene, *culture* den darunter liegenden Meso- und Mikroebenen. Genau dieser relativ jungen Begriffskontrastierung zur Ebenendifferenzierung schließen sich offensichtlich die originalsprachlichen Texte Samuel P. Huntingtons an. Die deutschen Übersetzungen hingegen weichen deutlich hiervon ab und rekurrieren zur Begründung dieser Abweichung auf eine alternative Option des Begriffsgegensatzes, die jedoch nur eingeschränkt verbreitet und nicht analog anwendbar war. Aus dieser Verschiebung der terminologischen Opposition entsteht die mehrmals kritisierte, durch die Übersetzung hervorgerufene Begriffsverwirrung. Enorm verstärkend wirkt zudem die Inkonsequenz der deutschen Übersetzung, genauer die mehrfache, inkonsistente Verwendung von *Kultur* entweder für *culture* oder für *civilization*, obwohl Huntington genau hierfür eine terminologische Unterscheidung intendiert.

Die sich aus der eigentlichen Ebenentrennung ableitenden Begriffspaare sowohl der Originaltexte als auch der deutschen Übersetzung weisen eine ganz entscheidende Gemeinsamkeit auf. *Culture-civilization* sowie *Kultur-Kulturkreis* werden allesamt hauptsächlich als Abgrenzungsbegriffe verwendet. Ihre dominante Funktion besteht darin aufzuzeigen, inwiefern sich Menschen unterscheiden, und gerade nicht darin, darauf zu referieren, worin sich Menschen gleichen oder ähneln. Die terminologische Opposition betrifft eben die Reichweite und daraus abgeleitet die relationale Ebene, nicht aber die prinzipielle Eigenschaft als Differenzkategorien: *civilization* und *Kulturkreis* als Makroebene, *culture* und *Kultur* als deren Fundamente teilen Menschen auf und grenzen sie voneinander ab, anstatt etwas Gemeinsames oder Verbindendes zu bezeichnen.

Im Gefüge der Begriffsgeschichte von *Kultur* ist damit die Kulmination einer längeren Bedeutungsentwicklung vollzogen, weg von einer Bezeichnung für die Gemeinsamkeit aller menschlichen Praxen hin zu einer Bezeichnung, die die Unterschiede der so denotierten Gemeinschaften betont. Für ausführlichere Darstellungen dieses Prozesses und der dazugehörigen Diskussionen des Kulturbegriffs siehe bspw. Fisch (1992), Altmayer (2004), Hauck (2006), Moebius/Quadflieg (2011). Ebenso beschreibt Hess-Lüttich den Wandel bzw. die Bedeutungsveränderung von *Kultur* prägnant und anschaulich (2003: 76). Hess-Lüttich nennt Kroeber/Kluckhohn (1952) als diejenigen, die den spezifischen Gruppenbezug des Kulturbegriffs zuerst beschrieben haben, dort ist zu lesen: „A culture refers to the distinctive way of life of a group of people, their designs of living." (Kroeber/Kluckhohn 1952: 86)

Weitere Arbeiten, die sich mit dem Begriff *Kultur*, der Entwicklung seiner differentiell kategorisierenden Funktionalität und deren Implikationen befassen, lassen sich hier nennen. So arbeitet J. Müller (1995) die hieraus resultierende ausschließende Kulturideologie konservativer und rechter Kreise heraus. Spitzmüller (2017) reflektiert über die teilweise impliziten Problematiken der essenzialistischen Kulturkonzepte aus diskurslinguistischer Perspektive. Reckwitz (2017) beschreibt zwei antagonistische Kulturalisierungstendenzen in modernen Gesellschaften, nämlich neben einem eher liberalen, gesellschaftlich offen ausgerichteten Kulturkommunitarismus eben den exklusionistischen Kulturessenzialismus.

Hauck (2006) beschreibt ausführlich die Wandlung des Kulturbegriffs hin zu einem verkürzten Verständnis von Kulturen als diskreten, wesensmäßig verschiedenen und unveränderlichen Einheiten, mittels derer sich auch Diskriminierung und Unterdrückung rechtfertigen und Feindbilder aufbauen lassen. Den Gipfelpunkt dieses sogenannten kulturtheoretischen Substanzialismus' verortet Hauck in Huntingtons Thesen und der Floskel vom „Kampf der Kulturen" (2006: 14). Eingedenk der bisherigen Ausführungen in den Kapiteln 3.1.3 und 3.1.4 sowie in diesem Unterkapitel kann diesem von Hauck gegenüber Samuel P. Huntington formulierten Vorwurf, in seinen Schriften einen ausgrenzenden Kulturalismus zu vertreten, zugestimmt werden. SPH gebraucht sowohl *culture* (auf einer Mikro-Ebene) als auch *civilization* (auf einer Makro-Ebene) vor allem als starre Differenzkategorien. Es sollte allerdings zusätzlich deutlich geworden sein, dass die uneinheitliche, undifferenziertere deutsche Übersetzung hier ein Vielfaches dazu beiträgt, womit der Kritik von Salzborn/Stich an der deutschen Übersetzung (vgl. 2013: 170f., 179) ebenfalls zugestimmt werden kann.

3.2.2.2 Zur Übersetzungsrelation von *clash* und *Kampf*

Deutlich weniger Aufmerksamkeit als die oben besprochene Übersetzungsrelation erhält normalerweise das zweite Paar von translatierten Autosemantika: *clash* versus *Kampf*. Es soll aber dargestellt werden, dass sich in dieser Übersetzungsungenauigkeit eine sprachlich folgenreiche Verschiebung verbirgt.

In der rezipierten Forschungsliteratur wird dieser Translationspart gerade dreimal und eher beiläufig erwähnt. Salzborn/Stich kommentieren hauptsächlich die oben diskutierte Frage von *Kultur* und *civilization* kritisch und fügen in Parenthesen an: „einmal die geradezu schmittianische Aufladung und dezisionistische Beschleunigung des *Clash* zu einem *Kampf* außer Acht gelassen" (2013: 170). In ähnlicher Weise bemängelt Tibi (1998: XII) die „völlig falsche und dementsprechend irreführende Übersetzung" und schlägt statt „Kulturkampf" vor, von einem „Zusammenprall der Zivilisationen" zu sprechen. Kalverkämper (2008: 139) sieht dies ähnlich und fügt seinen Ausführungen eine etymologische Herleitung von *Kampf* bei.

Anders als in der vorherigen auf *Kultur* und *Zivilisation* fokussierten Diskussion wird bei diesem Translationselement keine ideengeschichtlich bekannte und potenziell ideologisch relevante Begriffskonkurrenz aufgerufen, folglich ist sie für die meisten Rezipient*innen weniger bis gar nicht auffällig. Allerdings sind die Ausdrücke *clash* und *Kampf* für die phrasale Gesamtbedeutung entscheidender, da sie die Köpfe der gesamten Nominalphrasen bilden und die Art und Weise des Kontakts zwischen den eingebetteten Einheiten denotieren, also das Verhältnis der *Kulturen* zueinander sprachlich repräsentieren.

Für den englischen Ausdruck *clash* lässt sich eine, für den Fortlauf der Argumentation hoch relevante Polysemie ansetzen, die sich in unterschiedlichen Strukturen der lizenzierten Aktanten zeigt. Im „Oxford Dictionary" stehen als Bedeutungsangaben des nominalen Lemmas *clash* folgende Varianten (Soanes/Stevenson 2005: 318):

> 1 a violent confrontation: *there have been minor clashes with security forces*, ☐ an incompability leading to disagreement: *a personality clash*; 2 a mismatch of colours: *clash of tweed and stripes*; 3 an inconvenient coincidence of the timing of events or activities: *clash of dates*; 4 a loud jarring sound, as of metal objects being struck together: *a clash of cymbals*

Clash kann augenscheinlich auf einen aktiven, gewaltsamen Konflikt zweier belebter, bewusst handelnder Akteure referieren (siehe Bedeutungsangabe 1a). Mit *clash* kann aber ebenso auf das rein physische Aufeinandertreffen zweier unbelebter Körper oder Gegenstände (siehe Bedeutungsangaben 2, 4) oder das nicht-physische Kollidieren zweier abstrakter Elemente (siehe Bedeutungsangaben ☐/1b, 3) verwiesen werden. Eine dominante Variante ist hierbei nicht notwendigerweise anzunehmen. Vielmehr lassen sich konkurrierende Lesarten erzeugen, die mittels kotextueller Informationen desambiguiert werden oder aber zu einer semantischen Ambiguität führen können. Deshalb kann bei *clash* von einem klassischen Fall der Polysemie gesprochen werden. Wie diese in einem aktuellen Gebrauch aufgelöst wird, ist primär abhängig von der Eindeutigkeit des kombinierten lexikalischen Materials, genauer gesagt von dessen Belebtheit/Unbelebtheit und Konkretheit/Abstraktheit.

Die deutsche Übersetzung folgt diesem Schema in entscheidender Weise nicht, stattdessen führt das Translat *Kampf* zu einer inadäquaten Monosemierung. Unter einem *Kampf* wird in einem literalen Sinne, also in einem nichtmetaphorischen Verwendungsfall verstanden, dass mindestens zwei Akteur*innen, also aktive und zielorientierte Lebewesen, gegeneinander vorgehen und Tätigkeiten zur physischen Schädigung der Kontrahent*innen ausführen. Diese Paraphrase ist analog zur Bedeutungsangabe 1a des englischen Lexems *clash*, aber inkompatibel zu den drei anderen. Damit steht in der deutschen Übersetzung nur eine von drei mehr oder weniger äquivalenten Bedeutungsvarianten der englischen Grundlage zur Verfügung.[28]

Zwei semantische Konsequenzen ergeben sich hieraus, eine für das Verständnis der Phrase, eine für das der eingebetteten Einheiten. Wenn Rezipient*innen sprachliche Formen aufnehmen, führen sie, um ein adäquates inhaltliches Verständnis zu erreichen, verschiedene kognitive Prozesse aktiv aus und etablieren dabei ein Textweltmodell (vgl. Schwarz-Friesel 2013: 40ff.).

Die Gesamtphrase in der deutschen Übersetzung *Kampf der Kulturen* bietet zur Etablierung des Textweltmodells nur die gewaltorientierte Lesart an, es wird also in etwa KULTUREN KÄMPFEN AKTIV GEGENEINANDER elaboriert. Wohingegen die englische Originalphrase *clash of civilizations* diese Lesart zwar auch bereithält, aber genauso gültig überdies andere potenzielle Elaborationen wie einen einmaligen, physisch harmlosen Kontakt räumlich ausgedehnter Objekte oder eine unbestimmte Unvereinbarkeit abstrakter Einheiten zulässt. Rezipient*innen der deutschen Übersetzung stehen diese weiteren Lesarten im Verstehensprozess nicht in gleichem Maße zur Verfügung. Es handelt sich demnach bei der deutschen Übersetzung um eine martialische Vereindeutigung.

Zweitens interagiert die semantische Elaboration des Phrasenkopfes *clash/Kampf* mit der Erschließung der Bedeutung der eingebetteten Einheit *civilizations/Kulturen*. In einem *Kampf* kommen paradigmatischerweise belebte, konkrete Entitäten vor, in einem *clash* können dies belebte, konkrete Entitäten

---

28 Selbstverständlich können andere Verwendungsweisen von *kämpfen* im Deutschen vorkommen, sie sind aber m. E. recht eindeutig von der beschriebenen Denotation ‚physischer Konflikt zwischen Lebewesen' abgeleitet. Ein *Kampf gegen die Uhr* beispielsweise ist dann eine metaphorische Verbalmanifestation, für die sich eine Bedeutungsübertragung von ‚physischem Konflikt' hin zu ‚gegen etwas Unbelebtes gerichtete Anstrengung' inferieren lässt. Trotzdem ist dieser Hinweis auf die Option metaphorischer und/oder metonymischer Verwendungen kein Gegenargument zur Feststellung der eingeschränkteren Denotation von *Kampf* im Vergleich zum polysemen *clash*.

(siehe oben die Bedeutungsangabe 1a) oder unbelebte, konkrete Entitäten (siehe oben, Nr. 2, 4) oder abstrakte und damit unbelebte Entitäten sein. Der polyseme Ausdruck *clash* erlaubt hier multiple Inferenzen über den ontologischen Status der „aufeinandertreffenden" Elemente, anders als die einzig reliable Inferenz bei „kämpfenden" und daher notwendigerweise aktiven Elementen. Diese kognitiv-semantische Dimension der Übersetzung wird in der weiteren Argumentation mehrfach wieder aufgegriffen und weiter ausgeführt.

3.2.2.3 Kurzer Sprachvergleich und Bewertung der Übersetzung

Um die Übersetzungsleistung angemessen linguistisch bewerten zu können, soll an dieser Stelle die sprachkontrastive Perspektive herangezogen werden. In den größeren west- und nordeuropäischen Sprachen lautet der Titel der Buchveröffentlichung Samuel P. Huntingtons von 1996[29] wie folgt: *Le Choc des civilisations* (französisch), *Choque de civilizaciones* (spanisch), *Lo scontro delle civiltà* (italienisch), *Botsende Beschavingen* (niederländisch), *Civilisationernas kamp* (schwedisch), *Civilisationernes sammenstød* (dänisch).

Auffällig ist die Einheitlichkeit der Beibehaltung von *civilization* in Gestalt etymologisch eng verwandter Ausdrücke. Nur die niederländische Version weicht davon formseitig mit *Beschavingen* ab. Dieses einzelsprachlich eigenständig gebildete Wortbildungsprodukt wird gemeinhin als Synonym zu *civilisatie* verstanden, folgt inhaltsseitig also ebenso dem Muster einer engen Übersetzung des englischen Originallexems.

Hinsichtlich des syntaktischen Kopfes der jeweiligen Nominalphrasen[30] findet sich mit *Choc, Choque, scontro, sammenstød, kamp* eine größere formseitige Vielfalt. Vier der fünf Formen lassen sich inhaltsseitig eindeutig auf eine gemeinsame spezifische Bedeutung zurückführen, die einer von mehreren möglichen Lesarten von *clash* entspricht. Dies ist die oben ausführlich diskutierte Lesart vom ‚physischen Aufeinandertreffen unbelebter Entitäten'. Die niederländische Version mit dem Verb *botsen* im Partizip (das den standarddeutschen Verben *zusammenprallen, aneinanderstoßen* entspricht) lässt sich ebenso dieser Denota-

---

29 Der erste Teil der Intitulation ist natürlich entscheidend, die Koordination im Originaltitel *and the Remaking of World Order* wurde teilweise gestrichen, teilweise mitübersetzt (vgl. https://en.wikipedia.org/wiki/Clash_of_Civilizations [zuletzt aufgerufen am 22.09.2022], bzw. die dort verlinkten Verweise auf die anderen Sprachen). Die Koordinationsphrase ist allerdings für diese Argumentation nicht entscheidend und wird folglich im Folgenden ignoriert.
30 Die niederländische Version weicht auch hinsichtlich der syntaktischen Gestaltung ab, mit *Beschavingen* als Kopf der NP, *botsende* als attributives Partizip zu *botsen*, in etwa also *clashing civilizations*.

tion zuordnen. Die Ausnahme stellt das schwedische *Kamp* dar, das als einziges von den untersuchten Übersetzungen semantisch äquivalent zu *Kampf* ist.[31]

Es soll klar geworden sein, dass die deutsche Übersetzung in kontrastiver Perspektive eine saliente Devianz zeigt. Sowohl der terminologisch problematische Wechsel des Großgruppenlabels zu *Kulturen* statt des etymologisch naheliegenden *Zivilisationen* als auch die martialisch wirkende Monosemierung des polysemen *clash* zu *Kampf* weichen form- und inhaltsseitig vom Standard der europäischen Translationen merklich ab. Insgesamt kann die Phrase *Kampf der Kulturen* somit als eine mehrfach unpräzise Übersetzungsparaphrase mit terminologisch-lexikalischen und semantischen Divergenzen charakterisiert werden. Dass sich bei dieser Phrase auch auf weiteren linguistischen Beschreibungsebenen relevante Auffälligkeiten finden lassen, wird in den nächsten Unterkapiteln behandelt.

3.2.3 Zur systemlinguistischen Beschreibung des *Kampfes der Kulturen*

Das folgende Unterkapitel dient dazu, den *Kampf der Kulturen* morphosyntaktisch zu analysieren, also gemäß der zentralen Strukturebenen des Sprachsystems. Für die weitere Argumentation dieser Arbeit wird dabei kein sonderlich hoher Erkenntnisgewinn hinsichtlich der grundlegenden Erkenntnisinteressen erwartet. Vielmehr soll mit diesen Ausführungen der eingangs formulierte Anspruch der Vollständigkeit der linguistischen Analyse bedient werden.

Auf der Ebene der Syntax betrachtet handelt es sich bei *Kampf der Kulturen* um eine Nominalphrase. *Kampf* stellt den Phrasenkopf, *der Kulturen* eine eingebettete Nominalphrase als Genitivattribut dar. Die eingebettete NP beinhaltet mit *der* einen Determinierer und mit *Kulturen* wiederum den Kopf der Nominalphrase. Klammerschematisch kann die gesamte Nominalphrasenstruktur folgendermaßen angegeben werden:

$$\text{NP[[Kampf]}_{N^\circ}\text{ NP[[der]}_{Det}\text{ [Kulturen]}_{N^\circ}\text{]]}$$

Die NP fungiert im aktuellen Vorkommen syntaktisch selbständig, sie ist in keinen größeren Subkategorisierungsrahmen eingebunden. Satzanalytisch

---

31 Der italienische Ausdruck *scontro* mag jedoch wie *clash* eher eine Polysemie bereithalten, neben ‚Zusammenstoß' möglicherweise auch ‚Gefecht' (vgl. Pons online: https://de.pons.com/übersetzung/italienisch-deutsch/scontro [zuletzt aufgerufen am 22.09.2022]). Aufgrund mangelnder Italienisch-Kenntnisse kann diese potenzielle Polysemie nicht eingehender analysiert werden, an der generellen Argumentation ändert dieser Fall wenig.

handelt es sich damit um eine Ellipse, da kein Prädikat vorhanden ist, was für Buchtitel oder Schlagzeilen oder ähnliche Kurzformen keine Seltenheit darstellt. Informationsstrukturell kann aber trotz der satzelliptischen Gestalt eine grobe propositionale Struktur angegeben werden, indem der Phrasenkopf *Kampf* zum Verb *kämpfen* abgeleitet wird und damit eine Prädikation zu dem definiten Genitivattribut als Referenz möglich macht: {<Die Kulturen>$_{Ref.}$ [kämpfen]$_{Präd.}$}. Damit ist aber erstmal nur eine relativ simple Proposition gegeben und noch kein darüberhinausgehender Sprechakt, also auch keine deontische Wertung oder Einbettung in eine Illokution oder ähnliches.

In der morphologischen Betrachtungsweise kann *Kampf* als Simplex im Nominativ Singular beschrieben werden, *der Kulturen* als Attributphrase im Genitiv Plural, bestehend aus einem definiten Artikel und dem Nominalelement. *Kampf* und *Kulturen* sind dabei beides appellativische Substantive.

Etwas aufschlussreicher ist die eher morpho-semantisch ausgerichtete Perspektive, die bereits in Kapitel 3.2.2.2 angesprochen wurde. Der denotierte Akt des Kämpfens eröffnet qua Valenz einen Subkategorisierungsslot für die Aktanten, die aktiv physisch gegeneinander vorgehen und sich tätlich auseinandersetzen, also per Definition das Merkmal [+belebt] haben sollten. Der Filler für diesen Slot ist mit *Kulturen* aber ein Abstraktum, das entsprechend das Merkmal [-belebt] trägt.[32] Im strikten Wortverständnis von *Kultur* als Lexem mit einem abstrakten, unbelebten Denotat ist dieses also inkompatibel zu den Anforderungen an die Aktanten eines Kampfes. Damit liegt in der Phrase *Kampf der Kulturen* eine semantische Inkongruenz bzw. eine Verletzung der Selektionsbeschränkungen vor. Dies stellt die Grundlage für die im folgenden Unterkapitel 3.2.4 diskutierte rhetorische Analyse der Phrase dar.

Dieses auf die Grammatik ausgerichtete Teilkapitel hat sich bisher auf die Syntax und Morphologie beschränkt, weshalb die Sprachsystemebene der Phonetik/Phonologie bisher ausgelassen wurde. Auch wenn sich für die hier präsentierte Argumentation kein großer Erkenntniswert ergibt, soll hier die phonetische Transkription einer Standardaussprache der inkriminierten Phrase präsentiert werden: [kʰampf deɐ kʰʊltuːʁən]. Es kann noch angemerkt werden, dass der gleiche konsonantische Onset der beiden Inhaltswörter, nämlich das [k], eine Alliteration darstellt und als rhetorisches Mittel den Wohlklang sowie die Suggestivität der Phrase erhöht.

---

[32] Die Pluralmarkierung von *Kultur-en* führt zu einer weiteren Vagheit. Es ist nicht eindeutig explizierbar, ob nur zwei oder mehrere, als Kultur referenzialisierbare Entitäten gegeneinander kämpfen.

3.2.4 Zur rhetorischen Beschreibung des *Kampfes der Kulturen*

Wie soeben ausgeführt wurde, liegt in der Phrase *Kampf der Kulturen* eine Verletzung der semantisch gültigen Selektionsbeschränkungen vor. Das *Kämpfen* ist im wörtlichen Sprachgebrauch eine Tätigkeit, die von echten Lebewesen ausgeführt wird. Kulturen sind für sich genommen keine Lebewesen. Vielmehr handelt es sich bei dem Substantiv *Kultur* je nach Begriffsverständnis um ein Abstraktum zur Kennzeichnung menschlicher Praxen der Naturbeherrschung oder als Gruppenbezeichnung um eine undefinierte Zusammenfassung von Menschen, die aber eben auch eine abstrakte Menge belebter Elemente wäre; oder es handelt sich drittens bei *Kulturen* um eine Begriffsverwendung, die diese beiden polaren Optionen kombiniert respektive zwischen ihnen vermittelt. Einzeln identifizierbare Organismen, die des literalen Kämpfens mächtig sind, werden im engeren Sinne durch *Kulturen* nicht denotiert.

Solch ein Verstoß gegen die Selektionsbeschränkungen kann als Indiz für das Vorkommen einer Metapher gelten (vgl. Skirl/Schwarz-Friesel 2007: 52). Gemäß den obigen Ausführungen bietet es sich an, *Kampf der Kulturen* als eine „ontologische Metapher" zu kategorisieren (vgl. Baldauf 1997: 119ff.). Eine ontologische Metapher zeichnet sich dadurch aus, dass abstrakte Designate zu physisch identifizierbaren und verfügbaren Objekten gemacht werden. Die so metaphorisierten Elemente sind also in realiter nicht-greifbare, nicht direkt wahrnehmbare Entitäten, werden aber sprachlich so eingesetzt, als hätten sie die Eigenschaften der Dreidimensionalität, der Lokalisier- und Berührbarkeit, der Dauerhaftigkeit und Abgrenzbarkeit (vgl. ebd.). Diese Charakterisierung trifft auf die Phrase vom *Kampf der Kulturen* zweifellos zu. Laut Baldauf sind solche Formen der ontologischen Metaphern im alltäglichen Sprechen über abstrakte, nicht-physische Dinge völlig geläufig, sie sind „ubiquitär und unverzichtbar in unserem Alltagsverständnis der Realität" (Baldauf 1997: 122).[33]

---

[33] In der Terminologie Baldaufs, die auch als eine Aktualisierung, Präzisierung und Weiterentwicklung der „Conceptual Metaphor Theory" von Lakoff/Johnson (1980) verstanden werden kann (vgl. Baldauf 1997: 15ff.), bietet sich eine weitere Analysemöglichkeit der hier untersuchten Phrase an. Baldauf untersucht die metaphorisch gebrauchten Lexeme aus dem konzeptuellen Herkunftsbereich KRIEG und KAMPF und ordnet diese als Konstellationsmetaphern ein (1997: 213ff.). Konstellationsmetaphern bilden die komplexe und informationell elaborierteste Form der von ihr untersuchten Metaphernsysteme (1997: 91), da sie nicht nur auf formalen Strukturprinzipien, sondern auf kulturellen Erfahrungen beruhen und viele Erfahrungselemente ebenso hervorheben wie verbergen („highlighting and hiding") können. Mit zunehmender Komplexität der Übertragungsleistung werden von Baldauf erstens Attributsmetaphern, zweitens ontologische Metaphern, drittens bildschematische Metaphern und viertens Konstella-

Im Bereich der Rhetorik bieten sich noch weitere sinnvolle Klassifikationsmöglichkeiten der Phrase *Kampf der Kulturen* an. Bisher wurde auf die Begrifflichkeiten der Metapherntheorie zugegriffen. Allerdings wird unter einer Metapher zumeist eine Bedeutungsübertragung über nicht-benachbarte Konzeptbereiche hinweg verstanden (vgl. Skirl/Schwarz-Friesel 2007: 4). Ob eine solche Bedeutungsübertragung in unserem Fall vorliegt, bedarf einer kritischen Diskussion.

Ohne den im nächsten Kapitel 3.3 präsentierten Korpusanalysen zu stark vorweggreifen zu wollen, sei auf die typischen Gebrauchskontexte der Phrase *Kampf der Kulturen* verwiesen. Gemäß einer tentativen Vorannahme über die normalen Medienereignisse, innerhalb derer die Phrase verwendet wird, werden mit dieser Phrase primär mit Gewaltakten verbundene Situationen referenzialisiert. In diesen Ereignisreferenzialisierungen treten Personen auf, die durch Selbst- oder Fremdkategorisierung als Gruppenmitglieder oder eben als Repräsentant*innen unspezifischer Kulturgemeinschaften verbalisiert werden können. Diesen Personen wird die aktive Ausführung gewaltvoller oder provozierender Handlungen zugeschrieben, ob zu Recht oder Unrecht spielt hier erst einmal keine Rolle. In den derart charakterisierbaren Fällen der verbalen Manifestation von *Kampf der Kulturen* wird kein Lexem im strikten Sinne metaphorisch gebraucht. Weder *Kampf* noch *Kulturen* wird zur Bezeichnung eines völlig unverwandten Elements eingesetzt bzw. auf einen konzeptuell distinkten, eindeutig getrennten Zielbereich übertragen.

Dennoch handelt es sich aufgrund der oben beschriebenen semantischen Inkompatibilität von *Kulturen* und *Kampf* ebenso wenig um einen völlig präzisen, semantisch akkuraten Sprachgebrauch. Vielmehr kann die so zusammengesetzte Phrase in vielen konkreten Referenzakten als Metonymie eingeschätzt werden, also als Bedeutungsverschiebung (statt Bedeutungsübertragung) eines Ausdrucks innerhalb eines Sachzusammenhangs (vgl. Skirl/Schwarz-Friesel 2007: 14ff.). Insofern als mit *Kulturen* ein vager Ausdruck für eine soziale Gruppe dann benutzt wird, wenn eine Referenz auf einzelne Gruppenmitglieder korrekt wäre, handelt es sich um eine Metonymie und genauer um eine generalisierende Synekdoche, ein „totum pro parte". *Kulturen* steht als verschobener Designator einer Gesamt-

---

tionsmetaphern unterschieden. Baldauf beschreibt näher, dass die KRIEG-/KAMPF-Metaphorik im Alltag sehr weit verbreitet ist und zwar hinsichtlich vieler metaphorischer Zielbereiche wie Politik, Wirtschaft, Sport (vgl. ebd.). Für die Argumentation dieser Arbeit ist die Frage, ob es sich nun um eine ontologische oder eine Konstellationsmetapher handelt, weniger von Belang. Die Möglichkeit der metaphorischen Mehrfachklassifikation sollte zudem meiner Ansicht nach ebenfalls im Raum stehen.

heit dort, wo ein Bezug auf einen Teil dieser Gesamtheit angebrachter wäre. Metonymien und Synekdochen zählen zusammen mit den Metaphern zu den Tropen, wobei Synekdochen manchmal als Unterform der Metonymien und manchmal als eigenständige Kategorie innerhalb der Tropen betrachtet werden. Reisigl (2002; 2006; 2014; 2016) stellt ausführlich dar, dass es sich bei Tropen nicht bloß um rhetorische Figuren im Sinne eines sprachlichen Schmuckwerks, sondern zugleich um kognitive und wahrnehmungsstrukturierende Prinzipien handelt und dass die Analyse dieser Figuren im Sinne einer Tropologie sehr vielversprechend für die Untersuchung historischer und politischer Diskurse ist.

Aus der Einschätzung der Phrase *Kampf der Kulturen* in konkreten Gebrauchsfällen als generalisierender Synekdoche ergibt sich auch die Möglichkeit der Feststellung eines argumentationslogischen Fehlschlusses. Zum Zusammenhang der tropischen Figuren und der logischen Fehlschlüsse siehe vor allem Reisigl (2014: 78ff.). Wenn in einer inadäquaten Aussage die Taten einzelner Gruppenmitglieder zu den Taten der Gruppengesamtheit gemacht werden, dann kann dieser argumentativ fehlerhafte Vorgang als „hasty generalization" (vgl. Reisigl 2014: 93) beschrieben werden. Weitere Beschreibungsoptionen, die den Trugschluss-Charakter im Gebrauch der Phrase fokussieren (besonders hinsichtlich der vermuteten Kausalität der referenzialisierten Ereignisse sowie hinsichtlich der angenommenen Gleichheit oder Differenz der vermeintlichen *Kulturen*), wären ebenfalls denkbar.

Entsprechend bieten sich je nach Blickwinkel und theoretischer Vorausrichtung mehrere rhetorische Klassifikationsoptionen für die Phrase *Kampf der Kulturen* an. Allein im Bereich der Tropen finden sich unterschiedliche Beschreibungsdimensionen, von denen vor allem, aber nicht nur die ontologische Metapher und die generalisierende Synekdoche hier herausgearbeitet wurden. Eine dies vereinigende Klassifikationsalternative bietet dann der Terminus der „Metaphtonymie" (vgl. Goossens 1995), der laut Reisigl (2002: 203; 2006: 598; 2016: 40) genau diejenigen Fälle abdecken soll, die eine simultane Kombination von Metapher und Metonymie darstellen.

Bevor die konkreten Vorkommen des *Kampfes der Kulturen* im deutschsprachigen Mediendiskurs untersucht werden, wird noch eine weitere linguistische Beschreibungsdimension herangezogen.

3.2.5 Zur pragmalinguistischen Beschreibung des *Kampfes der Kulturen*

Innerhalb der linguistischen Teildisziplin der Pragmatik spielt die Untersuchung der expliziten versus der impliziten Bedeutungsvermittlung eine wichtige

Rolle. In diesem Unterkapitel werden genau diese hochrelevanten Fragestellungen zum Sprachgebrauch aufgeschlossen und für eine weitere Beschreibungsperspektive des *Kampfes der Kulturen* herangezogen, die zugleich die Analyseergebnisse des nächsten Kapitels fundieren wird.

Präsuppositionen stellen einen Gegenstand der Pragmalinguistik dar, der sich auch zeichengebunden-strukturell untersuchen lässt (vgl. Linke/Nussbaumer 2001: 437ff.). Mithin stehen Präsuppositionen bereits vor der Heranziehung empirischer Sprachgebrauchsdaten (in Kapitel 3.3) zur Diskussion zur Verfügung, anders als beispielsweise die konversationellen Implikaturen, die sich erst aus der kontextgebundenen Materialisierung einer Äußerung ergeben. Präsuppositionen können als implizite Voraussetzungen definiert werden, die gegeben sein müssen, damit eine Äußerung überhaupt erst verstanden bzw. als sinnvoll erachtet werden kann. Zugleich stellen Präsuppositionen nicht-explizit formulierte, aber sehr robust vermittelte Informationen dar, deren Verarbeitung im Kommunikationsprozess aus pragmatischer und kognitiver Perspektive hochinteressant ist, was folgend in Kapitel 3.3 wieder aufgegriffen wird.

Zunächst lassen sich spezifische Trigger nennen, also bestimmte Ausdrücke und Konstruktionen, aus denen sich Präsuppositionen konventionell fest ergeben. Für diese Diskussion relevant sind zum einen die konstanten Designatoren, also Eigennamen oder mit einem definiten Artikel versehene Nominalphrasen, aus denen sich nämlich Existenzpräsuppositionen ableiten. Dasjenige, über das eine Aussage gemacht wird, muss schlichtweg existieren oder zumindest – im Falle fiktionaler Referenten – als konzeptueller Informationsträger in der jeweiligen Textwelt real und verfügbar sein. Außerdem präsupponieren gewisse Verben – Zustandsveränderungsverben, iterative Verben, faktive Verben u. a. – einen Zustand, der für die prädizierte Aussage logischerweise vorausgesetzt werden muss.

Angewendet auf den *Kampf der Kulturen* sowie die hieraus resultierende Proposition {*Die Kulturen kämpfen*} lassen sich von zwei Triggern ausgelöste, inhaltlich eng verwandte Präsuppositionen identifizieren. Erstens präsupponiert der definite Referenzausdruck *die/der Kulturen*, dass es ebensolche Kulturen geben muss. Zweitens setzt der Akt des Kämpfens, der in der inkriminierten Phrase als Substantiv vorliegt, aber unproblematisch zu einem präsupponierenden Verb deriviert werden kann, logischerweise voraus, dass die Aktanten des Kampfes auch kämpfen können, des Kämpfens zumindest potenziell mächtig sind. In leicht formalisierter Notation kann festgehalten werden:

Kampf der Kulturen +> i) ‚Die Kulturen existieren'
  ii) ‚Die Kulturen können potenziell kämpfen'

Die zur analytischen Differenzierung verschiedener Phänomene impliziter Bedeutungen – nämlich von Implikaturen, Implikationen, Präsuppositionen – eingesetzten Tests bestätigen die Klassifizierung der obigen Informationen als Präsuppositionen. Sie sind nämlich konstant unter Negation und sie lassen sich nicht ohne größeren kommunikativen Aufwand tilgen. Der Negationstest grenzt Präsuppositionen von Implikationen ab: *Die Kulturen kämpfen nicht* präsupponiert weiterhin i) und ii). Der Tilgungstest scheidet die Präsuppositionen von den (konversationellen) Implikaturen ab, dergestalt dass Präsuppositionen anders als Implikaturen nicht annullierbar sind, dass also ein angehängter, inhaltlich konträrer Nebensatz sofort einen eklatanten logischen Widerspruch ergibt: *Die Kulturen kämpfen, aber es existieren gar keine Kulturen. *Die Kulturen kämpfen, aber sie können gar nicht kämpfen.* Aus diesen beiden Präsuppositionstests ist ersichtlich, dass es sich bei dem Phänomen der Präsuppositionen nicht nur um eine inhaltlich triviale Spielerei handelt, sondern dass die so implizit vorausgesetzten Informationen einige sehr relevante Eigenschaften tragen, die auch persuasiv wirksam werden können.

Für die weiterführenden Fragestellungen ergibt sich, dass in der Phrase vom *Kampf der Kulturen* auch solche Informationen zeichenstrukturell eingebettet sind, die durchaus folgenreiche Annahmen über den Status der denotierten Entitäten mittransportieren. Wie die Ereignisse, die als *Kampf der Kulturen* beschrieben werden, ebenso wie eventuell beteiligte Personengruppen wahrgenommen und gedeutet werden, hängt nicht zuletzt davon ab, welche Bedeutungsgehalte als quasi selbstverständlich, nicht hinterfragbar kommunikativ weitergegeben werden.

In diesem Abschnitt ist der *Kampf der Kulturen* also als ein komplexes sprachliches Phänomen dargestellt worden. Dabei wurden zunächst die translatologischen Diskrepanzen detailliert herausgearbeitet und die Übersetzungsleistung im Vergleich mit den Buchtiteln in anderen europäischen Sprachen bewertet. Anschließend wurde die zur Diskussion stehende Phrase mit dem Begriffsarsenal verschiedener linguistischer Teildisziplinen erschlossen, v.a. morphosyntaktisch, rhetorisch, pragmatisch. Auf diese terminologische Vielfalt wird im empirisch ausgerichteten Kapitel 3.3 bei der Beantwortung der Frage zurückgegriffen, wie die Phrase tatsächlich im öffentlichen Sprachgebrauch der Printmedien vorkommt und welche diskurslinguistischen Konsequenzen sich daraus ergeben. Die hier präsentierte Mehrfachklassifikation der Phrase *Kampf der Kulturen* soll an dieser Stelle so stehenbleiben. Eine Priorisierung von nur einer der terminologisch differenten Beschreibungen ist nicht nötig, wenn die Mehrfachklassifikation als Ausweis der Vielfalt und des Pluralismus der Sprachwissenschaft geschätzt wird.

3.3 Korpusanalysen zum *Kampf der Kulturen*

Nach der eingehenden Untersuchung der diskursiven Entstehungsbedingungen und der sprachlichen Gestalt und Struktur soll nun dargestellt werden, wie der *Kampf der Kulturen* im öffentlichen Sprachgebrauch vertreten ist. Den öffentlichen Sprachgebrauch repräsentieren mehrere, teilweise sehr umfangreiche Korpora aus Texten deutschsprachiger Printmedien, die im Kapitel 2.2 bereits eingehender beschrieben wurden. Die in den bisherigen Kapiteln vorgestellten Ergebnisse sollen dabei mitbedacht und punktuell anhand konkreter Textvorkommen überprüft werden.

Das genaue Vorgehen ist so gestaltet, dass im Unterkapitel 3.3.1 zuerst die Frequenz der Phrase *Kampf der Kulturen* insgesamt und ihre Prävalenz gegenüber konkurrierenden Phrasen untersucht werden sowie die zeitliche Verteilung der Frequenz als Indiz für spezifische Etappen im Diskurs vom *Kampf der Kulturen* analysiert wird. In Kapitel 3.3.2 werden die an der sprachlichen Oberfläche angesiedelten Auffälligkeiten im Phrasengebrauch diskutiert. Die anhand von Kotextanalysen ermittelten Auffälligkeiten ergeben dabei die Unterkapitel, nämlich der Rekurs auf Samuel Huntington und der Buchtitelcharakter (3.3.2.1), die signifikanten Kookkurrenten der Phrase (3.3.2.2) und die interrogative Verwendung der Phrase (3.3.2.3). Als nächster Analyseschritt werden in Kapitel 3.3.3 die komplexen Bewertungen des *Kampfes der Kulturen* durch die Diskursbeteiligten untersucht. Nach einer begriffskritischen Differenzierung des Gegenstandes werden drei identifizierbare Evaluationsmuster in den Unterkapitel 3.3.3.1 bis 3.3.3.3 vorgestellt. Anhand von Stichprobenanalysen in festgelegten Zeiträumen kann dann die Verteilung der Evaluationsmuster im Diskursverlauf ermittelt werden. Im Kapitel 3.3.4 wird erörtert, welche Akteure im Diskurs zum *Kampf der Kulturen* auftreten und wie sich deren sprachliche Repräsentation unter Rückgriff auf die vorherigen Kapitel gut erklären lässt.

3.3.1 Zur Vorkommenshäufigkeit und zum Diskursverlauf des *Kampfes der Kulturen*

Im Gesamtkorpus der vorliegenden Arbeit lassen sich 1622 Vorkommen der Phrase *Kampf der Kulturen* inklusive ihrer flektierten Formen finden. Die Deklinationsmöglichkeiten der Phrase beziehen sich auf den Phrasenkopf und sind bei der Korpusrecherche durch Einsetzungen des Asterisks als ein- oder mehrstelliger Wildcard ermittelt worden. Gerade einmal drei der 1622 Treffer sind Plural-Formen, die durch die Suchanfrage „K*mpf* der Kulturen" erfasst wurden, beispielsweise *Kämpfe der Kulturen*. 68 weitere Treffer gehen auf Verwendung des Genitiv Singular zurück, also *Kampfes der Kulturen* oder *Kampfs der Kulturen*, die durch die Suchanfrage „Kampf* der Kulturen" erfragt wurden. Die restlichen 1551 Treffer und damit die überragende Mehrzahl lauten entsprechend *Kampf der Kulturen*.

Von den gesamten 1622 Treffern entfallen 613 auf das umfangreiche Korpus A, das grob gesagt den Diskurs zum islamistischen Terrorismus repräsentiert (siehe Kapitel 2.2), und 1009 Treffer auf das Korpus B, das extra zur Person Samuel P. Huntingtons und seinen geopolitischen Thesen angelegt wurde. In Relation zur Korpusgröße handelt es sich bei 1622 Gesamttreffern um eine hohe Anzahl, insbesondere angesichts der Tatsache, dass dies das Suchresultat für eine Drei-Wort-Kombination und nicht nur für eine isoliert stehende Wortform repräsentiert.

Die sehr große Uniformität der Verwendung der unflektierten Phrase bzw. des Phrasenkopfes in der Nennform Nominativ Singular *Kampf* kann als eine erste Auffälligkeit dieser Zahlen gelten, welche wiederum als ein Indiz für die Sloganisierung bzw. Schlagworthaftigkeit der Phrase gedeutet werden kann. Die Vermeidung von Deklination und vor allem von Numerus-Variation lässt sich durch die Verfestigung und einheitliche Geprägtheit der Phrase erklären, die eben in der vorliegenden Form und nicht anders allgemein bekannt ist. Anderenfalls sollten inhaltlich naheliegende Verwendungen von *Kämpfe* zahlreicher vertreten sein. Gestützt wird dieser Erklärungsansatz durch das markante Vorkommen von Anführungszeichen. Von der genannten Gesamttrefferzahl sind 699 Treffer solche, die in Anführungszeichen stehen, also etwa 43 %.

Unter diesen Vorkommen sind sowohl Verweise auf den Buchtitel, wie im Beispiel (1), als auch davon separate Fälle, in denen die Phrase nicht als Titel sondern als sprachliches oder argumentatives Element anderer Art hervorgehoben wird, so in Beispiel (2) als *Thesen*, *Phrase* und *Slogan*. Oft sind diese Fälle wie selbstverständlich miteinander verbunden, so in Beispiel (3) als *Buch* und *griffige Zauberformel*:

(1) Prophetie oder historischer Irrtum? Vor 20 Jahren erschien Samuel Huntingtons Buch „Kampf der Kulturen". Die politische Streitschrift hat das Denken der internationalen Politik drastisch verändert. (Nürnberger Zeitung vom 10.09.2016)

(2) Die These vom „Kampf der Kulturen" ist eine Phrase nicht anders als der Slogan vom „Krieg der Welten" – sie fördert eine auf Abwehr bedachte Überheblichkeit und untergräbt jedes kritische Verständnis der verwirrenden Zusammenhänge unserer Zeit. (Die Welt, 20.10.2001)

(3) Mit Huntingtons Buch „Kampf der Kulturen" schien zudem die griffige Zauberformel zur Beschreibung der Konflikte in der Welt nach dem Kalten Krieg gefunden zu sein. (Kölner Stadtanzeiger, 10.09.2011)

Die kotextuellen Charakterisierungen und Attribuierungen der Phrase werden in Kapitel 3.3.2 thematisiert, während an dieser Stelle zunächst nur die Häufigkeit der metasprachlichen Markierung durch Mittel der Interpunktion veranschaulicht wird.

Die genannten Gesamttrefferzahlen im Korpus verdeutlichen das Vorliegen eines enorm umfangreichen Untersuchungsmaterials. Sie sind jedoch weniger aussagekräftig für die Frage nach der Vorkommenshäufigkeit der Phrase *Kampf der Kulturen* im gesamten öffentlichen Sprachgebrauch, da die vorliegenden Korpora themenbezogen zusammengestellt wurden und damit nicht repräsentativ für ein themenübergreifendes Inventar geschriebener deutscher Sprache sind.

Deshalb wurde das Deutsche Referenzkorpus (kurz: DeReKo) hinzugezogen, das vom IDS Mannheim betrieben und über die Plattform Cosmas II zugänglich ist.[34] Hierbei handelt es sich um das größte elektronische Korpus der deutschen Gegenwartssprache. Im DeReKo finden sich eine Vielzahl an Subkorpora und verschiedenen Möglichkeiten der virtuellen Textzusammenstellung. Das Korpus „W-öffentlich" fasst alle diese zusammen und entspricht also der uneingeschränkten Maximalmenge an Texten im DeReKo. Folglich beziehen sich die hier präsentierten Suchanfragen und Ergebnisse auf diese DeReKo-Einstellung.

Die Phrase *Kampf der Kulturen* kommt im DeReKo genau 4.132 mal vor, in 3.375 unterschiedlichen Texten. Dieses Ergebnis wurde hinsichtlich der Jahrgänge ausdifferenziert und mit möglichen Konkurrenzphrasen kontrastiert. Als Konkurrenzphrasen gelten der englische Buch-Originaltitel *Clash of Civilizations* (859 Vorkommen insgesamt) und dessen Alternativübersetzungen *Zusammenprall der Kulturen* (707 Vorkommen insgesamt), *Zusammenprall der Zivilisationen* (136 Vorkommen insgesamt) und *Kampf der Zivilisationen* (120 Vorkommen insgesamt).

Die folgende Graphik gibt die absolute Anzahl der Vorkommen der Konkurrenzphrasen als Linienverlauf in der zeitlichen Progression wieder, wobei der Zeitabschnitt vor 1993, also vor der Erstpublikation Huntingtons zu diesem Thema, zu einem Datenpunkt zusammengefasst wurde.

---

[34] Vgl. https://cosmas2.ids-mannheim.de/cosmas2-web/ [zuletzt aufgerufen am 22.09.2022]

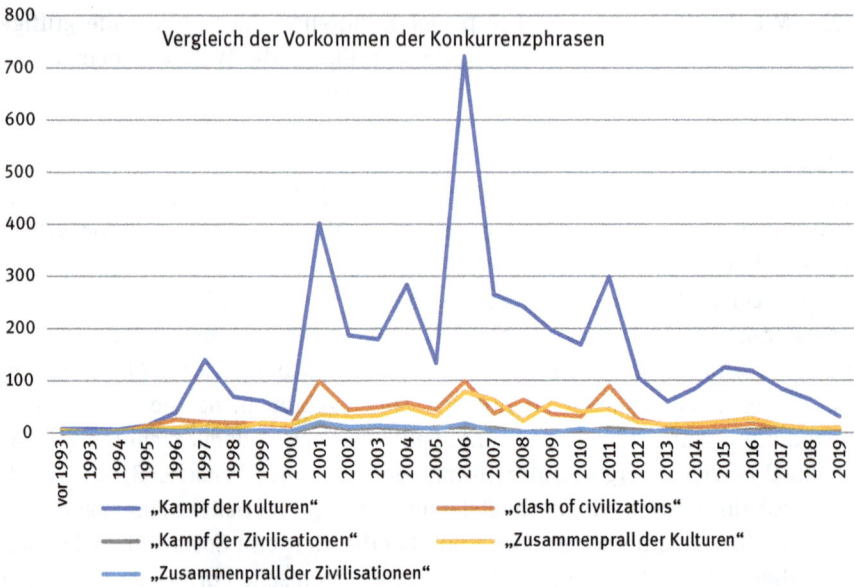

Abb. 1: Vergleich der Vorkommen der Konkurrenzphrasen in absoluten Zahlen

Ersichtlich ist zum einen die erwartbare Dominanz der Phrase *Kampf der Kulturen* gegenüber den Konkurrenzphrasen, zum anderen aber auch die ebenfalls signifikanten Vorkommen des englischen Originaltitels *Clash of Civilizations* und der Alternativphrase *Zusammenprall der Kulturen*, deren Häufigkeiten größtenteils korrelieren. Bei einer genaueren Analyse stellt sich heraus, dass die englische Phrase sehr oft in einer Kontaktstellung zu Kampf der Kulturen benutzt wird, nämlich als erläuternde Zusatznennung des Originaltitels, so in (4) oder in einer Umdrehung der Appositionsstellung in (5):

(4) In seinem 600-seitigen Werk „Kampf der Kulturen" („The Clash of Civilizations and the Remaking of World Order") vertrat Huntington die Auffassung, dass die nächsten Kriege durch kulturelle und religiöse Differenzen heraufbeschworen werden könnten. (Kölnische Rundschau, 29.12.2008)

(5) Bahn frei für jenen „clash of civilizations", den Kampf der Kulturen, den der US-Historiker Samuel P. Huntington heraufziehen sah.(Nürnberger Nachrichten, 20.09.2012)

Folglich handelt es sich nicht unbedingt um Konkurrenzphrasen im Sinne sich gegenseitig ausschließender Formulierungskandidaten, sondern eher um eine Hauptvariante mit Nebenphrasen als Zusatzinformationen.

Die formseitige Dominanz von *Kampf der Kulturen* als Wortfolge wird bei einer Suche nach „* der Kulturen" deutlich: *Kampf* stellt im Korpus A, das wohlgemerkt ohne Suchbezug auf den *Kampf der Kulturen* zusammengestellt wurde, das mit deutlichem Abstand häufigste Element dar, gefolgt von *Dialog der Kulturen* (178 Treffer), *Haus der Kulturen* (172 Treffer), *Krieg der Kulturen* (119 Treffer), *Zusammenprall der Kulturen* (87 Treffer).

Das DeReKo enthält Texte aus allen Jahrgängen seit der Mitte des 20. Jahrhunderts und aus einigen deutlich früheren Jahrgängen. In allen Jahrgängen vor 1993 finden sich addiert nur sieben Belege für *Kampf der Kulturen*. Diese niedrige Beleglage vor den Veröffentlichungen Huntingtons und den deutschen Übersetzungen verdeutlicht die überaus enge Relation zwischen der geopolitischen Theorie Huntingtons und der spezifischen, hier untersuchten sprachlichen Form. Von den sieben vor 1993 belegten Textstellen referieren fünf auf andere Konfliktkonstellationen wie beispielsweise eine jahrhundertelange Auseinandersetzung zwischen Germanen und Slawen oder in einer Theaterrezension als genderstereotype Beschreibung eines vermeintlichen „Geschlechter-Kulturkampfes". Nur in einem vor 1993 veröffentlichten Text finden sich zwei solcher Verwendungen der Phrase *Kampf der Kulturen*, die zu Huntingtons Thesen referentiell kompatibel sind. Die Überschrift eines Interviews mit dem ägyptischen Literatur-Nobelpreisträger Nagib Mahfus anlässlich des Zweiten Golfkriegs lautet „Es gibt keinen Kampf der Kulturen" (Der Spiegel, 25.02.1991). Im weiteren Textverlauf wird ein möglicher „Kampf der Kulturen zwischen den Moslems und dem Westen" (Der Spiegel, 25.02.1991) angesprochen und von Mahfus verneint.[35]

Ab dem Zeitpunkt der in Kapitel 3.1.2 beschriebenen Erstübersetzung 1993 lässt sich eine Vereindeutigung der Phrase *Kampf der Kulturen* hin zur deutschsprachigen Version der Thesen Huntingtons feststellen, dergestalt dass mit dieser Phrase ab 1993 nicht mehr auf ganz andere Kulturkonflikte referiert wird.

---

35 Ob diese Verbalmanifestationen möglicherweise die Übersetzungsleistung Stefan Schreibers im August 1993 und damit indirekt die Buchübersetzung Holger Fliessbachs 1996 beeinflusst haben, konnte leider trotz eines Recherche-Versuchs respektive einer versuchten Kontaktaufnahme zu Stefan Schreiber nicht eruiert werden. Ebenso wenig ist aus dem Spiegel-Interview ersichtlich, wer für die Übersetzung des vermutlich arabisch-sprachigen Originaltexts verantwortlich war. Deshalb werden diese zwei Textstellen in dieser Arbeit als eine Nebenanekdote behandelt.

Die genauen Zahlen für die Beleganzahl der Phrase *Kampf der Kulturen* pro Jahrgang im DeReKo lauten: 7 (in allen Jahrgängen vor 1993 addiert), 7 (im Jahr 1993), 6 (1994), 13 (1995), 38 (1996), 140 (1997), 69 (1998), 61 (1999), 37 (2000), 402 (2001), 187 (2002), 180 (2003), 283 (2004), 135 (2005), 722 (2006), 266 (2007), 243 (2008), 196 (2009), 169 (2010), 299 (2011), 105 (2012), 60 (2013), 85 (2014), 126 (2015), 119 (2016), 84 (2017), 62 (2018), 31 (2019). Die Unterstreichungen heben diejenigen Jahrgänge hervor, in denen es einen sichtbaren Anstieg der Belegzahlen gibt. Es handelt sich hier wohlgemerkt um absolute Zahlen, deren Höhe direkt von der Menge an abgefragten sprachlichen Daten abhängt, während die Bestände der jeweiligen DeReKo-Jahrgänge unterschiedlich umfangreich sind und daher die Signifikanz der absoluten Zahlen eingeschränkt ist. Die aussagekräftigeren Werte der relativen Frequenz errechnen sich als Prozentangabe aus der absoluten Trefferzahl geteilt durch die Anzahl der Gesamtwörter pro DeReKo-Jahrgang. Diese Werte ab dem Datenpunkt „1993" sind als Linienverlauf in Abbildung 2 dargestellt:

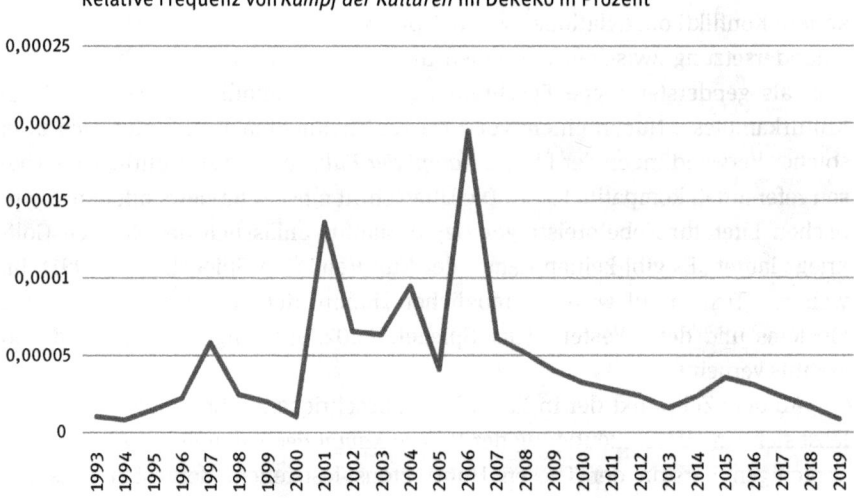

Abb. 2: Relative Frequenz der Phrase *Kampf der Kulturen* als Prozent der Gesamtwortmenge der DeReKo-Jahrgänge

Aus dieser Visualisierung lassen sich Erkenntnisse über die mediale Präsenz des *Kampfes der Kulturen* und damit dessen Diskursverlauf ableiten. Die Belegzahlen von 1993 bis 1995 verdeutlichen, dass zu Huntingtons Aufsatz im Fachjournal „Foreign Affairs" bzw. dessen Übersetzung in „Die Zeit" Diskussionen stattgefunden haben und diese Texte nicht ignoriert wurden. Die relativ niedrige Anzahl legt nahe, dass diese Diskussionen eher fachlicher Natur waren und weniger massenmedial verbreitet wurden. Der rasante Anstieg 1997 lässt sich als Medienecho der Buchpublikation erklären, da die deutschsprachige Übersetzung erst im Winter 1996 erschienen ist und die meisten Rezensionen und Kommentare zu dieser Veröffentlichung sich leicht zeitverzögert in den ersten Monaten des Jahres 1997 finden lassen. Die Abnahme der Prozentzahlen von 1998 bis 2000 ist ebenfalls signifikant und bestätigt die Vermutung, dass die Huntington-Debatte zunächst zeitgebunden und an die Besprechungen der eigentlichen Veröffentlichungen gekoppelt war. Eine diskursive Verselbständigung über die Rezensions- und Diskussionsinhalte hinaus lässt sich bis einschließlich 2000 nicht erkennen. Manifest wird die diskursive Relevanz des *Kampfes der Kulturen* erst mit dem Frequenzanstieg im Datenpunkt 2001, der eindeutig auf die mediale Verarbeitung der terroristischen Anschläge vom 11. September 2001 in New York City und Washington zurückgeführt werden kann. Anschließend fallen die Prozentzahlen in den Jahren danach leicht ab und stabilisieren sich auf einem relativ hohen Niveau mit einem intermediären Anstieg 2004, der sich durch die Terroranschläge in Madrid am 11.3.2004 und den Mord an Theo van Gogh in Amsterdam am 2.11.2004 erklären lässt.

2006 steigt die Frequenz rasant an und erreicht in diesem Datenpunkt mit 722 Hits ihren Höhepunkt. Die Aufschlüsselung der Trefferzahlen nach Monaten zeigt den eigentlichen Peak im Februar 2006 mit 282 Hits. Das hierfür hauptsächlich verantwortliche Medienereignis ist der sogenannte Karikaturenstreit bzw. die Berichterstattung über Proteste, Demonstrationen und gewalttätige Attacken auf Botschaftsgebäude in mehreren muslimischen Ländern Anfang Februar 2006.[36]

Danach fällt die Vorkommensquote zunächst rapide, dann kontinuierlich ab, mit der Ausnahme eines Zwischenanstiegs 2014 und 2015, der u. a. auf die militärischen Erfolge des IS im Irak und mehrere Terroranschläge in Frankreich, vor allem auf die Redaktion von „Charlie Hebdo" am 7.1.2015 und in Paris am 13.11.2015, zurückgeführt werden kann. Weitere islamistisch-terroristische Ereignisse in diesen Jahren tauchen im DeReKo auf, lassen die Trefferquote vom *Kampf der Kulturen* aber nicht merklich ansteigen. 2018 und 2019 lassen sich keine isla-

---

36 Der sogenannte Karikaturenstreit begann bereits im Herbst 2005 mit Veröffentlichungen von Mohammed abbildenden, als satirisch und/oder provozierend intendierten Zeichnungen in der dänischen Zeitschrift „Jyllands Posten" am 30.09.2005. Es kam umgehend zu Protesten dagegen aus mehrheitlich muslimischen Ländern. Die Reaktionen eskalierten jedoch erst später und wurden in deutschsprachigen Medien erst in den Monaten Januar/Februar 2006 vollends wahrgenommen, mit einem Höhepunkt der Berichterstattung etwa vom 4. bis 7. Februar 2006.

mistisch motivierten Terrorereignisse mit erheblicher Medienpräsenz ausmachen. Im Jahr 2019 ist die Trefferquote die geringste des untersuchten Zeitraums.[37]

Die Einschätzung bestimmter Ereignisse als diskursiv verantwortlich für die Frequenzvariationen geht dabei nicht auf Mutmaßungen, sondern auf KWIC- und Volltext-Analysen der spezifischen Trefferkontexte zurück. Aus Platzgründen sind diese hier nicht aufgeführt, können aber problemlos über Cosmas II mit der Suchanfrage „Kampf der Kulturen" nachvollzogen werden.

Die soeben beschriebenen Verläufe der Gebrauchsquote ergeben mithin die Diskursetappen des *Kampfes der Kulturen*. Von 1993 bis 1996 handelt es sich um einen minderfrequenten, geopolitisch-sozialwissenschaftlich ausgerichteten Fachdiskurs. Dieser entwickelt sich um 1996/1997 zu einem öffentlichen Diskurs, der weiterhin größtenteils publikationsgebunden abläuft und sich folglich mit zeitlicher Distanz zur Buchveröffentlichung abschwächt. Dies ändert sich 2001 durch die massenmediale Beschäftigung mit 9/11, in der die Phrase *Kampf der Kulturen* eine ganz neue Diskursprominenz erhält. Die diskursive Kopplung der Phrasen-Vorkommen an die Medienberichterstattung rund um bestimmte Gewaltakte hält in den folgenden Jahren an und bleibt insgesamt bestimmend. Der Diskurs erfährt aber im Jahr 2006 eine Entgrenzung durch den Karikaturenstreit, der zwar teilweise, aber nicht vollständig gewalttätig ablief. Der Karikaturenstreit war nur partiell durch die Ausführung physischer Gewalt charakterisiert und konnte zugleich als eine ideell-normative Auseinandersetzung über die Legitimität bestimmter Veröffentlichungen im Spannungsfeld von Redefreiheit und religiös motivierten Bildverboten wahrgenommen werden. Die Rede vom *Kampf der Kulturen* in diesem Kontext wie in den beiden folgenden Beispielen stellt gegenüber den vorherigen Belegstellen eine Expansion der diskursiven Ausbreitung dar.

(6)   Auch der Schriftsteller Carsten Jensen sieht sich gezwungen, für die Meinungsfreiheit einzustehen und auf das Recht zu pochen, Mohammed-Karikaturen zu veröffentlichen. Doch er verheimlicht nicht, dass er die Zeichnungen für ausserordentlich dumm und die Veröffentlichung durch „Jyllands-Posten" für eine gezielte Provokation hält. Der Autor macht die Regierung verantwortlich für das Klima, in dem die Prophezeiung vom Kampf der Kulturen Realität werde. (NZZ am Sonntag, 05.02.2006)

---

37 Terroristische Ereignisse, die nicht als islamistisch motiviert deklariert werden können, führen offensichtlich nicht zu einer häufigeren Benutzung der Phrase *Kampf der Kulturen*. Die Medienberichterstattungen zum NSU und zu andere rechtsterroristischen Gewaltakten zeigen dies recht deutlich. In Kapitel 3.3.4 wird diese diskursive Beschränkung durch die Akteursspezifizierungen zum *Kampf der Kulturen* näher erläutert.

(7) Und jetzt spitzt sich auch noch der „Karikaturen-Krieg" so dramatisch zu, als sei der Kampf der Kulturen nicht länger böse Vorahnung, sondern Realität. (Berliner Morgenpost, 05.02.2006)

Durch die Verwendung des Konjunktivs wird im Zweifel gelassen, ob die Zuschreibung eines *Kampfes der Kulturen* auf die konkrete damalige Situation völlig adäquat sei. Diese Spezifik wird später in Kapitel 3.3.3 näher thematisiert. An dieser Stelle sollte die kontextuelle Erweiterung des Phrasengebrauchs betont werden, die auch in Beispiel (8) exemplarisch thematisiert wird:

(8) Kampf der Kulturen – das nun schon ein Jahrzehnt alte Schlagwort hat in der neu aufgeflammten Auseinandersetzung um die dänischen Mohammed-Karikaturen eine beunruhigende Anschaulichkeit gewonnen. [...] [Wir erleben] den Zusammenprall von emotionalisierten Öffentlichkeiten auf einer globalen Bühne. (Süddeutsche Zeitung, 07.02.2006)

Das *Gewinnen von Anschaulichkeit* der zuvor als *Schlagwort* kursierenden Phrase vermittelt deren diskursive Aktualität und die affektive Reaktion *beunruhigend* das inhärente Emotionspotenzial. Die Konstellation von bestimmten *emotionalisierten Öffentlichkeiten auf einer globalen Bühne* unterscheidet sich von Terroranschlägen und anderen Gewaltexzessen hinsichtlich der Destruktivität fundamental. Mit Rückgriff auf die rhetorische Beschreibungsdimension (siehe Kapitel 3.2.4) lässt sich hier eine metonymische Erweiterung des Ausdrucks *Kampf* erkennen, wenn dieser zur Referenz auf Proteste, Demonstrationen und partiell verbale, partiell physische Streits eingesetzt wird. Der Ausdruck „*Karikaturen-Krieg*" in Beispiel (7) steigert dies und ist als Situationsbeschreibung noch deutlicher metaphorisch. Er kann nach Baldauf (1997: 213ff.) als Konstellationsmetapher eingeordnet werden.

Die vom Karikaturenstreit ausgelöste diskursive Verschiebung wird im folgenden Beispiel unter Einsatz hyperbolischer Analogien und Personifizierungen überspitzt dargestellt:

(9) Im Bilderstreit um den Propheten Mohammed gibt es bislang nur einen Gewinner, und das ist der Prophet Samuel P. Huntington. [...] Ein Blick in die Zeitungen und die Abendnachrichten genügt, um bei jedem gebildeten Beobachter sofort eine Erklärung für das Verhalten der fäusteschüttelnden und feuerlegenden Muslime hervorzurufen: „Klar, das ist jetzt der Kampf der Kulturen. Das mußte so kommen. Huntington hat es vorhergesagt." (Welt am Sonntag, 12.02.2006)

Es handelt sich bei den 2006 identifizierbaren Textverbünden um eine innovative Diskursetappe, insofern als das Applikationspotenzial der Phrase *Kampf der Kulturen* expandiert, nämlich vom kontextuell gebundenen Gegenstand einer Buch-/Aufsatz-Diskussion (ab 1993 und bis 2001, besonders 1996/1997) zu einer Beschreibungsoption spezifischer Gewaltakte (ab 2001) zu einem Deutungsmodell diverser Konfliktkonstellationen (ab 2006). Es wird später in Kapitel 3.3.4 herausgearbeitet, dass die Akteurszuschreibungen „der Westen gegen den Islam" die Konstante in dieser Kontextexpansion ausmachen. Bei den genannten Diskursetappen handelt es sich wohlgemerkt nicht um diskrete Phasen, sondern eher um aufeinander aufbauende Erweiterungsschritte des medialen Rahmens, in dem die Phrase erwartbar ist. Dementsprechend bleiben die vorherigen Diskursetappen auch in den folgenden persistent.[38]

Hiermit wurde die hochfrequente Verbreitung der Phrase *Kampf der Kulturen* anhand mehrerer Korpora belegt und im Hinblick auf mögliche Konkurrenzphrasen erläutert. Indem die ermittelten Frequenzunterschiede in Beziehung zu spezifischen medialen Kontexten gesetzt wurden, ergaben sich die Diskursetappen der Verwendung des *Kampfes der Kulturen* im öffentlichen Sprachgebrauch. Zentral ist dabei erstens die Diskussion des Deutungsmodells von Samuel P. Huntington, zweitens die Applikation dieses Deutungsmodells auf islamistisch motivierte Terrorakte und drittens auf teilweise gewaltvolle, teilweise kulturell-normativ orientierte Konflikte.

3.3.2 Zur kotextuellen Einbettung des *Kampfes der Kulturen*

In diesem Unterkapitel wird die genaue sprachliche Benutzung der Phrase *Kampf der Kulturen*, also deren Vorkommensmuster in konkreten Texten behandelt. Der Bezugsrahmen ist das bereits beschriebene Gesamt-Korpus, das mittels KWIC- und N-Gramm-Analysen untersucht wurde. Die Kapiteluntergliederung erfolgt dann entlang bestimmter Auffälligkeiten der Einbettung der Phrase in ihre sprachliche Umgebung.

---

[38] Die Buch- und Personen-gebundene Diskussion des *Kampfes der Kulturen* nimmt beispielsweise 2008 anlässlich der Nachricht vom Tode Samuel P. Huntingtons kurzzeitig wieder merklich zu. Die Phrasen-Benutzung im Rahmen der Berichterstattung zu bestimmten eindeutig physischen Gewaltakte bleibt nach 2006 und der dortigen Kontexterweiterung dominant.

3.3.2.1 Samuel P. Huntington

Dasjenige sprachliche Element, das am häufigsten kookkurrent zur Phrase *Kampf der Kulturen* auftritt, ist der Name Samuel P. Huntington, entweder vollständig (10) oder auf den Nachnamen reduziert (11).

(10) 2001 war aber schon längst ein weiteres Weltdeutungsangebot auf dem Markt und in der Diskussion, das sich in vielen Köpfen mit jenem von Fukuyama zu einem diffusen Gemisch vermengte: Samuel P. Huntingtons «Kampf der Kulturen». (Der Bund, 17.05.2006)

(11) „Die Kunden versuchen, sich das Denken der islamischen Welt zu erschließen. Sie wollen verstehen, was in New York und Washington geschehen ist", sagt Barbara Hüppe, Pressesprecherin des Kulturkaufhauses Dussmann in Berlin. Bei Bouvier in Bonn wie auch anderswo ist beispielsweise Huntingtons „Kampf der Kulturen" derzeit nicht mehr zu bekommen; Mitte Oktober soll die neue Auflage in den Handel kommen. (Bonner General-Anzeiger, 25.09.2001)

Angesichts der in Kapitel 3.1.1 detailliert herausgearbeiteten Diskursprominenz Samuel P. Huntingtons ist dieser Autoren-Rekurs gut erklärbar. Die hypertrophe Fachautorität Huntingtons erhöht die Bekanntheit der und das Vertrauen in die Thesen vom *Kampf der Kulturen*, welche wiederum durch die Zuschreibung als Expertenmeinung ein höheres Persuasionspotenzial erhalten. Im weiter oben zitierten Beispiel (9) wurde Huntington gar als *prophetisch* und *Gewinner* der Mediendiskurse zum Karikaturenstreit bezeichnet. In Beispiel (11) wird auf die Steigerung der öffentlichen Nachfrage nach Huntingtons Buch im Zuge der Bewältigung der 9/11-Anschläge Bezug genommen. Die Anerkennung der Person Huntingtons und die Achtung gegenüber seinen Arbeiten verstärken sich wechselseitig.

Deutlich ist in allen diesen Textstellen das Bewusstsein für die Herkunft und Autorenschaft dieser Thesen. Dazu tragen mehrere Interviews bei, die Samuel P. Huntington deutschsprachigen Printmedien gegeben hat, nämlich dreimal für „Die Zeit" (27.08.1998, 20.09.2001, 20.09.2002), sowie „Focus" (29.10.2001), „Welt am Sonntag" (04.11.2001), „Handelsblatt" (10.06.2003) und als Kurz-Interview der Boulevardzeitung „B.Z." (16.10.2001). In diesen Texten wird Huntington ein Forum gegeben, um die Anwendbarkeit seiner Thesen auf aktuelle Ereignisse wie 9/11, aber auch den Afghanistan- und Irak-Krieg (2002, 2003) und die Terroranschläge Al-Qaedas auf US-amerikanische Botschaften in Ostafrika (1998) zu diskutieren. Im weiteren Sinne ermöglichen diese Diskursbeiträge Huntington, eine gewisse Deutungshoheit über seine Arbeiten und den daraus abgeleiteten Slogan zu behalten. Die dazu geäußerten Ansichten, ob der *Kampf der Kulturen* die jeweiligen Anschläge bzw. Konflikte passend beschreibt, sind nicht einheitlich. Sie schwanken zwischen einerseits Warnungen vor dem möglichen zukünftigen Konflikt (bspw. in B.Z., 16.10.2001; Focus, 29.10.2001; Die Zeit, 20.09.2002), teilweise inklusive deutlichen Verneinungen der Annahme, er sei bereits eingetreten (so in Die Zeit, 20.09.2001; Welt am Sonntag, 04.11.2001), siehe (12); und andererseits Bejahungen, dass mit 9/11 und den Kriegen in Afghanistan und im Irak nun tatsächlich der *Kampf der Kulturen* eingetreten sei (so im Handelsblatt, 10.06.2003), siehe (13):

(12) „Nein, kein Kampf der Kulturen" [Überschrift] [...] Der Anschlag war zuvörderst ein Angriff gemeiner Barbaren auf die zivilisierte Gesellschaft der ganzen Welt, gegen die Zivilisation als solche. Alle anständigen Menschen auf der ganzen Welt haben ihn vehement verdammt. Zweitens: Es ist wichtig, dass dieses Verbrechen jetzt eben nicht den Kampf der Kulturen auslöst. [...] Nein, die islamische Welt ist gespalten. Ob der echte Zusammenprall verhindert werden wird – das hängt davon ab, ob islamische Staaten mit den USA bei der Bekämpfung dieses Terrors zusammenarbeiten werden. (Beitrag von Samuel P. Huntington, Die Zeit, 20.09.2001)

(13) Handelsblatt: Seit den Anschlägen vom 11. September gab es Krieg in Afghanistan und Krieg im Irak. Ist das der „Kampf der Kulturen", vor dem Sie vor zehn Jahren gewarnt haben? Huntington: Diese Kriege waren Kämpfe zwischen Ländern und Regierungen, die zu verschiedenen Kulturkreisen gehören, es ist also tatsächlich der „Kampf der Kulturen". (Handelsblatt, 10.06.2003)

2001 macht Huntington das Eintreffen seiner Prognosen von den zukünftigen Reaktionen der muslimischen Länder und Bevölkerungen abhängig, ob sie sich mit Osama bin Laden solidarisieren oder nicht. Dabei wird aber auch ein gewisses Changieren seiner Ansichten deutlich, das in Kapitel 3.3.3 zur Evaluation der Thesen näher thematisiert wird.

3.3.2.2 Die Spracheinheiten in Kookkurrenz zum *Kampf der Kulturen*

Nun sollen die zahlreichen Spracheinheiten in Kookkurrenz zur Phrase *Kampf der Kulturen* detailliert besprochen werden, die durch Kollokations- und N-Gramm-Analysen ermittelt wurden. Kookkurrenz meint ganz allgemein das gemeinsame Auftreten verschiedener sprachlicher Elemente. Je nach Analysemodus können das Kookkurrenten in direkter Kontaktstellung oder in weiter entfernter Stellung sein, die dann auch N-Gramme genannt werden. In diesem Unterkapitel liegt der Fokus stärker auf den Kontakt-Kookkurrenten, also den lexikalischen Elementen, die sich in der Wortabfolge eines Satzes direkt links oder rechts an die Untersuchungsphrase *Kampf der Kulturen* anschließen.

Diejenigen kookkurrenten Einheiten, die besonders signifikant sind, also gegenüber thematisch neutralen Textsammlungen des Deutschen statistisch überdurchschnittlich häufig vorkommen, lassen sich zugleich als Kollokationen der Phrase *Kampf der Kulturen* beschreiben. Für die Kollokationsanalysen wurde aus Praktikabilitätsgründen wiederum hauptsächlich auf das oben erwähnte DeReKo zurückgegriffen.

Inhaltlich einschlägige Kookkurrenten im direkten linksseitigen Kontakt sind *anbahnenden, angeblichen, ausgerufene, beschworenen, drohenden, entwickelnden, gescholtenen, gewollter, sogenannte, tobenden, vielbeschworene, zitierte*. Diese adjektivisch-attributiven Elemente bilden zusammen mit der lexikalisch betrachtet dreiteiligen Zielphrase der Untersuchung *Kampf der Kulturen* also Tetragramme. Sie zeigen interessante Evaluierungen des darauffolgenden Phrasenkopfes an, auf die in Kapitel 3.3.3 Bezug genommen wird.

Quantitativ häufiger an dieser Stelle sind selbstverständlich andere syntaktische Elemente: Besonders signifikant ist, wie in Unterkapitel 3.3.2.1 ausgeführt wurde, der Autor-Name plus Genitivmarkierung *Huntingtons*. Rein zahlenmäßig am häufigsten sind die Artikel *den, der, einen, einem, ein, dem* sowie die Demonstrativpronomen *diesen, dieser*.

Inhaltlich aufschlussreich ist zudem die hochfrequente Präposition *vom*, die am häufigsten linksseitig ergänzt ist durch *Thesen vom*, gefolgt von *Theorie vom, Rede vom, Begriff vom, Schlagwort vom, Vorstellung vom* sowie *Schreckensszenario vom, Stichwort vom* und andere mehr. Diese Formulierungen bilden zusammen mit der Wortfolge *Kampf der Kulturen* entsprechend Pentagramme. Ihre Häufigkeit macht sie zugleich zu Kollokationen und zeigt an, dass der *Kampf der Kulturen* nicht nur als sprachlicher Gegenstand, eben als Schlagwort oder Slogan, sondern auch als kognitives Element (*Theorie, Vorstellung*) und als emotional wirksam (*Schreckensszenario*) eingeschätzt wird.

Ebenfalls interessant sind die zahlreichen Vorkommen der Indefinitpronomen mit Negationswirkung *keinen, kein, keinem*. Sie indizieren einen Widerspruch zu der Annahme, es gebe einen *Kampf der Kulturen*, und stellen somit Evaluierungen des mit der Phrase verbundenen Deutungsmodells dar, worauf in Kapitel 3.3.3 näher Bezug genommen wird.

Unter den rechtsseitigen Kontakt-Kookkurrenten sind Verben zahlreich vertreten, deren verschiedene Konjugationsformen hier zur Nennform zusammengefasst und gemäß ihrer frequenzbedingten Signifikanz geordnet sind. Unter den Vollverben sind dies *beschreiben, beschwören, geben, prophezeien* (sehr häufig belegt); *ausrufen, darstellen, entbrennen, führen* (relativ häufig belegt); *ankündigen, anzetteln, befeuern, begreifen, bestätigen, bestehen, betonen, entfesseln, entgegenwirken, entstehen, herbeireden, inszenieren, postuliert, rüsten, stattfinden, veröffentlichen, verwechseln, warnen, widerlegen, zulassen* (seltener belegt). Von den Modalverben sind *dürfen, können, wollen, müssen* mehrmals vertreten.

Häufig im rechtsseitigen Kontakt zur Untersuchungsphrase stehen außerdem die Konjunktionen *und, sondern, oder*; die Relativpronomen *der, den*; die Präpositionen *im, zwischen, vom, vor, als, gegen*; die Negationspartikel *nicht* und die Adverbien *doch, nun*. Einzeln vertreten in dieser Kontaktposition sind die Adjektive *falsch, irrig, richtig, unausweichlich* und die Substantive *Hochkonjunktur* und *Wirklichkeit*.

Aussagekräftig sind einige der genannten Elemente aufgrund ihrer Semantik, andere erst in den Konstruktionen, in die sie eingebunden sind. So ist die hochfrequente Konjunktion *sondern* meistens mit einer vorherigen, auf die Untersuchungsphrase bezogenen Negation kombiniert und indiziert so eine Ablehnung der Gültigkeit des *Kampfes der Kulturen*, exemplarisch in der nächsten Textstelle:

(14) Dr. Ludwig Watzal – ihm paßte der ganze gedankliche Ansatz nicht – warnte vor Huntingtons Ansichten. „Es geht nicht um einen Kampf der Kulturen, sondern um ein neues Feindbild für den Westen nach dem Ende des Kommunismus", sagte der Bonner Journalist. (RZ, 14.06.1997)

Offensichtlich fallen die in diesen Kontakt-Kotexten verbalisierten Einschätzungen und Evaluationen des *Kampfes der Kulturen* stark unterschiedlich aus, was im folgenden Kapitel 3.3.3 vertieft analysiert wird. Mit dieser Zusammenstellung kann belegt werden, dass der *Kampf der Kulturen* vielfach als etwas Kommunikatives aufgefasst wird: Er wird entweder *angekündigt, ausgerufen, beschworen, prophezeit* oder aber *gescholten* oder zumindest *beschrieben, postuliert, veröffentlicht, zitiert*; von ihm ist die *Rede*, er ist *Schlagwort* und *Stichwort*. Zugleich ist der *Kampf der Kulturen* etwas Kognitives – eine *Theorie*, eine *Vorstellung* –

und eine *Bedrohung*, etwas, das emotionale Reaktionen wie *Schrecken* hervorruft. In vielen Verwendungsfällen ist genau dieses Emotionspotenzial entscheidend. Im folgenden Beispiel finden sich im erweiterten Kotext der Untersuchungsphrase viele, teilweise drastische Emotionsausdrücke. Die Phrase selbst dient als affektiv hochgradig wirksamer Slogan einer Weltkriegsgefahr:

(15) Die Drahtzieher des Massakers erhoffen sich nichts sehnlicher als eine apokalyptische Antwort, welche die ganze islamische Welt von Algier bis Jakarta an ihre Seite zwingt und so tatsächlich den „Kampf der Kulturen" entfesselt. [...] Die Tat war so grauenhaft [...] den gerechten Zorn zu zügeln [...] Blut und Elend [...] Generalabsolution für jeglichen Horror (Die Zeit, 20.09.2001)

Diese Analysen der Elemente im Kotext zur Untersuchungsphrase zeigen mithin eine enorme Bandbreite davon, wie diese Phrase eingeschätzt wird und wie die von ihr referenzialisierten Sachverhalte gesellschaftlich wirksam sind.

Die Kollokationen der 4.132 Vorkommen von *Kampf der Kulturen* im DeReKo liefern vergleichbare Ergebnisse. Ein Aspekt, der später dezidiert der Diskussionsgegenstand ist, soll der Vollständigkeit halber an dieser Stelle kurz genannt werden. Neben den hier diskutierten Kollokationen in direktem Kontakt zur Untersuchungsphrase, ermittelt Cosmas-II auch solche in einer Distanzstellung. In einer Analyse der möglichst weitgefassten Wortumgebung sind unter den Kollokationen auch *Islam* (an 4. Position einer bereinigten Kollokationsliste), *Religionen* (an 5. Position) und *Westen* (an 10. Position) zu finden. Diese Akteursspezifizierungen zum *Kampf der Kulturen* werden im Kapitel 3.3.4 diskutiert und sind zugleich für die weitere Argumentation sehr relevant.

3.3.2.3 Die interrogative Verwendung
Eine weitere Auffälligkeit der kotextuellen Einbettung besteht in der häufigen Verwendung der Phrase in Form von Fragen. Sie findet sich sowohl völlig alleinstehend nur mit einem Fragezeichen, wie in einer Zwischenüberschrift in (16), oder in minimal erweiterter, syntaktisch elliptischer Form, wie in (17) und (18), als auch in vollständigen Fragesätzen, siehe (19) und (20):

(16) Kampf der Kulturen? (BaZ, 29.04.2002)

(17) Also doch ein Kampf der Kulturen? (Focus, 29.10.2001)

(18) Kampf der Kulturen im Namen Allahs? (Frankfurter Rundschau, 25.10.2001)

(19) Aber heißt das, wir stehen im „Kampf der Kulturen"? (Frankfurter Rundschau, 20.09.2001)

(20) Befinden wir uns schon jetzt in einem Kampf der Kulturen? (taz, 16.04.2004)

Die Einbettung in quaestive Sprechakte dient zumeist zur Diskussionsinitiation. Diskutiert werden im Anschluss an die Fragen nämlich die Plausibilität der Thesen Huntingtons und gleichzeitig die Gültigkeit des damit verbundenen Theorieparadigmas über Konflikteskalationen zwischen Zivilisationen bzw. zwischen kulturell bestimmten Großgruppen in der Anwendung auf bestimmte aktuelle Ereignisse. Die im Korpus identifizierbaren Antworten auf diese Fragen werden im folgenden Kapitel 3.3.3 zur Evaluation der Untersuchungsphrase analysiert. Es soll mit diesen Belegen darauf hingewiesen werden, dass es sich beim *Kampf der Kulturen* nicht nur um ein Schlagwort oder einen Slogan handelt, sondern dass durch dessen Gebrauch auch Deutungsakte über zeitgenössische Situationen und geopolitische Konstellationen ausgelöst werden können. Nicht umsonst sind die interrogativen Verwendungen im Diskurs zu 9/11 zahlreicher vertreten, siehe auch (15)–(18). Dass der *Kampf der Kulturen* in der sprachlich-kognitiven Verarbeitung und mithin der Interpretation dieser Terroranschläge eine wichtige Rolle einnimmt, ist bereits in Kromminga (2014: 103ff.) angesprochen worden.

In verschiedenen diskursiven Kontexten kann die Untersuchungsphrase entsprechend als tendenziell verkürzter, affektiv wirksamer Slogan oder als elaborierteres Deutungsmodell fungieren. Aus der auf den Phrasen-Kotext fokussierten Untersuchung ergibt sich somit eine vielfältige, sprachliche wie auch kognitiv-emotionale Funktionalität der Phrase, die in den beiden folgenden Kapiteln hinsichtlich der Evaluationsmuster und der Akteursspezifizierungen ausdifferenziert wird.

3.3.3 Zur Evaluierung der Thesen vom *Kampf der Kulturen*

Die Frage, ob und inwiefern die Thesen vom *Kampf der Kulturen* in der jeweilig aktuellen Lage und für die zukünftige Entwicklung zutreffen, ist die entscheidende, die im öffentlichen Diskurs verhandelt wird. Es handelt sich um die diagnostische, also aktuell-beschreibende und prognostische, also zukünftig-erklärende, vorhersagende Gültigkeit des Paradigmas, das Huntington zu diesem Zweck als geopolitisches Erklärungsmodell der dem Kalten Krieg nachfolgenden Epochen der Internationalen Beziehungen entwickelt hat.

Es muss an dieser Stelle differenziert werden zwischen der Bewertung der diagnostischen und prognostischen Gültigkeit der Thesen vom „Kampf der Kulturen / Clash of civilizations" einerseits und der deontischen Position gegenüber dem Inhalt dieser Thesen andererseits. Die Fragen, ob erstens Huntingtons Geopolitik-Modell in Gegenwart oder Zukunft zutrifft bzw. zutreffen wird oder nicht, und ob zweitens die durch dieses Modell beschriebenen Zustände und Entwicklungen begrüßenswert sind oder nicht, sind grundsätzlich nicht-identisch. Sie entsprechen der begriffsphilosophischen Unterscheidung in deskriptive Aussagen, also ob die Thesen (vermeintlich) faktisch richtig oder falsch sind, versus präskriptive Aussagen, also ob die Thesen und ihre daraus abgeleiteten Konsequenzen normativ befolgt werden sollen.

Tatsächlich sind diese Aussagenkomplexe aber vielfältig miteinander verschränkt und eine trennscharfe Kreuzklassifikation mit vier separaten Einschätzungsoptionen ist für die folgende Untersuchung nicht sinnvoll.[39]

Es kann an dieser Stelle an Huntingtons eigenes Plädoyer zum Abschluss seiner Argumentation erinnert werden, dass der „Clash of civilizations" nicht eintreten und von der Politik verhindert werden solle (vgl. CoC: 318ff.; siehe in dieser Arbeit Kapitel 3.1.3). Huntington selbst bezieht also eine deontisch-negative Position zu seinen eigenen, vorher ausgearbeiteten Thesen, an die dann spezifische Aufforderungen an militärische und sicherheitspolitische Programme der westlichen Staaten gekoppelt sind. Diese Wendung – der „Kampf" solle zugunsten einer friedlichen Koexistenz eher vermieden werden – ist möglicherweise im öffentlichen Diskurs nicht immer wahrgenommen worden. Und wie bereits im Kapitel 3.1.4 dargestellt wurde, ist die Undeutlichkeit von Huntingtons Gesamtargumentation in Bezug auf genau diese Frage auch in der Fachdiskussion kritisiert worden (vgl. diesbezüglich v. a. Dietz 2007: 23ff.).

Eindeutig deontisch-positive Einstellungen zum *Kampf der Kulturen*, dass es also einen solchen Kampf möglichst vollumfänglich geben solle, können sich folglich nicht explizit auf die Ausgangstexte Huntingtons beziehen. Trotzdem sind im Diskurs Konflikt- respektive Eskalations-befürwortende Positionen wei-

---

39 Die philosophische Dimension dieser Diskussion wird hier aus verschiedenen Gründen nicht weiter ausgebreitet. Es ist meiner Ansicht nach aber sehr fraglich, ob bei so politisierten, ideologisch aufgeladenen Diskursen wie denen vom *Kampf der Kulturen* die konzeptionelle Trennung in deskriptive versus präskriptive Aussagen überhaupt prinzipiell funktioniert, oder ob nicht vielmehr auch vermeintlich bloß beschreibende Aussagen immer auch einen gewissen normativen Gehalt enthalten, allein durch die den Äußerungen stets inhärenten Perspektivierungen und Evaluierungen beispielsweise.

terhin möglich, entweder ohne Rekurs auf Huntington oder mittels einer Verkürzung seiner Thesen. Wie bereits dargestellt wurde, bieten sich Huntingtons Thesen für konträre Auslegungen aufgrund einer gewissen Widersprüchlichkeit an, da sie letztlich sowohl Argumente für eine multipolare Welt mit zivilisatorischer Koexistenz als auch Aufforderungen zu einer Sicherung der Machtdominanz des Westens bereithalten. Mit anderen Worten sind die im Korpus zu untersuchenden Evaluierungen des *Kampfes der Kulturen* bereits aus vorempirischen Überlegungen heraus komplex, da sie sich nämlich auf diagnostische oder prognostische Theorieaspekte, auf deskriptive oder normative Gehalte und mit unterschiedlich engen Lesarten auf Huntingtons tendenziell widersprüchliche Thesen beziehen können.

Zur Identifizierung der Evaluationsmuster wurde das in Kapitel 2.2 kurz beschriebene mehrstufige Verfahren der Textstellenanalyse mittels der Konkordanzprogramme und anschließender Feinanalyse randomisierter Text-Stichproben angewendet.

3.3.3.1 Der Kampf der Kulturen ist falsch

Ein Evaluationsmuster ist die rundum negative Einschätzung des *Kampfes der Kulturen*, bestehend aus der Ablehnung seiner diagnostischen und prognostischen wie auch seiner normativen Gehalte. Exemplarisch stehen dafür die folgenden Textstellen:

(21) Die Anschläge von New York und Washington waren Anschläge gegen die Werte und Normen der Menschlichkeit insgesamt, die überall auf der Welt gelten und gelten müssen. Es wäre falsch, daraus einen Kampf der Kulturen zu machen. Der Gegner ist nicht der Islam, sondern es sind Terroristen, die für die bestialischen Akte verantwortlich sind. (Frankfurter Rundschau, 15.09.2001)

(22) Die bekannte These von Samuel Huntington trifft hier einfach nicht zu. Wir haben es mit einem Kampf zwischen den fundamentalistischen Minderheiten und einer demokratischen Mehrheit zu tun, zwischen offener Gesellschaft und kleinen, geschlossenen Gemeinschaften. [...] Deshalb kritisiere ich die Vorstellung vom „Kampf der Kulturen". (Die Zeit, 08.11.2001)

Prominent wurde diese Ansicht vom damaligen Bundeskanzler Gerhard Schröder in der Regierungserklärung im Deutschen Bundestag nach den 9/11-Anschlägen vertreten:

(23) Ist das, so ist gefragt worden, jener „Kampf der Kulturen", von dem so oft gesprochen worden ist? Meine Antwort ist eindeutig. Sie heißt nein. Es geht nicht um den „Kampf der Kulturen", sondern es geht um den Kampf um die Kultur in dieser einen Welt. Dabei wissen wir um die Verschiedenheiten der Kulturen. Und wir respektieren sie. Aber wir bestehen darauf, dass die Verheißungen der amerikanischen Unabhängigkeitserklärung universell gelten. (Gerhard Schröder, zitiert nach Frankfurter Rundschau, 20.09.2001)

Aus mehreren Kookkurrenten der Untersuchungsphrase, die im Kapitel 3.3.2.2 vorgestellt wurden, ergeben sich weitere, zu diesem Evaluationsmuster gehörende Formulierungen, die hier aus Platzgründen nicht im Einzelnen zitiert werden.

3.3.3.2 Der *Kampf der Kulturen* ist möglich

Im nächsten Muster wird die prognostische Funktion fokussiert. Der Inhalt der Thesen wird als zukünftig möglich eingeschätzt und gleichzeitig normativ abgelehnt. Hierunter fallen die Warnungen vor dem *Kampf der Kulturen*, der für die Zukunft droht und der nicht eintreten soll. Oft sind politische Forderungen oder konkrete Maßnahmen zur Vermeidung einer als *Kampf* beschreibbaren Konflikteskalation hiermit verbunden.

(24) Warnung vor einem „Krieg der Kulturen" [Überschrift] [...] Die Gefahr sei groß, dass lokale Konflikte oder Ereignisse wie die am 11. September sich ausweiten könnten zu einem „Kampf der Kulturen zwischen dem Islam und dem Westen". (B.Z., 16.10.2001)

(25) Nur keinen Kampf der Kulturen [...] Materiell soll so verhindert werden, was alle westlichen Regierungschefs vermeiden wollen: der Kampf der Kulturen. (Der Tagesspiegel, 18.10.2001)

Auch für dieses Muster lassen sich innerhalb der oben in Kapitel 3.3.2.2 aufgeführten Kookkurrenten und Kollokationen viele weitere Formulierungen finden, die die Häufigkeit dieser Gruppe von Evaluierungsakten verdeutlichen. Zugleich wird ersichtlich, dass in diesen Textstellen ein hohes Emotionspotenzial vermittelt wird, dergestalt dass die *Warnung* vor dem drohenden geopolitischen Konflikt eben auch ein stark angstbeladenes Zukunftsszenario hervorrufen kann.

3.3.3.3 Der *Kampf der Kulturen* ist richtig

In einem weiteren Muster wird der *Kampf der Kulturen* aus diagnostischer Perspektive positiv evaluiert und somit als deskriptiv richtig charakterisiert.

(26) Der Kampf der Kulturen findet doch statt. Trotzdem verharmlosen viele europäische Intellektuelle den islamischen Terrorismus und die Lust am Morden. [...] Samuel Huntington hatte Recht, es findet ein Kampf der Kulturen statt. (Der Spiegel, 15.09.2001)

(27) Da ist er, der Kampf der Kulturen, der „Clash of Civilizations", den Samuel P. Huntington unter großem Gelächter auch vieler deutscher Wissenschaftler und Publizisten vorausgesagt hat. Vielleicht wachen sie nun endlich auf und nehmen die Gefahren ernst, die uns von den Schurken dieser Erde drohen – sei es durch Terrorattacken, sei es durch Raketenangriffe. (Die Welt, 12.09.2001)

Die an dieses Muster gekoppelten normativen Evaluierungen, also inwiefern das Stattfinden des *Kampfes der Kulturen* gut oder schlecht sei, werden entweder nicht explizit thematisiert oder sie beziehen sich primär darauf, die Thesen Huntingtons ebenso wie die feindseligen Motivationen der Terrorist*innen ernster zu nehmen. So wie in den Beispielen (26) und (27) wird dabei mehrmals gegen eine Dominanz der Thesen-Ablehnung und gleichzeitig gegen eine Relativierung des islamistischen Terrorismus argumentiert. Deshalb sind diese Evaluationen des *Kampfes der Kulturen* als deskriptiv zutreffend öfter an eine diskursiv defensive Argumentationsposition gekoppelt. Die „Richtigkeit" des *Kampfes der Kulturen* in diesem Evaluationsmuster beruht insgesamt deutlich stärker auf der so wahrgenommenen deskriptiven Plausibilität der Thesen als auf einem expliziten Befürworten der normativen Dimension, wie es beispielsweise ein geäußerter Wunsch nach einer zunehmenden Konflikteskalation darstellen würde.

Huntingtons eigene Einschätzungen zur Gültigkeit seines Paradigmas schwanken, wie in Kapitel 3.3.2.1 dargestellt wurde, zwischen den beiden zuletzt behandelten Evaluationsmustern, der Kampf sei zukünftig möglich oder bereits eingetroffen.

3.3.3.4 Die Evaluationsmuster im Diskursverlauf

Die Beispiele (21–27) stammen allesamt aus dem Diskurs zu den terroristischen Anschlägen vom 11. September 2001. Wie in Kapitel 3.3.1 ausführlich dargelegt wurde, handelt es sich aber nicht um die einzige angenommene Diskursetappe.

Für eine adäquate Bearbeitung der Evaluationsmuster im zeitlichen Verlauf werden die anderen Etappen – a) 1993–2000, b) 2001–2005, c) ab 2006 – ebenfalls mitberücksichtigt und pro Etappe je 20 randomisiert ausgewählte Texte separat ausgewertet.

Als Vorbemerkung sei noch auf diejenigen Texte verwiesen, in denen sich die Textproduzent*innen nicht eindeutig zu einem Evaluationsmuster bekennen, in denen beispielsweise zwei oder drei Muster erörtert und ohne wertende Konklusion gegeneinandergestellt werden. Die in Kapitel 3.3.2.3 erwähnten Fragen zur Gültigkeit des *Kampfes der Kulturen* fungieren zwar oft, aber nicht immer als Initiation einer anschließenden eindeutigen Evaluierung und bleiben bisweilen als offene Frage unbeantwortet.[40] Für diese Fälle wurde die Kategorie „unentschieden" aufgestellt und neben den drei besprochenen Evaluationsmustern berücksichtigt.

Die Auswertung ergab folgende absolute Zahlen, wobei an dieser Stelle der besseren Übersichtlichkeit wegen nur die Zahlenwerte angegeben werden, während die genaue Liste der analysierten und kategorisierten Texte im Anhang zu finden ist. Das erste Evaluationsmuster, in dem die Gültigkeit der Untersuchungsphrase rundum abgelehnt wird, das als „Der Kampf der Kulturen ist falsch" abgekürzt wurde (vgl. Unterkapitel 3.3.3.1), kam in den 60 insgesamt untersuchten Stichproben 19 mal vor, davon 6 mal vor 2001, 7 mal zwischen 2001 und 2005, 6 mal seit 2006. Das zweite Evaluationsmuster eines drohenden, aber zu vermeidenden Zivilisationskonflikts, also „Der Kampf der Kulturen ist möglich" (vgl. Unterkapitel 3.3.3.2), kam in den 60 Stichproben insgesamt 22 mal vor, davon 8 mal vor 2001, 8 mal zwischen 2001 und 2005, 6 mal seit 2006. Das dritte Evaluationsmuster, in dem die Phrase als zutreffend beschrieben wird und das als „Der Kampf der Kulturen ist richtig" abgekürzt wurde (vgl. Unterkapitel 3.3.3.3), kam insgesamt 10 mal vor, davon 0 mal vor 2001, 4 mal zwischen 2001 und 2005, 6 mal seit 2006. Die vierte Kategorie der unentschiedenen oder uneindeutigen Evaluation ist insgesamt 9 mal belegt, davon 6 mal vor 2001, 1 mal zwischen 2001 und 2005, 2 mal seit 2006. In Tabellenform sehen die absoluten Zahlen folgendermaßen aus:

---

40 Teilweise kann diesem absichtlichen Unbeantwortet-Bleiben einer Frage nach dem Stattfinden des *Kampfes der Kulturen* ein gewisser rhetorischer Effekt zugesprochen werden, genauer gesagt eine Steigerung des Emotionspotenzials durch eine gewisse Unsicherheit über geopolitische Konflikte und durch die Angst vor Konflikteskalationen. Wenn dieser rhetorische Effekt offensichtlich angestrebt und die Frage zum Zweck einer verstärkten Emotionalisierung der Leser*innen angewendet wurde, dann wurden die jeweiligen Texte entsprechend dem zweiten Evaluationsmuster der prognostischen Möglichkeit des *Kampfes der Kulturen* zugeordnet.

Tab. 1: Vorkommen der Evaluationsmuster in verschiedenen Diskursetappen

	Der Kampf der Kulturen ist falsch	Der Kampf der Kulturen ist möglich	Der Kampf der Kulturen ist richtig	Unentschieden
1993–2000	6	8	0	6
2001–2005	7	8	4	1
seit 2006	6	6	6	2
gesamt	19	22	10	9

Da es sich wie gesagt pro Zeitraum um 20 Texte und also um 60 insgesamt handelt, lassen sich die absoluten Zahlen einfach auf relative Anteile umrechnen. Die so ermittelten Prozentzahlen ergeben folgende Visualisierung:

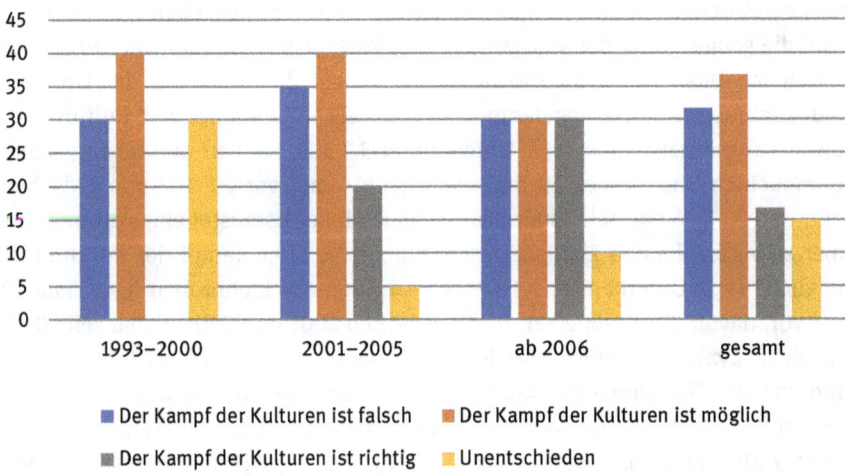

Abb. 3: Der Anteil der Evaluationsmuster im Diskursverlauf in Prozentangaben

Es wird deutlich, dass über den gesamten Diskurs hinweg die Warnungen und Vermeidungsstrategien die häufigsten Evaluierungen des *Kampfes der Kulturen* ausmachen. Am zweithäufigsten sind die rundum ablehnenden Evaluierungen. Diese beiden Verwendungsmuster bewegen sich im Zeitverlauf auf einem etwa gleichen Niveau. Die auffälligen Veränderungen in den untersuchten 26 Jahren betreffen diejenigen Evaluierungen, in denen der *Kampf der Kulturen* als zutreffendes Deutungsmodell eingeschätzt wird. In der ersten Diskursetappe, die hauptsächlich Buchrezensionen und an die Veröffentlichung gekoppelte Texte enthält, kommen diese Evaluierungen nicht vor. Nach 9/11 sind diese Evaluierungen aber signifikant vorhanden und seit dem Karikaturenstreit sogar auf dem gleichen Niveau wie die beiden zuvor genannten verneinenden und warnenden Evaluierungen. Diejenigen Texte, in denen der *Kampf der Kulturen* weder eindeutig verneint noch bejaht wird, sind vor allem in der ersten Diskursetappe zu finden und danach nur noch in sehr geringem Maße.

Diese Ergebnisse können so gedeutet werden, dass im deutschsprachigen Diskurs der *Kampf der Kulturen* zumeist normativ missbilligt wird, dass sich hinsichtlich der diagnostischen und prognostischen Gültigkeit aber keine Einigkeit zeigt. Mit den enorm medienwirksamen Terroranschlägen islamistischer Terroristen (vgl. zur Wirkung von 9/11 auf den deutschsprachigen Terrorismus-Diskurs auch Schwarz-Friesel/Kromminga 2013, 2014) wird das Deutungsmodell erstmals überzeugend und dies steigert sich im weiteren Diskursverlauf. In diesen Kontexten nehmen die neutralen und unentschiedenen Einschätzungen des Deutungsmodells spürbar ab. Real wahrgenommene Gewalt und die darauf bezogene mediale Konfliktberichterstattung erhöhen das Persuasionspotenzial des *Kampfes der Kulturen* markant. Sowohl die schlagworthafte Nominalphrase als auch die dahinter stehenden geopolitischen Thesen sind von außersprachlichen Ereignissen abhängig. Sie zeigen unter bestimmten konfliktbezogenen sowie sicherheitspolitischen Bedingungen eine Divergenz zwischen Fachdiskursen und Mediendiskursen derartig auf, dass sie dann in medial vermittelten Diskursbeiträgen ungleich mehr Zustimmung erfahren als in Fachkreisen. Dies ist allein für sich genommen eine sehr relevante Erkenntnis, die sowohl zur Beantwortung der Frage, was der „Kampf der Kulturen" sei, als auch als Hintergrund der in den weiteren Hauptteilen weitergeführten Argumentation dienlich ist.

3.3.4 Zu den Akteursspezifizierungen im *Kampf der Kulturen*

In diesem Unterkapitel, das die Korpusanalyse der Untersuchungsphrase abschließt, wird herausgearbeitet, wer im *Kampf der Kulturen* eigentlich agiert, welche Entitäten als die kämpfenden Kulturen versprachlicht werden. Diese Akteursspezifizierungen bilden dann zugleich eine argumentative Überleitung zu den nächsten zwei Hauptkapiteln, in denen die „Wir-Gruppen-Konstruktion" (Kapitel 4) und dann der „Westen" (Kapitel 5) analysiert werden.

Im Kapitel 3.1.3 wurde dargestellt, dass Samuel P. Huntington in seinen Arbeiten von entweder sieben oder acht Zivilisationen bzw. Kulturkreisen ausgeht, die potenziell aufeinanderprallen oder miteinander kämpfen könnten. Im Fortlauf seiner Arbeiten thematisiert er dann vor allem Konflikte zwischen dem

Westen einerseits und dem Islam, respektive einer möglichen islamisch-chinesischen Allianz andererseits. Für diese Konstellation prägt Huntington die Formel „the West and the Rest" (Huntington 1996a: 183) als gefährlichster der zukünftigen Zivilisationskonflikte. Darin liegt bereits eine gewisse Vereinseitigung oder Beschränkung begründet, da die Mehrzahl der vorher eingeführten Zivilisationen für die Konfliktanalysen keine größere Rolle mehr spielt.

Das Schema eines globalen politischen Konflikts wird durch die Einführung der kämpfenden, zusammenprallenden, streitenden Entitäten näher bestimmt. Eine Formulierung, die sich zur Untersuchung der sprachlichen Spezifizierung anbietet, ist die eines *Kampfes zwischen Akteuren*, also die der Nominalphrase *Kampf der Kulturen* nachfolgenden (bzw. syntaktisch gesprochen: eingebetteten) attributiven Präpositionalphrasen mit *zwischen*. Die folgenden Textstellen stehen exemplarisch für die zahlreichen Treffer der Suchanfrage „Kampf der Kulturen zwischen":

(28) Es ist nämlich das nächste Ziel von Osama bin Laden, aus diesem Krieg einer Terror-Organisation gegen die zivilisierte Gesellschaft einen Kampf der Kulturen zwischen dem Islam und dem Westen zu machen. Es wäre ein Desaster, wenn ihm das gelingen würde. (Der Tagesspiegel, 13.10.2001)

(29) Die Gefahr sei groß, dass lokale Konflikte oder Ereignisse wie die am 11. September sich ausweiten könnten zu einem „Kampf der Kulturen zwischen dem Islam und dem Westen". (B.Z., 16.10.2001)

(30) Nach Ansicht des Harvard-Professors Samuel Huntington ist eine Koalition der USA mit ihren Verbündeten und islamischen Staaten gegen den Terrorismus notwendig, um einen „Kampf der Kulturen" zwischen westlicher und islamischer Welt doch noch zu vermeiden. (Frankfurter Rundschau, 17.09.2001)

(31) Die sich immer wuchtiger auftürmende amerikanische Drohkulisse belastet die transatlantischen Beziehungen, erodiert die weltweite Anti-Terrorfront und könnte in der Tat einen „Kampf der Kulturen" zwischen dem Westen und der islamischen Welt einleiten. (Hamburger Abendblatt, 02.09.2002)

(32) Was hier mit Hilfe von ideologischen Kampagnen immer deutlicher Gestalt annahm, war ein neuer Kampf der Kulturen zwischen dem Westen und dem Islam. (Le Monde diplomatique, 10.09.2004)

(33) Mörderisch im heutigen Irak ist nicht der „Kampf der Kulturen" zwischen dem Westen und dem Islam. Sondern der Kampf unter den Muslimen. (Der Tagesspiegel, 22.09.2006)

Die Textausschnitte vermitteln die Gleichförmigkeit der Akteursspezifizierungen im Korpus: Es kämpfen der *Westen* und der *Islam* oder – inhaltlich synonym dazu, mit einer kleinen syntaktischen Variation – die *westliche Welt* und die *islamische Welt*. Die Uniformität dieser durchaus folgenreichen Elaboration der Untersuchungsphrase ist eklatant und steht als Ergebnis für sich. Es handelt sich mithin um eine bestimmte Perspektivierung des *Kampfes der Kulturen* neben vielen potenziell denkbaren Aktualisierungen von Zivilisationskonflikten und die diskursive Dominanz dieser Perspektivierung ist bei jedem Schritt der Korpusanalyse hochgradig evident.

Ergänzt wird dieses Schema durch Präpositionalphrasen mit Bezeichnungen, die eindeutig als textsynonym zu den beiden oben genannten Ausdrücken gelten können. Im folgenden Beispiel wird die Synonymie der *zwischen*-Phrasen durch die Verwendung innerhalb eines Textes als Stilmittel zur Variation verdeutlicht:

(34) Dennoch bleibt es fragwürdig, diese Spannungen und Gegensätze pauschal auf das Schlagwort vom „Kampf der Kulturen" zwischen Orient und Okzident zu vereinfachen. [...] Zum andern unterschlagen die Prognosen von einem immer bedrohlicher aufflammenden „Kampf der Kulturen" zwischen westlicher und islamischer Welt die Warnung des britischen Historikers Toynbee vor der „Fata Morgana der Unsterblichkeit", die Huntington in seinem Buch auch zitiert.(Neue Zürcher Zeitung, 11.02.2006)

Textsynonym zu den oben genannten Ausdrücken stehen hier *Orient* und *Okzident*. Dabei handelt es sich um interessante referentielle Erweiterungen der Gruppen-Konstruktionen, die, zumindest den Okzident betreffend, im Kapitel 5 ausführlich behandelt werden. An dieser Stelle sei aber darauf verwiesen, dass Samuel P. Huntington in seinen Arbeiten den Ausdruck *Okzident* respektive *occident* nicht aktiv gebraucht. *Occident* kommt in Huntingtons Texten nur äußerst selten vor (vgl. CoC: 32), stattdessen sind *the west* und *western civilization* unzählig oft belegt. Folglich handelt es sich bei der Gleichsetzung dieser Ausdrücke um eine diskursive Verselbständigung. Weitere Textstellen beinhalten Ausdrücke mit einem Fokus auf die Religion als Kampfaktor:

(35) Einzelne Abgeordnete warnten davor, jetzt einen „Kampf der Kulturen" zwischen Christentum und Islam herbeizureden und erhielten dafür die ausdrückliche Unterstützung des Kanzlers. (Frankfurter Rundschau, 15.09.2001)

(36) Aber der von dem Amerikaner Samuel Huntington vorhergesagte „Clash of Civilizations" („Kampf der Kulturen") zwischen dem Islam auf der einen und christlich-jüdischer Weltauffassung auf der anderen Seite ist eine bedrohliche Fehlentwicklung und generelle Gefährdung unserer Zeit. Der 11. September im vorigen Jahr war ein Menetekel. (Die Welt, 27.07.2002)

Ob *Christentum* und *christlich-jüdische Weltauffassung* als (teil)synonym zur Bezeichnung *Westen* gelten können, ist selbstverständlich relevant, wird aber erst an späterer Stelle (in Kapitel 5.2.1) diskutiert werden. In dieser Ausdrucksvariation findet immerhin eine Angleichung der akteurskonstituierenden Ebene statt, da der Kontrahent *Islam* ja unzweifelhaft eine Religionsgemeinschaft darstellt und dementsprechend in diesen Formulierungen die mehrmals kritisierte Diskrepanz zwischen *Westen* und *Islam* als Objekte verschiedener Konzeptdomänen („Himmelsrichtung" versus „Religionsgemeinschaft") aufgehoben wird.

Ein Gegenstand für eher feinanalytische Untersuchungen ist die Frage, wie die so eingeführten und als Kampfakteure spezifizierten Ausdrücke in der textuellen Progression gebraucht werden. Es ist eingedenk der bisherigen Arbeit sicherlich nicht überraschend, dass der *Westen* sehr oft als handlungsfähiger Akteur eingesetzt wird, und zwar gerade im kotextuellen engen Anschluss an eine Thematisierung des *Kampfes der Kulturen*. Siehe dazu folgende Textstellen:

(37) Was kann man gegen den drohenden Kampf der Kulturen tun? Der Westen muss außenpolitisch seinen Anspruch auf Universalität aufgeben, aber gleichzeitig innenpolitisch eine Rückbesinnung auf seine eigenen Werte und Ursprünge einleiten [...] Der Westen hat nur noch Angst: vor dem Terrorismus, dem islamischen Fundamentalismus, den Flüchtlingsströmen aus dem Süden. (Stuttgarter Zeitung, 29.09.2001)

Der *Westen* soll in diesen Textstellen, die gleichzeitig das Evaluationsmuster der prognostischen Möglichkeit plus deontischer Ablehnung des *Kampfes der Kulturen* par excellence bedienen, bestimmte Handlungen zur Eskalationsvermeidung ausführen und ist zugleich ein Angst empfindendes Wesen. Die Zuschreibung von Emotionen und Vorschreibung von Aktionen an die als *Westen* bezeichnete Entität vermittelt die Konzeptualisierung dessen als höheres Lebewesen (siehe hierzu v. a. das Kapitel 5.2.3). In der folgenden Textstelle lassen sich die soeben diskutierten Aspekte miteinander verschränkt beobachten:

(38) Ist dies [die 9/11-Anschläge, Anm. JHK] der Auftakt zum Kampf der Kulturen, vor dem der Politologe Samuel Huntington von der Harvard-Universität seit einigen Jahren warnt? Der große Konflikt zwischen dem islamischen Morgen- und dem christlichen Abendland? Huntingtons Prophezeiung einer Entscheidungsschlacht der Zivilisationen, für die sich der Westen rüsten müsse, weil eine dauerhafte friedliche Koexistenz nicht vorstellbar sei, bekommt neue Aktualität. (Darmstädter Echo, 13.10.2001)

Kombiniert sind hier die beschriebene Konzeptualisierung des *sich rüstenden Westens* als handlungsfähiges Lebewesen, der textsynonyme Wechsel von *christlichem Abendland* und *Westen* sowie die interrogative Verwendung des *Kampfes der Kulturen*, nach dessen Gültigkeit gefragt und der als *Prophezeiung* mit *neuer Aktualität* evaluiert wird. Die Metonymie, dass das Abstraktum *Westen* so agieren solle wie ein konkreter Mensch, liegt ganz offensichtlich sehr zahlreich vor.

Zur Erklärung dieser konzeptuellen Verschiebung sei auf die ausführliche Diskussion der Präsuppositionen im *Kampf der Kulturen* in Kapitel 3.2.5 verwiesen. Wenn ein bestimmter Kampf versprachlicht wird, sind darin Vorannahmen über das Wesen der Kämpfenden auf einer zeichenstrukturell tiefen Ebene eingebunden. Diese impliziten Annahmen werden auch dann abgerufen bzw. von den Textproduzent*innen vorausgesetzt und von den Textrezipient*innen adaptiert, wenn die eigentliche Aussage, in die die Präsupposition eingebettet ist, abgelehnt, also deskriptiv oder deontisch negiert wird. In den Verbalmanifestationen eines grundsätzlich möglichen, nun eventuell aktuellen oder aber prospektiv zu vermeidenden *Kampfes der Kulturen* wird der *Westen* als potenziell kämpfender, also der Kampfvorbereitung oder -vermeidung fähiger Akteur aktualisiert. Es ist äußerst aufschlussreich und bestätigt die theoretisch angenommene Eigenschaft der Präsuppositionen, unter Negation konstant zu sein, dass sich diese Präsuppositionen des Westens in allen oben beschriebenen Evaluationsmustern finden. Auch wenn der *Kampf der Kulturen* nicht eintreten solle oder aktuell nicht eingetreten sei, führt allein die Phrasen-Verwendung zum Verständnis des *Westens* als möglichem Kampfkontrahenten, also als höherentwickeltes Lebewesen mit der prinzipiellen Kompetenz zum Kämpfen. Dass diese Inferenzen über den *Westen* präsupponiert, also als grundsätzlich gültig für darauf aufbauende Aussagen vorausgesetzt werden, ist für die Gesamtargumentation dieser Arbeit von erheblicher Bewandtnis.

Eine weitere Erkenntnis der feinanalytischen Korpusbearbeitung, die für die nächsten Hauptkapitel hochrelevant ist und hier nur kurz vorgestellt werden soll, betrifft die Nicht-Neutralität der Perspektivierung des Westens und des Islams als Konfliktakteure. Im analysierten Diskurs deutschsprachiger Printmedien werden die beiden Kulturkampf-Kontrahenten nicht mit einer unbeteiligten Äquidistanz behandelt, stattdessen ist der Westen diejenige Kategorie, der sich die Textproduzent*innen zurechnen. Deutlich wird dies durch den textgebundenen Austausch des Ausdrucks *westliche Staaten* mit dem Pluralpronomen der 1. Person Plural *wir*:

(39) Nach dem 11. September hat eine neue Zeit begonnen. Wir müssen kämpfen für das Recht auf Leben und Freiheit [...] Insbesondere in allen westlichen Staaten dies- und jenseits des Atlantiks ist die nach dem Ende des Kalten Krieges rapide angewachsene, oft überhebliche Selbstsicherheit nach einer kurzen Periode lähmenden Entsetzens einem starken Gefühl der entschlossenen Nüchternheit und einer für viele neuen Realitätserkenntnis gewichen. [...] Mehr als irgendjemand sonst ist seit dem 11. September der amerikanische Autor Samuel P. Huntington als Kronzeuge für kommende Entwicklungen zitiert worden. (Welt am Sonntag, 30.12.2001)

Der folgende Textausschnitt fasst einige Reaktionen aus den deutschsprachigen Feuilletons zum Karikaturenstreit zusammen und verdeutlicht dabei die Perspektivierung des *Kampfes der Kulturen* als einen Konflikt, in dem sich Textproduzent*innen potenziell selbst befinden.

(40) Stefan Kornelius hat in der „Süddeutschen Zeitung" richtig beobachtet, daß der Karikaturenstreit im Westen schlagartig ein neues Wir-Gefühl schafft, bei dem die Werte der Aufklärung im Mittelpunkt stehen. Wolfgang Münchau weist in der „FTD" darauf hin, daß laut Huntington der Westen nicht mit dem Islamismus ein Problem hat, sondern mit dem Islam als solchem. Seine Forderung: „Der Kampf der Kulturen hat längst begonnen. Wir Europäer dürfen ihm nicht ausweichen. Wir müssen versuchen, ihn zu gewinnen." (Welt am Sonntag, 12.02.2006)

Frappant ist die Parteinahme, die mit der Evaluierung des *Kampfes der Kulturen* als deskriptiv zutreffend einhergeht, und die Forderung nach einem Sieg im so bewerteten Kampf. Der auffällige Pronomen-Gebrauch und die metasprachliche Charakterisierung als *Wir-Gefühl* sind zusätzlich äußerst relevante Phänomene, die im folgenden Hauptteil in Kapitel 4 analysiert werden und an dieser Stelle als eine Art argumentativer Überleitung aufgefasst werden können. Ebenso verdient der so vollzogene Aufbau eines Antagonismus zwischen *Westen* und *Islam* eigentlich viel mehr Aufmerksamkeit und eine sich mit dem „Feindbild Islam" befassende Diskussion, die an dieser Stelle aber erstmal ausbleiben muss. Es sei nur kurz auf den Konnex zwischen einer martialischen Lesart respektive positiven Evaluierung des *Kampfes der Kulturen* und einer Konstruktion des Konfliktgegners als Feindbild hingewiesen, wofür exemplarisch eine weitere Stelle aus dem in Beispiel (40) zitierten Feuilleton-Artikel dienen kann:

(41) Wer diesen Gedanken [von der Richtigkeit des Kampfes der Kulturen, Anm. JHK] einmal denkt, springt gleich zur nächsten Schlußfolgerung: „Der Islam ist unser Feind. Es geht um die Zukunft der Zivilisation." (Welt am Sonntag, 12.02.2006)

In Beispiel (41) zeigt sich implizit eine gewisse Distanzierung von der Feindbildkonstruktion, die „zitierte" *Schlußfolgerung* wird kritisch betrachtet. Auch wenn an dieser Stelle nicht näher auf die Konzeptualisierung des *Islam* eingegangen wird, sollte deutlich geworden sein, dass sich aus den Akteursspezifizierungen des *Kampfes der Kulturen* sehr deutlich der Antagonismus „der Westen und der Islam gegeneinander" ableiten lässt, innerhalb dessen die deutschsprachigen Diskursbeteiligten sich als der Seite des *Westens* zugehörig verstehen. Im Folgenden wird dieser Prozess als Element einer mehrdimensionalen „Wir-Gruppen-Konstruktion" beschrieben. Hier sollten vorerst nur die zu den Akteursspezifizierungen dazugehörigen parteiischen, im gesamten Korpus sehr gleichförmigen Perspektivierungen des *Kampfes der Kulturen* herausgearbeitet werden. Die Konstanz dieser Perspektivierungen wurde mittels der Theorie der Präsuppositionen erklärt. So wurde anhand empirischer Daten die implizite Vermittlung spezifischer Merkmale des *Westens* belegt, die zuvor in Kapitel 3.2.5 in allgemeiner Form für *die Kulturen* erörtert wurde.

An dieser Stelle soll noch ein weiterer inhaltlicher Aspekt des komplexen Diskursverlaufs kurz thematisiert werden. Es wurde bereits im Unterkapitel 3.3.2.2 im Zuge der kotextuellen Phrasen-Einbettung darauf hingewiesen, dass der *Kampf der Kulturen* medial als ein stark emotionalisierendes Element dargestellt wird, nämlich als etwas sehr *Bedrohliches*. Das Emotionspotenzial, das die Leser*innen der Phrase unterschiedlich stark abrufen können, resultiert nun gerade auch aus der nicht-neutralen Perspektivierung und der konstant vermittelten Zugehörigkeit zu einem Kampf-Kontrahenten. Für dieses emotive Wirkungspotenzial ist das Vorhandensein des Deutungsmodells vom *Kampf der Kulturen* im öffentlichen Bewusstsein ausschlaggebend. Nur weil die Thesen eines global ausgetragenen Konflikts zwischen Zivilisationseinheiten bereits (relativ weit) verbreitet sind, können die Medien auf diese Thesen zur (möglicherweise vereinfachenden) Erklärung aktueller politischer Geschehnisse wie etwa akut erschütternder Terroranschläge zurückgreifen. Dadurch werden selbstverständlich die Thesen nur umso populärer und es entsteht eine diskursive Selbstverstärkung. Dieser Prozess kann auch als „self-fulfilling prophecy" bezeichnet werden[41] und ist in dieser Form als Kritikpunkt an der Theorie Samuel P. Huntingtons bereits angesprochen worden (vgl. die Ausführungen zu den fachwissenschaftlichen Rezeptionen der Schriften Huntingtons in Kapitel 3.1.4). Der Zusammenhang zwischen der nicht-neutral perspektivierten Akteursspezifizierung und dem verstärkten Zugriff auf Huntingtons geopolitisches Deutungsmodell im Diskursverlauf und als Reaktion auf Terror- und Konfliktereignisse ist einleuchtend. Dieser Zusammenhang erklärt zugleich den zuvor in Kapitel 3.3.3.4 beschriebenen signifikanten Anstieg der Evaluationsmuster, dass der *Kampf der Kulturen* diagnostisch wahr bzw. als Erklärungsmuster für die weltpolitische Lage ab 2001 und vor allem ab 2006 zutreffend sei. Die Argumentation und die diachrone Datenanalyse zum *Kampf der Kulturen*, die in diesem Kapitel präsentiert wurden, sind also kompatibel mit der in Fachdiskursen kursierenden Annahme einer sich selbst verstärkenden Theorie.

Bevor die Ergebnisse der vorliegenden Korpusanalyse in dem folgenden separaten Kapitel 3.4 zusammengefasst und synoptisch auf die Ergebnisse der vorherigen Kapitel 3.1 und 3.2 bezogen werden, soll nun kurz festgehalten werden, dass in diesem Kapitel verschiedene Gebrauchsaspekte der Untersuchungsphrase im Korpus identifiziert, vorgestellt und mit Rückgriff auf vorher erarbeitete Erkenntnisse kritisch diskutiert wurden. Fokussiert wurden dabei erstens die Häufigkeit der Phrase *Kampf der Kulturen* in Abgrenzung zu mehreren Konkurrenzphrasen, die Entwicklung der Gebrauchsfrequenz und eine sich daraus ableitende Einteilung in Diskursetappen (jeweils in Kapitel 3.3.1); zweitens die textuelle Umgebung der Phrase unter besonderer Berücksichtigung des Autors Samuel P. Huntington und des Buchtitelcharakters (in 3.3.2.1), der

---

41 Der englische Ausdruck *self-fulfilling prophecy* ist weithin bekannt. Als Charakterisierung des von Samuel P. Huntington vorgelegten Deutungsmodells ist er aber m. E. nicht ganz glücklich, auch wenn er inhaltlich grob gesagt zutrifft. Dass es sich beim *„Kampf der Kulturen"* um eine in Erfüllung gehende Prophezeiung handle, kann womöglich zu der falschen Ansicht einer Zuweisung des Realitätsstatus „wahr" führen, auch wenn die Erfüllungsbedingungen der „vermeintlich wahren" Prophezeiung kritisch betrachtet werden, eben als „aus sich heraus erfüllend" und nicht durch externe Faktoren bestätigt. Eine präzisere Charakterisierung wäre m. E. eine diskursive Selbstverstärkung des Deutungsmodells durch multiple interdependente Faktoren, die in der hier vorgelegten Argumentation aufgezeigt und besprochen werden.

Spracheinheiten in Kontaktstellung (in 3.3.2.2) und der häufigen Verwendung in Fragesätzen (in 3.3.2.3). Drittens wurde ausführlich untersucht (in Kapitel 3.3), wie der *Kampf der Kulturen* beurteilt, mithin als wie zutreffend oder erwünscht er im Laufe der letzten zwei Jahrzehnte dargestellt worden ist. Und viertens wurde detailliert behandelt (in Kapitel 3.4), welche Akteure als die gegeneinander kämpfenden Kultureinheiten versprachlicht werden und welche weiteren Konsequenzen sich hieraus ergeben.

3.4 Kapitelzusammenfassung

Dieser Abschnitt der Arbeit dient dazu, das Hauptkapitel zur Frage, was der „Kampf der Kulturen" sei, abzuschließen und die gewonnenen Erkenntnisse prägnant zusammenzufassen. Für inhaltliche Begründungen oder detaillierte Erörterungen zu den hier präsentierten Ergebnissen sei auf die drei vorherigen Unterkapitel verwiesen.

Der „Kampf der Kulturen" steht für ein sehr umstrittenes geopolitisches Deutungsmodell und der *Kampf der Kulturen* entspricht einer Nominalphrase, die eine weite Verbreitung im öffentlichen Sprachgebrauch gefunden hat und die schlagworthaft auf jenes Deutungsmodell rekurriert.

Zwischen dem politologisch-fachorientiert formulierten Deutungsmodell und dem in vielen Mediendiskursen verkürzt gebrauchten Slogan gibt es mehrere inhaltliche Divergenzen. Die wichtigste Abweichung liegt in der Bestimmung der „kämpfenden Kulturen": Entweder werden sieben bis acht Zivilisationseinheiten als potenzielle Konfliktkontrahenten oder aber „der Westen und der Islam" als konkrete Kampf-Akteure angenommen.

Das Deutungsmodell war als sicherheitspolitisches Paradigma für die Bühne der internationalen Politik in der Zeit nach dem Ende des Kalten Krieges intendiert und besteht aus einer Vorhersage über die zukünftig entscheidenden Konfliktursachen. Als solche werden nämlich kulturelle Differenzen aufgefasst, die laut der Theorie auf der globalen Makro-Ebene intern homogene „Civilizations" ergeben. Diese kulturell determinierten Makro-Einheiten werden geradezu unweigerlich zu Antagonisten, wobei vor allem die westliche Zivilisation mit einer Allianz bestehend aus dem Islam und ostasiatisch-konfuzianischen Staaten aneinandergeraten werde; bzw. eventuell verbünden sich alle nichtwestlichen Zivilisationen, so dass ein Konflikt „der Westen gegen den Rest" möglich sei. Dieses Deutungsmodell geht auf zwei Veröffentlichungen des sehr umtriebigen – d. h. als Akademiker, Forscher, Politikberater, öffentlichem Intellektuellen aktiven – und daher prominenten Autors Samuel P. Huntington zurück: zuerst ein Aufsatz in einem Fachjournal und später eine umfangreiche

Monographie, die ein großer Publikationserfolg wurde. Beide Texte wurden vom politik- sowie vom sozial- und kulturwissenschaftlichen Fachpublikum überwiegend sehr kritisch betrachtet, mit substanziellem Widerspruch gegenüber mehreren Thesen, ihren begrifflichen Grundlagen und ihrer diagnostischen Anwendbarkeit auf tatsächliche Konflikte. Beide Texte wurden außerdem umgehend ins Deutsche übersetzt, der Aufsatz 1993 von einem Autor der Wochenzeitschrift „Die Zeit" und die Monographie 1996 vom Sachbuch-Übersetzer Holger Fliessbach. Diese beiden untereinander relativ einheitlichen Übersetzungen produzierten den hier untersuchten Slogan *Kampf der Kulturen*, der schnell eine große gesamtgesellschaftliche Bekanntheit erreichte. Es ist naheliegend anzunehmen, dass die hypertrophe Diskursprominenz Samuel P. Huntingtons die weite Verbreitung seiner Thesen und schließlich des daraus abgeleiteten Slogans trotz vielfältiger inhaltlicher Kritik befördert hat.

Der sprachwissenschaftliche Gegenstand dieser Untersuchung ist eine translatologisch betrachtet weite Übersetzungsparaphrase, in der beide autosemantischen Ausdrücke unpräzise wiedergegeben sind. Während die Ausdruckskonkurrenz von *Kultur* versus *Zivilisation* eine lange, differentiell aufgeladene Bedeutungsgeschichte hat, wurde das Translat *Kampf* zu engl. *clash* meistens ignoriert. Hier zeigt sich eine martialisch wirkende Monosemierung gegenüber der genuinen Polysemie des englischen Originaltitels bezüglich des Inferenzpotenzials über die Art des *Kampfes/clash* und über den Status der *Kulturen/civilizations*. Im Kontrast der Buchtitelversionen in den größeren europäischen Sprachen steht die deutsche Übersetzung mit dieser Monosemierung relativ allein da. Der Slogan *Kampf der Kulturen* basiert zugleich auf einer semantischen Inkompatibilität hinsichtlich des Merkmals der ‚Belebtheit', wenn die komplexe Nominalphrase mit Genitivattribut zu einer Proposition wie *Die Kulturen kämpfen* umformuliert wird bzw. unter Berücksichtigung der semantischen Valenz: *Die Kulturen*[-belebt, +abstrakt] *kämpfen*[subkategorisiert +belebt]. Mehrere rhetorische Figuren, die zur Klasse der Tropen gehören, bieten sich für die Klassifikation der vorliegenden sprachlichen Ungenauigkeit an, die hier hauptsächlich als Metonymie charakterisiert wird. Hinsichtlich der impliziten Bedeutungsvermittlung im Gebrauch der Phrase ist ferner die Auslösung zweier eng verknüpfter Präsuppositionen zu beachten. Für das Verständnis der Phrase im Sprachrezeptionsprozess werden die Annahmen strikt vorausgesetzt, dass die referenzialisierten *Kulturen* als unikale Einheiten existieren und dass sie zumindest potenziell kämpfen könnten.

Die empirische, datenbasiert-qualitative Analyse des Untersuchungskorpus – bestehend aus zahlreichen deutschsprachigen, thematisch relevanten Printartikeln – bestätigt, dass der *Kampf der Kulturen* im massenmedialen Sprachgebrauch oft in Verbindung mit dem Autor Samuel P. Huntington und als Buchtitel markiert auftritt. Die Prominenz und der vermeintlich eindeutige Expertenstatus von SPH liefern einen Erklärungsansatz für die Bekanntheit und die weite Verbreitung des Slogans. Es lassen sich verschiedene aufeinander aufbauende Gebrauchsphasen mit Zunahmen der Vorkommensfrequenz erkennen, die als Diskursetappen beschrieben wurden: Sie korrelieren a) mit den Publikationen der Texte Huntingtons, b) mit islamistischen Terroranschlägen und c) mit partiell gewaltförmigen, partiell wertorientiert aufgefassten internationalen Konflikten. Die Spezifizierung der Konfliktkontrahenten als „Westen versus Islam" bleibt konstant und verbindet letztlich die Gebrauchsphasen über verschiedene Medienereignisse hinweg miteinander. Viele Textproduzent*innen perspektivieren den Konflikt explizit durch die personalpronominale Markierung von Zugehörigkeit zum Westen auf eine parteiische Art, die auch so gedeutet werden kann, dass sie potenziell mit Feindbildkonstruktionen gegenüber dem Islam kompatibel ist. Insgesamt dominieren die negativen Evaluierungen zum *Kampf der Kulturen*, allerdings mit divergierenden Ansichten zur deskriptiven Gültigkeit und zur prognostischen Plausibilität des damit verbundenen geopolitischen Modells. Zwar wird überwiegend vor einer Eskalation eines Zivilisationskonflikts – also vor dem zukünftigen Eintreten des *Kampfes der Kulturen* – gewarnt, doch ab 2001 und nochmal verstärkt ab 2006 steigt die Anzahl der Diskursbeiträge, in denen Huntingtons Thesen als synchron zutreffend charakterisiert werden. Medial sehr präsente Terroranschläge sowie solche Konflikte wie der Karikaturenstreit, die als Auseinandersetzungen um Werte und Normen wahrgenommen werden, erhöhen die Persuasionskraft des *Kampfes der Kulturen* merklich.

Zusätzlich wurde in der empirischen Datenanalyse aufgezeigt, wie die Untersuchungsphrase in ihre sprachliche Umgebung eingebettet wird, wobei vielfältige sprachliche Handlungen wie das Warnen, das Prophezeien und das Beschwören hervortraten. Je nach Ausführlichkeit der Thematisierung und Textgestaltung kann der Slogan *Kampf der Kulturen* mit einem hohen Emotionspotenzial versehen sein, vor allem bezüglich des Hervorrufens von Schrecken und Angst vor dem Zivilisationskonflikt und dem drohenden Weltkrieg. Gleichzeitig kann der Slogan selbstverständlich auch als elaboriertes politologisches Deutungsmodell fungieren, das sich beispielsweise in umfangreicheren Textsorten enger an den Ausgangsthesen orientiert und deren konfliktdiagnostische Gültigkeit überprüft.

Es besteht offensichtlich ein enger Zusammenhang zwischen der Spracheinheit einerseits und kognitiven wie auch affektiven Reaktionen auf außersprachliche Ereignisse andererseits. Zugleich ist anzunehmen, dass sich dieser

Zusammenhang in diachroner Perspektive auch wechselseitig verstärken kann. So wie sich die wiederholte Warnung vor spezifischen Konfliktkonstellationen und -eskalationen nicht nur sprachlich abspielt, sondern sich auch kognitiv und emotional auswirkt; genauso steigt dabei die Wahrscheinlichkeit, dass zukünftige gewaltförmige und eventuell beängstigende Ereignisse als zum Muster der Konfliktkonstellation gehörend interpretiert werden. Genau auf diesen Prozessen der sprachlichen und kognitiv-emotionalen Interdependenz basiert die Auffassung, dass der Gebrauch des Slogans vom *Kampf der Kulturen* eine selbsterfüllende Prophezeiung oder zumindest einen selbstverstärkenden Diskurseffekt auslösen kann. Die korpusgestützt analysierten Diskursverläufe und die Werte der Evaluationsmusterverteilung legen dies für bestimmte Zeiträume durchaus nahe.

Die Robustheit der im Korpus identifizierten Akteursspezifizierung „Westen gegen Islam" zeigt sich also darin, dass sie die Diskursetappen überdauert und dabei sozusagen die inhaltliche Substanz der diskursiven Aktualisierung vom fachorientierten Deutungsmodell hin zum massenmedial hochfrequenten Slogan ausmacht. Erklärt wurde dies mit der Wirkungsweise der zuvor beschriebenen Präsuppositionen. Die Inferenz ‚Der Westen existiert als unikale und potenziell kampffähige Einheit' wird nämlich auch in den häufigeren Texten, in denen der *Kampf der Kulturen* sowohl diagnostisch und/oder prognostisch als auch normativ abgelehnt wird, sehr stabil vermittelt. Gleichzeitig werden diese Inferenzen über den *Westen* mit nicht-neutralen Selbst-Zuschreibungen der meisten Medienproduzent*innen zu dieser Einheit kombiniert.

Es folgt aus diesen Ergebnissen der vorliegenden interdisziplinär interessierten Diskursanalyse die Notwendigkeit, sich das Konzept des WESTENS anhand seiner Versprachlichungen genauer anzuschauen und zuvor die terminologisch-theoretischen Grundlagen für die Erforschung der sprachlichen Darstellung dieser „Civilization" und potenziellen Konfliktpartei zu legen. Der vielfältig auslegbare und wirkungsvolle *„Kampf der Kulturen"* bietet den multidimensional komplexen Kontext für die zu untersuchende Wir-Gruppen-Konstruktion.

4 Was sind „Wir-Gruppen-Konstruktionen"?

Der vorliegende Hauptteil und damit das Kapitel 4 dieser Monographie widmet sich der Fragestellung, was unter „Wir-Gruppen-Konstruktionen" zu verstehen ist. Nach der in Kapitel 3 ausführlich dargestellten Beantwortung der Frage, was der „Kampf der Kulturen" aus diskursanalytischer Sicht ist, findet nun ein gravierender Themenwechsel statt. Die Synthese der Ergebnisse des vorherigen Hauptkapitels mit denen dieses Kapitels wird dann in Kapitel 5 zur Analyse des „Westens" vollzogen.

Die Kernaufgabe dieses Kapitels besteht darin, „Wir-Gruppen" umfassend und multiperspektivisch zu beschreiben, so dass dieser Begriff als wissenschaftlich fundierter Terminus für die Sprachwissenschaft, die Diskursanalyse und andere interessierte Disziplinen zur Verfügung steht. Im Zuge der theoretischen Begriffsbildung werden zahlreiche linguistische wie sozialwissenschaftliche Bezüge aufgezeigt und behandelt, wodurch die vielgestaltige Relevanz des Terminus der „Wir-Gruppen" deutlich werden soll. Die Kapitelgliederung sieht so aus, dass zunächst der schillernde sprachliche Ausdruck *wir*[42] im Unterkapitel 4.1 behandelt wird, bevor der Begriff der „Gruppen-Konstruktion" im Unterkapitel 4.2 Thema ist und damit alle Bestandteile des Terminus adäquat erfasst werden. Einige Ergebnisse dieser Ausführungen sollen dann im Unterkapitel 4.3 anhand der im Korpus vorliegenden empirischen Daten überprüft werden. Die genauere Aufgliederung dieser Kapitel in weitere Unterkapitel und separate Arbeitsschritte wird jeweils zu Beginn der Kapitel kurz erläutert.

---

42 Nach der vorherigen Bemerkung (siehe Kapitel 1 Fußnote 1) zu den geltenden Schreib-Konventionen, dass *Sprachliches* kursiviert, KOGNITIVES in durchgängiger Großschreibung und „zitierte Ausdrücke bzw. Termini" in Anführungsstrichen erscheinen, ist hier eine weitere Bemerkung zu den Konventionen dieser Arbeit angebracht: Der sprachliche Ausdruck *wir* wird im Folgenden nicht nur kursiviert, sondern auch konsequent kleingeschrieben. Diese Regelung wird auch in den Formulierungen umgesetzt, in denen das *wir* eindeutig nominalisiert wird und damit gemäß der normalen Rechtschreibregeln groß geschrieben werden müsste. Diese vielleicht stellenweise etwas irritierende Konvention soll als Hinweis darauf verstanden werden, dass es sich beim *wir* weiterhin um eine – unzweifelhaft besondere, enorm facettenreiche – sprachliche Einheit handelt, auf die mit wissenschaftssprachlicher Distanz referiert wird, und dass dieses Element trotz der häufigen Bezugnahme in nominalisierter Form nicht mit einem eindeutig greifbaren Gegenstand der Objektsprache verwechselt, also nicht reifiziert werden sollte. Eine Ausnahme zu dieser Konvention stellt die Verwendung als Kompositumsglied dar: Der Wir-Gebrauch sollte folgerichtig als *wir*-Gebrauch geschrieben werden, was aber allein aus optischen Gründen unterlassen wird, wenngleich der obige Hinweis zum intendierten wissenschaftssprachlich-distanzierten Verständnis auch hier gelten soll.

4.1 Zum „Wir"

Der Gegenstand dieses Kapitels ist also die Spracheinheit *wir*, das standarddeutsche Personalpronomen der 1. Person Plural.[43] Es soll zunächst in Kapitel 4.1.1 die besondere Relevanz dieses Ausdrucks in verschiedenen öffentlichen Diskursen und Gesellschaftsbereichen aufgezeigt werden, wobei vielfältige Perspektiven zum politischen, philosophischen und metasprachlichen Gebrauch angerissen werden. In Kapitel 4.1.2 werden dann mehrere Problematiken der linguistischen Beschreibungsansätze und die besondere Variabilität der Referenz des *wir* behandelt. Die Ergebnisse sollen schließlich in Kapitel 4.1.3 in einer Darstellung der komplexen Bedeutung und Funktionalität dieses Ausdrucks zusammengeführt werden. Mit dieser multiperspektivischen Herangehensweise soll ein erklärungsadäquates Fundament für die anschließende Begriffsbildung bzw. für die Herleitung des Terminus technicus „Wir-Gruppen-Konstruktionen" gelegt werden.

4.1.1 Zur diskursiven Relevanz des Personalpronomens der 1. Person Plural

An dieser Stelle soll geklärt werden, inwiefern dem Ausdruck *wir* eine hohe gesellschaftliche Bedeutsamkeit zukommt, in welchen Verwendungsweisen des öffentlichen Sprachgebrauchs und in welchen Diskursbereichen sich dies vornehmlich zeigt und welche besonderen Eigenschaften diesem Ausdruck dadurch zugewiesen werden können.

Eine Wertschätzung der Vielfältigkeit des Ausdrucks und der Verwendungsweisen des *wir* findet sich innerhalb der Sprachwissenschaft schnell. Das Personalpronomen der 1. Person Plural wird von Pavlidou (2014: 1) beispielsweise als der komplexeste Ausdruck zur Personenreferenz eingeschätzt und bei Wodak/de Cillia/Reisigl/Liebhart/Hofstätter/Kargl (1998: 99) als komplexestes persönliches Fürwort. Zunächst einmal sollen in diesem Unterkapitel aber weniger die linguistischen Arbeiten (siehe dazu Kapitel 4.1.2), sondern eher die öffentliche Aufmerksamkeit, die diesem Ausdruck geschenkt wird, im Vordergrund stehen. Das *wir* ist nämlich nicht nur in Fachkreisen, sondern vor allem in mehreren öffentlichen Diskursen zu verschiedenen Themen hochgradig prä-

---

[43] Die weiteren Formen der Personalpronomen der 1. Person Plural im Flexionsparadigma, nämlich *uns* (Dativ, Akkusativ) und *unser* (Genitiv bzw. homonym dazu das Possessivpronomen), können dabei als mitgemeint verstanden werden. Die morphologische Beschreibungsebene wird in Kapitel 4.1.2.1 wieder aufgenommen.

sent: als Anzeiger allgemeiner sozialer Beziehungen und Empfindungen, als Instrument politischer und anderer persuasiv ausgerichteter Slogans oder in kritischer Thematisierung von Ausgrenzungsdiskursen.

Exemplarisch für die erste Funktion, das Anzeigen sozialer Einstellungen und Verhältnisse, steht das „Wir-Gefühl" als Label für Kohäsion und Solidarität innerhalb spezifischer Zusammenschlüsse mehrerer Personen. Nicht selten wird in Politik, Sport und anderen Gesellschaftsdomänen für eine Stärkung des „Wir-Gefühls" plädiert, ohne dass präzise expliziert werden müsste, woraus dieses Gefühl bestehe, auf welche Personen es sich in welcher Ausprägung beziehe.

Aus dieser Konfiguration ergibt sich die zweite oben genannte Funktion, die Verbreitung in der Werbesprache und der Sprache der Politik. Die SPD beispielsweise wählte für ihren Bundestagswahlkampf 2013 den Kampagnenslogan „Das WIR entscheidet". Die Verwendungen von *wir* sind für verschiedene Gattungen der politischen Kommunikation untersucht worden: bereits recht früh von G. Müller (1978) in einer Analyse von Wahlplakaten, von Volmert (1989) in politischen Reden, von Wodak/de Cillia/Reisigl/Liebhart/Hofstätter/Kargl (1998) im nationalistischen Diskurs Österreichs und von Seiler Brylla (2017) in einer kontrastiven Parteiprogrammanalyse. Zusätzlich stellen Schröter/Carius (2009: 124) heraus, dass eine Analyse des Gebrauchs der Personalpronomina zur Grundausstattung politolinguistischer Methoden gehöre. Es ließen sich noch unzählige weitere Arbeiten nennen, in denen die politischen Dimensionen des *wir* thematisiert werden.

Neben der Sprache der Politik kann an dieser Stelle ebenso die Werbesprache genannt werden. Als Werbe-Claim – also als kampagnenunabhängiger Slogan zur Herausstellung einer Marke – des gemeinnützigen, für seine Soziallotterie bekannten Vereins „Aktion Mensch" fungiert „Das Wir gewinnt". In beiden Fällen ist eine Referenzspezifizierung oder anderweitige Präzisierung des *wir* nicht notwendig, obgleich der Ausdruck hier substantiviert als Satzsubjekt vorliegt und damit eindeutig im Fokus der Aussage steht. Es soll eine Betonung von Gemeinschaftlichkeit und ein Vorrang von Solidarität vor Individualismus vermittelt werden, also das Eintreten für die Stärkung sozialer Beziehungen. Werbesprachlich betrachtet kann das Personalpronomen der 1. Person Plural also einem positiv aufwertenden und persuasiven Emblem für Sozialität im weiten Sinne entsprechen.

In einer bestimmten Erweiterung ändert sich dieses Muster grundlegend positiver Konnotation, nämlich wenn von „Wir gegen sie" die Rede ist. Diese Wortfolge, bestehend aus Pronomen-Präposition-Pronomen, wird manchmal durch Anführungszeichen metasprachlich markiert und so vom normalen Gebrauch der gleichen Wörter unterschieden.[44] Neben *Wir gegen sie* gibt es die etwas seltener belegte, aber ebenfalls gebräuchliche Variante *Wir gegen die* und beide funktionieren analog zum englischen *us versus them*. Sie stellen Bezeichnungen für hochgradig polarisierte Formen von dichotomem Gruppendenken dar. Die als *wir-gegen-sie* bezeichneten Einstellungen werden im öffentlichen Diskurs auch als *Kriegslogik, schwarz-weiße Hasskampagne, simpler Reduktionismus*, als *primitiv* und *mörderisch* charakterisiert und folglich negativ bewertet. Alle kursiv gedruckten Lexeme entstammen Belegen aus dem DeReKo zur Suchanfrage „ „wir gegen sie" ", also inklusive der Anführungsstriche. In dieser metasprachlich hervorgehobenen Verwendung mit pronominaler Kontraststellung verliert das *wir* seine positive Konnotation.[45]

Eine weitere metasprachliche Verwendung des Ausdrucks *wir*, die öffentliche Aufmerksamkeit findet, besteht aus interrogativen Bedeutungsklärungen, also aus Fragen nach der referenziellen Reichweite und damit auch nach der Exklusivität des Wir-Gebrauchs. Zwei Buchtitel sind zu nennen: „Wer ist Wir? Deutschland und seine Muslime" von Navid Kermani (2016) und „Was heißt hier ‚wir'? Zur Rhetorik der parlamentarischen Rechten" von Heinrich Detering (2019). Viele weitere Überschriften und Titel nach diesem Muster lassen sich bei einer einfachen Google-Suche finden.[46] Durch die metasprachlichen Fragen wird im engeren Sinne bloß die Vagheit des *wir*, die Undeutlichkeit der Referenz, aufgezeigt. Im weiteren Sinne werden durch die Wir-Fragen zugleich die politische Komponente und ideologische Aufladung sozialer Kategorisierungen angedeutet.[47]

---

[44] Im DeReKo hat die Suchanfrage „wir gegen sie" 575 Treffer, von denen viele in Anführungszeichen vorkamen. Die Suchanfrage „wir-gegen-sie" lieferte 9 Treffer, also ist auch diese Markierungsoption zur Abhebung einer besonderen Verwendungsweise belegt, aber seltener.

[45] Die beschriebenen Verwendungsfälle könnten so aufgefasst werden, dass das *wir* umso stärker positiv evaluierend wirkt, gerade im Kontrast zum *sie/die anderen*, weil es eben auf den „Freund" im Freund-Feind-Antagonismus rekurriert und das Eigene aufwertet. Allerdings ist die gesamte Konstruktion der Pronomen-Präposition-Pronomen-Nominalisierung deutlich mit einer negativen Deontik ausgestattet und wird nur zur kritischen Darstellung eines übertriebenen, geradezu gefährlichen Freund-Feind-Schemas eingesetzt, was die Einzelbedeutungen der Pronomen in dieser Zusammenfügung m. E. überschreibt.

[46] Im Englischen können Fragen nach *we* analog funktionieren. Einen einschlägigen Buchtitel liefert ausgerechnet Samuel P. Huntington: „Who Are We. The Challenges to America's National Identity" (2004), siehe hierzu auch das vorherige Kapitel 3.1.1.

[47] Detering (2019) beispielsweise untersucht ausgehend von der titelgebenden Frage die Ausgrenzungs- und Abwertungsrhetorik der AfD und problematisiert dabei deren Gebrauch und negative, also ausgrenzende Bestimmung von *wir, uns, unser* (2019: 9ff.).

Multiple Verwendungen des *wir* sind also im öffentlichen Sprachgebrauch präsent. In der Politik- und Werbesprache kursieren vornehmlich affirmative Gebrauchsweisen, in anderen Diskursbereichen eher solche, die metasprachlich markiert sind und die teilweise kritisch, teilweise ergebnisoffen-interrogativ ausgerichtet sind. Diese Fälle haben gemein, dass mit dem *wir* auf gesellschaftliche Prozesse und Strukturen Bezug genommen wird. Das Personalpronomen der 1. Person Plural ist hier ein multifunktionaler Index für verschiedene, grundlegend bedeutsame, unterschiedlich bewertete Aspekte des Sozialen, mit anderen Worten ein Sozialitätssignum.

Um die diskursive Relevanz des *wir* in einer angemessenen Bandbreite vorzustellen, sollen zum Abschluss des Unterkapitels zwei Arbeiten ganz unterschiedlicher Couleur noch Erwähnung finden. Der Anthropologe und Kognitionswissenschaftler Michael Tomasello untersucht die Entstehung und Entwicklung menschlichen Denkens und Verhaltens, spezieller die Genese der Moral auf der Basis frühmenschlicher Kommunikation und Kooperation (vgl. Tomasello 2010, 2016). Für die populärwissenschaftliche Präsentation seiner Thesen wählt Tomasello das *wir* als komplexes Symbol für die Kooperationsfähigkeit, die zwischenmenschliche Bezugnahme und die gegenseitige Aufmerksamkeitssteuerung, die alle zusammen genommen erst menschliches Zusammenleben ermöglichen. Ein Artikel Tomasellos in „Die Zeit" ist übertitelt mit „Das Tier, das "Wir" sagt" (Die Zeit, 08.04.2009). Ein weiterer Artikel Tomasellos in dem populärwissenschaftlichen Magazin „Spektrum der Wissenschaft" lautet „Die Geburt des "Wir". Die Wurzeln der menschlichen Moral liegen in der gemeinsamen Jagd, die Kooperation und Teamgeist förderte" (Tomasello 2019).

Zum *wir* liegt zudem eine relativ erfolgreiche, zeitgenössische Arbeit vor, die der populären Philosophie zuzuordnen ist, nämlich „Wir" [französischer Originaltitel: „Nous"] von Tristan Garcia (2018). In diesem eher essayistischen und wissenschaftlich-begrifflich weniger präzisen Werk wird das Verhältnis von Individualität und Kollektivität behandelt. Alle möglichen Bezugnahmen auf soziale Gruppen und, daraus abgeleitet, alle möglichen kollektiven Identitäten werden darin als Grenzziehungen mittels eines *wir* beschrieben. Die Arbeit Garcias berührt dabei hochinteressante Fragenkomplexe, die stellenweise im Fortlauf dieser vorliegenden Arbeit wieder aufgegriffen werden, allerdings ist Garcias Buch nicht linguistisch ausgerichtet und er zeigt kein Interesse an den sprachlichen Dimensionen des Wir-Gebrauchs. Auch als Beitrag der Philosophie ist die Monographie Garcias weniger relevant als diejenigen Arbeiten, die der anglophonen Sozialontologie entstammen und die in Kapitel 4.2.1.1 zur Bestimmung des Begriffs der Kollektivität diskutiert werden. Nichtsdestoweniger bietet Garcias Arbeit interessante Einblicke in die politische Philosophie von Gruppenbildungen und -abgrenzungen.

In diesem Unterkapitel wurde die vielfältige diskursive Relevanz des Ausdrucks *wir* herausgearbeitet, die sich neben den politischen, werbesprachlichen und metasprachlichen Verwendungen auch in populärwissenschaftlichen[48] Darstellungen zur Anthropologie und zur Philosophie zeigt. Das *wir* kann in diesen sprachlich hervorgehobenen Gebrauchsweisen unterschiedliche Bedeutungen vermitteln: ein allgemeines, unbestimmtes Gefühl von Gruppenzusammenhalt, eine positive Konnotation in Bezug auf Solidarität, eine zu hinterfragende Referenzoffenheit und damit verbunden eine Gefahr von Ausgrenzung, einen kritischen Hinweis auf binäres Denken im Freund-Feind-Schema, eine Umschreibung für Konstanten des sozialen Verhaltens und für die Entstehung der Moral in der Menschheitsgeschichte. Die metasprachliche Funktionalisierbarkeit des Personalpronomens der 1. Person Plural ist immens und soll an dieser Stelle derart zusammengefasst werden, dass das *wir* ein prädestiniertes Signum für alle möglichen Formen von Sozialität ist. Diese allgemeine Funktion des *wir* wird im späteren korpusanalytischen Kapitel 4.3.2.2 wieder aufgegriffen und anhand empirischer Daten belegt.

4.1.2 Zur linguistischen Beschreibung des *wir*

Dieses Unterkapitel ist der genauen sprachwissenschaftlichen Diskussion des vielfältig beschreibbaren Ausdrucks *wir* und der grammatisch verwandten Einheiten gewidmet. Gegliedert ist das Kapitel derart, dass nach einer kurzen Bemerkung zur Forschungsliteratur eine eher klassische Beschreibung, die sich an der Morphologie und Rhetorik orientiert und die im Folgenden als Standardauffassung zum *wir* bezeichnet wird, in Unterkapitel 4.1.2.1 erfolgt. Anschließend stehen dann drei Problematisierungen von verschiedenen Aspekten dieser Standardauffassung im Fokus der Aufmerksamkeit, nämlich in 4.1.2.2 die Wortart-Kategorie und das Phänomen der Deixis, in 4.1.2.3 die Schwierigkeit die Funktion „Plural" in der 1. Person zu analysieren, und schließlich in 4.1.2.4 die enorme Bandbreite des Referenzpotenzials des *wir*.

---

48 Weitere Beispiele für die populärwissenschaftliche Verwendung von *wir* sind die folgenden zwei Buchtitel: „Das metrische Wir. Über die Quantifizierung des Sozialen" (Mau 2019) und „Das neue Wir. Warum Migration dazugehört" (Plamper 2019). Möglicherweise entwickelt sich hier ein stereotypes Muster für die Betitelung von Büchern mit sozialen Themen, in welchem jeweils nur ein attributives Adjektiv ausgetauscht werden muss.

Die Menge sprachwissenschaftlicher Arbeiten zum Personalpronomen der 1. Person Plural ist enorm umfangreich und im Detail nicht mehr vollständig zu erfassen. Ein erschöpfender Überblick über den Forschungsstand ist dementsprechend kaum zu leisten. Einige wichtige Werke sollen dennoch einleitend zumindest kurz genannt werden. In den Sammelbänden von Duszak (2002) und Pavlidou (2014) werden sprachvergleichend die Personalpronomina der 1. Person Plural untersucht, in den Monographien von Mühlhäusler/Harré (1990) und Cysouw (2003) die gesamten personalpronominalen Paradigmen in den Sprachen der Welt. Weitere einschlägige Arbeiten sind die Aufsätze von Mautner (1998), Kordic (1999) und Cysouw (2002). Zusätzlich finden sich in zahlreichen linguistischen Arbeiten, die hauptsächlich andere oder allgemeinere Untersuchungsgegenstände haben, bedeutsame Diskussionen und Analysen zum *wir*, von denen Benveniste (1974), Wodak/de Cillia/Reisigl/Liebhart/ Hofstätter/Kargl (1998), Hausendorf (2000) hier als besonders relevant hervorgehoben werden sollen. Erwähnenswert sind in diesem Zusammenhang auch Arbeiten aus der Funktionalen Pragmatik, siehe Ehlich (2007).

4.1.2.1 Zur Standardbeschreibung des *wir*

Zunächst soll hier eine grundsätzliche sprachwissenschaftliche Einordnung des *wir* vorgestellt werden, bevor in den darauffolgenden Unterkapiteln verschiedene Aspekte dieser Annahmen problematisiert werden. Die Ausführungen dieses Unterkapitels beziehen sich vornehmlich auf die Morphologie und Rhetorik. Eine Standardbeschreibung stellen sie insofern dar, als dass sie schon lange kursieren und in Lehrbüchern sowie Fachlexika zu finden sind.

Pronomina bilden eine Wortartkategorie, deren Funktion hauptsächlich darin besteht „eine Nominalphrase zu ersetzen und sich dadurch auf sie zu beziehen" (Elsen 2014: 245), sie sind also Stellvertreter für nominale Elemente und bilden zumeist allein ein Satzglied (ebd.). Die Personalpronomina (im Folgenden manchmal als „PPr" abgekürzt) bilden eine Unterkategorie neben den Possessiv-, Reflexiv-, Demonstrativ-, Relativ-, Interrogativ- und Indefinitpronomina. PPr sind diejenigen Pronomina, die sich auf Personen beziehen. Sie treten laut Elsen (2014: 246) nur allein auf und flektieren hinsichtlich der Kategorien Genus, Numerus, Kasus, Person. Im Deutschen sind die Personalpronomina aus Suppletivformen gebildet, die die vier Kategorienmerkmale in sich vereinen und ohne Affixe anzeigen. Die 1. Person Plural wird gebildet aus *wir* (Nominativ), *unser* (Genitiv), *uns* (Dativ), *uns* (Akkusativ). Diese Suppletivformen entsprechen laut Elsen grammatischen Morphemen und „haben lediglich geringe eigene Bedeutung" (ebd.).

Das Genitiv-Pronomen ist im aktuellen Sprachgebrauch sehr selten. Die Form *unser* ist zugleich homonym zum Stammmorphem des flektierten Possessivpronomens der 1. Person Plural und als solches zahlreich belegt. Die drei anderen PPr beinhalten zudem die Homonymie der Dativ- und Akkusativform *uns*. Fasst man die beiden zusammen, zeigt sich die enge etymologische Verwandtschaft zum Englischen mit *we/wir* als Subjektkasus und *us/uns* als Objektkasus.

Diese Personalpronomina der 1. Person Plural zeigen nicht-präzise Verwendungen bzw. solche Fälle, in denen die inferierbaren Referenzen der konkret gebrauchten Formen von ihren grammatischen, durch Person und Numerus festgelegten Grundbedeutungen abweichen. Gemeint ist ein *wir*, welches nicht wie das Pronomen der 1. Person Plural eingesetzt wird. Je nachdem, wer die Formen mit Bezug auf wen wozu einsetzt, lassen sich die Fälle in der Terminologie der klassischen Rhetorik als Pluralis auctoris (oder Pluralis modestiae), als Pluralis maiestatis oder als Pluralis benevolentiae einordnen (vgl. Bußmann (Hrsg.) 2008: 535, Glück (Hrsg.) 2010: 518). Im Pluralis auctoris bzw. modestiae verwendet ein/eine Einzelautor*in das Pluralpronomen zur Selbstbezeichnung, um sich als Person weniger wichtig erscheinen zu lassen oder auch um Hörer*innen und Leser*innen miteinzubeziehen. Im Pluralis maiestatis verwendet eine Einzelperson das Pluralpronomen, um sich aufzuwerten und die eigene Würde und Hoheit anzuzeigen, was eigentlich nur bei Monarch*innen, also im Deutschen nurmehr historisch belegt ist. Der Pluralis benevolentiae unterscheidet sich von den beiden Fällen, weil hier keine Selbstbezeichnung vorliegt, sondern eine Person sich auf eine/einen Adressat*in bezieht und sich selbst nicht mitmeint; exemplarisch im sogenannten „Krankenschwesterplural", wenn eine Patientin von einer Pflegerin mit „Haben wir denn das schon gemacht?" angesprochen wird. Im letzten Fall liegt also im Grunde eine Referenz vor, die der grammatischen Funktion der 2. Person entspricht. Wodak/de Cillia/Reisigl/Liebhart/Hofstätter/Kargl nennen diese Form auch „paternalistisches Wir" (1998: 100), es ist zugleich der dortigen Terminologie zufolge sprecherexklusiv und hörerinklusiv (1998: 99). Mühlhäusler/Harré (1990: 177) besprechen solche Fälle ebenfalls und weisen darauf hin, dass das *wir* in den richtigen Kontexten alle anderen der sechs Grundpronomina der Person-Numerus-Konstellation enkodieren kann.

Die enorme referentielle Variabilität der Plural-Personalpronomina wird unten in Kapitel 4.1.2.4 detaillierter diskutiert. Die „sprecherexklusive" Verwendung des Pluralis benevolentiae ist insgesamt betrachtet eine starke Ausnahme und deutlich markiert. Sehr viel häufiger bezieht sich die Inklusivität versus Exklusivität bei den Pronomina darauf, ob die angesprochenen Personen mitgemeint sind oder nicht. Ein inklusives *wir* umfasst die Adressat*innen einer Äußerung, ein exklusives *wir* gerade nicht, sondern schließt den/die Hörer*in einer Äußerung nicht mit ein. Diese Zweiteilung der Wir-Gebrauchsoptionen in „inklusiv/exklusiv" wird oft aufgegriffen (vgl. Glück 2010: 293) und ließe sich mit Rückgriff auf Wodak/de Cillia/Reisigl/Liebhart/Hofstätter/Kargl (1998: 99f.) als „hörerinklusiv" versus „hörerexklusiv" präzisieren. Im Kapitel 4.1.2.4 wird jedoch gezeigt, dass diese binäre Adressat-Differenzierung nicht ausreicht, um die Vielfalt der Bedeutungen und Referenzmöglichkeiten des *wir* adäquat beschreiben zu können.

Der Vollständigkeit halber, aber ohne eine herausgehobene Bedeutsamkeit für den weiteren Fortlauf der Argumentation zu reklamieren, sei noch auf die phonetische Transkription des Ausdrucks *wir* verwiesen. Je nach Transkriptionsgrad spielt die auch standardsprachlich umgesetzte Regel der r-Vokalisierung eine Rolle, also entweder [viːʀ] oder [viːɐ] – oder bei Vokalisierung und zusätzlicher Vokalabschwächung [viːə]. Im Vordergrund dieses Unterkapitels steht aber nicht die Phonetik des Personalpronomens der 1. Person Plural, sondern dessen Morphologie und damit gewissermaßen verbunden die Semantik, die in den folgenden Unterkapiteln aber noch vertiefter ausgearbeitet wird.

4.1.2.2 Zur Problematik der Wortart-Kategorie und der deiktischen Qualität

Die Kategorisierung des *wir* als Pronomen erscheint zunächst unzweifelhaft. Es gibt jedoch eine längere Diskussion (vgl. v. a. Benveniste 1974, Kordic 1999) darüber, ob die Personalpronomina überhaupt zur Wortart „Pronomen" zu zählen sind, bzw. inwiefern sie die Grundeigenschaften der Kategorie „Pronomen" tragen. Benveniste (1974: 279ff.) führt aus, dass Pronomina zwar in allen Sprachen der Welt vorkommen, aber keine einheitliche Klasse bilden, sondern eher je nach Sprachmodus unterschiedliche Arten. So verhalten sich die Personalpronomina der 1. und 2. Person ganz anders als die der 3. Person, wobei diejenigen PPr der 1. und 2. Person eher dem pragmatischen Sprachtypus angehören und als Indikatoren für Personen in Gebrauchsinstanzen (1974: 282) gelten können.[49]

---

[49] Im Anschluss daran führt Benveniste aus, dass diese Spracheinheiten mehr leisten als nur auf Personen zu referieren, sie begründen sozusagen die Subjektivität in der Sprache und vermitteln eine Grundbedingung der Kommunikation (Benveniste 1974: 287ff.). Das zeige sich vor allem an den Ausdrücken *ich* und *du*, aber auch an den jeweiligen Pluralformen. Das „wir" – also nicht nur als Spracheinheit aufgefasst, sondern auch als Element zur Anzeige von Kommunikationsrollen bzw. von Subjektivität im weiteren Sinne, weshalb es hier in Anführungszeichen steht, statt kursiv gesetzt – erweitere und transzendiere dabei das „ich", hin zu

Kordic (1999: 125ff.) charakterisiert unter Bezugnahme auf Benveniste die Personalpronomina als Ausgangspunkt der Subjektivität und Anthropozentrik in der Sprache und als wichtigstes sprachliches Ausdrucksmittel für Personalität. Hinsichtlich der Wortart-Kategorisierung stellt Kordic (1999: 126) klar, dass die PPr der 1. und 2. Person keine substituierenden Wörter seien, da sie keinen textuellen Antezedenten haben und oft das einzige adäquate Mittel seien, um gleichzeitig auf bestimmte Personen und deren Kommunikationsrollen – also Sprecher*in (1. Pers.) und Hörer*in (2. Pers.) – zu verweisen. Anders als die PPr der 3. Person, die eindeutiger zur Pronominalisierung bereits eingeführter Nominaleinheiten dienen, und die folglich eine stellvertretende und anaphorische Funktion innehaben, sei die Bedeutung der PPr der 1. und 2. Person eigenständiger und eher deiktisch bestimmt (vgl. Kordic 1999: 127). Mit einer semantisch-strukturalistischen Begrifflichkeit lasse sich die Bedeutung der deiktischen Formen so beschreiben, dass sie zwei Seme kombinieren, nämlich kontextabhängig die konkrete(n) Person(en) und kontextunabhängig die Sprecherrolle(n). Kordic (ebd.) wendet in ihrer Diskussion diese Bedeutungsanalysen zunächst nur auf die Singularformen *ich* und *du* an. In Kapitel 4.1.3 soll jedoch gezeigt werden, dass sich die Trennung in zwei Seme respektive in mehrere Bedeutungsebenen auch beim *wir* wiederfindet und dabei zu einer analytischen Klärung der spezifischen Bedeutung, mithin der deiktisch aktualisierten Referenzpotenziale des Ausdrucks beitragen kann.

Außerdem beschreibt Kordic (1999: 146), wie bei den Pluralformen der 1. Person im Gegensatz zu den Singularformen die Bestimmtheit stark verschwimme. Das *wir* umfasse das *ich* plus mehrere ungenannte, am Sprechakt entweder beteiligte oder unbeteiligte Personen. In diesem Sinne diene das *wir* als erweitertes Symbol für die/den Sender*in und die mit ihr/ihm Verbündeten (Kordic 1999: 125). Zusätzlich beschreibt Kordic noch die große Variabilität des *wir* und erläutert die sich auf die anderen Person-Numerus-Konstellationen beziehenden, oben im Rahmen der rhetorischen Standardbeschreibung erörterten Verwendungsfälle als Transpositionen (1999: 148).

Offensichtlich ist der Rekurs auf die Deixis zur präzisen Erklärung der spezifischen Funktionalität des *wir* hochgradig bedeutsam. In konkreten Äußerungen, die *wir* oder die Kasus-markierenden Suppletionen *uns*, *unser* enthalten, zeigt sich die referentielle Kontextabhängigkeit dieser Ausdrücke. Die genaue Bestimmung davon, auf wen, also auf welche tatsächlichen Personen die Elemente konkret verweisen, ist nur anhand des Kontextes einer Verbalmanifesta-

---

einem „ich+nicht-ich", das entweder als ein „ich+ihr" (inklusiv) oder als ein „ich+sie" (exklusiv) auftrete (Benveniste 1974: 261ff.).

tion zu vollziehen. *Wir, uns, unser* sind zweifelsohne personaldeiktische Ausdrücke.

Das von Elsen (2014: 245) genannte Merkmal der Pronomina, nämlich die anaphorische Stellvertreter-Funktion zu einer vorher eingeführten Nominaleinheit, ist bei den Ausdrücken der 1. Person Plural eher nicht gegeben. Wie gesagt sind die personalen Referenten eher im Kontext denn im Kotext zu suchen, also eher in der außersprachlichen Situationsumgebung als in der sprachlichen Umgebung. Ein weiteres von Elsen (2014: 246) aufgestelltes Wortart-Kriterium besteht darin, dass Personalpronomina nur alleinstehend auftreten und nur allein ein Satzglied ausmachen. Wie sich in der späteren, in Kapitel 4.3 vorgestellten Korpusanalyse zeigt, stimmt dies nicht, denn *wir, uns* werden häufiger durch Appositionen ergänzt und so semantisch präzisiert (siehe vor allem 4.3.3).

Ob die Ausdrücke *wir, uns, unser* damit aber überhaupt nicht mehr als Pronomina kategorisiert werden sollen, erscheint fraglich. Trotz der beschriebenen Abweichungen von den Definitionskriterien eines Pronomens gibt es dennoch eine gewisse Kategorienzugehörigkeit prima facie, nämlich eine enge systematische Verbindung zu den eindeutiger pronominalen Formen der 3. Person *er, sie, es* (Singular), *sie* (Plural). Die in nahezu allen Grammatiken und Lehrbüchern beschriebenen Paradigmen der Personalpronomina mit drei Personen- und zwei Numerus-Kategorien haben weiterhin ihre Berechtigung, obgleich es erhebliche funktionale Diskrepanzen zwischen den Einheiten der 1. und 2. Person einerseits und denen der 3. Person andererseits gibt.

Sinnvoller wäre es demnach, die mit konträren Eigenschaften ausgestattete Wortart-Kategorie „Pronomen" für die Analyse von Plural-Personenreferenz nicht zu überschätzen. Als Ergebnis dieser Ausführungen ergibt sich eine Mehrfachklassifikation des *wir*, nämlich als Personalpronomen und gleichzeitig auch als Personaldeiktikon.

4.1.2.3 Zur Problematik des Plurals der 1. Person

In der deutschen Sprache ebenso wie in den meisten anderen europäischen Sprachen besitzt die Flexionskategorie des Numerus zwei Subkategorien: Singular bzw. Einzahl und Plural bzw. Mehrzahl. Andere Numeri wie den Dual oder den Paucal gibt es nicht.[50] Die Singular-Plural-Differenzierung wird an den meisten flektierbaren Wortarten markiert; bei den Pronomina, wie oben festge-

---

50 „Dual" steht für eine Menge von genau zwei, „Paukal" für eine Menge von wenigen Exemplaren. Weitere Numerus-Parameter sind möglich und in einigen Sprachen der Welt auch vertreten. Aus typologischer Perspektive sind sie durchaus wichtig. Folglich werden sie bspw. bei Cysouw (2002, 2003) mitbehandelt und detailliert analysiert.

stellt wurde, mittels Suppletivformen, also nicht durch Verbindungen aus einem Stamm und einem Flexionsmorphem. Dem morphologischen Formenparadigma und der Standardbeschreibung nach zu urteilen, ist *wir* also simplerweise die Mehrzahlform zu *ich* sowie *uns* zu *mir* und *mich*.

Gemäß der Standardauffassung zur Numerus-Semantik (vgl. Bußmann 2008: 534f., Glück 2010: 517f.) verweisen Pluralformen auf eine Vielzahl, bei zählbaren Referenten also auf eine Menge gleicher Exemplare mit einer Anzahl größer eins. Dies wird auch als summative oder aufzählende Grundfunktion des Plurals bezeichnet.[51]

Es wurde schon angedeutet, dass der Numerus in der 1. Person von dieser Standardauffassung abweicht und dass an dieser Stelle kein unkomplizierter Untersuchungsgegenstand vorliegt. Benveniste (1974: 261) hat darauf verwiesen, dass das *wir* im normalen Gebrauch ein „ich+nicht-ich" anzeigt. Darin steht das „nicht-ich" ja gerade nicht für eine Vielzahl des „ich", sondern für andere Personen neben der/dem Sprecher*in. In dem speziellen Situationsmoment, in dem eine einzelne Person ein *wir* konkret äußert, referiert dieses *wir* auf mehrere Individuen, von denen nur ein Individuum das *ich* der Äußerung ist, während die anderen im *wir* eingeschlossenen Individuen kein *ich* und keine Summation, keine reine Vervielfältigung des *ich* sind.

Diese Plural-Referenz-Problematik bezieht sich auf beide Seme respektive auf beide deiktisch gekoppelten Bedeutungsebenen des *wir*: Weder die konkrete Person, die die Ausdrücke hervorbringt, noch die Kommunikationsrolle „Sprecher*in" wird im normalen Gebrauchsfall verdoppelt oder vervielfacht.

In der argumentativen Weiterführung dieser Beobachtung zeigt sich die grundlegende logische Unverträglichkeit der grammatischen Person-Subkategorie „1. Person" und der Numerus-Subkategorie „Plural". Insofern als die „1. Person" morphologisch eine konkrete Person mit der Rolle „Sprecher*in" bzw. das Konzept des SELBST, also das Sprechsubjekt in einem Kommunikationsakt markiert, und insofern als dies nicht-multiplizierbare Elemente, also stets Einzel-Exemplare sind, entspricht die „1. Person Plural" einer logischen Inkompatibilität.

---

51 Bei Stoffnamen und anderen nicht-zählbaren Referenten kann neben der Summation auch eine qualitative Differenzierungsfunktion hinzutreten (vgl. Glück 2010: 517), so bei *das Holz – die Hölzer* oder *das Öl – die Öle*. Da ein Personalpronomen auf Personen referiert und diese zählbar sind, spielt die Sorten-Differenzierung hier keine Rolle, sondern nur die summative Mehrzahl. Allerdings zeigt sich andeutungsweise schon eine gewisse grammatisch-semantische Variabilität der Funktion des Plural.

Mit dieser grundsätzlichen kommunikationstheoretischen Besonderheit des *wir* haben sich vor allem Benveniste (1974: 261), Mühlhäusler/Harré (1990: 201ff.), Cysouw (2003: 66ff.) und Pavlidou (2014: 3) beschäftigt. Laut Cysouw (2003: 73) hat Franz Boas dies 1911 als erster festgestellt und kommentiert: „A true first person plural is impossible, because there can never be more than one self." (Boas 1911: 39, zitiert nach Cysouw 2003: 73)

Mühlhäusler/Harré weisen auf Ausnahmen und kommunikative Situationen hin, in denen die Funktionen „1. Person" und „Plural" nicht generell unverträglich sind, nämlich im sogenannten „mass-speaking" (1990: 201-205). Wenn Gruppen von Individuen simultan *wir* sagen, dann könne der Ausdruck so aufgefasst werden, dass er auf „ich+ich+ich+..." referiere. Solche Fälle liegen in Fangesängen bei Sportveranstaltungen, in Kirchenritualen, beim Spielen von Kindern, bei Äußerungen eines Konzertpublikums, bei politischen Veranstaltungen und bei weiteren rituellen Akten von Massen-Kommunikation vor (vgl. Mühlhäusler/Harré 1990: 201f.).

Hierbei handelt es sich um hochgradig seltene Phänomene mit kommunikationsstrukturellen Besonderheiten, die an der prinzipiellen Problematik der „1. Person Plural" wenig ändern. Cysouw (2003: 74) ist der Ansicht, dass diese Fälle von Massenäußerungen keine eigene linguistische Kategorie verdienen und hinsichtlich des *wir* einem markierten Gebrauch entsprechen.[52] Er begründet dies überzeugend in einem typologischen Vergleich der Pronominalsysteme der Sprachen der Welt. Für das besondere *wir* im mass-speaking gebe es in keiner Sprache der Welt ein separates Morphem, es sei nur ein referentiell abweichender, morphologisch nicht-salienter Spezialfall.[53]

---

[52] Dass es sich beim mass-speaking um markierte Kommunikate handelt, ist unstrittig. Es könnte aber tiefergehend erörtert werden, worin diese Markiertheit oder Auffälligkeit besteht. Für Cysouw (2003: 74) besteht sie in der Anwendung des Ausdrucks *wir* auf diese Situation. Vielleicht wäre es jedoch ratsam, die Kommunikationssituation als solche als markiert – im Sinne von „besonders", quasi „unnatürlich" – zu charakterisieren. Würden die Partizipant*innen des Massen-Sprechens dazu befragt werden, wäre die häufigere Antwort vermutlich, dass nicht die spezielle Bezugnahme mit *wir* auf mehrere Ichs außergewöhnlich ist, sondern eher die Tatsache, dass mehrere Menschen gleichzeitig sprechen und simultan völlig identische Äußerungen hervorbringen. Es handelt sich bei diesen zwei Optionen zur Markiertheitsexplanation um keinen tiefgreifenden Unterschied und für die Argumentation dieser Arbeit sind sie nicht ausschlaggebend. Meines Erachtens sind aber die beschriebenen Phänomene von Massenäußerungen eher pragmatisch-kommunikationsstrukturell auffällig als semantisch-referentiell, wobei beide Strukturebenen selbstverständlich interdependent sind.

[53] Die bisherige Diskussion zur Möglichkeit eines „wahren Plurals in der 1. Person" bezieht sich ausschließlich auf die mündliche Sprache. Mass-speaking betrifft orale Simultan-Äußerungen. In der vorliegenden Forschungsliteratur ist das m. W. nicht anders betrachtet

Als Zwischenfazit kann festgehalten werden, dass die „1. Person Plural" im Sinne einer Referenz auf „ich+ich(+ich+ich+...)" zwar in ganz besonderen Ausnahmesituationen – mindestens in denen des mass-speaking – prinzipiell möglich, aber extrem selten ist. Der prototypische Wir-Gebrauch liegt hierbei definitiv nicht vor. Wie dann aber die grammatisch festgelegte Bedeutung alternativ beschrieben werden soll, wenn die Pluralmarkierung bei den Personalpronomina der 1. Person nicht eine Vielzahl gleicher Exemplare indiziert, soll nun anschließend und dann in Kapitel 4.1.3 ausführlich dargestellt werden. Es handelt sich um eine der Kernfragen der linguistischen Beschreibung des *wir*.

Eine erste Alternative besteht darin, den Begriff „Plural" aufzugeben und durch „Non-Singular" zu ersetzen (vgl. Cysouw 2003: 66). „Singular" und „Plural" bilden im Deutschen – wie oben dargestellt wurde und allgemein bekannt ist – die binären, sich gegenseitig ausschließenden Optionen in der Kategorie „Numerus", weshalb folglich alles, was nicht im Singular steht, dem Plural bzw. eben dem Non-Singular entspricht. Das *wir* ist dann das Personalpronomen der „1. Person, Non-Singular". Dies wirkt jedoch eher wie eine zwar formal zutreffende, aber inhaltlich wenig aussagekräftige Begriffsspielerei.

Eine zweite Alternative besteht in der Reformulierung der Funktion des Plurals, nämlich anstatt einer Pluralität gleicher Exemplare vielmehr eine „soziale Gruppe" bzw. eine Assoziierung ungleicher Elemente anzuzeigen. Dieser Option folgen u.a. Mühlhäusler/Harré (1990) und Cysouw (2003).

Mühlhäusler/Harré (1990: 177f.) beschreiben eine Reihe von sprachlichen Funktionen, die das englische Pronomen *we* – und analog dazu das deutsche *wir* – erfüllen kann, wobei die prominenteste Funktion die deiktische Referenz auf eine Gruppe darstelle:

---

worden. Eine Ausweitung dieser Thematik auf die geschriebene Sprache böte sicherlich sehr viel hochinteressantes Material. Es könnte dann gefragt werden, ob kollaboratives Schreiben, das Text-Verfassen durch mehrere (gleichberechtigte) Produzent*innen quasi als „mass-communicating" eingeschätzt werden kann respektive ob dann ein von mehreren Personen verfasstes *wir* auf „ich+ich(+ich+ich+...)" referiert. In der vorliegenden Arbeit wird über diese spannende Fragestellung aus Platz- und Praktikabilitätsgründen nicht eingehender nachgedacht. In aller gebotenen Kürze soll aber umrissen werden, dass im kollaborativen Schreiben die Simultanität der Äußerungsproduktion normalerweise nicht gegeben ist. Ein *wir* wird durch die im Schreiben gegebene situative Unklarheit vager und referentiell unbestimmter. Zwar kann angenommen werden, dass ein schriftlich produziertes *wir* die Referenzoption multipler Äußerungssubjekte einschließt; dennoch sind dies weiterhin Sonderfälle und naheliegender bleibt auch im Schrift-Verstehen die Elaboration eines *wir* als „ich+nicht-ich".

> One of the most prominent features of we has been its use to signal group indexicality. By selecting we rather than another pronominal form a speaker introduces a bond with his/her interlocutors.

Cysouw (2003: 69) argumentiert in ähnlicher Weise dafür, die prototypische Bedeutung von *we* – und analog dazu von *wir* – als ASSOZIATIV anzusetzen:

> The prototypical meaning of ,we' is associative. ,We' means something like 'I and my associates', in which the associates could be either addressees or others.

Die Behandlung des Begriffs der „Gruppe" und seines Verhältnisses zum sprachlichen Ausdruck *wir* soll etwas aufgeschoben und erst im Kapitel 4.2 detailliert dargestellt werden. Zuvor wird im nächsten Unterkapitel die linguistische Beschreibung weitergeführt, indem die ausgeprägte Flexibilität des *wir* problematisiert wird. Dies soll zugleich zur Ausarbeitung einer präzisen Terminologie beitragen.

4.1.2.4 Zur Problematik der referentiellen Variabilität des *wir*

Dass mit dem Ausdruck *wir* auf viele verschiedene Personen bzw. genauer gesagt auf mehrere Konstellationen von im Kommunikationsakt Beteiligten und Nicht-Beteiligten referiert werden kann, ist bereits mehrfach angesprochen worden. Die binäre Unterscheidung zwischen einem inklusiven und einem exklusiven *wir* ist in der Sprachwissenschaft zwar gut etabliert, aber im Detail angesichts der enormen Flexibilität des Wir-Gebrauchs nicht ausreichend. Deshalb soll in diesem Unterkapitel ein ausführlicheres Klassifikationsraster vorgestellt werden.

Die Terminologie von Cysouw (2003), die er in seiner sprachvergleichenden Typologie der Systeme zur pronominalen Personenmarkierung entwickelt hat, wird dafür herangezogen, vom Englischen ins Deutsche übertragen und schließlich für bestimmte Fälle des Wir-Gebrauchs erweitert.

Die grammatische Kategorie „Person" erlaubt drei Parameter, die für bestimmte Kommunikationsrollen stehen: „1. Person" für Sprecher*innen/ Produzent*innen einer Äußerung, „2. Person" für Hörer*innen/Adressat*innen einer Äußerung, „3. Person" für abwesende Personen, über die kommuniziert wird. Ausgehend von diesen drei kategoriellen Optionen ergeben sich präzisere Beschreibungen der Referenzmöglichkeiten des *wir*. Dies sind Cysouw zufolge (2003: 77ff.) a) „1+1", b) „1+2", c) „1+3", d) „1+2+3".

a) Die Referenz „1+1" ist möglich, nämlich in den Fällen des sogenannten mass-speaking, aber sehr selten, wie oben in Kapitel 4.1.2.3 diskutiert wurde. Als Beispiel: *„Wir danken dir, oh Herr."* [Kontext: Simultan von einer Gemeinschaft in einer Kirche artikuliert]

b) Die Referenzoption „1+2" besteht aus den Fällen, in denen ein/e Sprecher*in nur sich plus die Angesprochenen, aber keine im Kommunikationsakt Unbeteiligten meint. Dies kann auch als „minimal-inklusives Wir" bezeichnet werden (vgl. Cysouw 2003: 77). Die Minimalität bezieht sich darauf, dass neben den Angesprochenen keine Außenstehenden miteinbezogen werden. Als Beispiel: *„Wir gehen jetzt zusammen einkaufen."* [Kontext: Von Person x gegenüber Person y artikuliert, mit Person z im Hintergrund, wenn aus der Situation heraus klar wird, dass x nur mit y gemeinsam, aber ohne z einkaufen will.]

c) Die Option „1+3" steht für die Fälle, in denen keine Angesprochenen, aber Außenstehende in die Referenz miteinbezogen werden. Es ist das „exklusive Wir". Als Beispiel: *„Wir gehen jetzt zusammen einkaufen."* [Kontext: Von Person x gegenüber Person y artikuliert, mit Person z im Hintergrund, wenn aus der Situation heraus klar wird, dass x nur mit z gemeinsam, aber ohne y einkaufen will.]

d) In der Option „1+2+3" werden Angesprochene und Außenstehende miteinbezogen. Cysouw nennt diese Formen „augmented inclusive" (ebd.), also liegt ein „augmentiert-inklusives Wir" vor. Als Beispiel: *„Wir gehen jetzt zusammen einkaufen."* [Kontext: Von Person x gegenüber Person y artikuliert, mit Person z im Hintergrund, wenn aus der Situation heraus klar wird, dass x mit y und z gemeinsam einkaufen will.]

Während in vielen Sprachen der Welt unterschiedliche Wörter oder Morpheme vorkommen und systematisch zur Differenzierung zwischen b) „minimal-inklusiv" versus c) „exklusiv" versus d) „augmentiert-inklusiv" dienen, ist dies weder im Deutschen noch im Englischen der Fall. Das *wir* (analog zum von Cysouw hauptsächlich diskutierten *we*) zeigt alle diese vier Optionen unterschiedslos und ohne Formveränderung an. Es muss je nach Kontext von den Rezipient*innen einer Äußerung durch Inferenzen erschlossen werden, auf wen ganz genau sich ein *wir* beziehen soll und auf wen nicht. Wegen des Zusammenfassens differenter Exklusivitäts-/Inklusivitäts-Optionen bezeichnet Cysouw diesen paradigmatischen Typus als „Einheits-Wir" bzw. „unified-we" (2003: 80).[54]

---

54 Dies gilt auch für die anderen großen europäischen Sprachen. Das Vorkommen eines „unified we" und damit die morphologische Ungenauigkeit in diesem Flexionsaspekt könnte vielleicht als eine Eigenschaft des SAE, also des Sprachbundes namens Standard Average European diskutiert werden. Jedenfalls verweisen Mühlhäusler/Harré (1990: 168) in ihrer

Das deutsche „Einheits-Wir" trägt aufgrund der morphologischen Nicht-Unterscheidung verschiedener Referenzgruppen-Konstellationen eine hohe Variabilität in sich. Es ist im konkreten Kommunikationsakt produktionsseitig sehr flexibel einsetzbar. Rezeptionsseitig ist es hochgradig vage hinsichtlich des genauen Referenzumfangs sowie ambig hinsichtlich des Ein- und Ausschließens von Personen. Es ist selbstverständlich nicht immer der Fall, dass die Vagheit im wechselseitigen Wir-Gebrauch problemlos aufgelöst wird oder überhaupt aufgelöst werden soll. Gerade politik- und werbesprachlich ergibt sich ein besonderes Textpotenzial aus der Unbestimmtheit des *wir*, also aus der Unwissenheit, wer genau gemeint ist. Dergestalt liefert die terminologische Präzisierung des „Einheits-Wir" zugleich eine Erklärung für einige referenzsemantische und diskurspragmatische Besonderheiten des Personalpronomens der 1. Person Plural.

Eine weitere Auffälligkeit bestimmter Verwendungen des *wir*, die für die weitere Argumentation dieser Arbeit hochrelevant sein wird, soll nun zum Abschluss dieses Unterkapitels und in Weiterführung der soeben beschriebenen terminologischen Präzisierung detailliert diskutiert werden. Es geht um die Fälle des „augmentiert-inklusiven Wir", die so stark augmentiert bzw. so weitgefasst sind, dass die Zugehörigkeit der Sprecherin/des Sprechers zum Referenzbereich zweifelhaft wird. Wenn beispielsweise ein Fußballfan äußert: „Wir haben das Spiel gestern gewonnen", dann hat nicht der Fan persönlich das Spiel gewonnen, sondern nur eine Mannschaft, mit der sie/er sympathisiert. Solche ungenauen Verwendungen des *wir* sind zahlreich belegt und unterschiedlich beschrieben worden (vgl. Mühlhäusler/Harré 1990: 176; Wodak/de Cillia/Reisigl/Liebhart/Hofstätter/Kargl 1998: 101; Haase 2008: 299).

Um diese Gebrauchsfälle terminologisch erfassen zu können, wäre eine erste Möglichkeit, sie als „sprecherexklusives Wir" zu bezeichnen. Allerdings steht dies ja genau der Intention der Person in der Sprecher-Rolle entgegen, der Fußballfan möchte sich mit der siegreichen Mannschaft assoziieren, nicht sich von ihr distanzieren. Mit Hinweis auf die prototypische Bedeutung des *wir* als ASSOCIATIVE (vgl. Cysouw 2003: 69), wäre es gerade kontraproduktiv, hier von einer Sprechexklusivität auszugehen. Entscheidend ist also vielmehr die Aus-

---

Untersuchung empirischer Daten auf diesen sprachtypologischen Durchschnitt der weithin bekannten Einzelsprachen Europas. Benveniste (1974: 262) bezieht sich in seiner Diskussion der Undifferenziertheit des *wir* sogar auf die indoeuropäischen Sprachen. Diese in der linguistischen Typologie und der Historischen Sprachwissenschaft anzusiedelnde Thematik kann hier aus mehreren Gründen nicht tiefergehend verfolgt werden.

weitung der Assoziation respektive der Gruppenzugehörigkeit, die das *wir* indiziert und zu welcher der/die Sprecher*in gehören möchte.

Wodak/de Cillia/Reisigl/Liebhart/Hofstätter/Kargl (1998: 101) beschreiben Verwendungen des *wir* in Aussagen über längst vergangene Kriege zwischen Österreich und Bayern. Hierbei zähle die dort zitierte Sprecherin „zu den längst schon toten österreichischen Soldaten oder Kämpfern sich selbst, einige der im Publikum sitzenden Personen, die die österreichische Staatsbürgerschaft besitzen, sowie die abwesenden lebenden und die seit den kriegerischen Auseinandersetzungen gestorbenen ÖsterreicherInnen" (ebd.). Folgerichtig wird dieser Gebrauch als „historisch expandiertes Wir" (ebd.) und als metonymische Realisierung des *wir* deklariert.

Haase (2008: 298f.) behandelt in sprachkritischer Absicht Äußerungen wie die oben exemplarisch genannten Fußballfan-Wir-Aussagen oder wie die berühmte Schlagzeile „Wir sind Papst".[55] Er charakterisiert das dabei benutzte Pronomen als ein „extensives Wir", das sich auf Personen beziehe, „die in mehr oder weniger mittelbarer Beziehung zum Sprecher stehen, wobei der Sprecher aber gar nicht dazu gehört" (Haase 2008: 299).

Beide Begrifflichkeiten – „ein expandiertes Wir" und „ein extensives Wir" – können als sinnvoll eingeschätzt werden. Die metonymische Expansion der Referenz fokussiert nämlich eher den Prozess, in dem manche PPr der 1.-Pers.-Plural zu ihrer Bedeutung der nur noch sehr schwachen Assoziierung von Sprecher*in und tatsächlicher Bezugsgruppe gelangen. Währenddessen vermittelt der Begriff der Extensivität[56] eher das Resultat dieses Prozesses, also die enorme referentielle Ausgedehntheit eines derart gebrauchten *wir* oder *uns*. Je nach Analysefokus können beide Termini also auf eine produktive Art zum Verständnis von Wir-Gebrauchsweisen beitragen.

In diesem Unterkapitel wurde eine umfangreiche, problemorientierte linguistische Beschreibung der Personalpronomina der 1. Person Plural präsentiert.

---

55 Es handelt sich bei dieser Schlagzeile der Bild-Zeitung um eine aus sprachlicher Perspektive mehrfach sonderbare Konstruktion. Das „Papst-sein" ist ja gerade keine kollektive Eigenschaft oder Tätigkeit, sondern etwas, das einer Einzelperson vorbehalten ist. Insofern sollte die Prädikation „Papst-sein" nur im Singular erwartbar sein. Die Absicht hinter dieser mengenlogischen Ungenauigkeit ist sicherlich der vermeintlich sprachkreativ formulierte Hinweis auf die deutsche Staatsbürgerschaft von Joseph Ratzinger, der 2005 als Benedikt XVI. zum Papst ernannt wurde, und damit zugleich eine patriotische Vereinnahmung des Papsttitels zur Aufwertung des eigenen National-Kollektivs.

56 Die Suffixbildung „Extensivität" ist absichtlich gewählt, da der Begriff der „Extension" im Sinne von ‚Bedeutungsumfang' als Gegenbegriff zu „Intension" – ‚Bedeutungsinhalt' bereits blockiert ist, siehe zu diesem Begriffspaar auch die Kapitel 4.2.2.5 und 5.1.1.

Nach der Darstellung der Standardauffassung zur Morphologie und zur Rhetorik des *wir* wurde ausführlich behandelt, warum die Kategorisierung als „Pronomen" umstritten und der Hinweis auf die Personaldeixis wichtig ist. Anschließend wurde erörtert, inwiefern die Numerus-Kategorie „Plural" in der 1. Person deviant ist, und dass als prototypische Bedeutung in diesem Bereich des Personalpronomen-Paradigmas keine eigentliche Mehrzahl des „Ich" oder der „Sprecher-Rolle" anzunehmen ist, sondern eher eine Gruppen-anzeigende Bedeutung. Als nächstes wurde die enorme referentielle Flexibilität des *wir* diskutiert. Dabei wurde das binäre Schema von „Inklusivität versus Exklusivität" terminologisch erweitert und um minimal-inklusive, augmentiert-inklusive sowie um metonymisch expandierte, extensive Gebrauchsfälle ergänzt.

4.1.3 Zur Funktionalität und zum Bedeutungspotenzial des *wir*

Dieses Unterkapitel dient dazu, einige Ergebnisse der in 4.1.2 präsentierten linguistischen Beschreibung wieder aufzugreifen und im Sinne einer argumentativen Überleitung zu der Leitfrage nach „Wir-Gruppen-Konstruktionen" begrifflich weiterzuführen. Eine Arbeitsdefinition der mehrdimensionalen Bedeutung des *wir* wird dabei ebenfalls vorgelegt.

In der Diskussion zur Wortart-Kategorisierung, siehe Kapitel 4.1.2.2, wurde darauf hingewiesen, dass in den Pronomina bzw. den Deiktika zur Personalreferenz zwei Seme aneinandergekoppelt seien, nämlich kontextabhängig betrachtet das Sem ‚Konkrete Person(en)' und kontextunabhängig betrachtet das Sem ‚Sprecherrolle(n)' (vgl. auch Kordic 1999: 127). Dieser Ansatz der Sem-orientierten Bedeutungsdifferenzierung lässt sich reformulieren und präzisieren mittels der Theorie der „Bedeutungsebenen" (vgl. Bierwisch 1979, Schwarz-Friesel/Chur 2014: 32ff.). Demnach entspricht das kontextunabhängige Sem der „Ausdrucksbedeutung" bzw. der lexikalischen Bedeutung, während das kontextabhängige Sem der „Äußerungsbedeutung" bzw. der aktuellen Bedeutung entspricht. Der dritte, darauf aufbauende Bedeutungsschritt des „kommunikativen Sinns" kann prinzipiell als pragmatisch-handlungsfunktionale Ebene noch zusätzlich betrachtet werden. Allerdings ist diese Ebene erst bei vollständigen Äußerungen in ihren kommunikativen Kontexten sinnvoll analysierbar. Zur Erklärung des Phänomens der Deixis und zur Referenz-Bestimmung deiktischer Ausdrücke taugen vor allem die ersten beiden Bedeutungsebenen.

Auf der Ausdrucksebene lässt sich für *wir* folgende Bedeutung festhalten:

‚Ich und weitere mehr oder weniger eng assoziierte Personen der Anzahl n'.

„n" steht dabei für eine Variable, die mit jeder natürlichen Zahl ausgefüllt werden kann. Die Personen unterschiedlich starker Assoziierung können im Kommunikationsakt angesprochen werden (2. Person, also inklusive Verwendung) oder nicht (3. Person, exklusive Verwendung).

Diese Bedeutungsangabe entspricht zugleich einer Arbeitsdefinition über das lexikalisch festgelegte, kontextinvariante Referenzpotenzial der personaldeiktischen Einheiten *wir, unser, uns*. Sie orientiert sich an der von Cysouw (2003: 69) diskutierten prototypischen Bedeutung „I and my associates", wobei das Merkmal „associative" absichtlich vage aufgefasst wird. In einigen sozusagen ‚unsauberen' Gebrauchsfällen eines expandierten, extensiven *wir*, die oben in Kapitel 4.1.2.4 diskutierten wurden, ist die Assoziierung zwischen der/dem Sprecher*in und den gemeinten Personen nur indirekt, nur über abstrakte Zusammenfassungen umfangreicher Menschensammlungen herstellbar. Da gerade diese Fälle im öffentlichen Sprachgebrauch und in den hier untersuchten Diskursen nicht selten, sondern hochrelevant sind, sollen sie von der hier festgelegten Ausdrucksbedeutung abgedeckt werden. Nicht abgedeckt werden hingegen die „sprecherexklusiven" Fälle, also beispielsweise der Pluralis benevolentiae, der meines Erachtens als klarer Sonderfall gelten und daher definitorisch vernachlässigt werden kann, siehe die Ausführungen in Kapitel 4.1.2.1. Da die Variable „n" als natürliche Zahl verstanden wird, fällt die Anzahl 0 normalerweise nicht darunter, weshalb die Bedeutung „Ich und niemand Anderes" eigentlich ebensowenig von der Arbeitsdefinition erfasst wird. Diese Bedeutung entspricht ja gerade der 1. Person Singular. Allerdings fallen genau die Verwendungen des Autoren- oder Höflichkeitsplurals darunter. Einerseits sind diese Fälle durchaus nicht selten, gerade auch in wissenschaftlichen Texten eingedenk des Stilgebots des sogenannten Ich-Tabus (vgl. Kretzenbacher 1995: 27); andererseits erscheint es hier nicht sinnvoll, wegen dieser insgesamt marginalen Verwendungstypen die Stipulation der Ausdrucksbedeutung grundlegend abzuändern und aufzuweichen.[57]

In konkreten Kommunikationsakten wird die Bedeutungsebene gewechselt, aus der kontextunabhängigen Ausdrucksbedeutung heraus kann mittels kontextueller Informationen die Äußerungsbedeutung aktualisiert werden. Als Äußerungsbedeutung des *wir* können ausgehend von der soeben diskutierten

---

[57] Eine mögliche Lösung für die Arbeitsdefinition wäre die Ergänzung eines Asterisks, der auf den Einschluss von Verwendungen mit „n=0" hinweist. Mathematisch ausgedrückt wäre das dann die Menge der nichtnegativen ganzen Zahlen (eben die Erweiterung der Menge der positiven ganzen Zahlen um die Zahl 0).

Ausdrucksbedeutung alle möglichen Assoziierungen von Personen inklusive Sprecher*in fungieren.[58]

Diese Assoziierungen von Personen-inklusive-Sprecher*in sind im weitesten Sinne zu verstehen, d. h. es muss keine physische, keine lang andauernde, keine eindeutig reproduzierbare Ansammlung von Menschen sein. Die möglichen Äußerungsbedeutungen des *wir* können hinsichtlich des Gruppen-Charakters zwischen zwei Polen schwanken: einmal fest etablierte, allgemein bekannte, immer wieder aufgerufene Kollektive wie exemplarisch in i.) „Wir Deutsche müssen in der Krise solidarisch bleiben".

Auf der anderen Seite der Skala befinden sich völlig zufällige, ephemere Mengen von Personen wie in ii.) „Wir haben ja zufällig alle die gleichen Schuhe an [Kontext: Geäußert innerhalb einer kleinen Menge gegenseitig unbekannter Personen, die rein zufällig zusammenstehen und die sich im Laufe von Minuten wieder verteilen]". Mit anderen Worten ist die Permanenz der Referenzobjekte des *wir* sehr variabel und nicht eindeutig im Vorhinein festgelegt.

Es ist anzunehmen, dass die wiederholte Benutzung eines referenzidentischen *wir* die Bekanntheit, mithin die konzeptuelle Festigkeit der aufgerufenen Personen-Assoziierung erhöht. Ein replizierter Wir-Gebrauch führt zu einer deutlicheren Wahrnehmung einer vielleicht eigentlich flüchtigen Menge als festes Kollektiv. Auch wenn die Umrisse des als fest angenommenen Kollektivs nicht genau angegeben werden, wird so nahegelegt, dass es klare Grenzen zwischen den Personen innerhalb und außerhalb des *wir* gebe. Bei aller referentieller Vagheit des *wir* ist in den meisten Gebrauchsfällen – und in Gebrauchswiederholungen zumal – eine Hervorhebung bestimmter Personensammlungen gegenüber anderen Personen deutlich ablesbar.

Der Zusammenhang zwischen dem Wir-Gebrauch und den Bedingungen von Kollektivität wird im nächsten Kapitel 4.2 (siehe vor allem die Unterkapitel 4.2.1.3 und 4.2.1.4) detailliert diskutiert. Es soll aber bereits an dieser Stelle festgehalten werden, dass die Plural-Personaldeiktika Gruppen-konstruierend bzw. sozial-konstitutiv wirken können. Diese Konstitution von Kollektiven ist genau

---

58 Interessanterweise kann das *wir* auch nicht-menschliche Lebewesen oder irgendwie identifizierbare Elemente umfassen. Als Beleg soll hier ein naturwissenschaftlich akkurates Zitat aus einem Songtext von Joni Mitchell bzw. aus der Version von Crosby, Stills, Nash & Young stehen: „We are stardust, we are golden. We are billion-year-old carbon" / „Wir sind Sternenstaub, wir sind golden. Wir sind Milliarden Jahre alter Kohlenstoff." Zur politischen Dimension der Einbeziehung von Tieren in das *wir* siehe Garcia (2018: 133ff.). Der Einfachheit halber soll für die vorliegende Arbeit eine – je nach politischer Meinung durchaus als „speziezistisch" kritisierbare – Beschränkung auf Menschen als prototypische Referenzobjekte des *wir* gelten.

die entscheidende Funktionalität des *wir*, die von Duszak (2002: 2ff.) und Pavlidou (2014: 1ff.) beschrieben wird.

Hinsichtlich der Theorie der Bedeutungsebenen sei noch darauf verwiesen, dass gleichzeitig mit der Referenzialisierung weitere textuelle und diskursive Effekte durch das *wir* hervorgerufen werden können. Die Effekte betreffen die Bedeutungsebene des Kommunikativen Sinns, der auf der Ebene der Äußerungsbedeutung aufbaut. In Kapitel 4.1.1 wurden bereits verschiedene evaluative und konnotative Aspekte angesprochen, wie die Signalisierung positiver sozialer Bezüge. Ebenso weist Mautner (1998: 177) auf das persuasive Potenzial der Wir-Gruppen-Konstruktionen hin. Sie begründet deren diskursive Brisanz damit, dass „zwischen der **Ab**grenzung von *outgroups* einerseits und deren **Aus**grenzung und Ablehnung andererseits fließende Übergänge bestehen." (ebd.; [Kursivierung und Fettdruck im Original, Anm. JHK]). Hierbei handelt es sich um Hinweise, denen inhaltlich unbedingt zuzustimmen ist, die jedoch nicht an dieser Stelle ausführlicher behandelt werden sollen. Wieder aufgegriffen werden diese erweiterten Funktionalitätsaspekte mehrmals: in theoretischer Hinsicht in Kapitel 4.2.2.5 sowie aus empirischer Perspektive in der Korpusanalyse zu den tatsächlich vorliegenden Wir-Gruppen-Konstruktionen in Kapitel 4.3.

Mit dieser Behandlung der drei Bedeutungsebenen soll die multiperspektivische Diskussion der Spracheinheit *wir* abgeschlossen sein. In Kapitel 4.1.1 stand der Nachweis der diskursiven Relevanz im Vordergrund, die an politischen, werbesprachlichen, gesellschaftskritischen und populärwissenschaftlichen Verwendungen expliziert wurde. In Kapitel 4.1.2 erfolgte die umfangreiche und problemorientierte linguistische Beschreibung des *wir* mit einem Fokus auf die deiktische Qualität, die spezielle Plural-Bedeutung und die enorme Referenzvariabilität. In Kapitel 4.1.3 wurde schließlich gezeigt, inwiefern die Bedeutung des *wir* sich mehrgliedrig auf unterschiedlichen Ebenen abspielt. Die Angabe der kontextinvarianten Ausdrucksbedeutung, die zugleich als Arbeitsdefinition des *wir* aufgefasst werden kann, bezieht sich auf eine absichtlich vage Assoziierung zwischen der/dem Sprecher*in und einer unbestimmten, nichtnegativen Anzahl weiterer Personen. Alle möglichen Menschen-Assoziierungen – völlig zufällige, kurzlebige, willkürlich zusammengestellte Mengen von Personen usw. – sind prinzipiell als Referenzobjekte und damit als Äußerungsbedeutung des *wir* denkbar. Darüber hinaus erscheinen an dieser Stelle grundlegende Prozesse des Sozialen wie der Aufbau von Kollektiven, respektive die Abgrenzung des Eigenen und die Ausgrenzung des Fremden, was im Folgenden eingehender untersucht wird. Im Gebrauch des *wir* sind sprachliche und soziale Strukturen und Verfahren miteinander verbunden.

4.2 Zum Begriff der „Gruppen-Konstruktionen"

An dieser Stelle der Arbeit findet ein vorübergehender Wechsel von einer sprachwissenschaftlichen zu einer sozialtheoretischen und -philosophischen Thematik statt. Ein Ziel dieser Monographie besteht gerade darin, den komplexen Zusammenhang von Sprache und der Herstellung sozialer Gebilde zu erhellen. Vermittels des Begriffs der „Wir-Gruppen-Konstruktion" soll so ein gewichtiger Beitrag zu einer kultur- und sozialanalytisch tauglichen Diskurslinguistik geliefert werden.

Der Begriff der „Gruppe" steht also im Vordergrund dieses Kapitels. Er ist zweifellos ein integraler Gegenstand der verschiedenen Sozialwissenschaften. Was eine Gruppe auszeichnet, wie Gruppen erkennbar sind, inwiefern Gruppen speziell eigene und andere Eigenschaften als die sie aufbauenden Elemente tragen; dies sind allesamt zentrale und hochrelevante Fragestellungen für die Sozialpsychologie, respektive für die Fundamentaltheorie der Soziologie und für alle sich darauf beziehenden Gesellschaftswissenschaften.

Eine detaillierte Auseinandersetzung mit allen diesen Aspekten wird hier aus Praktikabilitätsgründen nicht angestrebt. Für eine umfangreiche und sehr überzeugende Darstellung des komplexen Verhältnisses von „Sprache und Gruppe", respektive des Sprachgebrauchs und der Kommunikationsbedingungen in den verschiedenen Formen sozialer Gruppen, sei auf die Monographie „Angewandte Sprachsoziologie" von Ernest Hess-Lüttich (1987) verwiesen. Hess-Lüttich (1987: 48ff.) arbeitet anschaulich heraus, wie vielfältig die unter den allgemeinen Begriff der Gruppe fallenden Phänomene sein können. Gruppen stellen ein kulturelles Subsystem zur kommunikativ vollzogenen Vergemeinschaftung und Vergesellschaftung von Individuen dar und repräsentieren eine „Einbettungshierarchie von Interaktionskontexten" (1987: 49). Dabei wird fokussiert, dass die Identitätsentwicklung und -formung eines jeden Individuums in Gruppen stattfindet, zu sehen ist dies „am Beispiel der Mutter-/Kind-Dyade, der Spielgefährten, *peer groups* und Grundschulklassen [...] [sowie] Kleingruppen im allgemeinen [...], Großgruppen und Gemeinden, Institutionen und Organisationen [...] bis zu Großaggregaten wie Massen, Gesellschaften, Nationen" (ebd.).

Alle aufgezählten sozialen Gebilde, die sich leicht auf einer Skala entlang der Gruppengröße bzw. Mitgliederanzahl reihen lassen, sollen in dieser Arbeit unter dem absichtlich offenen, weitgefassten Gruppenbegriff subsumiert werden können. Neben der offenbaren Unterschiedlichkeit und Diversität der aufgezählten Gruppen ist eingedenk des vorherigen Kapitels aber auch eine Gemeinsamkeit der genannten Sozialgebilde feststellbar: Auf alle kann mit einem *wir* referiert werden, wenn die Person in der Sprechrolle ihnen angehört.

Dieser Hauptteil ist derart aufgebaut, dass in Kapitel 4.2.1 zunächst geklärt werden soll, was „Kollektivität" bedeutet und in welcher Beziehung dies zum Gruppen-Begriff steht. Um dies adäquat herauszuarbeiten, wird in 4.2.1.1 eine philosophische Diskussion zu den Bedingungen von kollektiven Akteuren und kollektiver Intentionalität vorgestellt, die dann in 4.2.1.2 kriterienorientiert weitergeführt wird. Der Zusammenhang zwischen der Bestimmung von Kollektivität und Formen des Sprachgebrauchs wird in den beiden folgenden Unterkapiteln herausgearbeitet, in 4.2.1.3 mit Bezug auf den nicht-agentivischen Wir-Gebrauch und in 4.2.1.4 mit Bezug auf den extensiven Wir-Gebrauch. Die Ergebnisse dieser Ausführungen werden in 4.2.1.5 zusammengeführt, indem für eine differenzierte Analyse von Kollektivitätsgraden plädiert wird.

Im darauffolgenden Kapitel 4.2.2 soll der Begriff der „Wir-Gruppen-Konstruktionen" eingeführt und fundiert beschrieben werden. In 4.2.2.1 wird zunächst auf das konstruktionelle Element darin und die Theorie des sozialen Konstruktivismus eingegangen. In 4.2.2.2 werden die oft synonym verwendeten Begriffe „Eigengruppe" und „In-group" behandelt und darauffolgend in 4.2.2.3 die terminologische Eigenleistung des hier fokussierten Konzepts der „Wir-Gruppen" im Sinne einer Begriffsschärfung vorgestellt. In 4.2.2.4 wird zudem das theoretische Verhältnis zum Begriff der „kollektiven Identität" geklärt und kritisch eingeordnet. Der sozial elementare Gegensatz zwischen dem Eigenen und dem Fremden und dessen Konsequenzen für sprachliche Gruppen-Bildungen wird in 4.2.2.5 erläutert. In Kapitel 4.2.3 werden die Ergebnisse dieses begriffstheoretisch zentralen Kapitels dann in Form eines Zwischenfazits zusammengefasst.

4.2.1 Diskussionen zum Phänomen der Kollektivität

Der Ausdruck „Kollektiv" wird manchmal als ein fremdwortbasiertes Synonym zu „Gruppe" aufgefasst. Kollektivität wäre dann genau das gleiche wie Gruppenhaftigkeit. Ein solches synonymisches Begriffsverständnis wird in diesem Kapitel gerade nicht verfolgt. Vielmehr soll das differentielle Verhältnis beider Ausdrücke zueinander hier fundiert herausgearbeitet werden und zu einer Klärung beider Phänomene beitragen.

Im Begriff der „Gruppe" ist nicht eindeutig vorgegeben, welchen Status von Einheit und Zusammenhalt die darin enthaltenen Elemente haben, also ob es sich entweder um eine feste, sich als ein Objekt verstehende Entität oder um eine kontingente Menge, eine ephemere Assoziierung von individual bedeutsameren Exemplaren handelt. Diese Bedeutungsangabe, die eben ein Spektrum an „Gruppen-Kohäsion" abdecken soll, kann in Analogie zum erweiterten Referenzpotenzial des *wir* gestellt werden, das in Kapitel 4.1.3 diskutiert wurde.[59]

Unter den Begriff „Kollektiv" fallen jedoch zumeist nur die ersten Fälle, also diejenigen Gruppen mit einem festen inneren Zusammenhalt. Als Kollektive werden eher Einzelobjekte beschrieben, weniger hingegen bloße Aggregate aus Einzelindividuen. Diese Begriffsdifferenzierung wird unten in Kapitel 4.2.1.3 wieder aufgegriffen und problemorientiert ausgearbeitet.

Ein eigenständiger theoretischer Ansatz zur Bestimmung von Kollektivität, der hier nicht detailliert verfolgt, aber kurz genannt werden soll, besteht aus den kulturwissenschaftlichen Arbeiten von Klaus Hansen (2000, 2009). Hansen möchte gar erklärtermaßen das Paradigma der Kollektivwissenschaften begründen. Eine kritische Auseinandersetzung mit Hansens Kollektivitätsdiskussionen findet sich bei Altmayer (2004: 106ff.). Hansens Ansatz soll aus Platzgründen hier nicht tiefergehend thematisiert werden, zumal er den sprachlichen Aspekten und kommunikativ-diskursiven Konstitutionsbedingungen von Kollektivität keine größere Beachtung schenkt. Von Belang für die späteren Untersuchungen in dieser Arbeit ist jedoch der von Hansen ausgearbeitete Begriff der Multikollektivität, der das Phänomen der gleichzeitigen Zugehörigkeit eines Individuums in plurale, ineinander verschachtelte Kollektive erfasst. Hansen (2000: 194ff., 205) bezeichnet diese als Mono-, Multi-, Super- und Globalkollektive, wobei die letztgenannten Globalkollektive Nationen überschreiten und ganze Weltregionen umfassen (vgl. 2000: 205).

4.2.1.1 Grundzüge der philosophischen Debatte um Kollektivität

Zunächst soll „Kollektivität" als ein kompliziertes Sozialphänomen mit spezifischen Bedingungen und darüber hinaus als philosophisch-analytischer Gegenstand kritisch diskutiert werden. Der ambitionierteste Ansatz zur Klärung dieser Thematik zeigt sich in Form einer reichhaltigen Debatte in der englischsprachigen Philosophie, genauer gesagt in der Sozialontologie innerhalb der Analytischen Philosophie, mit Rückgriffen auf die philosophische Handlungstheorie

---

[59] Kurz zur Erinnerung: Mit den personaldeiktischen Ausdrücken *wir*, *uns* kann auf kurzlebige, zufällige und flüchtige Ansammlungen von Einzelpersonen ebenso wie auf altbekannte Kollektive, Institutionen und Organisationen referiert werden, woraus eine prinzipielle, für diese Arbeit überaus bedeutsame Ambiguität der Personaldeiktika abgeleitet werden kann. Dies ist in der vorgestellten Definition des Bedeutungspotenzials durch die Formulierung „Sprecher*in plus mehr oder weniger eng assoziierte Personen einer nicht-negativen Anzahl" festgehalten, siehe hierzu vor allem das Kapitel 4.1.3.

und die Theorie des Geistes. Die Debatte soll nun in ihren Grundzügen dargestellt werden.

Der hauptsächliche Gegenstand dieser Debatte ist die begriffsphilosophisch-logische Auseinandersetzung mit der Frage, inwiefern Kollektive Absichten haben und Handlungen ausführen können oder ob Intentionen und Aktionen nicht vielmehr Individuen vorbehalten sind, auch wenn sie sich auf andere Individuen oder auf (angenommene) Kollektive beziehen. Es geht mit anderen Worten also um die Bedingungen der Möglichkeit von kollektiver Intentionalität und kollektiven Handlungen, respektive originalsprachlich um „collective intentionality", „collective action" und „joint action".[60]

Grundlegende Arbeiten innerhalb dieser Debatte sind „On Social Facts" von Margaret Gilbert (1989) und „The Importance of Us" von Raimo Tuomela (1995). Frühere Diskussionen, auf die sich Gilbert und Tuomela beziehen, finden sich bei den Soziologen Max Weber, Georg Simmel und den Philosophen Michael Bratman und Wilfrid Sellars. Wichtige Debattenbeiträge, auf die hier zusätzlich zurückgegriffen wurde, finden sich in den Aufsätzen der Sammelbände von Meggle (2002), Schmid/Schweikard (2009) und in der deutschsprachigen Monographie von Schweikard (2011). Desweiteren hat sich Searle (1995) an der Debatte beteiligt und in der germanistischen Sprachwissenschaft wurde sie von Liedtke (2019) rezipiert. Ferner stellen die Aufsätze von Nunberg (1993), Kannetzky (2007) und de Bruin (2009) relevante Arbeiten dar.

Ein Blick in diese philosophische Forschungsliteratur zeigt schnell, dass der im vorherigen Kapitel 4.1 umfangreich diskutierte Ausdruck *wir* und sein englisches Äquivalent *we* in vielen Teilen der Debatten prominent vertreten sind. Gilbert widmet dem „We" ein ausführliches Kapitel (1989: 167ff.) und führt dem übergeordnet aus: „there is a central sense of 'we' in English in terms of which it makes good sense to define social groups." (Gilbert 1989: 147). Sie erörtert verschiedene Gebrauchsweisen des *we* (1989: 175ff.) und erklärt die Fälle des „appropriate full-blooded use of ‚we'" (1989: 179) zur Referenz auf ein Plural-Subjekt als entscheidend für die Annahme von kollektiven Akteuren.

Tuomela (1995) benutzt den Ausdruck *we* sogar als metasprachliches Label für theoretisch zentrale Inhalte: Er spricht von „we-attitudes" und „we-

---

[60] Inhaltliche Erweiterungen der Debatte befassen sich mit kollektiven Emotionen, also solchen Fragen, inwiefern Kollektive und nicht nur Individuen Emotionen in sich tragen und inwiefern affektive Zustände Kollektiven zugeschrieben werden können (vgl. bspw. von Scheve 2009). Diese Fragestellungen sind prinzipiell interessant und sie werden an späterer Stelle in Kapitel 5.2.3.2 ausführlich wieder aufgegriffen. Um die Argumentation in diesem Abschnitt der Arbeit nicht zu überlasten, werden die Fragen nach Emotionen und deren Träger an dieser Stelle zunächst ausgeblendet.

intentions", später (Tuomela 2002) auch prominent vom „we-mode" oder übersetzt vom „Wir-Modus", siehe hierzu auch Schweikard (2011: 272). Gemeint ist mit „Wir-Modus" die absichtsvolle Einstellung, die sich auf ein Kollektiv und nicht mehr auf die darin enthaltenen Individuen beziehe, verbunden mit einer gegenseitigen Einverständniserklärung zum gemeinsamen Handeln, wobei Tuomela noch mehrere Ausprägungsgrade der „Wir-Modi" unterscheidet (bspw. Tuomela 2002: 387f.).

Für einen argumentativ orientierten Überblick über die komplexe philosophische Debatte eignet sich besonders die Arbeit von Schweikard (2011). Die hauptsächlich vertretenen Positionen verortet er in einem Spektrum zwischen den konträren Polen „Holismus" und „Singularismus" (vgl. 2011: 20). Holistische Theorien zeichnen sich dadurch aus, bestimmte Handlungen kollektiven Akteuren zuzuschreiben und die Kollektive auch als intentionale Subjekte aufzufassen, innerhalb derer die beteiligten Individuen keine besondere Bedeutsamkeit mehr haben. Dem entgegengestellt erkennt der Singularismus keine kollektiven Akteure an. In diesem Verständnis sind vermeintlich kollektive Absichten und Handlungen immer nur Zusammensetzungen von individuellen Absichten und Handlungen und dementsprechend immer auf diese reduzierbar (vgl. 2011: 21f.).

Mögliche Zwischenpositionen ergeben sich durch differenzierte Handlungsanalysen und durch die Berücksichtigung von Relationalität, also die intentionale und handlungslogische Bezugnahme von Individuen auf andere Individuen, die dadurch nicht unbedingt Kollektive konstituieren (2011: 285ff.).

Schweikard (2011) selbst argumentiert explizit und durchgängig gegen den Singularismus. Er beschreibt Gilberts Position insgesamt als holistisch (2011: 344) und Tuomelas Position als individualistischer ausgerichtet, aber als im entscheidenden Sinne ebenfalls nicht-singularistisch, nämlich als kollektivistisch mit einer Betonung von kollektivinternen, interrelationalen Strukturen (2011: 363). Dieser Umriss der Debattenpositionen soll die weitere Diskussion zu diesem diffizilen Thema fundieren.

4.2.1.2 Kriterien zur Bestimmung der Kollektivität

Hervorzuheben ist das Ziel der nicht-singularistischen Bestimmung von Kollektivität, welches darin besteht, kollektive Akteure als eigenständige Beobachtungsobjekte herauszuarbeiten. Kollektive sollen zu solchen Entitäten erklärt werden, denen Intentionalität und Handlungsfähigkeit ebenso unproblematisch wie Personen zugeschrieben werden kann. Der ontologische Status von Kollektiven sieht vor, dass sie nicht nur aus Individuen zusammengesetzt sind, sondern eine Einheit, Eigenständigkeit und Unikalität genauso wie Individuen aufweisen. Der sogenannte „Wir-Modus" bilde eine neue, nicht-reduzierbare Qualität und sei nicht nur das Resultat mehrerer „Ich-Modi".

Zur Begründung dieser starken Annahme von Kollektivität können verschiedene Kriterien beschrieben werden. Für die Argumentation dieser Arbeit werden drei Kriterien als aufeinander aufbauende Parameter angenommen. Sie werden mit direktem Bezug auf Gilberts holistischen Ansatz (1989) eigenständig aufgestellt und danach im Sinne eines theoretisch adäquaten Schemas zur differenzierten Kategorisierung von sozialen Strukturen interpretiert.

Das erste Kriterium zur Kollektivitätsbestimmung ist die Möglichkeit eines angemessenen Wir-Gebrauchs, der von Gilbert (1989: 175ff.) ausführlich erörtert wird. Darunter versteht Gilbert die Bezugnahme auf die Gemeinsamkeiten aller Mitglieder, bzw. aller Aktions-Teilnehmenden: „'We' refers to a set of people each of whom shares, with oneself, in some action, belief, attitude, or other such attribute [...]" (Gilbert 1989: 153). Gleichzeitig könne das Referenzobjekt des *wir/we* dann als Plural-Subjekt aufgefasst werden: „my idea is that ‚we' is used to refer to a plural subject." (Gilbert 1989: 168). Der Terminus des *plural subject* ist zentral für diesen Erklärungsansatz Gilberts und er wird später in Kapitel 4.2.1.3 aufgegriffen und kritisch betrachtet.

Als zweites Kriterium ist entscheidend, dass die so zu einem Plural-Subjekt zusammengefassten Personen gemeinsame und sich gegenseitig aufeinander beziehende Absichten tragen, dass sie gemeinsame „so-called ‚mental' attribute[s]" (Gilbert 1989: 153) teilen, bzw. dass sie hinsichtlich der geplanten gemeinsamen Aktion geteilte Ziele aufweisen (vgl. Gilbert 1989: 157ff.). Auf diesen Bereich der gemeinsamen Kollektiv-Intentionen spielt auch der Begriff der „we-intentions" an, der von Sellars begrifflich eingeführt und prominent von Tuomela benutzt wurde (vgl. Schweikard 2011: 234ff.).

Drittens ist für Gilbert ausschlaggebend, dass alle Teilnehmenden ihre Bereitschaft zur gemeinsamen Aktion ausgedrückt, also explizit erklärt haben müssen: „appropriate full-blooded use of 'we' [...] requires that each of the people referred to has in fact expressed to the others his willingness to share with the others in doing A [...]" (Gilbert 1989: 179). Sie bekräftigt, dass hierbei nicht nur das Bewusstsein der gegenseitigen Aktionsbereitschaft einiger Teilnehmenden ausreiche. Vielmehr sei es eine wichtige Bedingung, dass alle Beteiligten diese Handlungsbereitschaft allen anderen kommunikativ mitteilen, nämlich als „each one's *expression* of willingness to the others" (Gilbert 1989: 182; Hervorhebung im Original, Anm. JHK). Dies wird von Gilbert wiederum als „'expression' condition" (ebd.; Hervorhebung im Original, Anm. JHK) bezeichnet.

Baltzer (2002: 2) trennt dieses Kriterium wiederum in drei Aspekte auf, nämlich den gemeinsamen Willen zur Handlung, die offene Manifestation dieses gemeinsamen Willens (eben die „expression condition") und daraus resultierend das gegenseitige Wissen um den gemeinsamen Willen. Zur Vereinfachung werden diese Teilaspekte hier aber zusammengefasst, mit einem Fokus auf der deutlichen Manifestation des gemeinsamen Willens, die nur durch einen Kommunikationsakt vollzogen werden kann.

Als Konklusion zur Bestimmung von Kollektivität kann also festgehalten werden, dass drei Bedingungen gegeben sein müssen:

a) Die Möglichkeit der sinnvollen Bezugnahme auf die beteiligten Individuen, gewährleistet durch den angemessenen Gebrauch des Ausdrucks *wir*
b) Die gemeinsamen und gegenseitig aufeinander bezogenen Absichten gemeinsam zu handeln („Wir beabsichtigen X zu tun" statt „Ich beabsichtige mit dir X zu tun")
c) Die kommunikative Manifestation der Bereitschaft zur gemeinsamen Aktion (expression of willingness to share in an action)

Zur Vereinfachung der weiteren Diskussion können diese Kollektivitätsaspekte als Kriterien der a) Referenzialisierbarkeit, b) Intentionsgemeinschaft, c) Kommunikation gelabelt werden. Offensichtlich haben die Kriterien verschiedene Voraussetzungen und Erfüllungsbedingungen, die es nun kritisch zu analysieren gilt. Im Folgenden sollen zwei Problematisierungen der Kriterien-Gültigkeit vertieft dargestellt werden, was wiederum dazu führen soll, die ungleiche Verteilung der Kriterien als Hinweise für Kollektivitätsgrade zu verstehen.

4.2.1.3 Zur Problematik des nicht-agentivischen und vagen Wir-Gebrauchs

In diesem Unterkapitel sollen die linguistischen Ausführungen zum Personaldeiktikon *wir* wiederaufgegriffen und auf die soeben dargestellten Kollektivitätskriterien angewendet werden. In Kapitel 4.1.3 wurde ausführlich dargestellt, dass *wir* und *uns* genuin ambige Ausdrücke sind, und dass deren Referenzpotenzial enorm vage ist, da ihre konkreten Äußerungsbedeutungen alle möglichen Personen-Assoziierungen unterschiedlicher Kohäsion umfassen können.

Für Gilberts holistisches Programm der Theorie kollektiver Akteure spielt der pronominale Ausdruck der 1. Person Plural eine entscheidende Rolle, was in Kapitel 4.2.1.2 als Kriterium a) – bzw. für die vorliegende Argumentation als Parameter der Referenzialisierbarkeit – beschrieben wurde. Das *wir* dient für Gilbert dazu, eine Menge von Personen mit gemeinsamen mentalen Attributen zu referenzialisieren und ihnen gleichsam den Status von Plural-Subjekten zuzuschreiben (vgl. 1989: 168, 174ff.).

Ein *wir* steht qua seiner Position im pronominalen Flexionsparadigma immer im Plural und immer im Nominativ. Aus dem Kasusmerkmal „Nominativ" folgt, dass ein *wir* in den allermeisten Gebrauchsfällen als Satzsubjekt auftritt, nämlich immer dann, wenn es objektsprachlich benutzt wird und nicht in metasprachlicher Verwendung substantiviert auftritt.[61]

Allerdings ist diese syntaktische Funktion SUBJEKT nicht aussagekräftig hinsichtlich der Handlungsfähigkeit der so referenzialisierten Entität. Ein *wir* vermittelt ein Plural-Subjekt nur in einem sprach-strukturellen Sinne als Ausfüllung einer grammatischen Kategorie, aber nicht notwendigerweise in einem sozialen oder gar einem handlungstheoretisch-ontologischen Sinne.

Als Satzsubjekt können je nach Subkategorisierungsrahmen des Prädikats, respektive je nach Valenz des als Prädikat eingesetzten Verbs, alle möglichen NP-tauglichen Einheiten auftreten, ohne überhaupt etwas über Handlungsaspekte auszusagen. Zur Charakterisierung verschiedener Dimensionen von Aktionen eignen sich weniger die Termini der Satzglieder, sondern eher die Theorie der semantischen bzw. thematischen Rollen (vgl. hierzu Jackendoff 1972; von Polenz 2008: 167ff.; Pittner/Berman 2015: 50f., 59ff.). Die Handlungsexekution wird sprachlich durch die Kategorie AGENS indiziert.

Diese sprachlich präzisere Begriffsdifferenzierung ist notwendig für eine angemessene Diskussion des Wir-Gebrauchs als Kollektivitätskriterium. In einer beispielhaften Aussage wie i.) *„Wir erfahren die Krise alle sehr unterschiedlich"* ist das *wir* zugleich Satzsubjekt und EXPERIENCER im Sinne der semantisch-logischen Funktion, das Element des Erleidens einer Krise zu sein, nicht dasjenige, das sie ausführt. Hierunter fallen ebenso Aussagen mit Passivkonstruktionen wie ii.) *„Wir sind alle von der Krise betroffen"*, die sich gerade dadurch auszeichnen, dass das Subjekt nicht agiert, sondern eine thematische Rolle versprachlicht, die dem PATIENS zugeordnet werden kann.

In anderen Fällen kann ein *wir* aber selbstverständlich als Subjekt und als AGENS auftreten, exemplarisch in Aussagen wie iii.) *„Wir agieren entschlossen im Angesicht der Krise"*.

Die thematische Rolle AGENS wird typischerweise von Handlungsverben vergeben (vgl. Pittner/Berman 2015: 62). Hierauf sollte sich die programmatische Begrifflichkeit Gilberts, die der Erfassung kollektiven Handelns dienen soll, eigentlich beziehen. Die Charakterisierung als AGENS ist letztlich von einer linguistischen Satzanalyse abhängig und nicht unbedingt in dem gleichen Maße intuitiv zugänglich wie die sprachlich unpräzise Annahme eines Plural-Subjekts.

---

61 In einer exemplarischen Aussage wie „Wir untersuchen das *wir*." entspricht offensichtlich das erste Vorkommen des *wir* dem Subjekt, das zweite metasprachlich-substantivierte Vorkommen hingegen dem Akkusativobjekt.

In den drei genannten Beispielsätzen sollte zudem die Vagheit des zweimaligen *wir* deutlich erkennbar sein. Wem genau die gemeinte *Krise* widerfährt, wer genau entschlossen auf sie reagiert, wird ohne Kontextinformationen nicht deutlich. Das Referenzpotenzial des *wir* kann nicht detailliert konkretisiert, d. h. nicht auf klar umrissene Personengruppen hin aktualisiert werden. Ebensowenig kann festgelegt werden, wie die Individuen, die möglicherweise das *wir* ausmachen sollen, in Verbindung zueinanderstehen, also ob sie weitere Bedingungen von Kollektivität erfüllen. Die Option eines vagen, referentiell unterspezifizierten Gebrauchs ist bei den meisten Autosemantika, zumal den polysemen Lexemen gegeben. Beim indexikalischen *wir* ist diese Option nicht nur eindeutig vorhanden, sondern zugleich häufig belegbar und persuasiv ausnutzbar, wie beispielsweise die Beschreibung der werbe- und politiksprachlichen Funktionalität des *wir* gezeigt hat, siehe Kapitel 4.1.1. Dies gilt ungeachtet der Zuweisung einer thematischen Rolle. Sowohl ein AGENS als auch andere thematische Rollen können durch unbestimmte Referenten sprachlich ausgefüllt werden.

Damit wird zunehmend fraglich, ob der oftmals vage, teilweise unterspezifizierte Wir-Gebrauch tatsächlich als strenges Kriterium für die Annahme von Kollektivität fungieren sollte.

Andererseits wurde ja bereits auf die prototypische Bedeutung des *wir* als „assoziativ" hingewiesen, also so etwas wie Gruppenhaftigkeit anzuzeigen, siehe hierzu die Ausführungen in den Kapitel 4.1.2.3 und 4.1.3. Dieser Hinweis mag als Argument für die Beibehaltung des Kriteriums a) der Referenzialisierbarkeit aufgefasst werden.

Beide Positionen lassen sich nun durch eine Reformulierung des begrifflichen Verhältnisses von „Gruppe" und „Kollektiv" miteinander vereinigen. Durch ein *wir* wird im Normalfall eine soziale Assoziierung, eine Personen-Verbindung inklusive der sprechenden Person aufgerufen, also eine „Gruppe" im schwachen Sinne des Wortes, d. h. eine Gruppe, die möglicherweise nur aus völlig kontingenten Personen-Aggregaten und zeitlich flüchtigen Ansammlungen zusammengesetzt ist. Einem „Kollektiv" im starken Sinne des Wortes, also einer Entität, die als kollektiver Akteur mit gemeinsam geteilter Intentionalität und klarer Handlungsmacht gilt, muss das *wir* dabei eingedenk seiner referentiellen Variabilität und seiner potenziellen Unterbestimmtheit nicht notwendigerweise entsprechen.

Unter Berücksichtigung der thematischen Rollen kann eine weitere Differenzierung vorgenommen werden: Ein als AGENS gebrauchtes *wir* könnte eventuell, je nach Kontext und aktueller Referenzkonkretisierung, einem Kollektivakteur entsprechen – nämlich möglicherweise dann, wenn die beiden weiteren Bedingungen vollständig und zweifelsfrei erfüllt sind. Allerdings ist dies nicht allein durch das agentivische *wir* festgelegt. Ein *wir* in einer anderen thematischen Rolle legt offensichtlich keinen Status als kollektiver Akteur nahe.

Letztlich kann dies so formuliert werden, dass das erste Definitionskriterium der Referenzialisierbarkeit nur in wenigen Fällen des tatsächlich hochkomplexen Wir-Gebrauchs greift. Der allgemeine Wir-Gebrauch verweist folglich nur sehr stark eingeschränkt auf Kollektivität im engeren Sinne, auf eine gewisse Gruppenhaftigkeit im weiteren Sinne, also auf eine eventuell ephemere Assoziierung hingegen schon.

4.2.1.4 Zur Problematik der Gruppen-Größe

Es soll nun eine grundsätzliche Problematik der philosophischen Diskussion zu Kollektivität aufgezeigt werden, die eher das zweite und noch deutlicher das dritte Kriterium betrifft, eben die Parameter der Intentionsgemeinschaft und der Kommunikation, und die wiederum anhand der linguistischen Beschreibung des Wir-Gebrauchs präzisiert werden kann. Gemeint ist das Phänomen von Großgruppen.

Es sei kurz an die oben dargestellten Kriterien b) und c) erinnert: Gemäß einer verallgemeinerten holistischen Theorie von Kollektivität gilt für alle Personen, die in einem kollektiven Akteur integriert sein sollen, dass sie b) die gleichen gemeinsamen Handlungsabsichten haben und c) die gegenseitige Erklärung der Handlungsbereitschaft kommunizieren können.

Die beiden Bedingungen erfordern damit die fortgesetzte Kopräsenz der Kollektivmitglieder, nämlich sowohl zur Bestätigung und Überprüfung der geteilten inneren Zustände als auch zur weiterführenden Koordinierung einzelner Handlungsschritte.[62]

Offensichtlich setzt die Erfüllung dieser beiden harten Kriterien die fortlaufende Anwesenheit der Kollektivmitglieder voraus. Die Handlungstheorie ist auf das Modell der Face-to-face-Interaktion ausgerichtet. Laut Kannetzky (2007: 213) sind vor allem Zwei-Personen-Konstellationen ausschlaggebend für die theoretische Modellierung von Kollektivität, was sich anhand der Beispiele

---

[62] Ob die Kopräsenz der beteiligten Personen nur zur Koordinierung der Handlungsschritte nötig ist, also nur für das Kriterium c), oder auch zum Abgleich der Intentionen, also für das Kriterium b), kann kritisch diskutiert werden, siehe bspw. Baltzer (2002: 3ff.) oder mit einem etwas anderen Fokus auch Miller (2002: 278ff.). Hier soll diese Diskussion nicht vertieft werden. Beide Kriterien sind meines Erachtens sehr voraussetzungsreich und lassen sich nur auf Kleingruppen nachvollziehbar anwenden. Das Kriterium b) kann hinsichtlich größerer Gruppen durch die bloße, unüberprüfte Annahme geteilter Absichten eher aufgeweicht werden als c), jedoch auch nur bis zu einem bestimmten Grad.

zeigen lasse, die in der oben skizzierten philosophischen Debatte zumeist diskutiert und analysiert wurden, nämlich das Spazierengehen, das Tragen eines Pianos, das Anstreichen eines Hauses oder das Schieben eines Autos.

Baltzer weist kritisch auf diese theoretische Beschränkung hin und zweifelt die Gültigkeit der Kriterien für „large social groups" (2002: 3) an. Der eklatante Unterschied zwischen großen sozialen Gruppen einerseits und kleinen, zahlenmäßig beschränkten Face-to-face-Interaktionsgruppen andererseits sei, dass sich in jenen Großgruppen die Gruppenmitglieder nicht begegnen, sich größtenteils noch nicht einmal individuell kennen (ebd.).

Damit sind umfangreiche, räumlich weiter verteilte Personenmengen, die Gilbert (2002: 92) als „distanced populations" bezeichnet, bei einer strikten Kriterien-Auslegung von einer Kollektivitätszuschreibung ausgeschlossen. So plädiert im selben Sammelband auch Miller (2002: 273), dass das Konzept der Kollektiv-Agency nämlich nicht auf Makro-Entitäten wie etwa Nationen oder Korporationen angewendet werden solle.

Diese Position ist angesichts der sehr voraussetzungsreichen Kriterien im holistischen Programm von Kollektivität äußerst nachvollziehbar. Zur Unterstützung dieser gegenüber Makro-Kollektiven kritischen Position sei auf ein anderes sozialtheoretisches Konzept hingewiesen. Benedict Anderson arbeitet in seinem viel beachteten und einflussreichen Buch „Imagined Communities" (2006 [erste Ausgabe: 1983]) [deutsche Übersetzung: „Die Erfindung der Nation. Zur Karriere eines folgenreichen Konzepts" (1988)] heraus, dass es sich bei Nationen um vorgestellte Gemeinschaften handelt. Aufgrund der Gruppengröße können sich die meisten der einzelnen Mitglieder einer Nation nicht persönlich kennen (vgl. Anderson 1988: 15). Sie werden sich mit hoher Wahrscheinlichkeit niemals von Angesicht zu Angesicht begegnen und keinen kommunikativen Kontakt zueinander haben, woraus die Vorgestelltheit bzw. die Konstruiertheit ihrer Gemeinschaft folge.[63]

De facto gilt dies nicht nur für Nationen, sondern für alle Gemeinschaften, deren Umfang den von Kleingruppen mit direkt-persönlicher Interaktion überschreitet. Anderson (2006: 6) stellt dies ebenfalls fest:

---

63 Der deutschsprachige Buchtitel „Die Erfindung der Nation" kann in dem Sinne als eine unpräzise Übersetzung aufgefasst werden, dass Nationen nicht irreal, also nicht in einem kontrafaktischen Sinne ausgedacht sind. Das behauptet Anderson selbstverständlich auch nicht. Gemeint ist der Hinweis darauf, dass innerhalb einer Nation die Gemeinschaftlichkeit nur imaginiert, also nicht in direktem Sozialkontakt zwischen allen Mitgliedern gegeben ist. Siehe zur Theorie des Konstruktivismus und zum Wirklichkeitsanspruch von „sozial konstruierten Entitäten" auch Kapitel 4.2.2.1.

„It [The nation] is imagined because the members of even the smallest nation will never know most of their fellow-members, meet them, or even hear of them [...]. In fact, all communities larger than primordial villages of face-to-face contact (and perhaps even these) are imagined."

Andersons Arbeit gilt als bedeutender konstruktivistischer Ansatz zur Erklärung der sozialen Welt (vgl. bspw. Hauck 2006: 151ff.), mit dem gleichzeitig gegen essenzialistische Nationalismus-Vorstellungen argumentiert werden kann. In dieser Arbeit kann Andersons Theorie dazu dienen, die Gültigkeit der oben aufgestellten Kollektivitätskriterien näher zu bestimmen bzw. auf Kleingruppen mit der Option zur Face-to-face-Interaktion zu beschränken.

Mit Bezug auf die linguistischen Beobachtungen zum enorm variablen Wir-Gebrauch, die in Kapitel 4.1.2.3 und 4.1.3 vorgestellt wurden, wird die Problematik der Gruppengröße bei der Kollektivitätsbestimmung eklatant. In vielen Vorkommen des *wir* bleibt offen, wie umfangreich die referenzialisierte Gruppe ist, also auch ob auf eine eng beschränkte Gemeinschaft physisch präsenter Personen verwiesen wird oder nicht.[64]

Gleichzeitig verdeutlichen viele der in Kapitel 4.1.2.4 diskutierten Fälle des augmentiert-inklusiven Wir-Gebrauchs, wie mit demselben Ausdruck auf „vorgestellte", nicht-kopräsente Entitäten referiert werden kann. Ganz besonders deutlich wird dies bei den ebenfalls in Kapitel 4.1.2.4 besprochenen Vorkommen eines metonymisch expandierten und extensiven *wir*.[65]

---

64 Zur Veranschaulichung dieser Argumentation sei eine Situation geschildert, die sich im Frühjahr 2020 abspielte: Ein Hausmeister unterhält sich mit einer Bewohnerin eines Wohnungsblocks in der Stadt Bremen über die in Deutschland seit kurzem wegen der Coronavirus-Pandemie geltenden Kontaktverbote und deren Einhaltung oder Nicht-Einhaltung. Die Mieterin sagt: *„Aber wir halten uns doch meistens an die Verbote."* Es bleibt in dieser Äußerung unterspezifiziert, auf wen referiert wird, ob die Aussage nur für die zwei Gesprächsbeteiligten oder für ihre Mieteinheit, den Wohnblock, die Stadt Bremen, für Deutschland oder noch größere Strukturen gelten soll. Aufgrund mehrfacher vorheriger Themenwechsel lieferte weder der sequenziell frühere Kotext noch der Kontext eindeutige Hinweise. Die Vagheit im Referenzpotenzial des *wir* und die Ambiguität in der tatsächlichen Äußerung sind offenbar. Zu dieser Beispielsituation und der Frage, wie das Gespräch weitergeführt wurde, siehe die direkt folgende Fußnote.

65 Zur Veranschaulichung dieses Aspekts des Wir-Gebrauchs sei die Situation aus der direkt vorherigen Fußnote (Fußnote Nr. 64) noch einmal aufgegriffen. Das Gespräch wurde mit folgender Äußerung des Hausmeisters fortgeführt: *„Und wir Hanseaten haben uns ja immer schon gut an Gesetze halten können."* Das *wir* in dieser konkreten Verwendung ist gegenüber der Adressatin inklusiv, augmentiert (nämlich um mehr Personen als nur der Sprecher und die Adressatin ergänzt), und gleichzeitig extensiv sowie metonymisch expandiert, da die etwas klischeehafte Aussage sich auf die Wir-Gruppe der Hanseat*innen in historischer Ausdehnung

In der Kombination der sozialkonstruktivistischen Betonung der Gruppengröße mit der Feststellung der referenziellen Vagheit und Ausdehnungspotenz des *wir* zeigt sich erneut die Schwierigkeit der Kollektivitätsbestimmung. Gleichzeitig wird deutlich, dass eine linguistisch präzise Beschreibung des Wir-Gebrauchs Konsequenzen für die philosophische Theorie des komplexen Sozialphänomens der Kollektivität mit sich bringt.

4.2.1.5 Grade von Kollektivität

Zum Abschluss dieses Unterkapitels sollen die Erörterungen zum Begriff der „kollektiven Akteure" zusammengefasst sowie der Konnex zwischen diesem Begriff und bestimmten Spracheinheiten herausgestellt werden.

Zentral ist dabei die bereits angedeutete Annahme von Graden von Kollektivität. Die dichotome Zuspitzung der philosophischen Debatte auf eine holistische versus eine singularistische Position erscheint nach den obigen Ausführungen nicht mehr sinnvoll. Die Dichotomie würde grob simplifiziert nahelegen, dass Handlungen als solche sowie deren Hauptaspekte – nämlich die Handlungsausführenden und deren Absichten als Handlungsfundamente – entweder nur individuell oder nur kollektiv analysiert werden könnten.

Dem steht die Beobachtung gegenüber, dass die drei genannten Kriterien zur Kategorisierung von kollektiven Akteuren unterschiedlich voraussetzungsreich und unterschiedlich schwierig zu erfüllen sind. Folglich soll an dieser Stelle stipuliert werden, dass mittels der Kriterien verschiedene Kollektivitätsgrade beschrieben werden können.

Das erste Kriterium der a) Referenzialisierbarkeit – also die Möglichkeit der sinnvollen Bezugnahme mittels eines *wir* oder eines analogen Ausdrucks – für sich allein verweist nur auf eine wie auch immer geartete Assoziierung unbestimmter Personen, also nur auf eine gewisse Gruppenhaftigkeit im weiten Sinne des Wortes. Wenn nur dieses Kriterium erfüllt ist und die beiden darauf auf-

---

bezieht, wobei unzählig viele, längst verstorbene Personen in den Skopus der Aussage, also in die Zuschreibung der Gesetzestreue miteingeschlossen werden. Um die hier vertretene Kollektivitäts-bezogene Argumentation zu verdeutlichen: Selbstverständlich kann *den Hanseaten* kein Status als Kollektivakteur zugesprochen werden, selbstverständlich können sie das zweite und dritte Kriterium der Intensionsgemeinschaft und der Kommunikation/Kopräsenz nicht erfüllen, selbst wenn das sich auf sie beziehende *wir* problemlos verstanden wurde. Die angesprochene abstrakte Menge der „Hanseaten" kann gleichzeitig allein aufgrund der erfolgreichen Wir-Verwendung in der Beispielsituation das erste Kriterium der Referenzialisierbarkeit erfüllen und folglich als Wir-Gruppe mit dem schwächsten Grad von Gruppenhaftigkeit aufgefasst werden.

bauenden Kriterien nicht, dann ist dementsprechend nur der schwächste Kollektivitätsgrad anzusetzen. Dieser schwächste Kollektivitätsgrad allein rechtfertigt dann in analytischen Kontexten gerade nicht, von kollektiven Akteuren auszugehen.

Allerdings stellt dieses Kriterium der sprachlichen Bezugnahme und damit der kommunikativ-symbolischen Verfügbarmachung eines Kollektiv-Kandidaten die Basis für die weiteren Kriterien und die stärkeren Kollektivitätsgrade dar. Nur dem, worauf wiederholt referiert wird, kann in einem dynamischen Prozess eine Handlungsträgerschaft zugewiesen werden.

Wenn das zweite Kriterium b) der gruppenübergreifend geteilten Intentionen zusätzlich zum ersten Kriterium zutrifft, erhöht sich demnach der Kollektivitätsgrad.[66]

Wenn das dritte Kriterium c) der fortlaufenden Kommunikation und Absichtserklärung zusätzlich erfüllt ist, liegt hingegen ein noch stärkerer Kollektivitätsgrad vor und die Annahme eines kollektiven Akteurs wird legitimer. Diesen Status vollumfänglicher Kollektivität können nur solche Kleingruppen erreichen, die ihre kooperativen Handlungen fortwährend koordinieren, die demnach über den gesamten Aktionszeitraum hinweg physisch kopräsent sein müssen.[67]

Alle anderen Gruppen sind weniger kollektiv und zwar graduell abgestuft ausgehend von ihrer Personengröße, ihrer räumlichen Verteilung sowie der Wahrscheinlichkeit und der Dauer interner Interaktion. Im Grunde zeigen sich innerhalb des zweiten und des dritten Kriteriums mehrere Abstufungsmöglichkeiten, die an dieser Stelle aber nicht vertieft dargestellt werden.

Die Frage nach Kollektivität oder Singularität ist damit nicht nur innerhalb einer Ja/Nein-Binarität beantwortbar, sondern erlaubt verschiedene Grade bei

---

66 Das zweite Kriterium ist m. E. analytisch sehr eng verbunden mit dem dritten Kriterium. Die inneren Zustände aller an einem potenziellen Kollektiv beteiligten Personen sind in den allermeisten Situationen für externe Beobachtungen nicht direkt zugänglich. Und wenn die inneren Zustände zugänglich sein sollen, dann funktioniert dies nur über Kommunikation, wodurch das dritte Kriterium bereits greift. Die äußerst umfangreiche philosophische Diskussion über das Phänomen der Intentionalität soll hier nicht weiter aufgegriffen werden. Es wird aber zumindest eine Diskrepanz der genannten Kriterien ersichtlich.

67 Sportteams wären prototypische Kollektivakteure. Aber selbst in diesen werden sehr oft die Einzelhandlungen besonders bekannter Sportler*innen herausgestellt. Deshalb sollte auch in diesen Fällen die singuläre bzw. individual-fokussierte Perspektive nicht völlig ausgeschlossen bleiben. Ein analytischer Kompromiss wären vermutlich Mehrfach-Klassifikationen, also die Möglichkeiten dazu, die Handlungen von kopräsenten, sich eng koordinierenden Kleingruppen als zugleich kollektiv intendiert und in Teilakten individual exekutiert einzuschätzen.

der Interpretation von Handlungen und Akteuren. In der philosophischen Debatte finden sich bisweilen ähnliche Ansätze. Kannetzky (2007) weist auf „Levels of collectivity" hin, bezieht das aber vornehmlich auf eine impersonale Hintergrundebene kulturellen Wissens. Miller (2002) untersucht geschichtete Strukturen in der Analyse von Handlungsmechanismen, die nur vermeintlich als irreduzibel kollektiv erscheinen. Es ist meines Erachtens wichtig, eine dritte Handlungsanalyseoption zwischen „singulär" und „kollektiv" zu berücksichtigen, nämlich die „relationale" Ebene (vgl. ansatzweise auch Schweikard 2011: 285ff., 306ff.). Relationale Handlungen sind solche, in denen sich Individuen auf andere Individuen beziehen bzw. sie gemeinsam interagieren. Gerade für kommunikationswissenschaftliche Gegenstände wie Konversationen, multimodal vermittelte Interaktionen usw. könnte diese dritte, eben nicht-binäre Analyseoption sehr sinnvoll sein.[68]

Insgesamt wird in dieser Arbeit also für eine differenzierte und gemäßigte Position innerhalb der Debatte der Sozialontologie plädiert, die weder ausschließlich singularistisch noch holistisch verstanden werden soll. Kontextuelle Handlungsinterpretationen sollten von mehrstufigen Kriterien ausgehen und graduelle sowie flexible Klassifikationen (individual, relational, kollektiv) zulassen.

Notwendigerweise müssen die Diskussionen zum Thema der Kollektivität an irgendeiner Stelle unterbrochen werden und gewisse Fragen zum Phänomenbereich der Kategorisierung als Kollektivakteur offenbleiben. Solche Fragen betreffen die Dynamik versus Konstanz dieser Kollektivitätszuschreibung sowie die moralische Dimension respektive die Interdependenz zwischen Gruppendenken und moralischer Verantwortlichkeit für spezifische Handlungen.

Um die Diskussion über das Bedeutungsverhältnis von „Gruppe" und „Kollektiv" (siehe die Einleitung des Kapitels 4.2.1) kurz wiederaufzugreifen und abzuschließen: In der hier präsentierten terminologischen Konzeption zeigt das *wir* im allgemeinen Verständnis zwar eine Gruppe bzw. eben eine lose, epheme-

---

68 Die verstärkte Berücksichtigung der „relationalen" Handlungsebene kann dann auch dazu beitragen, die aus meiner Sicht überstrapazierte „kollektive" Ebene zu entlasten. Partielle Kooperationen von sich aufeinander beziehenden, aber eigenständig absichtsvollen Menschen sind dann eben relational und nicht kollektiv. Für die linguistische Pragmatik und die Interaktionsforschung ist es meines Erachtens überhaupt nicht notwendig, die sich abstimmenden, aufeinander eingehenden Gesprächsbeteiligten als „Kollektive" aufzufassen, bzw. den starken Begriff der „Wir-Intentionalität" zur Erklärung von konversationellen Ko-Konstruktionen und ähnlichem anzubringen. In den meisten Fällen sozialer Interaktionen sind vielmehr relationale Individualakteure aktiv. Die Anwendung der enorm voraussetzungsreichen Kategorie „kollektiver Akteure" verdient meines Erachtens eine größere Zurückhaltung.

re Assoziierung an, aber nicht unbedingt ein Kollektiv bzw. eben nur den schwächsten Kollektivitätsgrad. In bestimmten Kontexten bei einer eindeutigen Referenz auf kopräsente, kooperativ interagierende Kleingruppen kann den entsprechenden Wir-Gruppen aber tatsächlich ein stärkerer Kollektivitätsgrad und damit möglicherweise auch der Status als „kollektiver Akteur" zugeschrieben werden.

In den anderen Kontexten, also bei einer weitgefassten oder unbestimmten Referenz durch ein vages oder extensives *wir*, stellen die Wir-Gruppen keinen Kollektivakteur dar. Als Konsequenz dessen können dann alle diejenigen sprachlichen Darstellungen als ontologisch inkorrekt bzw. als metonymische Verschiebungen kategorisiert werden, die unklar begrenzte oder enorm umfangreiche Gruppen-Konstruktionen so verwenden, als wären es Individuen mit klar identifizierbaren inneren Zuständen und Handlungskompetenz.

Es kann zusammenfassend eine sozialkonstitutive Multifunktionalität des *wir* festgestellt werden, die sich gut mit der sprachtypologisch feststellbaren Variabilität und der inhärenten Vagheit des sogenannten „Einheits-Wir" begründen lässt: Vom exklusiven und dem minimal-inklusiven über den augmentiert-inklusiven bis hin zum metonymisch expandierten und dem extensiven Wir-Gebrauch werden ganz verschiedene soziale Konstellationen sprachlich kodiert und gleichzeitig erst hergestellt, verstärkt und verändert, variiert und reproduziert.

4.2.2 Begriffsdefinitionen und terminologische Abgrenzungen

Nachdem im letzten Unterkapitel das Phänomen der Kollektivität philosophisch-theoriebasiert behandelt wurde, sollen die Ergebnisse dessen in diesem Unterkapitel in eine begriffskritische Auseinandersetzung mit kursierenden soziologischen und linguistischen Terminologien eingebunden werden. Das Ziel des Unterkapitels besteht dann darin, den für die gesamte Arbeit zentralen Begriff der „Wir-Gruppen-Konstruktion" umfassend herzuleiten und einzuordnen.

Wie bereits einleitend zu Beginn von Kapitel 4.2 dargelegt wurde, folgt die Untergliederung in fünf Teilkapitel bzw. Argumentationsschritte diesem Ziel der differenzierten Begriffsfundierung und -schärfung: in 4.2.2.1 mit Bezug auf den Sozialkonstruktivismus, in 4.2.2.2 unter Rückgriff auf die Fachliteratur, in 4.2.2.3 in Abgrenzung zu kursierenden, offensichtlich ähnlichen Termini, in 4.2.2.4 mit einem distinktiven Fokus auf den überstrapazierten Begriff der „kollektiven Identität", in 4.2.2.5 dann mit einer Thematisierung der oft als elementar aufgefassten Dichotomie sozialer Gruppen.

4.2.2.1 Zum Begriff der „Konstruktion"

Der sprachliche Ausdruck *wir* ist im Kapitel 4.1 umfangreich behandelt worden, der Begriff der „Gruppe" im Unterkapitel 4.2.1. Nun soll noch skizziert werden, inwiefern es sich bei „Wir-Gruppen" bzw. bei Personengruppen im Allgemeinen um „Konstruktionen" handelt.

In ihrer grundsätzlichen theoretischen Ausrichtung folgt die Arbeit den Aussagen des Sozialkonstruktivismus, wie sie unter anderem von Berger/Luckmann (1969) oder auch Anderson (2006[1983]) erarbeitet wurden, und der Diskurstheorie, wie sie beispielsweise bei Wodak/de Cilia/Reisigl/Liebhart/Hofstätter/Kargl (1998) auf die diskursive Konstruktion nationaler Identitäten angewendet wurden. Genauso wie Nationen sind laut Wodak et al. „Wissensobjekte, Situationen, soziale Rolle sowie Identitäten und interpersonale Beziehungen zwischen den Interagierenden und verschiedenen gesellschaftlichen Gruppen" (1998: 43) nicht einfach in der Welt, nicht außerhalb von Sprache zugänglich, sondern vielmehr über Diskurse konstituiert. Gruppen und darauf aufbauende Identitäten werden dadurch hergestellt, dass Menschen über sie sprechen und schreiben, sich mit Symbolsystemen über sie austauschen. „Zu den sozialen Wirkungen diskursiver Praxis gehört es, über sprachliche Repräsentation in den unterschiedlichen dialogischen Kontexten bestimmte Gruppen zu bilden [...]." (ebd.)

In ähnlicher Weise stellt Hausendorf (2000: 7ff.) heraus, dass Zugehörigkeit, also die Mitgliedschaft in bestimmten Gruppen, immer nur kommunikativ hervorgebracht wird, also ein Resultat von Kommunikationspraxen ist. Die kommunikative Hervorbringung wird von Hausendorf vor allem auf Gespräche und dialogische Interaktionsmuster bezogen, sie kann in einem übergeordneten Sinne aber auch als Modus, in dem sich diskursive Konstruktionen vollziehen, verstanden werden.

Die Auffassung von Personengruppen als diskursive Konstrukte muss aber nicht dazu führen, sie deshalb als irreal oder rein fiktiv zu betrachten. Gruppen sind Konstruktionen und zugleich Elemente der diskursiv konstituierten, sprachlich vermittelten Wirklichkeit. Sie sind sozial wirksam und allein dadurch in einem gewissen Sinne „wirklich".

Dies stellt wiederum keine Einschränkung der konstruktivistischen Fundamentaltheorie hin zu einer Spielart des erkenntnistheoretischen Realismus dar, sondern eine Klärung der Gültigkeit und Reichweite des Analysekonzepts von

„Gruppen-Konstruktionen". Für eine philosophisch-kritische Perspektive auf den Begriff „sozialer Konstruktionen" siehe Hacking (1999).[69]

In dem hier präsentierten Verständnis folgt aus dem konstruktivistischen Anteil dieser Begrifflichkeit kein negativer Realitätsstatus der untersuchten Gruppen und ebensowenig eine wahrheitstheoretische Beliebigkeit im Begriffsgebrauch. Sehr wohl ergibt sich hieraus aber eine Positionierung gegen eine Essenzialisierung und gegen eine Reifizierung von sozialen Gruppen: In der Stipulation des Begriffs von „Wir-Gruppen-Konstruktionen" steckt eine Unverträglichkeit gegenüber solchen Auffassungen, die sozialen Gruppen einen wahren, inneren, unveränderlichen Wesenskern (wie bei einem essenzialisierten Verständnis) oder einen natürlich konkreten, in der physisch-außermenschlichen Welt vorhandenen Ding-Charakter (wie bei einer Reifizierung) unterstellen wollen.

Angesichts zahlreicher politischer und ideologischer Haltungen, die genau solche Auffassungen zur Ausgrenzung und Abwertung (vermeintlich) nichtzugehöriger Menschen ausnutzen, ist dies ein bedeutsamer Hinweis (siehe auch das folgende Kapitel 4.2.2.5). Im hier vertretenen Ansatz von Gruppen-Konstruktionen soll die Option gesellschafts- und diskurskritischer Analysen unbedingt eingebunden sein (siehe zur theoretischen Verortung dieser Arbeit das Kapitel 2.1). Dies gilt analog zum programmatischen Ziel der Kritischen Diskursanalyse, „in den diskursiven Konstrukten von nationalen Identitäten manipulative politische und mediale Manöver der sprachlichen Gleichschaltung oder der diskriminierenden Ausgrenzung von Menschen und Menschengruppen aufzudecken" (Wodak/de Cilia/Reisigl/Liebhart/Hofstätter/Kargl 1998: 44).

---

[69] Interessanterweise schätzt Hacking (1999) den Terminus der „social construction" als überstrapazierte Metapher ein, die sowohl politisch sehr aufgeladen und umstritten als auch für naturwissenschaftliche Zwecke besonders ungeeignet ist. Eine vertiefte philosophische Betrachtung der hier entwickelten Terminologie sollte das unbedingt berücksichtigen. Eine tentative Antwort zielt auf eine Gegenstandsdifferenzierung ab, dergestalt dass außermenschliche Forschungsobjekte „in der Natur" vermutlich eine andere erkenntnistheoretisch-philosophische Begriffsfundierung verdienen als die diskursiv hergestellten, außerhalb von Menschen schlichtweg nicht existenten Forschungsobjekte dieser Arbeit. Die philosophische Diskussion zum Verhältnis von „Realismus/Konstruktivismus" respektive zur „Ontologie" mag hierzu Einiges mehr beizutragen haben, als an dieser Stelle referiert werden kann. Gabriel (2016) beispielsweise liefert einen interessanten, nicht-konstruktivistischen Entwurf einer sogenannten „Sinnfeld-Ontologie" als Versuch einer ebenso umfassenden wie differenzierten Theorie davon, was wie existiert. Eine Diskussion zur Kompatibilität der „Sinnfeld-Ontologie" und der in dieser Arbeit entwickelten Terminologien von „Wir-/Ihr-Gruppen" als diskursiv Gemachtem wäre vermutlich hochinteressant, eine solche Diskussion kann an dieser Stelle aus Praktikabilitätsgründen aber nicht erfolgen.

4.2.2.2 Zur Begriffsverwendung von „Wir-Gruppe" in der Fachliteratur

Der Begriff der „Wir-Gruppe" kursiert bisher vor allem in den Sozialwissenschaften, den Lemma-Einträgen in Fachlexika nach zu urteilen besonders in der Soziologie und der Ethnologie, was im Folgenden noch näher betrachtet wird. In der Sprachwissenschaft hingegen wird der Begriff der „Wir-Gruppe" spärlich verwendet. Dezidiert als linguistischer Terminus wird er gerade einmal in dem Aufsatz „We are not like them and never have been. Zum persuasiven Potential der Wir-Gruppen-Konstruktion" von Gerlinde Mautner (1998) benutzt und definiert. Außerdem setzen den Begriff Hausendorf (2000) in seiner Monographie „Zugehörigkeit durch Sprache", Schwarz-Friesel (2013) und Hartmann/Sties (2017) wiederholt ein. Abgesehen von diesen Arbeiten überwiegt eine eher beiläufige, also nicht explizit definierte oder inhaltlich ausdifferenzierte Verwendung des Begriffs.

Allen genannten Verwendungen ist gemeinsam, dass „Wir-Gruppe" synonym zu „Eigengruppe" verstanden wird. Mautner macht dies explizit und nennt noch den in der anglophonen Sozialpsychologie geprägten Terminus „in-group" als gleichbedeutend: „Nicht umsonst werden die Begriffe *Eigengruppe/in-group* und *Wir-Gruppe* synonym verwendet" (1998: 177). Im weiteren Argumentationsverlauf stützt sich Mautner erstens auf den Vorurteilsforscher Gordon Allport und seine Arbeit „The Nature of Prejudice" (1979). Schwarz-Friesel (2013: 340) zitiert diese Arbeit ebenso und fasst die „Wir-Gruppe" als Gegenbegriff zu dem der „Fremdgruppe" auf.

Zweitens bedient sich Mautner im Zuge ihrer Begriffsdefinition bei dem Soziologen Claus Leggewie und seinem Aufsatz „Ethnizität, Nationalismus und multikulturelle Gesellschaft" (1994). Darin wird vor allem die Binarität der mittels der Wir- versus Fremdgruppen vollzogenen sozialen Kategorisierungen betont. Wir-Gruppen bilden eine Seite eines elementar dichotomen Codes ab (vgl. Leggewie 1994: 53). Dieser überaus relevante Aspekt der Gruppen-Dichotomien wird in Unterkapitel 4.2.2.5 detailliert behandelt.

Zunächst soll an dieser Stelle die Begriffsherleitung von „Wir-Gruppe" weitergeführt werden. Die kategorisierende Unterscheidung in „In-group" und „Out-group" findet sich in der „Social Identity Theory" von Henri Tajfel wieder (vgl. Tajfel 1974, 1981). Dieses englische Begriffspaar kann als terminologische Grundlage für die Dichotomie von „Eigengruppe" versus „Fremdgruppe" und damit ebenso für die Gegenüberstellung von „Wir-Gruppe" und „Ihr-/Sie-/Die-Gruppe" angesehen werden.

Die Auffassung, dass die Begriffe „Wir-Gruppe", „Eigengruppe" und „In-group" synonym zu verwenden sind, zeigt sich auch in soziologischen und ethnologischen Fachlexika. Im „Lexikon zur Soziologie" (Fuchs/Klima/

Lautmann/Rammstedt/Wienold 1975: 152) gibt es nur ein Lemma für „Eigengruppe, auch: Wir-Gruppe, Innengruppe, in-group" (ebd.) mit der Bedeutungsangabe „Bezeichnung für eine Gruppe, der man sich zugehörig fühlt und mit der man sich identifiziert" (ebd.).

Im „Wörterbuch der Ethnologie" behandelt Streck (2000: 299ff.) den Terminus und erklärt ihn als „die subjektive Gruppenzugehörigkeit [...] das subjektive Bewußtsein von Zusammengehörigkeit" (ebd.). Zugleich beinhaltet das „Wir-Bewußtsein [...] Gruppenstolz (*Ethnozentrismus*) wie Verachtung der anderen, der >>Sie-Gruppen<< [...]. Das *Wir-Gefühl*, das sich erfahrungsgemäß am deutlichsten in kleinen Gruppen bildet, zeigt andrerseits aber auch eine extreme Dehnbarkeit" (ebd.; Hervorhebungen im Original, Anm. JHK).

Analog dazu erklärt auch Elwert (1999: 414) den Terminus im „Wörterbuch der Völkerkunde" als „Sozialtypus, der seine Identität aus der (subjektiven) Zuschreibung von Eigen- und Fremdbildern schöpft, also erst in Abgrenzung zu Mitmenschen" (ebd.).

Dieser Blick in die soziologischen und ethnologischen Fachlexika verdeutlicht mehrere relevante Aspekte: Erstens die dominante und unhinterfragte Annahme einer starken Synonymie zwischen den Begriffen „Wir-Gruppe" und „Eigengruppe", zweitens die Nicht-Erwähnung sprachlicher Mittel oder kommunikativer Prozesse bei der Gruppen-Bildung, drittens die Betonung der Gefühlsebene bei der Begriffsdefinition. Entscheidend sei demnach zur Bestimmung von Wir-Gruppen eine subjektiv gefühlte Zusammengehörigkeit bzw. das sogenannte „Wir-Gefühl". Eingedenk der bisherigen Ausführungen zur sprachlichen Dimension von Gruppen im Allgemeinen und zur Multifunktionalität des Ausdrucks *wir* im Besonderen (siehe Kapitel 4.1) erscheint dieser Ansatz als mangelhaft und überarbeitungsbedürftig, was nun folgend dargestellt werden soll.

4.2.2.3 Vorschlag einer Begriffsschärfung

Wenn die Synonymie von „Wir-Gruppe" und „Eigengruppe" unkritisch übernommen und eine völlige Austauschbarkeit zwischen beiden Begriffen angenommen werden würde, ergäbe sich sogleich die Frage nach dem Nutzen des Begriffs der „Wir-Gruppe" und weiter gedacht gleichfalls die Frage nach dem Nutzen dieser Arbeit. Statt der unkritischen Übernahme der Begriffssynonymie-Annahme wird hier die Notwendigkeit einer Begriffsschärfung behauptet. Als Grundlage der nun vorzustellenden Begriffsschärfung können die bisher präsentierten Ergebnisse dieser Arbeit gelten.

Das entscheidende Differenzmoment zwischen den Begriffen der „Wir-Gruppe" einerseits und der „Eigengruppe" respektive dessen Übersetzungsäquivalent „In-group" andererseits soll die sprachliche Konstruiertheit der sozialen Gebilde sein, die im ersten Begriff, um den es sich eben in dieser Arbeit dreht, unbedingt mitberücksichtigt werden sollte. Wir-Gruppen sind genuin diskursive, also zugleich sozial wirksame und sprachlich vermittelte Gegenstände.

Sie werden über verschiedene kommunikative Praxen hinweg von Diskursbeteiligten durch verschiedene sprachliche Mittel und Äußerungen – bzw. im weitesten Sinne: mittels semiotischer Operationen – produziert, variiert und reproduziert, nicht zuletzt durch die untersuchten personaldeiktischen Referenzausdrücke und die daran gekoppelten Verbalmanifestationen.

Um die Relevanz dieser terminologischen Spezifikation zu unterstreichen, soll die Trennschärfe zwischen „Wir-Gruppe" und „Eigengruppe" herausgestellt werden. Beide Begriffe können selbstverständlich genau dieselben Entitäten bezeichnen, nämlich alle Gruppen, zu denen sich eine Person in der Selbstperspektive als zugehörig ausweist. Damit können beide Begriffe referenzgleich bzw. extensional synonym auftreten. Im Terminus „Eigengruppe" wird dabei aber nicht fokussiert, wie und womit das entsprechende Sozialgebilde diskursiv konstruiert wird, wie über es kommuniziert, wie es sprachlich perspektiviert und evaluiert wird. Diese Aspekte der Gruppenkonstitution in den Vordergrund zu stellen, soll der hier vorgeschlagenen Begriffsdifferenzierung zufolge dem Terminus „Wir-Gruppe" vorbehalten sein.

Beide Begriffe unterscheiden sich dann intensional und erlauben differenzierte Applikationen, wobei „Wir-Gruppe" in denjenigen Fällen gegenüber „Eigengruppe" präferiert werden sollte, in denen der Bezug auf diskursive Phänomene respektive auf sprachliche Prozesse und Mittel zur Gruppen-Bildung wichtig erscheint. Mit anderen Worten: Wenn bei der Untersuchung von sozialen Gruppen „Sprache" eine Rolle spielt, sollte der Terminus „Wir-Gruppen" gegenüber „Eigengruppe" bevorzugt werden.

Zur Einordnung dieser terminologischen Arbeitsleistung seien zwei Punkte angemerkt. Dieser hier präsentierte Ansatz zur differentiellen Begriffsbestimmung von „Wir-Gruppe" ist insofern innovativ, als bisher disziplinenübergreifend die Einschätzung eines synonymischen Verhältnisses zwischen den Konkurrenztermini prävalent war (vgl. für eine linguistische Perspektive Mautner 1998: 177; vgl. für eine soziologische Perspektive Fuchs et al. 1975: 152; für eine ethnologische Perspektive Streck 2000: 299ff.).

Gleichzeitig soll dieser Ansatz als grundsätzlich kompatibel zu den oben genannten linguistischen Arbeiten von Mautner (1998) sowie Hausendorf (2000), Hartmann/Sties (2017) und anderen verstanden werden. Mautner verwendete den Begriff der „Wir-Gruppe" bereits als linguistischen Terminus und ihre weiteren Ausführungen und Analyseergebnisse sind überaus aufschlussreich. Nur stützte sie sich, wie in Kapitel 4.2.2.2 dargestellt wurde, zur Begriffsdefinition ausschließlich auf soziologische bzw. sozialpsychologische und vorurteilswissenschaftliche Arbeiten und basiert im Zuge dessen ihr Begriffsverständnis auf der vermeintlichen Synonymie zu „Eigengruppe". In den anderen genannten Arbeiten wird der Begriff der „Wir-Gruppe" auf eine dem hier vorgeschlagenen terminologischen Verständnis größtenteils entsprechende Art und Weise genutzt, ohne dass er dafür präzise definiert worden wäre. Im Verhältnis zu den bereits vorliegenden linguistischen Verwendungen von „Wir-Gruppe" könnte dieser Terminologie-Vorschlag nun für sich beanspruchen, als innovative und präzisierende Begriffsschärfung zu gelten.

4.2.2.4 Das Verhältnis zum Begriff der „kollektiven Identität"

Eine zusätzliche begrifflich-konzeptionelle Differenzierung soll an dieser Stelle kurz skizziert werden. Überaus zahlreich und teilweise sehr kontrovers wird seit einigen Jahren der Begriff der „kollektiven Identität" diskutiert, in öffentlichen Diskursen[70] ebenso wie in unzähligen wissenschaftlichen Arbeiten. „Identität" ist zu einem schillernden Schlagwort und einer (post)modernen Leitvokabel geworden, und zwar weniger in Bezug auf die personale Identität eines einzelnen Menschen, sondern zunehmend in Bezug auf die Identität von Gruppen, die bisweilen auch als „soziale Identität" oder „kulturelle Identität" bezeichnet wird.[71]

---

[70] Als aktuelles Feuilletonthema kann die sogenannte „Identitätspolitik" gelten, die bisweilen für zeitgenössische gesellschaftliche Entwicklungen wie das Erstarken der Neuen Rechten oder die zunehmende politische Polarisierung verantwortlich gemacht wird. In diese und ähnliche Debatten soll an dieser Stelle nicht explizit eingegriffen werden. Für eine ausführliche und aktuelle Behandlung der Identitätspolitik siehe Kastner/Susemichel (2020). Es sei hier nur der kurze Hinweis gestattet, dass bereits Brubaker/Cooper (2000: 2, 4ff.) die Problematik der „identity politics" herausgestellt und als Vermischung analytischer und ideologisch-aktivistischer Konzepte kritisiert haben. Dass ein Polit-Aktivismus, der für progressive und emanzipatorische Positionen eintreten möchte, das Konzept „identity" nur mit Vorsicht und unter Betonung des anti-essentialistischen Begriffsverständnisses benutzen sollte, kann hieraus leicht gefolgert werden. Im Falle von marginalisierten und strukturell unterdrückten Gruppen und deren teilweise identitär formulierten Befreiungskämpfen mag die Sachlage jedoch etwas komplizierter sein, worauf das Konzept des „strategischen Essenzialismus" hinweisen möchte, siehe hierzu auch Delitz (2018: 112ff.). Vermutlich ist aber auch in diesen Fällen identitätspolitischer Begriffsauslegungen eine sensible Trennung in analytisch-begriffskritische Verwendungen versus aktivistisch-begriffsaffirmative Strategien grundsätzlich sinnvoll.

[71] Allerdings ist bei den beiden Termini „soziale Identität" und „kulturelle Identität" gerade nicht klar, ob es sich um Aspekte der „personalen Identität" eines Individuums oder um die „kollektive Identität" einer Gruppe handeln soll. Dass ein Individuum erst durch hochgradig

Für anglophone Diskussionen über „collective/social identity" siehe bspw. Tajfel (1974), Taylor (1989), Hall (1992) [deutsche Übersetzung: (1994)], Billig (1995), Brewer/Gardner (1996), Brubaker/Cooper (2000) [deutsche Übersetzung: (2007)], Brewer/Chen (2007), Grad/Rojo (2008); und aktuell: Appiah (2019) sowie Fukuyama (2019). Bedeutende deutschsprachige Arbeiten zu „kollektiver Identität" sind Giesen (1999), Emcke (2000), Niethammer (2000), Delitz (2018) und Kurilla (2020). Aufschlussreich sind zudem die Sammelbände von Giesen (1991), Berding (1994), Jäger/Januschek (2004) und Schobert/Jäger (2005). Zum Verhältnis von „Sprache und Identität" siehe Janich/Thim-Mabrey (2003), Barker/Galasinski (2003), Dolon/Todoli (2008), Llamas/Watt (2010) und Edwards (2012).

Wie ist es nun um den Zusammenhang zwischen dem Identitätsbegriff und dem hier fokussierten Begriff der „Wir-Gruppe" beschaffen? Die in dem folgenden Kapitel vorzustellende Korpusanalyse könnte möglicherweise als Untersuchung von Identitätskonstruktionen aufgefasst werden. Sollen also „Wir-Gruppen" gleichsam automatisch als „kollektive Identitäten" bezeichnet werden? Es wird in dieser Arbeit explizit dagegen argumentiert.

Brubaker/Cooper (2000: 19ff.) kritisieren in ihrem vielrezipierten Aufsatz, dass in dem vagen Begriff „Identität" enorm viele verschiedene, teilweise divergente Aspekte von sozialen Selbstverständnissen subsumiert werden, und dass infolgedessen der Begriff unspezifisch ist und überbeansprucht wird. Hinsichtlich der Bestimmung von kollektiven Identitäten wird vor allem die hohe emotionale Aufladung des Begriffs und die Anwendung auf disparate Sozialkategorien – beispielsweise offene Affiliationen versus exklusive Einheiten zum Zwecke von Ausgrenzungen – bemängelt. Brubaker/Cooper schlagen differenzierte Begriffscluster zur analytischen Ersetzung von „Identität" vor, nämlich bezüglich der hier kurz fokussierten Problematiken die alternativen Termini „Commonality, connectedness, groupness" (2000: 19).

„Commonality" bezieht sich auf die Gemeinsamkeiten der Mitglieder, „connectedness" auf deren Verbundenheit, „groupness" wird in der deutschen Übersetzung als „Zusammengehörigkeitsgefühl" (Brubaker 2007: 73) wiedergegeben. Brubaker/Cooper (2000: 20; 2007: 75) berufen sich in der Besprechung dieses terminologischen Elements unter anderem auf den Gebrauch des deut-

---

komplexe Sozialisierungsprozesse und durch Erfahrungen von Kulturalisierung zu einer Person wird, ist zwar ebenfalls eine ungemein wichtige Feststellung, aber um dieses Thema der Herausbildung von Personen – oder auch: um das Thema der stets sozial kontextualisierten Subjektivierung – soll es in dieser Arbeit nicht gehen. Es wird aber deutlich, dass der Identitätsbegriff verschiedentlich unklare Ausprägungen aufweist.

schen Ausdrucks bei Max Weber. „Groupness" sei in vielen Fällen fundamentaler als die darauf aufbauenden Einschätzungen von „commonality" und „connectedness" und sei zugleich stark abhängig von „factors such as particular events, their encoding in compelling public narratives, prevailing discursive frames, and so on" (Brubaker/Cooper 2000: 20). „Groupness" lässt sich also – wohlgemerkt in Abweichung von der ungeschickten deutschen Übersetzung als „Zusammengehörigkeitsgefühl" – als diskursiv gerahmte, kommunikativ hergestellte „Gruppenhaftigkeit" charakterisieren. Die diskursive Konstruktion von „Wir-Gruppen", um die es ja gerade in dieser Arbeit geht, kann dann mit diesem terminologischen Element gleichgesetzt werden. Die Wir-Gruppen-Konstruktionen stellen ganz basal gesprochen „Gruppenhaftigkeit" her, zusätzlich ermöglichen sie die und interagieren mit der Herstellung sozialer Empfindungen von Gemeinsamkeit und Verbundenheit, eben „commonality" und „connectedness".[72]

In Anlehnung an Brubaker/Cooper (2000) und die von ihnen eingeführte „groupness" können „Wir-Gruppen-Konstruktionen" als analytisches Ersatzkonzept zum überstrapazierten Identitätsbegriff angesehen werden. Mit anderen Worten: Wer bestimmte Problematiken in der Rede von „kollektiven Identitäten" feststellt, sich aber weiterhin mit diesen Gegenständen auseinander-

---

[72] Die genaue Ausprägung dieser Parameter unterscheidet sich selbstverständlich von Fall zu Fall. Zum Beispiel von „large-scale collectivities such as ‚nations'" stellen Brubaker/Cooper fest, dass sich hier ein hoher Grad an „groupness" eher aus der imaginierten „commonality" ergibt, während die „connectedness" mehr oder weniger nicht vorhanden sei (vgl. 2000: 20). Die Gruppenhaftigkeit der Großgruppen-Identitäten basiere also auf der „powerfully imagined and strongly felt commonality" (ebd.) und weniger darauf, dass die Gruppen-Mitglieder miteinander verbunden seien. Diese Klassifizierung ließe sich vermutlich in Grundzügen auch auf die in dieser Arbeit fokussierte supranationale Wir-Gruppen-Konstruktion übertragen, wobei im Falle des Westens noch zu klären wäre, ob die „commonality" überhaupt stark ausgeprägt ist oder ob nicht vielmehr eine insgesamt schwache Form von „connectedness" und „commonality" vorliegt. Die Besonderheit hyperextensiver Gruppen-Konstruktionen wäre m. E., dass die Mitglieder weder deutliche Gemeinsamkeiten noch eine reale Verbundenheit zeigen, sondern dass deren „groupness" nur in einem schwachen Sinne besteht und allein durch Diskurse, ohne Stützung auf Erfahrungen in der sozialen oder gar physischen Welt hergestellt wird. Dies kann – es sei an dieser Stelle erlaubt, der weiteren Argumentation dieser Arbeit vorzugreifen – als Feststellung über den Sozialcharakter des Westens angesehen werden: Die unzählig vielen (mehrere hundert Millionen) Mitglieder der Gruppen-Konstruktion des Westens haben keine signifikanten Gemeinsamkeiten und keine reale Verbundenheit untereinander, ihre Gruppenhaftigkeit ist allein diskursiv vermittelt, wie diese Arbeit zu zeigen versucht.

setzen möchte, könnte auf den Terminus der „Gruppen-Konstruktion" zurückgreifen.[73]

4.2.2.5 Zur Dichotomie von Gruppen-Konstruktionen

In diesem Unterkapitel soll mit der Dichotomie zwischen dem Eigenen und dem Fremden ein Aspekt behandelt werden, der bereits mehrfach kurz angesprochen wurde, bevor im nächsten Kapitel 4.2.3 die Ergebnisse der theoretisch orientierten Arbeit zum Begriff der „Wir-Gruppen-Konstruktion" zusammengefasst werden.

Dass auf der sprachlichen Ebene Personalpronomina wie in *„wir gegen sie/die"* oder *„us versus them"* gegeneinandergestellt werden, um metasprachlich eine konfliktorientierte Haltung anzuzeigen, wurde in Kapitel 4.1.1 angesprochen. Dass in verschiedenen soziologischen Arbeiten wie bei Leggewie (1994) auf die grundlegende Dichotomie von Gruppen-Bildungen hingewiesen wird, wurde in Kapitel 4.2.2.2 erwähnt. Die Einbindung in einen unterschiedlich strikt interpretierbaren Antagonismus, der aus der „Wir-Gruppe" und den Anderen als „Ihr-/Sie-Gruppe" besteht, wurde also als fundamentales Phänomen der sozialen Welt bestimmt.

Auch für die Diskursanalyse bzw. eine sozialanalytisch orientierte Linguistik ist dies in mehrfacher Hinsicht hochgradig relevant, wie ein Blick in die Forschungsliteratur zeigt. Mit der Grundfigur des Eigenen und des Fremden setzt sich unter einer sozialpsychologischen und diskurstheoretischen Perspektive Busse (1997) auseinander. Paul beschäftigt sich in seiner Schrift „Der binäre Code" (2018) ausführlich mit der Frage, wie über das Schema von *„Wir*/Gut versus *Ihr*/Böse" Herabsetzungen und letztlich auch Diskriminierungen und Dehumanisierungen transportiert werden, wofür die sogenannte Kollektivsymbolik und darin inhärente Stereotype eine wichtige Rolle spielen. Nach Schwarz-Friesel (2013: 340, 345) können aus der binären Kodierung durch Pro-

---

[73] Falls jedoch die hier stipulierte Begriffsdifferenzierung in dieser Form keine Akzeptanz findet und der Identitätsbegriff nicht eingeschränkt werden soll, dann sollte klar sein, dass der Prozess der „Gruppen-Konstruktion" den elementareren Vorgang gegenüber der Bildung von „kollektiven Identitäten" ausmachen müsste. Die „Gruppen-Konstruktion" – je nach Perspektive der Zugehörigkeit eben die „Wir-Gruppen-Konstruktion" oder anderenfalls die Konstruktion von Fremdgruppen bzw. „Ihr-/Sie-Gruppen" – wäre als sprachlich-diskursiv vermittelte Herstellung von „groupness" aufzufassen und sollte anderen Aspekten von gruppenbezogener Identität, wie Ausprägungen von Verbundenheits- und Gemeinsamkeitsempfindungen usw., vorgestellt sein. Nur diejenigen Gruppen-Zugehörigkeiten, über die wiederkehrend kommuniziert wird, lassen sich auch identitär aufladen. In einem Analyse-Raster könnten beide Termini also durchaus auch miteinander kombiniert werden.

zesse der Abgrenzung und die Zuweisung negativer Eigenschaften an die/den Anderen Feindbildkonstruktionen entstehen. Ein Feindbild ist nach Reisigl (2012: 291) eine „auf extremer emotionaler Ablehnung beruhende, negativ bewertende, häufig erfahrungsunabhängig verfestigte und verzerrende, hyperbolisch entstellende oder imaginäre Repräsentation eines Gegners als bedrohlich und aktiv zu bekämpfenden Widersacher".

Für die vorzustellende theoretische Konzeptionierung von „Wir-Gruppen" ergeben sich hier wichtige Konsequenzen. Die Bildung von Gruppen vollzieht sich in sozialen Kategorisierungen und Kategorisierungen bringen in den meisten Fällen Bewertungen mit sich. In Wir-Gruppen ist die Zugehörigkeit der sprechenden Person explizit markiert. Ob angesprochene Personen ein- oder ausgeschlossen werden, ist angesichts der Ambiguität des *wir* zunächst unklar (vgl. „inklusives versus exklusives *wir*", siehe Kapitel 4.1.2.1); ob abwesende Personen ein- oder ausgeschlossen werden, bleibt ebenso offen; beides muss im konkreten Wir-Gebrauch kontextuell erschlossen werden. Die Ausgrenzung von Personen, die nicht unter das *wir* fallen, ist in Wir-Gruppen-Konstruktionen aber prinzipiell mitenthalten. Gemäß der sozialpsychologischen Standardmeinung enthalten die daran anschließenden Bewertungen eine Aufwertung der Wir-Gruppe und eine Abwertung der Sie-/Ihr-Gruppe. Dazu gehören im Weiteren dann auch die Feindbildkonstruktionen. Feindbilder können, müssen aber nicht notwendigerweise als Komplemente der Wir-Gruppen-Konstruktionen entstehen. Konfliktorientierte Einstellungen, die auf starren, vermeintlich essenziellen Gruppengrenzen beharren und durch Über-Generalisierungen negativer Aspekte zu Feindbildern gelangen, können auch als „Groupthink" bezeichnet werden.[74]

Deutlich wird die affektive und kognitive Relevanz der Evaluierungspotenziale, die aus einem Antagonismus von Wir- versus Fremd-Gruppen diskursiv generiert werden können. Die so beschriebene elementare Dichotomie ist dementsprechend auch ein Gegenstand der Soziokognition, da die Wahrnehmung sowie die Bewertung von Personen von angenommenen Gruppengrenzen und -mitgliedschaften mitgeprägt werden. Mit anderen Worten sind in Wir-Gruppen-Konstruktionen immer schon Perspektivierungen und Evaluierungen inhärent (vgl. Schwarz-Friesel 2014b: 52ff.), nämlich die in den Versprachlichungen enthaltenen spezifischen Sichtweisen, Einordnungen, Deutungen und Beurteilungen der sozialen Welt durch die Sprachbenutzer*innen. Die diskursiven Prozes-

---

[74] In der sozialpsychologischen Theorie ist mit „Groupthink" oder „Gruppendenken" zumeist die Fehlerhaftigkeit von Denkprozessen, die sich zu stark an sozialen Gruppen orientieren, gemeint (vgl. Janis 1972).

se der Gruppen-Konstruktion und deren emotive wie kognitive Aspekte sollen dementsprechend mittels der Termini von „Perspektivierung" und „Evaluierung" analysiert werden.[75]

Die Annahme einer grundlegend antagonistischen Konstellation zwischen der Wir-Gruppe und der Ihr-/Sie-Gruppe enthält also Konsequenzen für die sprachliche Darstellung der Kontrahenten. Oftmals richtet sich in sozialwissenschaftlichen Untersuchungen das Hauptinteresse auf die Fremdgruppe bzw. die Dominanz negativer Beschreibungen der als „anders", eben als nicht der Wir-Gruppe zugehörig wahrgenommenen Menschen. Dass diese Personen in vielen Fällen erst zu „Fremden" gemacht werden müssen und dass dies diskursiv abläuft, fokussiert der Begriff des „Othering" (vgl. bspw. Grad/Rojo 2008: 12f.; siehe zur Etablierung des Begriffsgebrauchs Spivak 1987; siehe zur sprachlichen Repräsentation des „Anderen" bspw. Coupland 2010). Unter „Othering" können im Grunde alle Phänomene der Herstellung und Hierarchisierung von sozialen Differenzen verstanden werden, die selbstverständlich in unterschiedlichen Erscheinungen und Intensitätsgraden vorkommen. Die oben angesprochenen Feindbildkonstruktionen im eigentlichen Sinne können dann als Beispiele für extreme Formen des Othering betrachtet werden; Polarisierungen und Rivalitätsbetonungen als durchaus starke, aber noch steigerbare Ausprägungen des Othering.[76]

Angesichts des Erkenntnisinteresses dieser Arbeit soll kurz geklärt werden, inwiefern die diskursiven Prozesse des Othering hier relevant sind, immerhin werden keine Feindbild- oder Gegner-, sondern die Wir-Gruppen-Konstruktionen

---

[75] Alternativ böten sich selbstverständlich auch andere Analysekriterien an. Hausendorf (2000) differenziert die Gruppen-Bildungsprozesse als kommunikative Akte auf mehreren Ebenen: erstens das „Zuordnen" (wer gehört zu welchen Gruppen), zweitens das „Zuschreiben" (welche Merkmale haben die Gruppen und Gruppenmitglieder) und drittens das „Bewerten" (wie werden die Merkmale beurteilt, affektiv eingeschätzt). Wenn weniger die Vorgänge der Gruppen-Bildung und stärker die Gruppen-Eigenschaften analytisch fokussiert werden sollen, dann kann zudem auf das Begriffspaar von „Intension" (Ausdrucksinhalt) und „Extension" (Ausdrucksumfang) zugegriffen werden. Auf Personengruppen kann dies insofern sinnvoll übertragen werden, als „Extension" sich auf die Menge an Gruppen-Mitgliedern, eben die Ausdehnung der Gruppe, und „Intension" sich auf deren gemeinsame Merkmale bezieht. In den folgenden korpusanalytischen Kapiteln 4.3 und 5.2 werden diese sich teilweise überschneidenden Analyseelemente mitberücksichtigt, vor allem in der Analyse des Konzepts des WESTENS in Kapitel 5.2.2.

[76] Eine Facette innerhalb der vielfältigen Möglichkeiten der Fremdgruppen-Darstellungen, die gemeinhin zu einer Steigerung der Feindschaft im Othering beiträgt, ist der Bedrohungstopos, also die implizite Andeutung oder explizite Vermittlung einer von der Fremdgruppe ausgehenden akuten Gefahr für die Wir-Gruppe.

untersucht. Gemäß einer bestimmten Auslegung der In-/Out-group-Dichotomie können die Merkmale der Gruppen als genau komplementär verteilt eingeschätzt werden. Damit wird dann bei Aussagen über die Wir- versus Ihr-/Sie-Gruppen implizit nahegelegt, dass sich die jeweils andere Gruppe genau entgegengesetzt verhält; mit anderen Worten führen negative Charakterisierungen der Fremdgruppe zu Implikaturen, die eine genau komplementär-positive Charakterisierung der Wir-Gruppe enthalten.[77]

Es sollte deutlich geworden sein, dass die Grenze zwischen den in einer Wir-Gruppen-Konstruktion eingeschlossenen und den ausgeschlossenen Personen diskursiv und sozial überaus bedeutsam ist und zu einem binären Antagonismus unterschiedlicher Intensität führen kann.

4.2.3 Zwischenfazit zum Begriff der „Wir-Gruppen-Konstruktion"

Die Aufgabe dieses Kapitels bestand darin zu klären, wie „Wir-Gruppen-Konstruktionen" verstanden, als wissenschaftlicher Terminus bestimmt und von ähnlichen Begriffskonzeptionen abgegrenzt werden können.

In Kapitel 4.2.1 wurde dazu ein Verständnis des Begriffs der „Gruppe" erarbeitet und das Phänomen der Kollektivität umfangreich und kritisch diskutiert. Der Gruppenbegriff ist dabei absichtlich weit gefasst und soll sich grundsätzlich auf alle möglichen Personenmengen unterschiedlicher Größe, Dauer, Kohäsion, Assoziationsgründe usw. beziehen können. Kollektivität wurde als anspruchsvolles und voraussetzungsreiches Konzept zur Erklärung der sozialen Welt behandelt. Der Zusammenhang zwischen den hierbei aufgestellten Analysekriterien und der Sprache bzw. dem facettenreichen Wir-Gebrauch wurde dezidiert dargestellt. Es wurde letztlich dafür plädiert, verschiedene Ausprägungen von Kollektivität anzunehmen: von einem schwachen Grad allein durch wiederholte sprachliche Bezugnahmen auf eine unbestimmte Personenmenge, über verschiedene Zwischenstufen eines empfundenen Zusammenhalts, bis zu

---

[77] Bei dieser Form der Informationsvermittlung handelt es sich um (konversationelle) Implikaturen in Abgrenzung zu anderen Formen impliziter Bedeutungsinhalte wie Implikationen oder Präsuppositionen, da die Implikaturen sich ohne großen Aufwand tilgen lassen und nicht-wahrheitskonditional sind (vgl. auch Linke/Nussbaumer 2001: 443ff.). Beispielhaft kann einer Kritik an einer als Gegner oder Feind wahrgenommenen Gemeinschaft problemlos hinzugefügt werden, dass „es bei uns aber auch nicht besser sei". Die zugrundeliegende Komplementarität von positiven Eigenschaften der Wir-Gruppe und negativen Eigenschaften der Ihr-/Sie-Gruppe kann selbstverständlich ausgesetzt werden und muss nicht notwendigerweise zu den Schlussfolgerungsprozessen der Implikaturen führen.

einem starken Grad bei kopräsent kommunizierenden, intentional koordinierten Teams, denen der Status von Kollektivakteuren exklusiv vorbehalten bleiben sollte.

In Kapitel 4.2.2 wurde dann der Begriff der „Wir-Gruppe" definiert sowie von den eng verwandten Termini „Eigengruppe" und „In-group" einerseits und von dem unklaren, aber hochfrequenten Konzept der „kollektiven Identität" andererseits abgegrenzt.

Als Grundaussagen, deren fundierte Begründungen in den soeben präsentierten Unterkapiteln nachzulesen sind, sollen folgende gelten: Personengruppen sind nicht einfach als natürliche Gegenstände in der Welt, sondern sie sind diskursiv konstruiert. Wenn Sprecher*innen sich mit bestimmten Gruppen identifizieren und sich als ihnen zugehörig fühlen, können diese als „Eigengruppe" oder „In-group" bezeichnet werden; wenn die sprachlichen Vorgänge zur Herstellung dieser Zugehörigkeit fokussiert werden sollen, bietet sich dafür der Begriff der „Wir-Gruppe" an. Diese drei Begriffe stehen oft in einem binären Antagonismus den „Ihr-/Sie-Gruppen" bzw. „Fremdgruppen" bzw. „Outgroups" gegenüber. In Gruppen-Konstruktionen vollziehen sich meistens, explizit oder implizit, auch Ausgrenzungen nicht-zugehöriger Personen sowie in weiteren Schritten dann Aufwertungen der „Wir-Gruppe" und Abwertungen der „Ihr-/Sie-Gruppen" bis hin zu Feindbildkonstruktionen. Es wurde dafür argumentiert, diese Begriffe als eine analytische Alternative zum überstrapazierten Identitätsbegriff anzunehmen.

„Wir-Gruppen" sind nicht automatisch als Kollektivakteure aufzufassen. Die sprachlich vermittelte Etablierung von Wir-Gruppen für sich allein genommen weist diesen lediglich den schwächsten Ausprägungsgrad von Kollektivität zu.

Welche Wir-Gruppe in dem zuvor ausführlich beschriebenen Diskurs vom „Kampf der Kulturen" (siehe Kapitel 3) vorgefunden werden kann und wie die Spracheinheiten *wir/uns/unser* dabei eingesetzt werden, ist Gegenstand des nächsten, empirisch ausgerichteten Unterkapitels 4.3. Im nächsten Hauptteil, dem Kapitel 5, wird die so identifizierte Wir-Gruppe dann ausführlich korpusbasiert analysiert.

4.3 Korpusanalysen zum Wir-Gebrauch

Die sich in diesem Kapitel stellende Aufgabe ist als zweiteilig aufzufassen. Es soll erstens um die korpusgestützte Überprüfung der in 4.1 und 4.2 erarbeiteten theoretischen Ausführungen gehen, eben um die Darstellung des Wir-Gebrauchs im vorliegenden Datenmaterial. Zweitens soll durch diese empirische Herangehensweise eine Überleitung zwischen den Hauptfragen der gesamten Arbeiten erfolgen, nämlich die Verbindung der Diskursanalysen von Kapitel 3 zum „Kampf der Kulturen" und Kapitel 5 zum „Westen".

Aufgeteilt ist dieses Kapitel in drei Abschnitte, die jeweils aspektorientiert in Unterkapitel separiert sind. In 4.3.1 werden die Gesamtvorkommen der relevanten Pronomina beschrieben und hinsichtlich ihrer Frequenzwerte sowie ihrer kotextuellen Einbettung und ihrer Wortbildungsaktivität näher erläutert. Anschließend werden in 4.3.2 Fallanalysen zu typischen und auffälligen Verwendungstypen vorgestellt, wobei zunächst die Referenzpotenziale, dann metasprachliche und metonymische Vorkommen eingehender betrachtet werden. Darauffolgend sind in 4.3.3 Appositionen zum *wir* der Gegenstand der Behandlung, mit einem besonderen Fokus auf diejenigen Fälle, in denen auf die Wir-Gruppe des supranationalen Westens referiert wird.

4.3.1 Die Vorkommen im Gesamtkorpus

4.3.1.1 Zur Häufigkeit der Wir-Vorkommen

Im gesamten Untersuchungskorpus, also der Zusammenstellung der in Kapitel 2.2 eingehend erläuterten Teilkorpora A und B, erscheint das Wort *wir* genau 99.692-mal. Aus der enorm hohen Trefferanzahl folgt die Tatsache, dass aus praktischen Gründen schlichtweg nicht alle Wir-Vorkommen lückenlos analysiert werden konnten. Daher werden in den beiden folgenden Unterkapiteln (4.3.2 und 4.3.3) vor allem bestimmte ausgewählte Auffälligkeiten im Gebrauch der Pronomina der 1. Person Plural detailliert behandelt. Es sollen zunächst aber in diesem Unterkapitel einige Phänomene des Wir-Gebrauchs anhand der möglichst umfangreichen, uneingeschränkten Datenmenge des Gesamtkorpus untersucht werden.

Die 99.692 Treffer beinhalten die unterschiedlichen Varianten der Groß- und Kleinschreibung *wir*, *Wir*, *WIR*, ebenso diejenigen durch Anführungsstriche und sonstige Interpunktionszeichen markierten Wortformen sowie metasprachliche Verwendungen und durch Bindestriche abgegrenzte Komposita wie *Wir-Gefühl* und viele mehr. Die Komposita werden an späterer Stelle in Kapitel 4.3.2.2 aufgelistet und eingehender besprochen.

Die verschiedenen Flexionsformen im personalpronominalen Paradigma sind in der genannten Trefferzahl nicht mitberücksichtigt, da das Untersuchungskorpus nicht syntaktisch annotiert vorliegt und daher *wir* und *uns* nicht als verschiedene Wortformen desselben Lemmas respektive derselben lexikalischen Einheit erkannt werden. Die Suppletionen, also die sich hinsichtlich der Stammmorpheme unterscheidenden Wortformen desselben Paradigmas (vgl.

hierzu bereits die Ausführungen in Kapitel 4.1.2.1), müssen also separat abgefragt werden. Sie zusammen ergeben dann das Lemma „Personalpronomen der 1. Person Plural".

Die Wortform *uns* liegt 32.834-mal vor, inklusive der oben genannten Varianten mit Majuskeln und Minuskeln und Anführungszeichen.

Hinsichtlich der Genitivform *unser* ist die Sachlage etwas komplexer, da diese Wortform bekanntlich homonym zum Possessivpronomen der 1. Person Plural, Nominativ und Akkusativ, Maskulinum und Neutrum ist. 5626 Treffer zählt die homonyme Wortform *unser*, die allesamt in der KWIC-Ansicht des Konkordanzprogramms „antconc" überprüft wurden. Die enorm überwiegende Mehrzahl dieser Vorkommen, nämlich 5622, gehen auf das Possessivpronomen *unser* zurück, nur 4 Vorkommen auf das gleichlautende Personalpronomen im Genitiv. Von diesen vier Gebrauchsinstanzen des Genitiv-Personalpronomens entfallen drei auf die stereotype Formulierung einer Gottes-Anrufung *erbarme dich unser* (Der Tagesspiegel, 22.10.2001; Die Zeit, 09.12.2010; Frankfurter Rundschau, 03.01.2011), die allesamt in direkter Rede zitiert wurden; das vierte Vorkommen besteht aus einer Präpositionalphrase *statt unser* (Frankfurter Rundschau, 23.07.1998).[78]

Werden also die Personalpronomina der 1. Person Plural mit unterschiedlicher Kasusflexion addiert, dann liegt die Trefferanzahl bei 132.530 (nämlich 99.692 Vorkommen im Nominativ plus 32.834 Vorkommen im Dativ oder Akkusativ plus 4 Vorkommen im Genitiv).[79]

Die Gesamtanzahl der Possessivpronomina der 1. Person Plural ergibt sich als Summe der Formen von *unser* mit den verschiedenen Flexionssuffixen: 32.971 Treffer im Gesamtkorpus bzw. *unsere* mit 13.400, *unserer* mit 6810, *unser*

---

[78] Der Absatz, in dem sich diese überaus seltene Formulierung findet, lautet wie folgt: „Die Literatur ist niemals zuvor derartiger Gewalt ausgesetzt gewesen: Schriftsteller in Algerien, in Iran, in China, der Türkei und in Nigeria richten ihre Hilferufe an uns. Doch die Literatur ist nicht das einzige, was auf dem Spiel steht. Dies ist ein einfacher Appell, der das in jeder Sprache Offenkundige festhält: Schreiben wendet sich an einen Adressaten, und das Ansprechen eines Adressaten ist das Gegenteil von Töten. Wir müssen zuhören und rasch reagieren. Tun wir das nicht, so wird statt unser der Mord sprechen." (Frankfurter Rundschau, 23.07.1998)

[79] Diese Summe als Häufigkeitswert der Personalpronomina 1. Person Plural im engeren Sinn auszuweisen, ist aus grammatischer Sicht nicht völlig korrekt, da bei den Treffern zu *wir* auch Wortbildungen wie Komposita (*Wir-Gefühl*) und Konversionen (nämlich Substantivierungen wie exemplarisch in „*Das Wir ist differenzierbar, aber teilbar ist es nicht*" (Frankfurter Rundschau, 22.08.2001)) mitinbegriffen sind. Der Einfachheit halber werden diese abweichenden Gebrauchsfälle aber nicht ausgeschlossen.

mit 5622 (respektive, wie oben dargestellt, 5626 minus 4 homonyme Pronomina), *unseren* mit 3458, *unserem* mit 2278 und *unseres* mit 1403.

Diejenigen Phrasen mit Possessivpronomina, die im Zuge der spezifischen Analyse von Wir-Gruppen-Konstruktionen relevant sind, wie „*unser* westlich**", werden später in Kapitel 5.2.1.2 wieder aufgegriffen.

Allein aus diesen Summen wird eine enorme Datenfülle ersichtlich, die den folgenden Untersuchungen zugrunde liegt. Selbstverständlich resultiert die Höhe der Trefferzahlen aus der Korpusgröße, die bereits in Kapitel 2.2 näher beschrieben wurde.

Um die Häufigkeit der sprachlichen Einheiten in aussagekräftigeren, reliablen Werten angeben zu können, wird auf das im Konkordanzprogramm „antconc" enthaltene Tool der Wortfrequenzliste zurückgegriffen. Diese Liste bezieht sich aber erneut nur auf konkrete Wortformen und zeigt nicht formenübergreifend die Frequenzen eines Lexems oder eines Flexionsparadigmas an.

Unter den oben genannten Bedingungen liegt die Wortform *wir* – respektive die unter dieser Form subsumierbaren Varianten *WIR/Wir/wir* inklusive der Kompositumsglieder wie *Wir-Gefühl* u. a. – mit 99.692 Vorkommen auf Platz 51 der ungefilterten und unbereinigten Wortfrequenzliste des Gesamtkorpus. Die Wortform *uns* befindet sich mit 32.834 Treffern auf Platz 142.

Eine genaue Durchsicht dieser Liste zeigt aber, dass sich hier einige technische Artefakte befinden und das Ergebnis verfälschen, was als Problematik der Korpusbeschaffenheit bereits in Kapitel 2.2 diskutiert wurde. Auf den vorderen Plätzen der Wortfrequenzliste sind dies „dokv" (auf Platz 23), „s" und „c" (auf den Plätzen 41 und 49), die allesamt den Dokumentanhängen der Pressetexte zur Identifizierung innerhalb der WISO-Datenbank entstammen. Werden diese Artefakte manuell herausgefiltert, dann landet *wir* auf Platz 48 und *uns* auf Platz 127 der bereinigten Wortfrequenzliste. Anders ausgedrückt ist *wir* die 48. häufigste und *uns* die 127. häufigste Wortform innerhalb des Gesamtkorpus.[80]

Ein Vergleich der ermittelten Frequenzwerte wurde durchgeführt mit den online verfügbaren Referenzkorpora der deutschen Schriftsprache wie das Zei-

---

[80] Die Addition dieser Treffer plus die vier Vorkommen des Personalpronomens im Genitiv *unser* ergeben, wie oben dargestellt, zusammen 132.530 als Trefferanzahl des Personalpronomens der 1. Person Plural. Mit dieser Summe wäre der 33. Rang der Wortfrequenzliste erreicht, was allerdings eine verfälschende Angabe darstellen würde, da die Frequenzliste bekanntlich Wortformen separiert. Die definiten Artikel *die, der, den, das* werden eben auch getrennt gezählt. Sie belegen erwartungsgemäß zusammen mit der Konjunktion *und* und der Präposition *in* die ersten Plätze der Wortfrequenzliste. Es wäre fehlerhaft, nur bei bestimmten Wortarten die flektierten Wortformen zu addieren und bei anderen Wortarten wiederum nicht.

tungskorpus des DWDS („Digitales Wörterbuch der deutschen Sprache") oder des LCC („Leipzig Corpora Collection"), bekannter als „Projekt Deutscher Wortschatz" (betrieben von der Abteilung Informatik der Universität Leipzig). Der nachfolgend vorgestellte Vergleich verdeutlicht, dass die Personalpronomina der 1. Person Plural im Gesamtkorpus dieser Untersuchung überdurchschnittlich häufig repräsentiert sind.

Im „Projekt Deutscher Wortschatz" wird dem Ausdruck *wir* ohne die anderen Kasusflexionsformen nur der 66. Rang der Häufigkeitsliste zugewiesen[81], im Gegensatz zum 48. Rang in der Wortfrequenzliste des für diese Arbeit vorliegenden Gesamtkorpus.

Das DWDS ermöglicht detaillierte, morphosyntaktisch präzise Suchabfragen und nach Jahrgängen differenzierte Frequenzangaben. Der hohe Grad der grammatischen Aufbereitung und Annotation der DWDS-Korpusdaten ermöglicht sowohl lemmabasierte als auch Wortform-bezogene Suchabfragen.[82] Die Frequenzwerte bestehen aus der durchschnittlichen Anzahl der Vorkommen pro eine Million „Token", womit konkrete Einheiten, also alle sprachlichen Elemente innerhalb von Wortgrenzen gemeint sind.

Das Lemma „Personalpronomen 1. Pers. Pl." umfasst also die addierten Vorkommen von *wir* [Nom.], *unser* [Gen.], *uns* [Dat.] und *uns* [Akk.]. Seine Frequenz im DWDS-Zeitungskorpus liegt für den Zeitraum von 1991 bis 2019 durchschnittlich bei 2074,37 Vorkommen pro Millionen Wörtern. Genauer betrachtet zeigen sich Werte unter einer Frequenz von 2000 in den ersten Jahren, dann knapp über 2000 in den darauffolgenden Jahren und ein erkennbarer Anstieg der Frequenzwerte seit 2012.[83] Die tatsächliche Verlaufskurve sieht folgendermaßen aus:

---

81 Vgl. https://corpora.uni-leipzig.de/de/res?corpusId=deu_newscrawl-public_2018&word=wir [zuletzt aufgerufen am 22.09.2022]
82 Vgl. https://www.dwds.de/d/korpussuche [zuletzt aufgerufen am 22.09.2022]
83 Dieser signifikante Anstieg ab etwa 2012 zeigt sich ebenfalls in der Verlaufskurve der Wortform *wir*. Im Detail soll die diachrone Entwicklung des Wir-Gebrauchs hier nicht diskutiert werden. Die Vermutung, dass im Mediendiskurs die Pronomen-Verwendung – und damit gewissermaßen Sinne zugleich auch die Konstruktionen irgendwelcher Wir-Gruppen – eng mit der gesamtgesellschaftlichen Thematisierung von Solidarität und Zusammengehörigkeit sowie Identitätspolitik im weitesten Sinne korrelieren, liegt aber natürlich nahe.

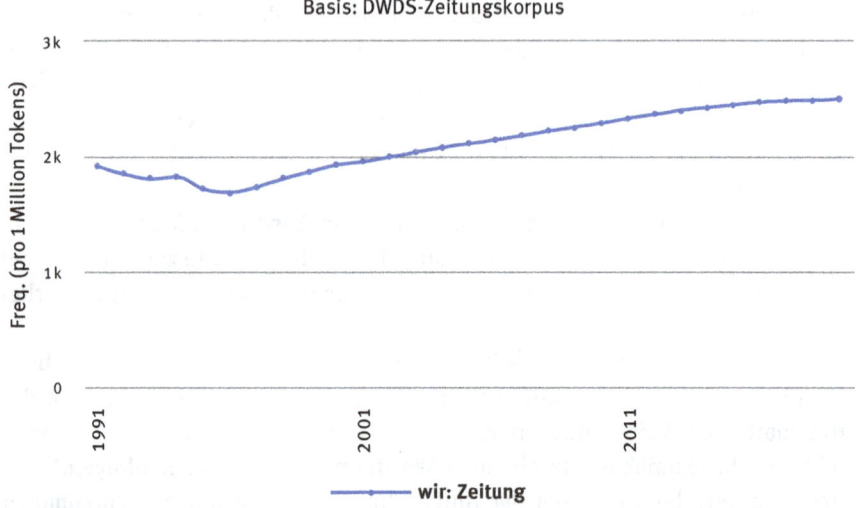

Abb. 4: Die Verlaufskurve des Lemmas *wir* im DWDS-Zeitungskorpus[84]

Die oben beschriebenen Werte für das Gesamtkorpus dieser Untersuchung liegen ungleich höher. Die Treffersumme von 132.530 für alle vier Wortformen des Personalpronomens der 1. Person Plural bezieht sich auf die Gesamtmenge von 48.030.367 Wort-Token (siehe zur näheren Korpusbeschreibung Kapitel 2.2). Umgerechnet auf den vom DWDS verwendeten relativen Frequenzwert (also pro eine Million Token) liegt der Wert für das Lemma „wir" dann bei 2759,29 (durchschnittliche Vorkommen in einer Million Wörtern), im Vergleich zu 2074,37 im DWDS um einiges höher.

Diese Verhältnismäßigkeit findet sich in ähnlicher Form bei der Wortform *wir*, also der reinen Nominativ-Flexionsform des Lemmas. Bezüglich der DWDS-Korpusabfrage muss noch beachtet werden, dass die Suche nach konkreten Wortformen sensibel für die Groß- und Kleinschreibung ist, weswegen die Suchanfrage beide Varianten kombinieren sollte, nämlich durch „@wir || @Wir".[85] Für diese Suchanfrage ergibt sich dann die folgende Verlaufskurve:

---

84 Vgl. https://www.dwds.de/r/plot?view=1&corpus=zeitungen&norm=date%2Bclass&smooth=spline&genres=0&grand=1&slice=1&prune=0&window=3&wbase=0&logavg=0&logscale=0&xrange=1991%3A2019&q1=wir [zuletzt aufgerufen am 22.09.2022]
85 Der Suchindex „@" steht für die Beschränkung auf die genau angegebene Wortform, das Zeichen „||" addiert zwei Suchelemente zu einer Suchanfrage, die Reihenfolge der Elemente spielt dabei keine Rolle.

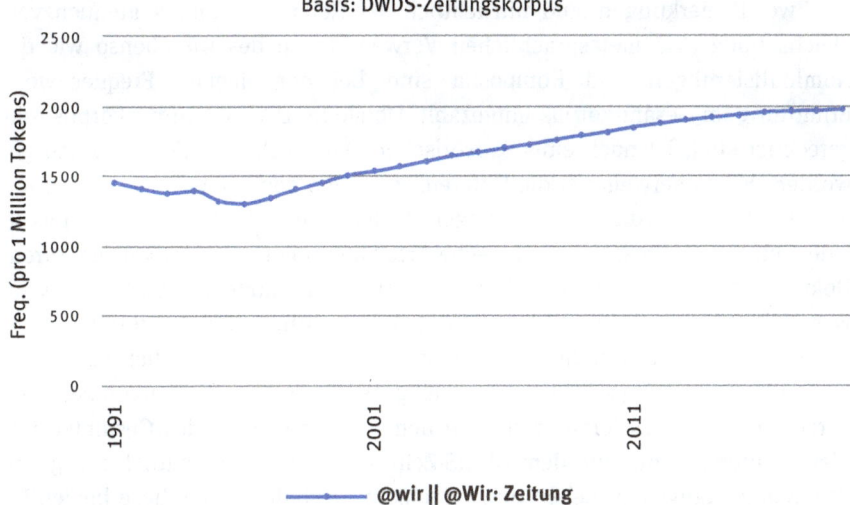

Abb. 5: Die Verlaufskurve der Wortform wir im DWDS-Zeitungskorpus[86]

Der Durchschnittswert dieser Verlaufskurve liegt bei 1625,68. So oft treten mit anderen Worten im DWDS-Zeitungskorpus die Wortformen *Wir* bzw. *wir* durchschnittlich pro eine Million Worteinheiten auf. Im Gesamtkorpus dieser Untersuchung liegt der vergleichbare Wert bei 2075,60; errechnet nämlich aus der Trefferzahl 99.692, geteilt durch die Gesamt-Tokenzahl von 48.030.367 und dann multipliziert mit 1.000.000.

Folglich ist der durchschnittliche Anteil sowohl der Personalpronomina der 1. Person Plural insgesamt als auch der flektierten Wortform *wir* an einer Menge von einer Million Worteinheiten im vorliegenden Korpus signifikant höher als im DWDS-Zeitungskorpus, das sich für Vergleichszwecke sehr gut als repräsentative Textmenge der deutschen Pressesprache anbietet. Es soll an dieser Stelle darauf hingewiesen werden, dass das Korpus ursprünglich zur Untersuchung der Konzeptualisierung des islamistischen Terrorismus angelegt und um Pressetexte zu Samuel Huntington und dem „Kampf der Kulturen" ergänzt wurde (vgl. Kapitel 2.2). Im Zuge der Korpuserstellung wurde nicht intentional die Häufigkeit der Wir-Vorkommen erhöht oder anderweitig manipuliert.

---

86 Vgl. https://www.dwds.de/r/plot?view=1&corpus=zeitungen&norm=date%2Bclass&smooth =spline&genres=0&grand=1&slice=1&prune=0&window=3&wbase=0&logavg=0&logscale=0&xr ange=1991%3A2019&q1=%40wir%20%7C%7C%20%40Wir [zuletzt aufgerufen am 22.09.2022]

Zwei Bemerkungen sind hinsichtlich der Reliabilität dieses Frequenzvergleichs nötig: Die metasprachlichen Verwendungen des *wir* ebenso wie die Nominalisierungen und Komposita sind bei der eigenen Frequenzwert-Ermittlung im Gesamtkorpus mitgezählt. Ob sie im DWDS-Zeitungskorpus mitgerechnet sind, ist nach einer kursorischen Datensichtung nicht deutlich geworden. Möglicherweise ist die Differenz zwischen den beiden Frequenzwerten also aus diesem Grund etwas geringer. Andererseits sind im Gesamtkorpus in jedem einzelnen Pressetext technische Artefakte in Form der Artikelsignaturen, Dokumentennummern u. a. (vgl. die Bemerkung in Kapitel 2.2) enthalten, weswegen die bereinigte Anzahl der Gesamt-Token geringer und damit die tatsächlichen Frequenzwerte höher eingeschätzt werden sollten. Letztlich sind diese beiden Beeinflussungseffekte tendenziell gegenläufig; ihre Wirkungen bestehen gerade darin, die Differenz zwischen den Frequenzwerten des Gesamtkorpus dieser Untersuchung und dem DWDS-Zeitungskorpus in vermutlich nur geringem Maße zugleich zu heben und zu senken. Deshalb sollten diese beiden Effekte, die hinsichtlich ihrer statistischen Gewichtigkeit nicht vollständig bestimmt wurden, das Ergebnis dieses Vergleichs nicht entscheidend verfälschen.

Die hier präsentierten Vergleiche der Frequenzwerte beweisen die signifikant überproportionale Häufigkeit des Wir-Gebrauchs in den Berichterstattungen der deutschsprachigen Printmedien sowohl zum islamistischen Terrorismus als auch zu Samuel Huntington und dem „Kampf der Kulturen". Zugleich können die Frequenzvergleiche als starke Indizien dafür aufgefasst werden, dass eben genau diese öffentlichen Diskurse überdurchschnittlich stark auf Wir-Gruppen-Konstruktionen basieren und sie reproduzieren. Die Relevanz der miteinander verbundenen bisherigen Fragestellungen dieser Arbeit – was ist der „Kampf der Kulturen" und was sind „Wir-Gruppen" – ist damit in Gestalt eines statistisch erhobenen, signifikant erkennbaren Zusammenhangs herausgearbeitet worden.

4.3.1.2 Zum Kotext und zur Wortbildungsproduktivität der Wir-Vorkommen

Nach der Aufarbeitung der Häufigkeitswerte sollen nun an dieser Stelle zwei Phänomene anhand des Gesamtkorpus behandelt werden, nämlich die direkten kotextuellen Umgebungen der Wir-Vorkommen und danach die Verwendungen in Wortbildungsprodukten.

Der direkte Kotext einer Spracheinheit kann in Konkordanzprogrammen wie „antconc" durch die KWIC-Funktion betrachtet werden. Bei einer überschaubaren Anzahl an Hits zu einer Suchanfrage lassen sich diese Treffer mitsamt ihrer Umgebung als Textstellen manuell auswerten. Bei der hier vorliegenden Korpusgröße und der daraus resultierenden Menge der Wir-Vorkommen

(99.692 Hits bei der Wortformsuche bzw. 132.530 errechnete Hits des gesamten Lemmas) ist dies nicht praktikabel. Eine andere Option zur Kotext-Analyse stellt die in „antconc" integrierte Funktion der N-Gramm-Analyse zur Ermittlung der häufigsten Kookkurrenten, die bereits in Kapitel 3.3.3.2 kurz vorgestellt und benutzt wurde.

Die häufigsten N-Gramme zu *wir* sind erwartungsgemäß Digramme, also die Kookkurrenz einzelner Einheiten in links- oder rechtsseitiger Kontaktstellung. Im Folgenden werden diejenigen Muster mit mehr als 800 Vorkommen unter Angabe ihrer absoluten Häufigkeit in Klammern aufgelistet: *wir haben* (7735 Treffer), *dass wir* (5408), *wir sind* (5266), *haben wir* (4310), *wir müssen* (3436), *wenn wir* (3211), *wir werden* (3026), *wir die* (2348), *wir wollen* (2283), *sind wir* (2189), *wir nicht* (2157), *müssen wir* (2153), *und wir* (2113), *wir in* (1916), *werden wir* (1857), *können wir* (1785), *die wir* (1730), *aber wir* (1687), *was wir* (1630), *wir können* (1520), *wir brauchen* (1474), *wie wir* (1412), *wir das* (1217), *wir wissen* (1204), *wir es* (1150), *wir den* (1054), *weil wir* (987), *wir alle* (985), *wir mit* (934), *wir auch* (851), *wir hatten* (841), *als wir* (824), *wir sollten* (815).

Es dominieren Hilfsverben, Modalverben, Konjunktionen, Artikel, Präpositionen sowie Partikel wie *nicht* und *auch*. Als Vollverben sind hier nur *brauchen* und *wissen* vertreten, abgesehen von denjenigen Instanzen von *haben* und *sein*, in denen diese nicht als Auxiliare, sondern als Vollverben gebraucht werden, was aber hier nicht statistisch separat ausgewertet wurde. Diese Verteilung von Kookkurrenten birgt letztlich keine Überraschungen und deckt sich mit den Ergebnissen innerhalb der online abrufbaren Vergleichskorpora.[87]

Ein möglicher Untersuchungsgegenstand, der sich aus dieser Liste von Digrammen ergibt, stellt die vergleichende Auszählung der Modalverben dar. Dies wird auch von Mautner (1998: 184f.) als Komponente der Analyse von Wir-Gruppen-Konstruktionen vorgeschlagen, jedoch von ihr nur auf eine politische Rede begrenzt durchgeführt. An dieser Stelle soll nun ein Überblick über die Vorkommenshäufigkeiten der Kombinationen aus „*Wir* plus Modalverb (in direkter Kookkurrenz)" im umfangreichen Gesamtkorpus gegeben werden, ohne dass anschließend Einzelfälle dieser Wortverbindungen analysiert werden.

Werden die verschiedenen Instanzen der Modalverben, also die Wortformen im Präsens und Präteritum, im Indikativ und Konjunktiv sowie die links- wie rechtsseitigen Kontaktstellungen separat ausgezählt und zusätzlich addiert, dann ergibt sich folgende Tabelle:

---

[87] Siehe bspw. beim „Projekt Deutscher Wortschatz" die Kookkurrenz-Analyse und den diesbezüglichen Graphen unter https://corpora.uni-leipzig.de/de/res?corpusId=deu_newscrawl-public_2018&word=wir [zuletzt aufgerufen am 22.09.2022].

Tab. 2: Absolute Häufigkeiten der Modalverben in Kontaktstellung zu *wir*

2153	müssen wir	1785	können wir	780	wollen wir	677	sollten wir	276	dürfen wir	68	möchten wir
142	mussten wir	193	könnten wir	109	wollten wir	439	sollen wir	21	durften wir	11	mögen wir
114	müssten wir	188	konnten wir					0	dürften wir	0	mochten wir
3436	wir müssen	1520	wir können	2283	wir wollen	815	wir sollten	606	wir dürfen	108	wir möchten
171	wir mussten	168	wir könnten	386	wir wollten	86	wir sollen	1	wir durften	32	wir mögen
49	wir müssten	145	wir konnten					0	wir dürften	0	wir mochten
6065		**3999**		**3558**		**2017**		**904**		**219**	

Die Signifikanz dieser Werte ist selbstverständlich insofern eingeschränkt, als dass mit Modalverben derselben Form ganz verschiedene sprachliche Akte vollzogen und ganz verschiedene Inhalte vermittelt werden können.[88] Der Rückschluss von der Modalverb-Anzahl zur Häufigkeit bestimmter Aussagen oder Aussagenkomplexe ist also nur in einem schwachen Sinne, höchstens als Indiz für die Verteilung grober Gebrauchsmuster zulässig.

Typischerweise werden durch Aussagen, die die Wortfolgen *wir müssen* bzw. *wir müssen nicht* o. ä. beinhalten, Handlungsobligationen thematisiert. Darunter fallen die soziokulturell bestimmten Verpflichtungen und Normen, inklusive der diskursiven Verhandlung davon, welche moralischen und ethischen Regeln in einer sogenannten „Wertegemeinschaft" gültig sein sollen. Prinzipiell wäre ein vertiefter Blick in die konkreten Instanzen dieser Formulierungen sicherlich lohnenswert, an dieser Stelle der Arbeit soll vorläufig nur festgehalten werden, dass die Instruktionen, die Handlungsgebote und -verbote offensichtlich eine zentrale Stellung in Wir-Gruppen-bezogenen Aussagen ein-

---

[88] In der obigen Tabelle 2 sind weder Negationen noch solche Verwendungen berücksichtigt worden, in denen die Modalverben als Evidentialitätsmarker gebraucht werden wie in „*Es muss so sein*" oder „*Das kann nicht stimmen*". In Verbindung mit *wir* als dem Subjekt treten solche Fälle vermutlich seltener auf, allerdings ist diese Frage hier nicht behandelt worden. Für eine ausführlichere Beschäftigung mit dem Zusammenspiel von Modalverben und dem Wir-Gebrauch könnte auch eine eventuell unterschiedliche Verteilung der Modalverben bei exklusivem versus inklusivem *wir* erfasst und analysiert werden (vgl. auch Mautner 1998: 184f.).

nehmen. Diese Thematik wird an späterer Stelle im Rahmen der Korpusanalyse zur substantivischen Wir-Gruppen-Bezeichnung *der Westen* wiederaufgegriffen, siehe hierzu Kapitel 5.2.3.1.

Hinsichtlich der umfangreicheren N-Gramme mit *wir* eröffnet der Blick auf die häufigsten Ergebnisse keine neuen Perspektiven. Die Trigramme mit der höchsten Frequenz bestehen aus inhaltlich unspezifischen, vielfältig einsetzbaren Formulierungen wie *wir haben die* (480 Treffer), *wir müssen uns* (448), *wir haben uns* (440). Zwei inhaltlich aussagekräftigere Typen von Trigrammen sind gegenüber diesen hochfrequenten Ergebnissen seltener und werden deshalb aus Gründen der internen Strukturierung dieses Kapitels später behandelt, nämlich die Formulierung *wir sind alle* in dem Unterkapitel 4.3.2.3 und *wir im Westen* in 4.3.3.2.

Nun sollen anhand der Betrachtung des Gesamtkorpus die Komposita mit *wir* beschrieben werden. In „antconc" liefert die Suchanfrage „Wir-*" mit dem Asterisk als Wildcard für das zweite Kompositumsglied die einschlägigen Ergebnisse.

Das mit großem Abstand häufigste Kompositum stellt *Wir-Gefühl* dar; inklusive der flektierten Formen *Wir-Gefühls*, *Wir-Gefühle* gibt es 63 Vorkommen. Die meisten dieser Fälle beziehen sich auf ein „Wir-Gefühl" in einem allgemeinen Sinne, als generischen Ausdruck für eine positive Einstellung mit affektiver Basis gegenüber einer nicht näher definierten Gruppe und deren Mitglieder. Synonyme hierfür wären „Zusammengehörigkeitsgefühl" und „Solidarität".

Unter denjenigen Verwendungen, in denen auf eine spezifische Personengruppe Bezug genommen wird, dominieren entweder ein europäisches Wir-Gefühl[89] oder aber Wir-Gefühle, die auf räumlich übergeordnete Einheiten verweisen. In der folgenden Textstelle wird der Ausdruck einmal für ein existentes Gefühl im *Westen* und einmal für ein sich potenziell entwickeltes Gefühl im *Islam* verwendet:

(42) Vogl: Der Westen ist im Begriff, eine Art Religionskrieg zu führen. [...] Der Okzident war bisher gewohnt, die Welt zu beobachten, [...] Es gibt also offenbar ein Außen der westlichen Welt - bisher undenkbar. [...] Kermani: Die Vereinigten Staaten werden von denen, die jetzt in Pakistan und anderswo

---

[89] Thematisiert werden im Kontext des „europäischen Wir" einerseits die Grade der Identifikation mit der EU und den supranationalen Institutionen sowie andererseits die Offenheit der miteinander verkoppelten nationalen Gesellschaften und die Konsequenzen für Grenzregime. Siehe exemplarisch: „[D]ie Neinsager reden gern vom europäischen Wir-Gefühl und davon, dass Identität Grenzen braucht." (Die Zeit, 12.02.2004)

demonstrieren, als Aggressor wahrgenommen, zum Teil sehr überzeichnet, zum Teil sehr nachvollziehbar. Wenn das dazu führt, dass genauso, wie es hier ein Wir-Gefühl gibt „wir gegen den islamischen Fundamentalismus, wir sind alle Amerikaner etc." dort auch ein Wir-Gefühl entsteht, dann bekommen wir ein Problem. (Frankfurter Rundschau, 06.11.2001)

Es liegt hier eine Diagnose von konkreten Protesten in Pakistan als Reaktion auf den Afghanistan-Krieg im Herbst 2001 vor, in die eine Problematisierung bzw. Warnung vor derjenigen Konfliktkonstellation eingebettet ist, die im Kapitel 3 dieser Arbeit ausführlich thematisiert wurde. Die beiden komplementärantagonistischen *Wir-Gefühle* werden als ungleichzeitig dargestellt, insofern als die westliche Gruppen-Identifikation der islamischen zeitlich vorausgehe. Die multiplen Referenzausdrücke *Westen, Okzident, westliche Welt* werden an späterer Stelle in Kapitel 5.2.1 eingehender thematisiert. Dass der Ausdruck *Wir-Gefühl* aber eben auch mit Referenz auf den Westen eingesetzt wird, ist für sich genommen beachtenswert.

Die weiteren Ergebnisse für Komposita mit *wir* sind deutlich seltener, der Häufigkeit nach geordnet sind dies *Wir-Begriff* (4 Treffer), *Wir-Maschine* (4), *Wir-Gesellschaft* (3), *Wir-Gruppe* (3), *Wir-Diskussionen* (2); einmalig vertreten sind folgende Bildungen: *Wir-Bewusstsein, Wir-Form, Wir-Perspektive, Wir-Stimmung, Wir-Welt*.

Der Ausdruck *Wir-Gruppe*, der als zentraler Terminus technicus dieser Arbeit postuliert wird, ist folglich im Korpus vorhanden, aber sehr selten. Er tritt nur in zwei Pressetexten auf (zwei Belege in: taz, 20.09.2007; ein Beleg in: Frankfurter Rundschau, 20.10.2001). Offensichtlich ist die Verbreitung dieses Ausdrucks insgesamt weniger an die allgemeine Pressesprache, sondern stärker an die sozialwissenschaftlichen Fachsprachen gebunden.[90]

Andere Muster von Komposita kommen ebenfalls vor, wobei solche Komposita mit *wir* als Zweitglied äußerst selten, und zwar insgesamt nur zweimal belegt sind: *das iranische Herkunfts-Wir meines Vaters* (Die Zeit, 23.09.2010), *das gusseiserne antifaschistische RAF-Wir* (taz, 29.09.2010). Bei beiden Fällen handelt es sich um stark okkasionelle Bildungen, die auf spezifische Gruppen-

---

90 Mit dem umfangreichen DWDS-Zeitungskorpus als Referenzwerk lässt sich die allgemeinsprachliche Verteilung des Ausdrucks *Wir-Gruppe* etwas detaillierter beschreiben. Dort finden sich im Zeitraum von 1946 bis 2019 nur 37 Vorkommen, davon der erste 1968, die meisten erst 2017 (mit 7 Vorkommen) und 2018 (mit 6 Vorkommen). Vgl.: https://www.dwds.de/r/plot?view=2&corpus=zeitungen&norm=abs&smooth=line&genres=0&grand=1&slice=1&prune=0&window=0&wbase=0&logavg=0&logscale=0&xrange=1946%3A2019&q1=Wir-Gruppe [zuletzt abgerufen am 22.09.2022]

Konstruktionen verweisen, die im öffentlichen Diskurs zwar durchaus bekannt, im hier vorliegenden, thematisch angelegten Gesamtkorpus aber nur sehr marginal vertreten sind.

Demgegenüber geringfügig häufiger sind mehrgliedrige Komposita, die je nach Verständnis der Wortbildungstypen auch als nominale Zusammenbildungen oder als Wortgruppenlexeme beschrieben werden können (vgl. Elsen 2014: 116f., 123f.). Drei Vorkommen dieser Art rekurrieren genau auf den dualistischen Antagonismus zwischen Eigen-Gruppen und Fremd-Gruppen, der in Kapitel 4.2.2.5 eingehender besprochen wurde: *eine „Wir-sie-Grenze"* (taz, 14.09.2004), *„Wir-gegen-die anderen"-Gefühl* (Der Tagesspiegel, 13.09.2009), *das übliche Wir-und-ihr-Denken* (Die Zeit, 23.09.2010). Auffällig ist hierbei erneut das Charakteristikum einer Ad-hoc-Wortbildung, die sicherlich nicht fest lexikalisiert ist und wahrscheinlich nicht weiter verbreitet wird. Zudem sind zwei der drei Bildungen durch Anführungsstriche hervorgehoben, die vermutlich auf die Exzeptionalität dieser Wortbildungen hinweisen sollen.[91]

Dieser Überblick über diejenigen Wortbildungsprodukte, in die der Ausdruck *wir* eingebettet ist, erweitert die Darstellung der direkten sprachlichen Umgebung für die Suchtreffer-Gesamtmenge und bezeugt zugleich die enorme Vielfältigkeit des Wir-Gebrauchs. Dieses Unterkapitel dient der Vorstellung der Wir-Vorkommen im Gesamtkorpus, die hier anhand ihrer Häufigkeitsverteilungen und anhand der benachbarten sprachlichen Einheiten behandelt wurden.

4.3.2 Fallanalysen zum Wir-Gebrauch

In diesem Unterkapitel sollen typische und auffällige Verwendungsweisen der Personalpronomina der 1. Person Plural detaillierter betrachtet werden, ohne den Anspruch auf eine vollständige Erfassung aller Gebrauchsmuster erheben zu wollen. Eine weitere Unterteilung des Kapitel folgt aus den jeweiligen Betrachtungsinhalten: in 4.3.2.1 sind dies das Referenzpotenzial und die adressatspezifischen Gebrauchsweisen des *wir*, in 4.3.2.2 die metasprachlichen Verwendungen und in 4.3.2.3 eine spezielle Variante, die als metonymischer Wir-Gebrauch analysiert wird.

---

[91] Gerade durch diese Okkasionalismen bzw. Augenblicksbildungen wird natürlich ein bestimmtes, auf Seiten der Textproduzent*innen vorhandenes Nominationsbedürfnis erfüllt. Dass diese ungewöhnlich wirkenden Wortgruppenlexeme gebildet werden, legt die Relevanz der derartig referenzialisierten Phänomene für die jeweiligen Diskursbeiträge und für die mentalen Modelle der Produzent*innen nahe.

4.3.2.1 Zum Referenzpotenzial und zum exklusiven versus inklusiven Wir-Gebrauch

Ein zentraler Aspekt in der Analyse des Wir-Gebrauchs ist die Klärung der konkreten Referenz innerhalb einer Verbalmanifestation. Daraus folgt dann direkt die Beschreibung der Inklusivität bzw. Exklusivität der empirisch vorliegenden Fälle des *wir*.

Es sind hier kurze Vorbemerkungen angebracht: Der Hinweis auf die personaldeiktische Qualität des *wir* betont die Kontextabhängigkeit der Referenz, siehe hierzu auch Kapitel 4.1.2.2. Die tatsächlichen Wir-Referenten lassen sich demnach weder als feste Ausdrucksbedeutung noch allgemein für einen gesamten Diskursbereich festlegen, sondern stets nur spezifisch für jedes einzelne Vorkommen in einer Äußerung bestimmen.

Wie eingangs in den Ausführungen zur Methodik dieser Arbeit dargestellt wurde (vgl. Kapitel 2.2), stellt ein sehr umfangreiches, digitales Korpus aus deutschsprachigen Pressetexten unterschiedlicher Zeitschriften und Zeitungen die Untersuchungsgrundlage dar. Angesichts der immensen Korpusgröße und Datenmenge sollte klar sein, dass eine enorme referentielle Vielfalt prinzipiell belegbar ist. Die Charakteristika der Mediendiskurse legen jedoch bestimmte Verwendungsmuster allein dadurch nahe, dass Pressetexte wie jedes Sprachprodukt durch Kommunikationsrollen determiniert sind. Produziert werden die Einzeltexte von Journalist*innen, die zugleich mehr oder weniger eng einer Redaktion angehören. Als Rezipient*innen der Texte sind eine disperse Vielzahl von Leser*innen (vgl. Burger 2011: 5) intendiert, die in unterschiedlicher Art und Weise angesprochen werden können, meistens möglichst viele, manchmal nur ein eingeschränktes Publikum. Letztlich können Pressetexte auch mehrfach-adressiert sein. Zu weiteren Ausführungen über die Bedingungen der Mediensprache und Presseberichterstattung siehe Bucher (1992), Burger (2011), Schwarz-Friesel (2014a).

Aus den beschriebenen Situationskonstellationen der Medienkommunikation resultieren Verwendungen von Personalpronomina, mit denen die Textproduzent*innen nur auf ihre eigene Redaktion respektive ihr Publikationsorgan und nicht auf das Publikum verweisen wollen. Diese Referenz leistet das exklusive *wir*, wie die folgenden Beispiele zeigen:

(43) Seit der ersten Kriegsnacht stehen die Nachrichtenchefs aller Sender nun täglich vor demselben Problem: Wie sollen wir berichten? Und vor allem: Was können wir zeigen? (Der Spiegel, 15.10.2001)

Sowohl der Kotext als auch der Aussageninhalt vermitteln ganz eindeutig, dass die Leser*innen im *wir* nicht mitgemeint sind. Referiert wird hier auf eine, die einzelnen Medienorganisationen überspannende Gruppe von Verantwortlichen für die Auswahl von Nachrichten, Bildern und Videos. Es handelt sich um eine Wir-Gruppe, die über ihre Berufstätigkeit definiert wird, sozusagen eine Untereinheit des „Journalist*innen-Wir".

Im folgenden Beispiel ist die adressatenexklusive Referenz ebenfalls eindeutig, wobei im Detail betrachtet eine ähnliche, aber nicht völlig identische Verwendungsweise vorliegt. Der Referent des *wir* ist nämlich diesmal die Zeitung und die Distanz zwischen Kommunikator und Publikum wird durch die explizite Anrede der Leser*innen unterstrichen:

(44) Das Hamburger Abendblatt hat [...] ein Kondolenzbuch für die Opfer der terroristischen Angriffe in den USA ausgelegt. Wir bitten Sie, liebe Leserinnen und Leser, sich darin einzutragen. (Hamburger Abendblatt, 14.09.2001)

Diese Fälle sind durchaus zahlreich, wovon auch die im Korpus hochfrequent vorhandene Kollokation *wir berichteten* zeugt. Sie können unter der Bezeichnung „Medieninstitutions-Wir" zusammengefasst werden.

Eine kursorische Analyse der enormen Datenmenge zum Wir-Gebrauch legt nahe, dass diese Gebrauchsfälle des „Medieninstitutions-Wir" einen vorderen Rang unter den adressatenexklusiven Formen einnehmen, neben den ebenfalls angesprochenen Fällen des berufsbezogen bestimmbaren „Journalist*innen-Wir". Ein weiterer Kandidat für einen hohen Häufigkeitswert ist das Wir-Gebrauchsmuster, in dem auf politische Institutionen als Akteur referiert wird, beispielsweise in folgender exemplarischer Textstelle, das als „Politikinstitutions-Wir" deklariert werden könnte:

(45) Bei der Gesetzgebung könnte es hier und da noch Ergänzungsbedarf geben. [...] Wir haben im Rat der EU-Innenminister Vorschläge gemacht, zum Beispiel eine Visa-Datenbank und ein europäisches Ausländerzentralregister. Wir arbeiten an rechtlichen und organisatorischen Möglichkeiten für Rasterfahndung in allen europäischen Mitgliedsstaaten. (Der Tagesspiegel, 07.09.2003)

Tatsächlich können diese Vorkommen des exklusiven *wir* in Pressetexten mit adressaten-inklusiven Verwendungen problemlos kombiniert werden. Das folgende Beispiel verdeutlicht dies:

(46) Je emotionsgeladener und brisanter der Vorfall, desto sorgfältiger achten wir₁ auf unabhängige Berichterstattung und journalistische Distanz. Unser Hauptaugenmerk liegt auf Nachzeichnen, Berichten. [...] Seriöse Nachrichten vermitteln den Eindruck, nichts wird gut. Brauchen wir₂ eine Kultur positiven Denkens? (Frankfurter Rundschau, 02.06.2005 [Anm. JHK: Die Unterstreichungen und Indizierungen sind zur Verdeutlichung von mir hinzugefügt.])

Die zweite Wir-Verwendung weicht offensichtlich von der ersten ab. Während die erste Verwendung als „Medieninstitutions-Wir" und damit als exklusives *wir* aufgefasst werden kann, sind in der zweiten Verwendung die angesprochenen Leser*innen mitgemeint. Die gestellte Frage nach der Notwendigkeit einer Mentalitätsänderung bezieht sich eben auf eine Gemeinschaft, zu der die Textrezipient*innen dazugehören, statt nur auf eine Zeitung oder einen Berufsstand.

Obgleich sich hier ein exklusives und ein inklusives *wir* in enger textueller Nachbarschaft zueinander befinden, ist nicht anzunehmen, dass dies zu Verständnisschwierigkeiten oder Problemen hinsichtlich der Referenz-Etablierung führt. Die Textstelle inklusive der diskrepanten Wir-Gebrauchsweisen wirkt völlig vertraut. Dieses Phänomen der engen Kookkurrenz verschieden referentieller Wir-Formen beschreibt auch Mautner (1998: 182ff.) und nennt es die „oszillierende Referenz des ‚Wir'" (Mautner 1998: 185).

Die vielen Fälle des inklusiven *wir* werden nun näher betrachtet. Die besondere Bedeutungskomponente liegt nicht unbedingt ausschließlich darin, dass angesprochene Personen in das *wir* miteinbezogen werden, sondern zusätzlich Dritte, eben andere Personen, die nicht in den direkten Kommunikationsprozess involviert sind.

Im obigen Beispiel (46) ist dies bereits gegeben, dass also mit *wir*₂ zusätzlich zu den Textproduzent*innen und den adressierten Leser*innen diejenigen ebenfalls referenzialisiert werden, die nicht als Zielpublikum der jeweiligen Zeitung gelten können, die aber in einer gemeinschaftlichen Zugehörigkeit zu diesen stehen. In der zitierten Textstelle ist klar, dass *eine Kultur positiven Denkens* sowohl die Zeitungsproduzent*innen und -leser*innen als auch weitere Gesellschaftsmitglieder betreffe.

Zur adäquaten Beschreibung dieses Wir-Gebrauchs ist die von Cysouw (2003) erarbeitete und in Kapitel 4.1.2.4 vorgestellte Terminologie sinnvoll. Es handelt es sich bei *wir*₂ um einen augmentiert-inklusiven Fall und nicht um einen minimal-inklusiven. Entscheidend ist hier weniger die bloße Adressaten-Inklusivität, sondern vielmehr die referentielle Ausdehnung über die Kommunikationspartner*innen im engen Sinne hinaus. Dies betrifft den überwiegenden Teil der inklusiven Wir-Vorkommen im Korpus und lässt sich als Normalfall charakterisieren.[92]

Ein weiterer zentraler Aspekt für die Bestimmung der Referenzpotenziale von Wir-Vorkommen soll nun diskutiert werden. Die genaue Augmentierung der referenziellen Reichweite ist hinsichtlich ihrer Grenzen schwierig zu bestimmen.

Welche Einzelpersonen unter das *wir* fallen sollen und welche nicht, wird oftmals nicht explizit ausgesagt und lässt sich nicht ohne Weiteres präzise erkennen. Mautner nennt dies auch die „Unschärfe" und „referentielle[...] Unsicherheit" (1998: 186) im Wir-Gebrauch. Das folgende Beispiel vermittelt dies:

(47) Was wussten wir? Was hätten wir wissen können? Wir waren doch eigentlich Realisten. Jedenfalls hatte sich nach dem wunderbaren Ende des Kalten Krieges und der bipolaren Weltordnung nach und nach der Gestus einer neuen Nüchternheit in den politischen und kulturellen Debatten durchgesetzt. Man wollte mit „ideologischen Flausen" oder „idealistischen Träumereien" nichts mehr zu tun haben. (Die Welt, 13.09.2001)

Die genauen Referenten der Wir-Vorkommen bleiben ungenannt. Kotextuell determiniert wird eine Gruppe bestehend aus allen möglichen Personen, die in Fragen der Geopolitik einem Realismus im Sinne einer möglichst unideologischen Haltung anhängen. Der Textproduzent zählt sich selbst dazu sowie eine nicht genauer eingegrenzte Personenmenge, zu der vermutlich der Großteil der Leser*innen und ein gewisser Teil derjenigen gehören sollen, die die gleichen weltgeschichtlichen Erfahrungen gesammelt haben. Dass dies nicht weiter erläutert, nicht präzise expliziert wird, zeigt die Vagheit im Wir-Gebrauch an. Diese referenzielle Vagheit wird im vorliegenden Textausschnitt insofern persuasiv ausgenutzt, als dass der Autor seine eigene geopolitische Einstellung und seine eigenen internen Zustände der Überraschung und des Schocks über

---

92 In einer vertieften theoretischen Beschäftigung könnte der Aspekt der Mehrfachadressierung und deren Konsequenz für den Wir-Gebrauch berücksichtigt werden. Wenn Pressetexte für ein undefiniertes Publikum geschrieben werden und keine klar strukturierten Adressierungen aufweisen, dann führt dies zu einer Problematik hinsichtlich der Frage, ob die darin enthaltenen Wir-Vorkommen sich auf die 1.+2. Person beschränken, also minimal-inklusiv sind, oder aber darüber ausgedehnt sich auf dritte Personen beziehen, also augmentiert-inklusiv sind. Sind mit anderen Worten Pressetexte für alle Mitglieder einer Kommunikationsgemeinschaft im weitesten Sinne geschrieben, sind die direkt Angesprochenen dann alle, die potenziell deutschsprachige Texte lesen könnten? In dieser Arbeit wird hingegen davon ausgegangen, dass Pressetexte die grammatische Kategorie PERSON einhalten, also von Produzent*innen für angesprochene Rezipient*innen und potenziell über abwesende Dritte geschrieben sind.

die 9/11-Anschläge einer großen Gemeinschaft zuschreiben kann. Die Unbestimmtheit der Aussagen-Reichweite macht die Gültigkeit der Aussage quasi unhinterfragbar. Das unscharfe Referenzpotenzial insbesondere der augmentiert-inklusiven Formen des *wir* verleiht diesen eine besondere persuasive Qualität.

Der Absatz, der der zitierten Textstelle (47) unmittelbar vorausgeht, beginnt wie folgt:

(48) Unmissverständlicher kann der westlichen Zivilisation der Krieg nicht erklärt werden. [...] Was wussten wir? Was hätten wir wissen können? Wir waren doch eigentlich Realisten. (Die Welt, 13.09.2001).

Dies ist in mehrfacher Hinsicht hochinteressant: Der Terroranschlag vom 11. September 2001 wird als eindeutige *Kriegserklärung* dargestellt, mithin durch eine Metapher der Konzeptkombination TERROR(ANSCHLAG) ALS KRIEG versprachlicht (vgl. hierzu auch Kirchhoff 2014: 79f., Spencer 2014: 114ff.). Als Opfer der Terroranschläge und Kriegserklärungsempfänger erscheint die *westliche Zivilisation*. Zur sprachlichen Konstruktion von Viktimität im 9/11-Diskurs siehe Kromminga (2014) und das später folgende Kapitel 5.2.2.2.1 dieser Arbeit. Gleichzeitig legt die Bezeichnung *westliche Zivilisation* sozusagen die referenziellen Außengrenzen für die folgenden Wir-Vorkommen fest: Gemeint sind nämlich die *Realisten* innerhalb des *Westens*, die nun erschüttert seien und sich fragen, was sie hätten wissen können. Dadurch erhalten die soeben besprochenen, in ihrer augmentierten Inklusivität vagen Wir-Vorkommen eine gewisse anaphorische, eben rückverweisende Qualität mit dem Ausdruck *westliche Zivilisation* als Antezedenten. Die sprachliche Konstruktion der Wir-Gruppe des Westens läuft hier satzübergreifend mittels textinterner Verweisbeziehungen ab.

Diese im Einzelfall aktualisierbare anaphorische Qualität ändert aber nichts an der grundsätzlichen und in vielen Gebrauchsfällen offenbaren Vagheit des *wir*. Zwei weitere exemplarische Textstellen sollen die referentielle Unterbestimmtheit bzw. Unschärfe der Personalpronomina der 1. Person Plural belegen:

(49) Am 11. September haben wir diese Unbekümmertheit verloren. Wir werden nie wieder dieselben sein. Wir haben uns zur verwundbaren menschlichen Rasse gesellt. (Der Spiegel, 24.09.2001)

(50) Da wir wissen, dass wir existieren, und es nicht ertragen können, willkürlich hier zu sein, zu leben und zu sterben, als sei es für nichts und wieder nichts, erfinden wir Gründe, weswegen wir leben und sterben, und gehen dazu über, daran zu glauben. (Frankfurter Rundschau, 25.09.2008)

Im Kontext terroristischer Akte und anderer Sterblichkeitserfahrungen werden generische Aussagen getroffen, deren Geltungsreichweite undeutlich bleibt. Die extrem ausdehnbare, inklusive Form des *wir* erscheint dafür geradezu prädestiniert. In (49) findet die Zuschreibung von sorgenvoller *Verwundbarkeit* ohne genaue Eingrenzung auf eine Gruppe statt, über die nur bekannt ist, dass ihr die/der Textproduzent*in und gewisse Teile der Menschheit angehören. Es lässt sich mit Informationen aus dem weiten Textzusammenhang inferieren, dass damit eine privilegierte und vormals erfolgreich pazifizierte Menschengruppe gemeint wird, die nun durch 9/11 den Sonderstatus hinsichtlich der Abwesenheit von Kriegserfahrungen verloren habe. Die Lesart, dass die Wir-Vorkommen in (50) sich auf die gesamte Menschheit beziehen sollen, sozusagen als Beschreibung der „conditio humana", ist ebenfalls sehr naheliegend, worin sich eine nahezu maximale Referenz des *wir* bzw. ein extensiver Gebrauch (vgl. Kapitel 4.1.2.4) zeigt.

Als Zwischenfazit kann an dieser Stelle festgehalten werden, dass das Referenzpotenzial des Personalpronomens der 1. Person Plural hochgradig komplex ist und vielfältig changieren kann. Die im Korpus identifizierbaren Vorkommen entsprechen vor allem adressatenexklusiven und augmentiert-inklusiven Gebrauchsweisen, teilweise mit einem hohen Grad an referenzieller Vagheit. Damit sind wichtige Aspekte, die in den vorherigen Kapiteln dieser Arbeit zum Wesen des *wir* theoretisch erarbeitet wurden, nun durch Korpusuntersuchungen gestützt und bestätigt.

Ein sprachliches Mittel, mit dem die genuine Vagheit im Wir-Gebrauch reduziert werden kann, stellt die syntaktische Option der Apposition dar, also die attributive Ergänzung des *wir*. Diese Formen werden im Kapitel 4.3.3 eingehender behandelt. Zuvor wird das Kapitel der Fallanalysen noch weitergeführt, indem zunächst metasprachliche Verwendungen und dann ein bestimmtes kontextgebundenes Formulierungsmuster erläutert werden, das zu interessanten Wir-Gruppen-Konstruktionen beiträgt.

4.3.2.2 Zur metasprachlichen Verwendung

Nun soll die metasprachliche Funktion behandelt werden, die bereits in Kapitel 4.1.1 beschrieben wurde. Erwartungsgemäß tritt diese Funktion oft in Verbindung mit solchen Verbalmanifestationen auf, in denen *wir* grammatisch betrachtet quasi abweichend eingesetzt wird, nämlich nicht pronominal, sondern substantiviert. Erkennbar ist dies am Vorhandensein eines Artikels, obwohl Pronomina im Standardverständnis der deutschen Morphologie nicht artikelfähig seien (vgl. Elsen 2014: 245f.). Die folgenden Beispiele entsprechen genau diesem Muster:

(51) Es gibt das alte Wir nicht mehr. [...] Das Wir, in dem wir uns bewegen, ist schon sehr viel heterogener geworden. (taz, 06.12.2008)

(52) Noch vor drei Wochen war mein „Wir" ein deutsches „Wir". [...] Wer hat den Anspruch auf das deutsche Wir? (Die Zeit, 23.09.2010)

(53) Der Vorsitzende betont das „Wir", unbedingt will er den Eindruck vermeiden, der Erfolg hänge an einem Einzelnen, auch nicht an ihm. (Hamburger Abendblatt, 06.01.2011)

In einigen Fällen findet keine Substantivierung statt, aber eine besondere metasprachliche Komponente ist dennoch zu erkennen. Eine Hervorhebung wird dann zumindest durch Anführungsstriche erreicht:

(54) „Sind wir Schland oder Sarrazin", titelte das Berliner Boulevardblatt BZ am Mittwoch [...]. Die Antwort auf diese Frage: „Wir" sind beides. In dem Maße, in dem wir zu „Schland" geworden sind, „uns" also von der Illusion verabschiedet haben, die hiesigen Ausländer würden eines Tages wieder verschwinden, sind „wir" auch „Sarrazin" geworden. (taz, 03.09.2010)

Zum Phänomenbereich des metasprachlichen Gebrauchs zählen auch die Fragen nach der Bedeutung des *wir*, die mit Verweis auf die Buchtitel von Navid Kermani „Wer ist wir?" (2016) und Heinrich Detering „Was heißt hier ‚wir'?" (2019) bereits in Kapitel 4.1.1 angesprochen wurden. Neben einigen Verwendungen in Rezensionen zu Navid Kermanis Buch finden sich mehrere weitere Wir-Fragen im Korpus:

(55) Um die Kinder hartnäckig rauchender Eltern zu schützen, „brauchen wir eine Beratungspflicht", schreibt Köppl. Wer ist „wir"? Und warum nicht noch weitergehen? (taz, 10.10.1997)

(56) Wer ist „wir"? Diejenigen, die vielleicht als Akteure der Erinnerungskultur bezeichnet werden können, sind sicher nicht überlastet, es ist ihr Geschäft. (Der Tagesspiegel, 14.09.2009)

Es ließen sich noch weitere Beispiele anbringen, die in ganz unterschiedlichen Inhaltskontexten angesiedelt sind, so wie es die beiden obigen Exempel der Diskussion von Kinderschutz bzw. Rauchverboten einerseits, von Erinnerungskultur andererseits bereits andeuten. Das Hinterfragen einer bestimmten oder allgemeinen Wir-Verwendung ist demnach ein thematisch ungebundenes

Sprachgebrauchsmuster, das zur metasprachlichen Funktionalität des Personalpronomens der 1.Pers.-Plural entscheidend beiträgt.

Die markierte, sprachlich hervorhebende Bezugnahme auf ein *wir* kann somit durch Fragen, Substantivierungen und Interpunktionsmittel ablaufen. Hinsichtlich des evaluativen Charakters kann sie ebenfalls ganz unterschiedlich motiviert sein. In den obigen Beispielen reichen die Ausprägungen von einer positiven Betonung von Teamgeist und kollektiv geteilter Verantwortung (Beispiel 53) über Diskussionen innerhalb einer Einwanderungsnation zu Patriotismus und Rassismus (Beispiel 54) bis hin zu Distanzierungen gegenüber ausgrenzenden oder homogenisierenden Identitätsbezügen (Beispiele 51 und 52). Als Gemeinsamkeit dieser Fälle mag somit die Signalisierung einer besonderen Form von Sozialität gelten, entweder in affirmativer oder in kritischer Hinsicht, genauso wie die eher theoretisch-allgemein orientierten Ausführungen in Kapitel 4.1.1 herausgestellt haben.

4.3.2.3 Solidaritätsbekundung durch metonymische Zugehörigkeitszuschreibungen

Terroristische Anschläge stellen Ereignisse dar, die starke emotionale Belastungen verursachen und die von den direkt und indirekt Betroffenen verarbeitet werden müssen. Wie die 9/11-Anschläge sprachlich-kognitiv verarbeitet und im Zuge dessen in deutschsprachigen Medien mittels Metaphern versprachlicht wurden, wird in Schwarz-Friesel/Kromminga (2013) dargestellt.

Im Untersuchungskorpus finden sich spezifische Verbalmanifestationen, die ebenfalls als direkte Reaktionen auf Terrorakte mit hohen Opferzahlen aufgefasst werden können. Die folgenden Textstellen belegen eine wiederkehrende Verwendung des Musters inklusive der Anpassung an jeweils aktuelle Ereignisse durch Austausch der Personenbezeichnungen:

(57) Wir sind alle Amerikaner (Frankfurter Rundschau, 13.09.2001; Hamburger Abendblatt, 13.09.2001; taz, 14.09.2001; Der Tagesspiegel, 07.10.2001 u. a.)

(58) Wir sind alle New Yorker (Die Welt, 05.10.2001; Die Zeit, 19.12.2001)

(59) Wir sind alle Madrilenen (Der Spiegel, 15.03.2004; Frankfurter Rundschau, 15.03.2004)

(60) Wir sind alle Spanier (taz, 16.03.2004)

(61) Wir sind alle Londoner (taz, 09.07.2005; Der Tagesspiegel, 10.07.2005)

Es handelt sich erkennbar um mediale Auseinandersetzungen mit den Anschlägen in New York/Washington D.C. am 11.09.2001, in Madrid am 11.03.2004 und in London am 07.07.2005, die allesamt fundamental-islamistisch motivierten Terroristen zugeschrieben werden können.[93]

Die zitierten Aussagen bestehen aus einem inklusiven *wir*, dem pronominalen Attribut *alle* zur nachdrücklichen Betonung der uneingeschränkten Geltung der Aussage und die entscheidende, mittels einer Sein-Prädikation vollzogenen Zuschreibung, der direkt betroffenen Stadt oder dem jeweiligen Land anzugehören.

In deutschsprachigen Publikationen ist diese Zugehörigkeitszuschreibung faktisch inkorrekt, da die tatsächlichen Bewohner*innen der jeweiligen Städte nur einen extrem geringen Teil unter den Zeitungsleser*innen ausmachen, trotz vielleicht einigen wenigen international vertriebenen Zeitungsexemplaren. Für den absoluten Großteil der Konsument*innen deutschsprachiger Printmedien sind die von (57)-(61) zitierten Aussagen auf der Ebene der Wirklichkeitsrepräsentation nicht zutreffend.

Das prädizierte Merkmal der Zugehörigkeit soll also nicht literal aufgefasst werden, sondern in einem metaphorischen Sinne. Inferierbare Bedeutungsaspekte sind dann der Ausdruck von Empathie für das terroristisch verursachte Leid, Anteilnahme an der Trauer und die Bekundung von Solidarität, eventuell auch hinsichtlich einer möglichen Allianz bei einer politischen Reaktion auf die Anschläge.

Der Einsatz des inklusiven *wir* in Kombination mit dem Prädikativ *Amerikaner sein* o. ä. etabliert eine überaus prägnante Ausdrucksoption für die gefühlte Verbundenheit, die gerade auch über politische Grenzen und räumliche Distanzen hinweg gültig sein soll. Damit könnten die Gebrauchsweisen des Personalpronomens in diesen nicht-wörtlichen Verwendungen als Fälle eines „solida-

---

93 Die N-Gramm-Analyse liefert die genauen Frequenzwerte für die auch als Kollokationen charakterisierbaren Formulierungsmuster, wobei die Dopplung bestimmter Texte im Korpus das Ergebnis etwas verfälscht. Varianten mit abweichender Wortstellung wie *„Jetzt sind wir alle Amerikaner"* sind nicht miterfasst. Die Trefferzahlen lauten folgendermaßen: *wir sind alle amerikaner*: 37 Treffer; *wir sind alle new yorker*: 10; *wir sind alle madrilenen*: 6; *wir sind alle londoner*: 5; *wir sind alle spanier*: 4; zusätzlich einmal *wir sind alle madrileños*. Für andere Terrorereignisse sind keine Vorkommen belegt, was aber vor allem an der Korpusabdeckung bis 2011 liegen könnte. Eine kurze Online-Suche zeigt, dass das Formulierungsmuster auch danach noch produktiv ist, exemplarisch mit *„Wir sind alle Brüsseler"* (Die Zeit, 22.03.2016). Das häufigste und bekannteste Muster ist sicherlich *„Wir sind alle Amerikaner"*, welches auch von H. A. Winkler im vierten Band seiner „Geschichte des Westens" als Kapitelüberschrift zu 9/11 eingesetzt wird (vgl. Winkler 2016d: 189). Dieses Werk wird in Kapitel 5.1.2 detaillierter besprochen.

risch expandierten Wir" begriffen werden. Die Expansionsfähigkeit des *wir* wurde von Wodak et al. als „historisch expandierte[s] Wir" (1998: 101) beschrieben. Hier liegen in ähnlicher Weise metonymische Realisierungen des Personalpronomens vor (vgl. auch die Ausführungen in Kapitel 4.1.2.4). Es wird somit eine übergeordnete Wir-Gruppe aufgebaut, die die bestehenden Grenzen der Nationen bzw. Stadtgemeinschaften wenigstens emotional-empathisch überspannen soll.

Unter der Prämisse, dass den Produzent*innen dieser Formulierungen bewusst bleibt, dass ihre Aussagen wortwörtlich genommen nicht stimmen, also nur auf der Ebene einer metaphorischen „Un-Eigentlichkeit" verstehbar sind, wird die innere Strukturierung derjenigen Wir-Gruppe deutlich, die New York, Madrid, London und die Orte deutscher Zeitungsredaktionen umschließen soll. Es ist der ineinander verschachtelte bzw. intern fragmentierte Charakter der hyperextensiven Wir-Gruppe, der also das Bewusstsein von Nationen und anderen, kleiner gefassten politischen Institutionen nicht auflöst, sondern nur überlagert.

Es gibt jedoch auch distanzierte Haltungen gegenüber diesem Formulierungsmuster und den Bedingungen seiner Anwendung. Im folgenden Beispiel werden sie vom Textproduzenten nur zitiert und geben nicht seine eigene Meinung wieder:

(62) „Wieso hat denn keiner ‚Wir sind alle Iraker' gerufen, als im Golfkrieg eine Million unschuldige Frauen und Kinder starben?", höre ich bereits meinen Sohn Mehmet tönen. (taz, 15.10.2001)

Der in (62) zitierten rhetorischen Frage liegt die Vermutung zugrunde, dass die Anwendung der sprachlichen Konstruktion *wir sind alle [Terrorismus-Opfer]* nur stark eingeschränkt erfolgt und dadurch einen exklusionistischen Zweck erfüllt. Solidarität würde demgemäß nur eine eng begrenzte Anzahl von Gewaltopfern erhalten. Explizit genannt wird dabei der Westen nicht, er lässt sich als angenommene Grenze der Solidaritätszuweisung aber leicht durch das Ziehen einer Implikatur inferieren. Die zitierte Person fühlt sich von der besprochenen Wir-Gruppen-Konstruktion offensichtlich ausgegrenzt.[94]

---

[94] Eventuell ist in der zitierten Frage noch ein schwerwiegenderer Vorwurf angedeutet, nämlich in Gestalt der sozusagen evaluativ stärkeren Implikatur, dass der „Westen" im Zuge des Zweiten Golfkriegs 1991 viel mehr Opfer und Leid verursacht habe als die für 9/11 verantwortlichen Terroristen.

Die hier präsentierten Beispiele und die daran anschließenden Diskussionen sollen die Vielfalt und Komplexität des Wir-Gebrauchs demonstrieren. Gezeigt wurde dies anhand metasprachlicher Verwendungen in Kapitel 4.3.2.2, anhand spezieller Formulierungen zum Ausdruck weitreichender Solidarität in 4.3.2.3. Das Referenzpotenzial respektive die typischen Gebrauchsweisen hinsichtlich der Inklusivität versus Exklusivität und die genuine Vagheit des *wir* standen im Kapitel 4.3.2.1 im Fokus. Eine kurze Rückschau auf die Ergebnisse findet sich ganz am Ende des Kapitels 4.3 und vor allem in dem dezidert der synoptischen Zusammenfassung gewidmeten Kapitel 4.4.

4.3.3 Zur spezifizierenden Apposition im Wir-Gebrauch

4.3.3.1 Das Gebrauchsmuster in allgemeiner Perspektive

Es wurde in dieser Arbeit bereits mehrfach erörtert und empirisch gezeigt, dass die Personalpronomina der 1. Person Plural prinzipiell vage sind, siehe hierzu die eher theoretischen Ausführungen in 4.1.2.4 und die Diskussionen von ausgewählten Textstellen in 4.3.2.1. Durch die Verwendung der Ausdrücke *wir, uns* kann eine Referenz auf entweder zwei Personen, auf ein paar wenige Personen, auf eine Kleingruppe usw. oder aber auf eine Großgruppe, auf eine riesige Ansammlung von Menschen, auf die gesamte Menschheit, potenziell sogar auf alle Lebewesen entstehen. Diese grundsätzliche Vagheit kann in normalsprachlichen Realisierungen weiter bestehen, indem in den Aussagen keine deutlichen Hinweise geliefert werden, welche konkreten Referenten von den Rezipient*innen in ihren Verstehensprozessen elaboriert werden sollen. Wenn mehrere abgegrenzt identifizierbare Referenten möglich sind und quasi miteinander konkurrieren, kann hier von einem ambigen Wir-Gebrauch gesprochen werden. Dann wird das unterspezifizierte Referenzpotenzial des 1.Pers.-Pl.-Personalpronomens in eine Ambiguität des *wir* transponiert. Wenn ein realisiertes *wir* keinerlei Referenten nahelegt und für den Verstehensprozess offen bleibt, dann wird aus der prinzipiell im Ausdruck eingebetteten Vagheit eine in der konkreten Äußerung vorhandene Vagheit.

Innerhalb des Rezeptionsprozesses gibt es selbstverständlich Strategien, um diese Ambiguität oder Vagheit auflösen zu können, vor allem durch Hinzuziehung kotextueller und verschiedener kontextueller Informationen. Es gibt aber auch auf der Seite der Textproduzent*innen sprachliche Optionen, um die prinzipielle Vagheit des pronominalen Ausdrucks im Verwendungszusammenhang zu reduzieren. Darum wird es in diesem Unterkapitel gehen.

Ein entscheidendes Gegenmittel gegen die referenzielle Unterspezifiziertheit ist die spezifizierende Apposition. Appositionen sind attributive Ergänzungen, die im Normalfall direkt auf den Kopf der Nominalphrase folgen und mit diesem kongruent sind (vgl. Pittner/Berman 2015: 181). Als Paradebeispiele oft zitiert werden die Kombinationen aus einem Titel plus einem Personennamen wie exemplarisch in „*Mein Onkel*[NP-Kopf] *Jan-Henning*[Apposition] *kommt morgen zu Besuch*". Bußmann (2008: 52) weist darauf hin, dass Appositionen nicht auf Nominalphrasen beschränkt sind. Glück nennt „*wir Bürger*" (2010: 51f.) als Beispiel für nichtnominale Appositionen. Damit wird also deutlich, dass sich auch die Personalpronomina der 1. Person Plural durch Substantive attributiv ergänzen lassen.[95]

Bereits Mautner beschreibt die Strategie der Verdeutlichung des *wir* durch Appositionen (vgl. 1998: 186), ergänzt allerdings sofort, dass „dies in der Praxis recht selten geschieht" (ebd.). Sie führt dies auf die Sprachökonomie einerseits und andererseits die persuasiven Vorteile der Vagheit zurück, die durch den erweiterten rhetorischen Spielraum einer inexakten Gruppenbestimmung entstehen können (vgl. ebd.). Ob allerdings Mautners Einschätzung, dass Appositionen ein selten eingesetztes Mittel seien, nach der Analyse des Untersuchungskorpus überhaupt zugestimmt werden kann, wird später beantwortet.

Es sollen nun die häufigsten Appositionen zum *wir* besprochen werden, die sich im Gesamtkorpus identifizieren lassen, bevor im nächsten Unterkapitel 4.3.3.2 diejenigen Gebrauchsmuster eingehender analysiert werden, die für die Fragestellungen dieser Arbeit besonders relevant sind. Eine Korpussuche nach den häufigsten rechtsseitigen Kookkurrenten zu *wir* und eine anschließende manuelle Aussonderung potenzieller Appositionen ergab folgende Ergebnisse: *wir alle, wir deutschen, wir europäer, wir menschen, wir amerikaner, wir muslime, wir deutsche, wir kinder, wir grüne, wir christen, wir bürger, wir grünen, wir journalisten, wir juden, wir palästinenser, wir araber, wir jungen, wir politiker, wir türken, wir israelis, wir liberale*.[96]

Diese Zwei-Wort-Kookkurrenten sind hier grob gemäß ihrer Vorkommenshäufigkeit aufgelistet, wobei deren Signifikanz stark eingeschränkt ist. Allein

---

95 Dem widerspricht zwar eine Standardmeinung der Schulgrammatik, dass Personalpronomina nämlich nicht ergänzt werden. Beispielhaft dafür: „Das Personalpronomen tritt nur allein auf" (Elsen 2014: 246). Diese Ansicht wurde bereits in Kapitel 4.1.2.2 diskutiert, sie spiegelt m. E. die sprachliche Realität schlichtweg nicht wider.

96 Dass *Deutsche(n)* und *Grüne(n)* doppelt belegt sind, liegt an der Verbreitung beider nominaler Varianten, die durch Konversionen aus den entweder stark oder schwach flektierten Adjektiven entstanden sind: *die deutschen Bürger* versus *deutsche Bürger*.

aus der Kontaktstellung beider Wörter kann nicht direkt geschlossen werden, dass es sich hier um Appositionen handelt, da ebenso das Nebeneinanderstehen von zwei syntaktisch separaten Konstituenten möglich ist. Die folgenden zwei exemplarischen Kontaktstellungen sollen dies veranschaulichen:

(63) Es ist nicht so, dass wir Muslime an der Religionsausübung hindern, wir stellen sogar städtische Räume für Gebete und Gemeinschaftserlebnisse. (Frankfurter Rundschau, 28.08.2001)

(64) Wir Muslime betrachten Jesus als einen unserer wichtigsten Propheten. (Der Tagesspiegel, 13.09.2007)

In (63) liegt keine Apposition vor, sondern die lineare Abfolge des Subjekts und Akkusativobjekts im Nebensatz. Die Apposition in (64) ist syntaktisch eindeutig, da beide Elemente zusammen im Hauptsatz vor dem finiten Verb *betrachten* stehen, also im sogenannten Vorfeld, in dem in Sätzen mit Verb-Zweit-Wortstellung nur eine syntaktische Konstituente bzw. nur ein Satzglied stehen darf.

Dieses syntaktische Kriterium zur Identifizierung von Appositionen wird im folgenden Unterkapitel 4.3.3.2.3 noch einmal aufgegriffen. Die obige Liste vermittelt trotz der Unzuverlässigkeit der Reihenfolge einige interessante Aspekte des erweiterten Wir-Gebrauchs. So bezeugt sie die vom 1.Pers.-Pl.-Personalpronomen ausgehende enorme referenzielle Diversität, die sich im umfangreichen, thematisch vielfältig angelegten Untersuchungskorpus belegen lässt.[97]

Das häufigste, appositional benutzte Element ist das Pronomen *alle*. Exemplarisch dafür steht die folgende Textstelle:

(65) Mühsam beginnen wir alle, die Lehre des 11. September, die Lehre der Bilder, die wir wieder und wieder gesehen haben, zu ziehen. (Frankfurter Rundschau, 20.09.2001)

---

[97] Die Vielfalt erscheint noch breiter, wenn seltene N-Gramme hinzugezogen werden. In der obigen Liste sind nur die Ergebnisse mit mindestens zehn Vorkommen aufgenommen. In der Frequenzliste darunter stehend finden sich viele weitere Kandidaten für das Gebrauchsmuster „Wir plus Apposition". Unter anderem sind dies *wir afrikaner, wir zuschauer, wir afghanen, wir linken, wir künstler, wir opfer, wir sozialdemokraten, wir männer, wir partner, wir ärzte, wir berliner, wir briten, wir erwachsene, wir mädchen, wir spanier, wir steuerzahler, wir wissenschaftler, wir zivilisten, wir arbeitskräfte, wir fans* u.v.m.

Hier liegt die Funktion der Apposition weniger in der Spezifizierung dessen, auf wen sich das vorangehende *wir* beziehen soll. Sie dient vielmehr zur Stützung des Referenzbereichs. In den Fällen, in denen eine Personengruppe als Referent erfassbar ist – eben die Wir-Gruppe aus der Perspektive der Sprecherin/des Sprechers –, vermittelt diese Apposition, dass die entsprechende Aussage ausnahmslos für die gesamte Wir-Gruppe und nicht nur für Fragmente dieser, eben für alle Gruppenmitglieder gelten soll.[98] Insofern unterscheidet sich die Konstruktion *wir alle* von den anderen aufgelisteten Kontakt-Kookkurrenten, die allesamt dem Muster „Wir+Personenbezeichnung" entsprechen.[99]

Als erwartbare Ergebnisse in der obigen Treffer-Auflistung können diejenigen Personenbezeichnungen eingeschätzt werden, die den Zugehörigkeitskategorien der im Kommunikationsprozess deutschsprachiger Printmedien beteiligten Personen entsprechen. Dies wären *wir deutschen, wir europäer, wir menschen*. Erwartbar sind zudem ebenfalls die Berufsbezeichnungen wie *wir journalisten, wir politiker* und die Bezeichnungen bestimmter gesellschaftlicher Rollen wie *wir kinder, wir bürger* und andere.

Hier handelt es sich um Wir-Gruppen, die eindeutig und unzweifelhaft im öffentlichen Diskurs des deutschsprachigen Raums etabliert sind. Dass mehrere dieser Selbst-Kategorisierungen gleichzeitig gültig sein können, beweist die ineinander verschachtelte Charakteristik multipler Gruppen-Konstruktionen und letztlich die Existenz pluraler bzw. hybrider Identitäten.

Einige Appositionen können andererseits möglicherweise als überraschend aufgefasst werden. Gemeint sind eben die Varianten mit Personenbezeichnungen, die quasi im deutschsprachigen Raum seltener bzw. für die sogenannte „Mehrheitsgesellschaft" eben nicht zutreffen, nämlich *wir amerikaner, wir muslime, wir juden, wir palästinenser, wir araber, wir türken, wir israelis*. Nach einer diesbezüglichen Textstellenanalyse lassen sich diese Vorkommen durch solche Textsorten wie Interviews, Kommentare sowie Berichte mit Zitaten in direkter Rede erklären. Es werden in den jeweiligen Texten verschiedene Stimmen berücksichtigt, um eine gewisse Stimmen- und Perspektivenvielfalt im öffentlichen Diskurs repräsentieren zu können.[100]

---

98 Diese Pronomina-Kombination ist zusätzlich noch durch eine weitere Apposition ergänzbar. Die Vorkommen von *wir alle im Westen* werden in Kapitel 4.3.3.2.3 erläutert.
99 Andere belegbare Appositionen aus genau einem nicht-nominalen Element, die jedoch im Korpus deutlich seltener vorkommen, sind unter anderem *wir selbst, wir gemeinsam, wir beide, wir zwei, wir drei, wir hier*.
100 Die beiden folgenden Textstellen zeigen ebenso wie die oben zitierte Textstelle (64), dass also auch die Wir-Gruppe der Muslima und Muslime im Gesamtkorpus vertreten ist:

Das syntaktische Verfahren der Apposition gilt bisweilen als die phraseninterne Ergänzung prinzipiell bedeutungsgleicher Ausdrücke. Laut Glück ist ein bestimmendes Merkmal „die Referenzidentität von Kern und Appositiv" (Glück 2010: 52).

Wie oben bereits kurz skizziert wurde, beschreibt Mautner die Appositionen als unökonomisch und daher nur selten vorkommend (vgl. 1998: 186). Mautners Ansicht soll hier doppelt widersprochen werden. Die oben präsentierte Auflistung zeigt unzweifelhaft an, dass viele verschiedene Wir-Verwendungen appositional spezifiziert werden. Die häufigsten Formen sind zudem zahlreich belegt; die Wortfolge *wir deutschen* liegt 150 mal vor, *wir europäer* 68 mal. Dass Appositionen zum *wir* selten wären, stimmt mit den dieser Arbeit angestellten Beobachtungen keineswegs überein.

Der funktionale Vorteil der Konstruktion „Wir plus Apposition" liegt eben darin, neben der Referenz auf eine direkt bezeichnete Personengruppe gleichzeitig die Zugehörigkeit zu dieser markieren zu können. Eine alternative, bedeutungsgleiche Umschreibung der exemplarischen Apposition *Wir Europäer* bestünde nicht nur aus *Wir* oder nur aus *Europäer*, sondern aus der kommunikativ deutlich aufwändigeren Phrase *Europäer und dazu zähle ich mich und andere (bzw. mich und dich und dritte usw.)*. Unter der Berücksichtigung der präferierten Zugehörigkeitsmarkierung qua Plural-Personalpronomina erscheint die Konstruktion keineswegs unökonomisch, da neben der referenziellen Bedeutungskomponente noch eine perspektivierende bzw. Eigen-Gruppen-markierende Komponente hinzutritt.

Eine tentative Beobachtung, die jedoch im Rahmen dieser Arbeit nicht vollständig überprüft werden konnte, befasst sich mit der textinternen Vorkommenshäufigkeit und Position der Konstruktion „Wir plus Apposition": Diese Gebrauchsmuster treten in Texten bzw. in separaten Äußerungen nicht mehr-

---

1.) *„Wir Muslime fühlen uns doppelt bedroht. Einerseits, weil wir unter einen Generalverdacht gestellt werden, andererseits, weil wir ja selbst Opfer hinterhältiger Bombenanschläge werden können."* (taz, 26.08.2006, Zitat in direkter Rede innerhalb eines längeren Berichts)

2.) *„Was wir Muslime trotz allem benötigen, ist eine Eingliederung der Welt des Islam in einen demokratischen Weltfrieden unter den Bedingungen eines religiösen und kulturellen Pluralismus. Wenn wir unsere Gleichstellung verlangen, müssen wir zulassen, dass auch Forderungen an uns gestellt werden."* (Der Tagesspiegel, 13.09.2005, Kommentar von Bassam Tibi)

Diese und einige weitere Vorkommen lassen sich so interpretieren, dass die spezifizierende Apposition eine diskursive Positionierung verdeutlichen soll, die in Mehrheitsdiskursen als abweichend aufgefasst werden kann. Gerade weil Muslima und Muslime seltener in der Öffentlichkeit zu Wort kommen, wird in ihren Aussagen die zugrundeliegende Gruppen-Zugehörigkeit deutlich markiert.

fach auf, sondern nur einmal und bevorzugt textinitial. Nach einer anfänglichen Festlegung auf den groben Referenzrahmen mittels der appositionalen Personenbezeichnung wird in sehr vielen Fällen darauffolgend nurmehr das Personalpronomen alleinstehend verwendet. Es liegt nahe, dies als das tatsächlich sprachökonomische Verwendungsmuster zu charakterisieren.[101]

Eine mehrfache appositionale Ergänzung des *wir* im selben Text wäre unnötig und redundant; eine einfache Ergänzung, wenn sie einleitend erfolgt ist, kann jedoch durchgehend zur Vagheits-Reduzierung dienen und so die Text-Verständlichkeit fördern.

Es kann bereits an dieser Stelle festgehalten werden, dass die phraseninterne Ergänzung eines Wir-Ausdrucks entscheidend dazu beiträgt, die sprachlichen Verweisakte auf soziale Gruppen zu gewährleisten. Solche Appositionen sind dementsprechend ein elegantes Mittel der nicht-vagen, textstrukturell sicheren Bezugnahme auf Wir-Gruppen. Folglich sollen im nächsten Unterkapitel diejenigen Gebrauchsmuster untersucht werden, die für die Fragestellungen der vorliegenden Gesamtarbeit relevant sind.

4.3.3.2 Appositionen zur Spezifizierung der Wir-Gruppe des Westens
4.3.3.2.1 Personenbezeichnungen als Appositionen

Nun stellt sich also die Frage, welche Ausführungen des Musters „Wir plus Apposition" mit Bezug auf den Diskurs zum *Kampf der Kulturen* und die dabei etablierte Akteurskonzipierung vom „Westen" (vgl. Kapitel 3.3.4) vorliegen.

Unter den Personenbezeichnungen finden sich zwei Kandidaten, die beide jedoch nur niedrigfrequent, also mit nur wenigen Treffern vorkommen. Dies sind *wir westler* mit fünf Belegen und *wir abendländer* mit drei Belegen. Die folgenden Textstellen listen die Vorkommen chronologisch sortiert auf, zuerst für *wir westler* (66-70), dann für *wir abendländer* (71-73):

(66) Während wir Westler mit iranischem Kino weitgehend noch symbollastige „humanistische Parabeln" verbinden - in der Provinz abgedreht, mit halbwüchsigen Darstellern besetzt -, scheinen die Zeiten vorbei, in denen allein der Kindermund Wahrheit kundtat. (taz, 20.03.2004)

---

[101] Sprachökonomie muss eben produktionsseitige und rezeptionsseitige Interessen vermitteln. Nicht nur sprachliche Kürze oder Redundanz-Vermeidung ist entscheidend, sondern ebenso die Sicherung nachvollziehbarer Referenzen. Eine (bestenfalls ausdrucksseitig kompakte) Reduzierung eines zu großen Grades an Vagheit ist also ebenso als ein sprachökonomisches Interesse verstehbar.

(67) Wir Europäer, wir Westler können nicht akzeptieren, dass islamische Eiferer versuchen, uns ihre Wertvorstellungen aufzuzwingen. Umgekehrt aber müssen wir uns jeder dummen, verantwortungslosen Provokation enthalten [...]. (Der Standard, 04.02.2006)

(68) Die in der Debatte verwendeten Begriffe werden implizit reduziert auf die Unterscheidung zwischen zwei Einheiten: „Wir Westler" und „Sie, die Moslems" - sogar, wenn es sich um Staatsbürger moslemischen Glaubens handelt. (Die Welt, 08.07.2006)

(69) Workman sagte weiter, politische Korrektheit sei „oft ein Problem in Opern, die geschrieben wurden, als wir Westler vom Verständnis für andere Kulturen noch weit entfernt waren". Im Fall „Idomeneo" gehe es jedoch nicht um politische Korrektheit. (taz, 30.09.2006)

(70) Unsere Politiker glauben doch wohl selbst nicht daran, dass wir Westler diesen islamischen Völkern das Glück der Demokratie mit Gewalt beibringen können. (Die Welt, 05.01.2010, Leserbrief)

(71) Wir Abendländer haben keine Probleme, den Fanatismus von Christen und Juden zu verdammen, nur bei fanatischen Moslems neigen wir zu einer Haltung, wie man sie normalerweise gegenüber kleinen Kindern und erwachsenen Autisten annimmt: Sie wissen nicht, was sie tun, aber sie meinen es irgendwie gut. (Der Spiegel, 15.09.2001, Henryk Broder)

(72) Jedenfalls können wir Abendländer nun, nachdem dieser Gedanke [des Monotheismus und daraus resultierend der Entmystifizierung der Natur; Anm. JHK] seit mehr als zweieinhalbtausend Jahren in der Welt ist, ohne ihn nicht mehr leben. (Der Tagesspiegel, 11.04.2004, Jan Assmann)

(73) Wir (Abendländer) sollten mal gaaanz vorsichtig sein und hier nicht die Überheblichen raushängen lassen. Immerhin hat es mit/trotz Bibel fast zwei Jahrtausende gedauert, bis sich bei uns die Demokratie einigermaßen durchgesetzt hat, je nach Land vor gerade mal 100 bis 200 Jahren. Und den Islam gibt es erst seit 1300 Jahren. (Die Zeit, 20.09.2007, Leserbrief)

Auffällig ist die Dominanz des Antagonismus zwischen „dem Westen" und „dem Islam" hinsichtlich der jeweilig behandelten Themen in den acht zitierten Textstellen. Ausnahmen dazu sind nur die Textstelle (72) mit einer allgemeinen ideengeschichtlichen Erörterung und die Stelle (66) mit einer Rezension iranischer Kinofilme, die immerhin eine bestimmte Außenperspektive auf diesen Kulturbereich als *westlich* deklariert. Die relativ starke Uniformität der inhaltlichen Kontexte, in denen die Vorkommen angesiedelt sind, spricht für sich und für die Signifikanz der Wir-Gruppe des Westens innerhalb der deutschsprachigen Mediendiskurse zur Fremd-Gruppe des Islams.

Diese Verwendungen von „Wir plus Personenbezeichnung" dienen nicht nur dazu, ein Element der Konstellation „Kulturblock Westen gegen Kulturblock Islam" bloß aufzurufen, sondern zugleich die Zugehörigkeit zur Einheit des *Westens* bzw. des *Abendlandes* eindeutig zu kodieren und zu betonen. Neben der Referenzetablierung wird eine markante, nicht-neutrale Perspektivierung vermittelt. Hinsichtlich der evaluativen Komponente unterscheiden sich die zitierten Äußerungen teilweise gravierend, worauf später in Kapitel 5.2.2 eingegangen wird.

Kleinere Differenzen bestehen hinsichtlich der sprachlichen Einbettung. In (68) werden Anführungszeichen verwendet; der Kotext macht zudem deutlich, dass der Textproduzent das Gebrauchsmuster „Pronomen plus Personenbezeichnung" nur zitiert und die Annahme einer binär-exklusiven Dichotomie zwischen diesen beiden Sozialkategorien ablehnt. Hierin unterscheidet sich diese Textstelle von den sieben anderen zitierten, in denen das Gebrauchsmuster „Wir plus Personenbezeichnung" unproblematisch und referenziell eindeutig zur Selbst-Kategorisierung eingesetzt wird.

Die Textstelle (73) weist eine Einklammerung der appositionalen Personenbezeichnung auf, vermutlich um von Seiten der Leserbrief-Verfasserin eine gewisse sprachliche Unsicherheit gegenüber dem Ausdruck zu signalisieren. In der Textstelle (67) liegt zudem mit *Wir Europäer, wir Westler* eine Dopplung des Gebrauchsmusters vor. Beide Personenbezeichnungen werden dadurch eng korreliert und bezüglich der Selbst-Kategorisierung als simultan gültig ausgewiesen. Die restlichen Textstellen vermitteln eine relativ deutliche Einheitlichkeit der Gebrauchsweise, in der die Spezifizierung der personalpronominalen Referenz und die Markierung der Zugehörigkeit in Eigen-Perspektive kombiniert sind.

Insgesamt ist festzuhalten, dass im Rahmen des sprachlichen Bezugs auf den *Westen* die Treffersummen für das Gebrauchsmuster „Wir plus Personenbezeichnung" gering sind. Sowohl *Westler* als auch *Abendländer* sind insgesamt im Korpus sehr selten vertreten und wirken tendenziell etwas unbeholfen, siehe Beispiel (73). Alternative Personenbezeichnungen mit einem potenziell synonymen Referenzpotenzial sind nicht belegt. Dies mag durchaus überraschen, da vergleichbare Großgruppen bzw. die anderen von Samuel Huntington genannten „zivilisatorisch-kulturellen Einheiten" allesamt Personenbezeichnung zur Referenz auf die Gruppenmitglieder besitzen (*Muslime, Hinduisten, Buddhisten, Chinesen, Lateinamerikaner, Afrikaner* usw.).

Daraus kann geschlussfolgert werden, dass die Wir-Gruppe des Westens diesbezüglich sozusagen ein lexikalisches Defizit aufweist, respektive dass an dieser Stelle das sprachliche Arsenal zur Repräsentation des Westens nicht gleichmäßig ausgebildet ist. Dieser Umstand wird später noch einmal in Kapitel 5.2.1 kurz aufgegriffen.

4.3.3.2.2 Nominalphrasen als Appositionen

Statt niedrig-frequente Personenbezeichnungen als phraseninterne Ergänzungen zum *wir* einzusetzen, sind selbstverständlich andere syntaktische Einheiten als Appositionsoptionen möglich; zum einen umfangreichere Nominalphrasen, zum anderen Präpositionalphrasen (siehe 4.3.3.2.3). Die zuvor besprochenen Personenbezeichnungen entsprechen syntaktisch betrachtet selbstverständlich ebenfalls Nominalphrasen, allerdings nur Ein-Wort-Phrasen und nicht komplexeren Phrasentypen.

Die folgenden Textstellen zeigen die Beispiele für die Option erweiterter Nominalphrasen zur Referenzspezifizierung. Es handelt sich um Fälle von „losen" Appositionen (vgl. Bußmann 2014: 52), die nicht direkt auf das Bezugswort nachfolgen, sondern durch Interpunktionszeichen von diesem abgesetzt sind:

(74) Ich will nicht die westliche Welt entschuldigen. Realpolitik, die sich nicht um Menschenrechte kümmert, ist am Ende zivilisatorisch dem Untergang geweiht. Wir, die westliche Welt, müssen unsere Außenpolitik überdenken. (Format, 21.09.2001, Interview mit Daniel Cohn-Bendit)

(75) Wenn wir erreichen wollen, dass dieser Krieg beendet wird, zumindest beherrschbar bleibt, müssen wir, der Westen, anfangen, eine gemeinsame Strategie zu entwickeln, wie wir mit der neuen asymmetrischen Herausforderung umgehen wollen. Ihr allein militärisch zu begegnen, genügt nicht. Es bedarf weiterer Maßnahmen: polizeilicher, geheimdienstlicher, diplomatischer, ökonomisch-handelspolitischer und humanitärer Art. (Hamburger Abendblatt, 06.09.2003)

(76) Sie [Al-Qaida bzw. die für die Anschläge in Madrid verantwortlichen Terroristen; Anm. JHK] wollen uns diesen Krieg zwischen Religionen und Zivilisationen aufzwingen. Aber wir - die westlichen Demokratien - dürfen uns darauf nicht einlassen. (Die Zeit, 07.04.2004)

(77) [Interviewfrage:] Befinden wir uns im Kriegszustand, wir, der Westen, gegen die Islamisten? [Peter Kloeppel:] Die Formulierungen „Krieg dem Terror" oder „Krieg gegen den Islamismus" finde ich unpassend. Wir befinden uns in einer Auseinandersetzung, von der ich heute noch nicht sagen kann, wie sie ausgehen wird. (Der Tagesspiegel, 09.09.2006)

(78) Wir, der Westen, müssen zusammenarbeiten, um politische Lösungen für die Probleme und Konflikte der Welt zu entwickeln. Die USA unter neuer Führung sollten dabei wieder eine führende Rolle übernehmen. (Der Tagesspiegel, 02.11.2008)

Erneut sind alle Textstellen dem gleichen oder zumindest ähnlichen Inhaltskontext zuzuordnen, nämlich der Deutung bestimmter weltpolitischer Ereignisse – terroristischer Akte (74, 76), Kriegshandlungen (75, 77), US-Präsidentschaftswahlen (78) – als Etappen eines Konflikts zwischen dem Westen und dem Islam. Sprachlich betrachtet unterscheiden sich die aufgeführten Appositionen durchaus: Spezifizierend eingesetzt werden *Westen*, *westliche Welt*, *westliche Demokratien*. Die zugrundeliegenden Gruppen-Konstruktionen und Zugehörigkeitsperspektivierungen sind aber sehr gleichförmig. Referent ist jeweils die gleiche supranationale Formation. In einer weiteren Textstelle wird dieser Verwendungstyp zitiert, mit dem positiv evaluierenden Adjektiv *wunderbar* attribuiert und dadurch ironisch gebrochen:

(79) Ehrliche Diskussionen, nicht immer Stellvertreterkriege, in denen es um Islam und Christentum oder Ost und West geht: Welche Probleme gibt es mit Migranten, welche mit dem Rechtssystem der Türkei? Und bitte nicht die Attitüde „Wir, der wunderbare Westen" und „Was habt ihr denn zu bieten?" (Frankfurter Rundschau, 05.09.2008, Interview mit Barbara Frischmuth)

Die interviewte Schriftstellerin Barbara Frischmuth rekurriert auf die Wir-Gruppen-Konstruktion in distanzierender Art und Weise als eine von ihr abgelehnte *Attitüde*, als Element eines *unehrlichen Stellvertreterkriegs*. In einem weiteren Korpusbeleg wird ein metasprachlicher Wir-Gebrauch angesprochen und die Wir-Gruppe des Westens als sehr wahrscheinlicher Referent in einer auf 9/11 bezogenen, mehrdeutigen Äußerung elaboriert:

(80) Es ist interessant, wie Okwui Enwezors „Wir" sich verschieben kann, wenn man mit ihm redet. [...] Als das Gespräch um die Auswirkungen des

11. September kreist, fällt der Satz: „Wir können uns nicht länger einfach vom Rest der Welt abschneiden." Wir westliche Welt, ganz klar. (Frankfurter Rundschau, 21.12.2001)

Die sieben hier zitierten Textstellen (74-80) entsprechen allen im Korpus identifizierten Belegen zu dieser syntaktischen Variante der Apposition, weshalb sie ebenfalls als relativ selten einzuschätzen ist. Es handelt sich um weitere Ausdrucksmöglichkeiten zur sprachlichen Selbst-Kategorisierung, die einen gewissen Gestaltungsspielraum der Textproduzent*innen verdeutlichen, die sich aber nicht verfestigt haben bzw. die nicht als diskursiv dominante Verwendungsformen angesehen werden können.

4.3.3.2.3 Präpositionalphrasen als Appositionen

Das im Folgenden zu besprechende Gebrauchsmuster lautet *wir im Westen*. Angesichts der oben skizzierten Standardvorstellung zur Apposition als nominale Ergänzung einer Nominalphrase ist eine doppelte Abweichung erkennbar, da eine Präpositionalphrase ein Pronomen appositional ergänzt. Auf die Diskussion zum Verhältnis von Pronomina und Nominalphrasen soll hier jedoch nicht eingegangen werden. Eine vereinfachte Darstellung der Phrasenstruktur mittels Klammerindizierung sieht folgendermaßen aus:

[[*Wir*]Pronomen/Phrasenkopf [[*im*]Präposition [*Westen*]Nomen]Präpositionalphrase(PP)]Pro-/Nominalphrase(NP)

Dieses Gebrauchsmuster ist insgesamt im Korpus deutlich häufiger belegt als die zuvor besprochenen Varianten. Es ist die dominante Option unter denjenigen Appositionen, die die Wir-Gruppe des Westens spezifizieren.

Die Wortfolge *wir im westen* – die Groß- bzw. Kleinschreibung spielt für die Korpusrecherche mittels „antconc" keine Rolle – ist im Gesamtkorpus mit 41 Treffern zahlreich belegt. Eine detaillierte Analyse dieser Vorkommen ist allerdings notwendig, da hier eine syntaktische Ambiguität vorliegt und erst mit der Wortstellung des konkreten Satzes über den Charakter der Wortfolge entschieden werden kann. Die drei folgenden Textstellen sollen dies verdeutlichen:

(81) „Wir im Westen haben unsere eigenen Taliban, vielleicht in den Sümpfen Floridas oder in den Wäldern von West Virginia", sagte Barber und erinnerte an den christlichen Fundamentalismus, das Oklahoma-Attentat und an Rechtsextremisten in vielen europäischen Ländern. (Frankfurter Rundschau, 05.10.2001)

(82) Vor drei Jahren waren wir im Westen des Landes zum alljährlichen Löwenessen (schmeckt wie eine Kreuzung aus Ochse und Hirsch) beim Sultan von Bamoun geladen - eine Demonstration jener gleichmütigen Weltoffenheit, die afrikanische Muslime auszeichnet. (Die Zeit, 08.11.2001)

(83) Leider bringt der Tod Bin Ladens die Opfer des 11. September nicht zurück. Doch tun wir im Westen sehr viel, dass die terroristischen Extremisten neue Mitglieder rekrutieren können. Terrorismus lässt sich nicht nur militärisch bekämpfen. (Die Welt, 09.05.2011, Leserbrief)

Die Präpositionalphrase *im Westen* ist in der Textstelle (81) eindeutig eine Apposition, in der Textstelle (82) als Gesamtphrase *im Westen des Landes* hingegen vielmehr eine lokale Adverbialbestimmung und deshalb keine Apposition. Und in (83) ist der Status der Phrase hingegen syntaktisch ambig, aufgrund inhaltlicher und kotextueller Indizien ist sie aber eher als Apposition aufzufassen. Der Status als Apposition ist dann syntaktisch eindeutig, wenn *wir im Westen* im Vorfeld eines Hauptsatzes, also vor dem finiten Verb steht, in (81) ist dies vor *haben* gegeben. Aufgrund der Wortstellungsbeschränkungen für sogenannte Verb-Zweit-Sätze des Deutschen kann dort nämlich nur ein Satzglied stehen, ein Subjekt und eine Adverbialbestimmung dürfen nicht zusammen in dieser Position stehen.

In anderen Fälle stellt die Syntax keine definitive Antwort bereit. Bisweilen kann die Semantik des Prädikats dann eine Lokal-Adverbialbestimmung nahelegen sowie eine zusätzliche Attribuierung durch eine Genitivphrase diese Lesart unterstützen, so in (82) mit der Formulierung *jemanden in einem Landesteil einladen*.

Die Doppeldeutigkeit zwischen Apposition und Lokalbestimmung bleibt in der Textstelle (83) tendenziell offen, insofern als entweder die Wir-Gruppe des Westens der Referent ist und seine Aktivitäten nicht näher lokalisiert werden oder aber der unbestimmte Wir-Referent im Gebiet des Westens *sehr viel tut*. Da die weiteren Sätze sich in diesem konkreten Fall auf global gültige, moral- und entwicklungspolitische Aspekte beziehen, ist es wahrscheinlicher, dass hier die spezifizierende Apposition und damit die Referenz auf die Wir-Gruppe des Westens intendiert war. Damit sind die unterschiedlichen Verständnisoptionen für die Wortfolge *wir im Westen* aufgezeigt, die jeweils durch syntaktische und semantische Informationen im engen Kotext und durch zusätzliche Informationen im weiteren Kotext und Kontext modifiziert werden.

Die Analyse aller bei einer Gesamtkorpus-Suche nach dieser Wortfolge identifizierten Treffer ergab folgende Resultate: 15 der 41 Gesamtvorkommen sind syntaktisch eindeutige Appositionen, die nämlich in der Vorfeld-Position stehen (vgl. Beispiel (81)); 6 Vorkommen lassen sich aufgrund syntaktisch-semantischer Informationen als Lokalbestimmungen analysieren (vgl. Beispiel (82)); 20 Vorkommen sind prinzipiell syntaktisch ambig, können anhand der Inhaltsebene aber als Appositionen charakterisiert werden (vgl. Beispiel (83)).

Interessanterweise korrespondieren die beiden syntaktischen Funktionstypen ziemlich genau mit dem konkreten Referenten des *wir*. Von den 35 (bzw. 15+20) als Appositionen bestimmten Vorkommen referieren 33 auf die supranationale Einheit des Westens, die in dieser Arbeit thematisiert wird; nur zwei Appositionen beziehen sich demgegenüber auf West-Deutschland. Unter den 6 Lokalbestimmungen ist das Verhältnis genau anders: Nur einmal wird mittels der Adverbialbestimmung auf den supranationalen Westen referiert, während die anderen 5 Vorkommen sich jeweils auf westliche Landesteile beziehen, wie in Beispiel (82) auf West-Kamerun oder in Verwendungen wie *wir im Westen Deutschlands*.

Die appositionale Ergänzung ist zusätzlich auch bei der Wortform *uns* möglich, also den im Dativ oder Akkusativ stehenden Flexionsformen des Personalpronomens der 1. Person Plural, die dann die Wortfolge *uns im Westen* ergeben. Diese Fälle sind mit 20 Vorkommen, die alle auf den supranationalen Westen referieren, etwas seltener, aber immer noch zahlreich belegt.[102] Beispielhaft hierfür steht die folgende Textstelle:

(84) Der Terror der Islamisten ist nicht das apokalyptische Tier aus dem Abgrund, sondern die für uns im Westen gefährlichste Form entstaatlichter Gewalt. (taz, 30.09.2002)

Erneut bildet die Beschäftigung mit dem islamistisch motivierten Terrorismus den thematischen Kontext der Äußerung, so wie es bereits in den Beispielen (81) und (83) ersichtlich war. Die Verwendung der den supranationalen Westen spezifizierenden Appositionen ist offensichtlich vor allem innerhalb des Diskursbereichs aus Pressetexten zum Islam verbreitet. Die zitierten exemplarischen Textstellen ebenso wie die weiteren – hier aus Platzgründen nicht vollständig angeführten – über 50 Gebrauchsfälle beweisen damit zwei Sachverhalte, dass erstens die syntaktische Konstruktion „wir/uns plus präpositionaler Apposition" das diskursiv etablierte Muster zur relativ präzisen Refe-

---

[102] Die Wortfolge *uns im Westen* hat im Gesamtkorpus genau 21 Treffer. Ein Treffer davon entspricht nicht dem Muster „uns plus Apposition", sondern der linearen Abfolge von Objekt und Lokalbestimmung.

renz auf die Wir-Gruppe des Westens ist, und dass zweitens diese Wir-Gruppen-Referenz im Antagonismus zwischen dem Westen und dem Islam besonders präsent ist. Die genauen Versprachlichungen des Westens werden im anschließenden Hauptteil, dem Kapitel 5.2 dieser Arbeit, unter Berücksichtigung der hier identifizierten Wir-Verwendungen herausgearbeitet. Es soll aber nun bereits betont werden, dass *wir im Westen* ein sprachliches Mittel ist, das die parteiische Involviertheit im beschriebenen Antagonismus und damit gleichsam eine nicht-neutrale Perspektivierung markiert.

Das Gebrauchsmuster *wir im Westen* zeigt im Übrigen eine gleichmäßige Distribution innerhalb des Gesamtkorpus. Die Belege umspannen den Zeitraum von 1996 bis 2011[103] und sie befinden sich in 13 verschiedenen Medien, mithin in allen der im Korpus zahlreicher repräsentierten Zeitungen und Zeitschriften. Dies kann als weiteres Indiz für die diskursive Relevanz dieser Konstruktion gelten.

Ein zusätzlicher Aspekt des konkreten Mustergebrauchs soll an dieser Stelle noch aufgegriffen werden, bevor dieses Kapitel abgeschlossen und darauffolgend die Konzeptualisierung des Westens bearbeitet wird. Es wurde bereits angedeutet, dass die Appositionen zwei Funktionen erfüllen können. Gemeint ist neben der Festlegung eines Referenzrahmens durch eine Personenbezeichnung oder eine ähnlich verstehbare Phrase nämlich die Angabe der Gültigkeit für alle im *Wir* referenzialisierten Personen, sozusagen die Stützung der Aussagengeltung im Referenzbereich. Kurz skizziert wurde dies bereits in Unterkapitel 4.3.3.1 mit Verweis auf die Vorkommen von *wir alle*. Tatsächlich zeigen einzelne Belege, dass diese beiden Funktionen durch zwei Appositionen kombiniert werden können:

(85) Wenn die USA und wir alle im Westen es nicht lernen, eine langfristige Politik zu machen, die den Ländern der islamischen Welt eine sichere und stabile Entwicklung ihrer Wirtschaft, Kultur und Gesellschaft ermöglicht, wird der Terror nicht enden, wird jeder Krieg gegen den Terror vergeblich sein. (Die Zeit, 18.10.2001, Leserbrief)

Interessant ist also die doppelte Erweiterung des Personalpronomens zu *wir alle im Westen*. Koordiniert wird diese Phrase zudem mit *USA* und zusammen sind beide das Subjekt des Konditionalsatzes respektive die Adressaten der Forde-

---

103 Dass keine späteren Belege hier aufgeführt sind, liegt allein an der Beschaffenheit des Korpus. Eine schnelle Recherche in den online verfügbaren Vergleichs-Korpora zeigt, dass der Gebrauch nach 2011 nicht nachlässt, sondern relativ konstant bleibt.

rung nach einer bestimmten, langfristiger orientierten Entwicklungspolitik. Fraglich erscheint zunächst, inwiefern der konkrete Leserbriefschreiber und sämtliche Gruppenmitglieder des Westens für eine global wirksame Entwicklungspolitik verantwortlich sind. Dies kann aber mit Hinweis auf die überaus häufige Metonymie beantwortet werden, dass ganze Länder und alle Bewohner*innen sprachlich stellvertretend für die Politik der jeweiligen Regierungen stehen. Ohne konkrete Policy-Elemente zu nennen, sollen sich laut dem Leserbriefschreiber alle aktiv oder zumindest ideell für wirtschaftliche und kulturelle Stabilität usw. einsetzen, anstatt dem Terrorismus nur militärisch zu begegnen. Diese direktive Instruktion richtet sich eben nicht nur an die USA oder vereinzelte Regierungen Europas, sondern an alle politisch denkenden Personen im Westen. Der Verfasser macht sprachlich explizit, dass er sich zu dieser äußerst umfangreichen Wir-Gruppe dazuzählt und dass seine Forderung sich ausnahmslos an die gesamte Wir-Gruppe richtet.

Eine konträr eingesetzte Doppel-Apposition liegt im nächsten Beispiel vor, das aus mehreren Gesichtspunkten hochinteressant ist:

(86) Wir im Westen, die meisten von uns, sind von der Richtigkeit unserer Prinzipien überzeugt – von der Demokratie, die es in kaum einem islamischen Land gibt, von den Menschenrechten, gleichen Rechten für beide Geschlechter. Es ist barbarisch, einem Dieb die Hand abzuhacken, es ist ein Verbrechen, eine Ehebrecherin zu steinigen. [...] Wir – die meisten, es gibt leider ein paar Ausnahmen – drängen unsere Prinzipien niemandem gewaltsam auf. (Der Tagesspiegel, 14.09.2001)

Es handelt sich bei *Wir im Westen, die meisten von uns* sozusagen um eine mehrfache Apposition. Während die Präpositionalphrase *im Westen* die Wir-Gruppe und damit den referenziellen Rahmen festlegt, bestimmt die lose, parenthetisch wirkende Ergänzung *die meisten von uns* die Gültigkeitsbedingung der nachfolgenden Aussage. Anders als mit der zuvor beschriebenen Apposition *wir alle* wird hier eine Einschränkung vorgenommen. Im weiteren Textverlauf wird diese Einschränkung noch einmal wiederaufgegriffen, durch eine zusätzliche Apposition betont und als Devianz zur Mehrheit, die sich in der weitläufigen Wir-Gruppe findet, bedauert: *Wir – die meisten, es gibt leider ein paar Ausnahmen*. Angesichts des Personenumfangs der westlichen Wir-Gruppe ist diese Binnendifferenzierung nachvollziehbar, sozusagen als Aspekt einer ansatzweise heterogenen statt übergeneralisierten Wir-Gruppen-Darstellung.

Im Beispiel (86) ist der thematische Hintergrund der Äußerung erneut der Antagonismus zwischen dem Westen und dem Islam, hier formuliert als offenbarer Kontrast der bestimmenden Werte sowie der Rigidität und Kritikfähigkeit der Gesellschaften. Während die differenzierte Darstellung auf die Wir-Gruppe angewendet wird, werden die islamischen Länder interessanterweise monolithisch betrachtet und zudem mit brachial-gewaltvollen Handlungen assoziiert.

Es findet ein eklatantes Othering mit diametralen Evaluierungen statt. Ohne dass empirisch erhobene Zahlen zu den Zustimmungswerten für Gewalthandlungen präsentiert werden, sieht sich der Textproduzent in der Lage einschätzen zu können, welche Prinzipien in welchen Teilen der Welt in welchem Grad gültig sind.

Die Konzeptualisierung des Islams bzw. der mehrheitlich muslimischen Staaten ist wohlgemerkt nicht der erklärte Gegenstand dieser Arbeit. An der zitierten Textstelle lässt sich jedoch sehr gut zeigen, dass unter der Annahme einer binären Opposition von zwei Personengruppen die Zuschreibungen an eine Gruppe auch auf die andere Gruppe zurückwirken (vgl. hierzu auch Kapitel 4.2.2.5). Der Westen wird im Beispiel (86) sprachlich indirekt aufgewertet, indem der Islam äußerst negativ charakterisiert wird; die beschriebenen *barbarischen Verbrechen* sollen eben den Gegner des Westens auszeichnen. Die Verwendung von Possessivpronomen unterstützt die Eigen-Aufwertung: *Unsere Prinzipien* – nämlich die außerhalb des Westens angeblich inexistenten Werte der Demokratie, Menschenrechte, Geschlechtergerechtigkeit – erfahren zwar auch im Westen keine vollständige Zustimmung, gehören aber trotzdem qua possessivpronominaler Markierung zum Eigentum bzw. zum ethischen Kernbestand der Wir-Gruppe. Es soll mit diesen Ausführungen dargestellt werden, dass die sprachliche Auf- und Abwertung von Personengruppen sich in vielen Facetten abspielen kann. Im Vordergrund dieser Betrachtung standen die konträr wirksamen Appositionen. Linguistisch betrachtet stellen *alle* in Beispiel (85) und *die meisten von uns* in (86) als appositionale Elemente gegenläufige Spezifizierungen der mengenbezogenen Aussagen-Gültigkeit dar.

Das sprachliche Verfahren „Wir plus Apposition" zeigt sich hiermit flexibel modifizierbar und anpassungsfähig für unterschiedliche Wir-Gruppen-Konstruktionen. Es erweist sich insgesamt als ein entscheidendes Gebrauchsmuster für die Analyse der personalpronominal vermittelten Darstellung der sozialen Welt und der darin eingebetteten Gruppenstrukturen. Die Ergebnisse des Unterkapitels 4.3.3 verdeutlichen, wie durch die attributive Hinzufügung bestimmter Ausdrücke an ein *wir* oder *uns* sowohl die Bezugnahme auf die speziell gemeinte Personengruppe plus Zugehörigkeitsmarkierung als auch die angenommene Gültigkeitsreichweite für die folgende Aussage konkretisiert werden kann. Das syntaktische Verfahren der Apposition dient zur Referenzspezifizierung und -präzisierung. Es kann infolgedessen auch als sprachsystematische Reaktion auf die Eigenschaften des oftmals vage-unterspezifizierten *wir* verstanden werden, das – wie in Kapitel 4.1.2.4 und 4.1.3 ausführlich dargestellt wurde – bereits aus strukturellen Gründen als sogenanntes „Einheits-Wir" (vgl. zum „unified-we" Cysouw 2003: 80) referenziell enorm variabel ist. Es ergibt sich für alle anspruchsvollen Analysen des Wir-Gebrauchs die Notwendigkeit, die kookkurrenten Einheiten in rechtsseitiger Kontaktstellung syntaktisch und semantisch adäquat zu untersuchen, um potenzielle Appositionen als solche identifizieren zu können, so wie es in diesem Kapitel demonstriert wurde.

Aus der dominant vorkommenden Verbalmanifestation *wir im Westen* resultiert die erneute Bestätigung dafür, den „Westen" als die entscheidende Wir-Gruppen-Konstruktion aufzufassen und eingehender zu analysieren. Der nächste Hauptteil, das Kapitel 5, ist dieser Aufgabe gewidmet.

Gezeigt wurde in den bisherigen Ausführungen ein überaus versatiler Wir-Gebrauch in den Produkten deutschsprachiger Printmedien, was als das übergeordnete Ziel des gesamten Kapitels zur empirischen Datenanalyse angesehen werden kann. Zunächst wurde diesbezüglich das Gesamtkorpus behandelt, hinsichtlich der Frequenzwerte in Unterkapitel 4.3.1.1 und hinsichtlich der direkten Kotexte der Personalpronomina der 1. Person Plural in 4.3.1.2. Anschließend wurden Fallanalysen zum Wir-Gebrauch präsentiert, zunächst zur Klärung der Referenzpotenziale (4.3.2.1), dann mit Fokus auf metasprachliche Verwendungen (4.3.2.2) und schließlich in Form einer metonymischen Verwendung zur Bekundung von Solidarität (4.3.2.3). Im nächsten Abschnitt galt die Aufmerksamkeit dann einem bestimmten Gebrauchstyp, nämlich der spezifizierenden Apposition. Nach den allgemeinen Bemerkungen (4.3.3.1) wurden die Untertypen „Wir plus Personenbezeichnung" (4.3.3.2.1), „Wir plus Nominalphrase" (4.3.3.2.2) und „Wir plus Präpositionalphrase" (4.3.3.2.3) detailliert bearbeitet. Die Ergebnisse dieser mehrteiligen Untersuchungen sind zusätzlich zu den jeweils genannten Unterkapiteln in komprimierter Form im direkt nachfolgenden Abschnitt 4.4 als Element der Kapitelzusammenfassung zu den „Wir-Gruppen-Konstruktionen" nachzulesen.

4.4 Kapitelzusammenfassung

Analog zum Vorgehen in Kapitel 3.4 im vorherigen Hauptteil dient dieser Abschnitt erneut der prägnanten Wiederholung der zuvor generierten Erkenntnisse. Für detaillierte Begründungen der folgenden Aussagen sei daher auf die Unterkapitel 4.1, 4.2, 4.3 verwiesen.

„Wir-Gruppen" sind sprachlich konstruierte Eigengruppen, also Assoziierungen von Menschen, die als soziale Einheiten betrachtet ganz unterschiedlich geformt (d. h. bzgl. Gruppengröße, -kohäsion, -dauer usw. divers) sein können, und zu denen sich eine Person durch kommunikative Akte als zugehörig ausweist. Ein entscheidendes sprachliches Mittel zur Markierung von eigener Zugehörigkeit und damit gleichzeitig zur Herstellung von Personengruppen ist das *wir*.

Die Wortformen *wir* und *uns* (sowie das sehr seltene genitivische *unser*) bilden die morphologische Kategorie der 1. Person Plural im Paradigma der Personalpronomen. Es handelt sich um besondere Ausdrücke mit komplexen Funktionalitäten. In vielen Gebrauchsinstanzen wird das *wir* metasprachlich hervorgehoben bzw. als wirksames Symbol für soziale Beziehungen im weitesten Sinne eingesetzt: In werbe- und politiksprachlichen Bereichen fungiert *wir* als Zeichen für Solidarität, in gesellschaftskritischen Diskursen kann *wir* negative Formen von Gruppendenken anzeigen oder zumindest Gruppen-Referenzen hinterfragen und in manchen populärwissenschaftlichen Verwendungen verweist *wir* symbolisch auf bestimmte Bedingungen und Konstanten des Zusammenlebens in der Menschheitsgeschichte. Das *wir* kann als besonderes Sozialitätssignum charakterisiert werden.

Während die Wortformen *wir* und *uns* sich in mehrfacher Hinsicht nicht wie typische Pronomina verhalten, ist die Etablierung ihrer konkreten Referenz systematisch kontextabhängig, weshalb beide auch als personaldeiktische Ausdrücke charakterisiert werden können. Die Kombination der grammatischen Merkmale „1. Person" und „Plural" führt zu der Problematik, dass sich weder reale Personen noch die Kommunikationsrolle „Sprecher*in" wirklich vervielfältigen lassen und deshalb hier keine typische Pluralsemantik der Summation identischer Exemplare vorliegen kann, außer in den sehr seltenen Ausnahmefällen des „mass-speaking" in ritueller Kommunikation. Stattdessen kann als Pluralbedeutung im Fall von *wir* „Gruppen-Indexikalität" angenommen werden.

Die morphologisch möglichen Verwendungsweisen des *wir* sind vielfältig: neben dem exklusiven Gebrauch (1.+3. Person) sollte der minimal-inklusive Gebrauch (1.+2. Person) und der augmentiert-inklusive Gebrauch (1.+2.+3. Person) unterschieden werden. Da alle diese Referenzoptionen durch dieselbe Wortform abgedeckt werden, kann das Personalpronomen der 1. Person Plural der deutschen Sprache aus morphologisch-typologischer Perspektive als „Einheits-Wir" charakterisiert werden, analog zum englischen „unified-we".

Die Augmentierung der Referenz auf Dritte, im Kommunikationsakt abwesende Personen stellt eine überaus bedeutsame Charakteristik des *wir* heraus. Die Referenz kann enorm ausgedehnt werden auf riesige und nur in einem sehr schwachen, indirekten Sinne miteinander verbundene Ansammlungen von Personen. Der entsprechende Wir-Gebrauch lässt sich als „metonymisch expandiert" und/oder als „extensiv" beschreiben. Eine ausdrucksseitige Vagheit und eine mögliche rezeptionsseitige Ambiguität sind prinzipielle Eigenschaften der sprachlichen Einheit *wir*. Als abstraktes, kontextinvariantes Bedeutungspotenzial, das in jedem Äußerungsakt konkretisiert werden muss, kann Folgendes festgehalten werden: *wir/uns* referiert auf ‚die/den Sprecher*in plus mehr oder weniger eng assoziierte Personen einer unbestimmten nicht-negativen Anzahl'.

Zum Begriff der „Gruppe" sind mehrere Differenzierungen nötig. Es wurde dafür plädiert, den Begriff möglichst weit zu fassen und auch lose, ephemere Personenansammlungen dazu zu zählen. Infolgedessen besteht keine völlige Synonymie zwischen „Gruppe" und „Kollektiv". „Kollektivität" ist ein sehr voraussetzungsreiches Merkmal, das nur auf die engsten, dauerhaft bestehenden, eindeutig kooperativen, präzise koordinierten Formen von „Gruppen" angewandt werden sollte. Im Rahmen einer sozialphilosophischen Diskussion zu dem Begriff „kollektiver Akteur" wurden drei Kriterien als bedeutsam beschrieben: a) die Referenzialisierbarkeit, b) die Intentionsgemeinschaft, c) die fortwährende Kommunikation durch physische Kopräsenz. Diese Kriterien sind unterschiedlich restriktiv und können als Indikatoren für Grade von Kollektivität angesehen werden. Das erste Kriterium der Referenzialisierbarkeit wird allein durch eine (wiederholte, unproblematisch verstandene) Bezugnahme mit einem *wir* auf eine bestimmte Gruppe erfüllt. Der Wir-Gebrauch ist also wiederum hochrelevant, er allein rechtfertigt aber gerade nicht, Wir-Gruppen als kollektive Akteure aufzufassen, solange die beiden anderen Kriterien, die sich als deutlich voraussetzungsreicher erweisen, nicht auch erfüllt sind. Besonders deutlich wird dies in Fällen eines nicht-agentivischen *wir*, welches dann zwar ein „Plural-Subjekt", aber kein „Agens" im Sinne der semantischen Rollen darstellt.

Die Operationalisierung von Gradstufen in der Diskussion von Kollektivität zielt letztlich darauf ab, zwischen tatsächlich koordiniert kooperierenden Kleingruppen einerseits und Großgruppen, deren Gemeinschaftlichkeit nur imaginiert ist, andererseits differenzieren zu können. Die Zuweisung von Handlungsmacht an Gruppen sollte insgesamt sehr vorsichtig erfolgen, zumal die Charakterisierung von spezifischen Handlungen als entweder individual oder relational (also von Einzel-Individuen mit Bezug auf andere Individuen interaktional ausgeführt) oftmals sinnvoller erscheint. Bezüglich der notwendigen Differenzierung zwischen Kleingruppen und Großgruppen ist erneut der Wir-Gebrauch interessant, da aufgrund der referenziellen Variabilität der Personalpronomina eine immense Bandbreite von exklusiven, minimal-inklusiven, augmentiert-inklusiven, bis hin zu expandierten und extensiven Verwendungen besteht. Für eine Analyse von Gruppen-Konstruktionen und deren Kategorisierbarkeit als kollektive Akteure ist der Wir-Gebrauch unzweifelhaft von Belang.

Daraus folgt umso deutlicher, dass dabei der Kontext und der Kotext der Sprachverwendungen in adäquater Form berücksichtigt werden muss.

„Wir-Gruppen-Konstruktionen" bieten sich auf terminologischer Ebene dafür an, die tendenziell problematischen Begriffe von „Gruppen-Identitäten" zu ersetzen oder zumindest aspektuell zu entlasten. Die sprachlich vermittelte Fabrikation von „Gruppenhaftigkeit" („groupness") spielt dabei eine entscheidende Rolle. Sie kann als Basis für weitere sozialpsychologische Effekte wie die gefühlte Gemeinsamkeit und Zusammengehörigkeit innerhalb einer Gruppe angesehen werden.

In einer allgemeineren Perspektive auf „Gruppen-Konstruktionen" ist die Annahme von Gruppen-Dichotomien überaus bedeutsam. Durch verschiedene sprachliche Prozesse (expliziter wie impliziter Art) werden Menschen Gruppen-Zugehörigkeiten zugeschrieben und derart entweder als Teil der Wir-Gruppe oder der Fremdgruppe rubriziert. Unter Berücksichtigung der Möglichkeit von Gruppen-Antagonismen oder gar von Feindbild-Konstruktionen zeigt sich wiederum die diskursanalytische Relevanz der hier stipulierten Termini von „Gruppen-Konstruktionen". Auf die hier vorgeschlagene Terminologie von „Wir-/Ihr-Gruppen-Konstruktionen" können daher auch gerade kritisch (also gesellschafts- oder ideologiekritisch u. a.) ausgerichtete Wissenschaftsvorstellungen zurückgreifen.

Als Teil der empirischen Arbeit wurden die Vorkommen der Personalpronomina der 1. Person Plural im Sprachgebrauch der Printmedien untersucht. Im Gesamtkorpus, auf das in dieser Arbeit zurückgegriffen wird, liegt der thematische Fokus primär auf der medialen Berichterstattung zum islamistischen Terrorismus von 1998 bis 2011 (und vor allem in 2001) und sekundär auf den Diskursen zu Samuel P. Huntingtons Theorie vom „Kampf der Kulturen". Interessanterweise finden sich in diesem Gesamtkorpus überproportional viele Vorkommen von *wir* und *uns*. Die genannten Themen sind in signifikanter Weise prädestiniert für einen überdurchschnittlich frequenten Wir-Gebrauch und damit gleichfalls für Wir-Gruppen-Konstruktionen.

Im Korpus sind metasprachliche Verwendungen des *wir* ebenso belegbar wie Substantivierungen und Komposita. Die häufigste Kompositumsbildung ist dabei das *Wir-Gefühl*, das sich als Umschreibung für die affektive Ebene der internen Kohäsion ganz unterschiedlicher sozialer Gruppen erweist. Die Durchsicht der Kookkurrenten in Kontaktstellung zum *wir* zeigt eine Prävalenz von Modalverben an, vor allem von *wir müssen*, woraus auf eine besondere Rolle von Handlungsinstruktionen gegenüber den Wir-Gruppen geschlossen werden kann.

Als musterhafte Verwendungstypen des *wir* im Gesamtkorpus können sowohl adressatenexklusive Fälle wie das „Medieninstitutions-Wir" und das „Politikinstitutions-Wir" als auch augmentiert-inklusive Fälle kategorisiert werden. Unter den augmentiert-inklusiven Fällen finden sich auch zahlreiche extensive und metonymisch expandierte Verwendungen, beispielsweise in kontextuell gebundenen Aussagen wie *Wir sind alle Amerikaner* als Reaktion auf Terroranschläge gegen US-amerikanische Ziele. Analysiert wurden diese Vorkommen als solidarisch expandierter Wir-Gebrauch, der eine spezielle Wir-Gruppe mit einer impliziten Binnenstrukturierung und gleichzeitig eine empathische Anteilnahme am Terroropfer-Status über Nationengrenzen hinweg nahelegt.

Im Vordergrund der weiteren Korpusanalyse standen die spezifizierenden Appositionen zum *wir*. Sie bilden ein frequentes syntaktisches Verfahren, das gleichermaßen zur referenziellen Vereindeutigung und zum Rekurs auf bereits etablierte Wir-Gruppen-Konstruktionen dient. Das Gebrauchsmuster „Wir plus Apposition" wurde insgesamt als sehr produktiv und in einem sprachökonomischen Sinne funktional ausgewiesen. Bedeutsam für diese Argumentation sind diejenigen Vorkommen, die auf die Wir-Gruppen-Konstruktion des Westens Bezug nehmen. Neben deutlich selteneren Alternativen entspricht die durch eine Präpositionalphrase attributiv ergänzte Wortfolge *Wir im Westen* hierbei der dominanten Variante der spezifizierenden Appositionen. Die Feinanalyse aller Korpusbelege zu dieser Phrase bestätigt die Annahme einer häufigen und daher sich verfestigenden, textstrukturell ebenso präzisen wie anpassungsfähigen Formulierungsoption. *Wir im Westen* sichert eine eindeutige, ökonomische, nicht-neutral perspektivierte Referenz auf eine spezifische Gruppen-Konstruktion. Gleichzeitig wird die so referenzialisierte Gruppe als eine unikale Einheit der sozialen Welt aktualisiert. Die konzeptuelle Komplexität sowie die Möglichkeiten der sprachlichen Darstellung dieser Wir-Gruppen-Konstruktion stehen im Vordergrund des nächsten Hauptteils.

5 Was ist der „Westen"?

5.1 Zur Kontextualisierung des Westens

Die Frage, was der Westen sei, respektive wie die diskursiv vermittelte Einheit des WESTENS konzeptualisiert wird, ist der Gegenstand dieses Teils der Arbeit und ergibt sich direkt aus den Resultaten der beiden zuvor behandelten Fragekomplexen nach der konkreten Wir-Gruppen-Konstruktion innerhalb des Deutungsmusters vom „Kampf der Kulturen". Die genannte Frage nach dem Westen soll in zwei Schritten beantwortet werden. In diesem Kapitel 5.1 geht es in groben Zügen darum, die empirische Korpusanalyse zum Konzept des Westens, die dann im nächsten Schritt in Kapitel 5.2 präsentiert wird, vorzubereiten und zu kontextualisieren. Diese Kontextualisierung bezieht sich auf Fachliteratur bzw. auf ausgewählte geschichts-, politik- und kulturwissenschaftliche Schriften, in denen verschiedene Ansichten und Debatten zum Westen kursieren. Anders ausgedrückt soll zuerst der Fachdiskurs über den Westen skizziert werden, bevor der Mediendiskurs zum Westen eingehender korpuslinguistisch analysiert wird.

Hinsichtlich dieser Aufgabenstellung und angesichts der Fülle an potenziell relevanter Fachliteratur sollte klar sein, dass kein Anspruch auf Vollständigkeit erhoben werden kann, dass also selbstverständlich nicht sämtliche wissenschaftlichen Arbeiten zum Westen ausgewertet werden können. Stattdessen werden bestimmte Thematisierungen und geschichtlich-politische Konzeptdimensionen vorgestellt, die dann anschließend empirisch präzisiert werden sollen. Im Unterkapitel 5.1.1 wird zunächst auf die Arbeiten von Samuel P. Huntington zurückgegriffen und die Rolle des Westens innerhalb seiner Theorie vom „Kampf der Kulturen" dargestellt. Im darauf folgenden Unterkapitel 5.1.2 werden geschichtliche Aspekte zum Konzept des Westens erörtert, im Unterkapitel 5.1.3 dann politische und ideologische Dimensionen.

5.1.1 Der Westen im „Kampf der Kulturen"

Samuel P. Huntington behandelt den Westen bzw. „the western civilization" als die dominante Einheit der jüngeren Weltgeschichte insgesamt und als zentralen Gegenstand seiner Theorie von globalen Zivilisationskonflikten. Sein grundlegendes Verständnis dieser für ihn kulturell bestimmbaren und zivilisatorisch abgrenzbaren Formation erläutert er im Rahmen des zweiten Kapitels „Civilizations in History and Today" (dt.: „Kulturen in Geschichte und Gegenwart"), darin vor allem auf den Seiten 45 bis 55 der englischen Ausgabe (CoC als Sigle) bzw. auf den Seiten 59 bis 75 der deutschen Übersetzung (KdK als Sigle).

Der Westen erfährt zunächst eine Kurzcharakterisierung (vgl. KdK: 59). Er sei „nach allgemeiner Auffassung um 700 oder 800 n. Chr. entstanden." (ebd.) Als seine drei Schwerpunkte würden oft Europa, Nordamerika und Lateinamerika genannt, allerdings weicht Huntington hier bereits von der von ihm so deklarierten Standardmeinung ab, indem er Lateinamerika als eigenständige Einheit separiert. Der Westen umfasse ihm zufolge „Europa, Nordamerika sowie andere von Europäern besiedelte Länder wie Australien und Neuseeland" (KdK: 60). Huntington thematisiert jedoch in seiner gesamten Arbeit Australien, Neuseeland und andere europäisch besiedelte Regionen äußerst selten, vielmehr gehe es ihm um die „euroamerikanische oder nordatlantische Kultur" (ebd.). Europa und Nordamerika können als Kerngebiete des Westens in der Konzeption Huntingtons angesehen werden, zu denen dann einige eher periphere Staaten oder umstrittene Regionen zusätzlich hinzugerechnet werden können. Im Rahmen des einleitenden ersten Kapitels formuliert er folgendermaßen: „[D]ie Nationalstaaten des Westens – England, Frankreich, Spanien, Österreich, Preußen, Deutschland, die USA und andere [...]" (KdK: 20).[104]

Huntington bemerkt, dass die Himmelsrichtung *Westen* als Gruppenbezeichnung „verwirrend und ethnozentrisch" (KdK: 539) sei, da *West-Ost* anders als *Nord-Süd* keine fixen geographischen Bezugspunkte, sondern immer nur relative Richtungsangaben seien. Als Synonym für den Westen könne eben die „europäisch-amerikanische Kultur" (KdK: 61) gelten, allerdings verwende er „trotz seiner ernsthaften Nachteile" (ebd.) weiterhin den Terminus *westlich*. Abgeleitet von der Richtungsbezeichnung kann das Substantiv *Westen* als Toponym verstanden werden, nämlich als westliche Hemisphäre des Globus. Die Einteilung der Erde in eine westliche und östliche Hemisphäre beruht auf den arbiträren Festlegungen des Nullmeridians und des genau gegenüber liegenden 180. Längengrads. Die dazwischen liegende Globushälfte, die gemäß des Drehsinns der Erde der anderen Hemisphäre nachfolgt bzw. entgegen der Rotations-

---

[104] Offen bleibt die Kategorisierung von verschiedenen Regionen und mehreren Staaten. Israel beispielsweise lässt sich nicht eindeutig zuordnen, zum Westen im engeren Sinne zählt es für Huntington nicht (vgl. bspw. KdK: 134, 249, 540), ebenso wenig Griechenland. Historische und aktuellere Einflussgebiete werden nur hinsichtlich möglicher Konfliktlagen thematisiert, die Huntington dann eher als Bruchlinienkonflikte beschreiben möchte (vgl. KdK: 400ff.). Ob gewisse Gesellschaften mehreren Zivilisationen zugerechnet werden können, wird größtenteils außer Acht gelassen. In Huntingtons Theorie funktioniert die Einteilung der Menschheit nicht räumlich akkurat, stattdessen weist sie mehrere blinde Flecken, unscharfe Ränder und manche sehr diskutable Zuordnungen auf.

richtung liegt, kann als *westlich* beschrieben werden. Diese geotopologische Bedeutungsdimension beschreibt die supranationale Formation der „westlichen Welt" aber äußerst unzureichend: Westlich von London-Greenwich, dem Ausgangspunkt des Längengrads Null, liegen nur geringe Teile Europas, Teile Westafrikas, dazu Amerika in seiner Gesamtheit sowie der Atlantische Ozean, Teile des Pazifischen Ozeans und die darin liegenden Inseln. Der Großteil Europas sowie Australien und Neuseeland liegen hingegen in der östlichen Hemisphäre. Nichtsdestotrotz kann der Ausdruck *Westen* als Global-Toponym beschrieben werden, das dann eben nicht vollständig mit der ebenfalls so bezeichneten politisch-kulturgeschichtlichen Konstruktion korreliert.

Das elementare Bestimmungsmerkmal der Zivilisationen bzw. der Kulturkreise sei laut Huntington schließlich die Religion, im Falle des Westens eben die westliche, nicht-orthodoxe Variante des Christentums (vgl. KdK: 61).

Huntington hält grob gesagt daran fest, den Westen als die christliche Zivilisation zu betrachten. Eine Rückbesinnung auf die Religionszugehörigkeit stellt er als wichtiges, global gültiges Identitätsmerkmal heraus (vgl. KdK: 146ff.). Gesellschaftliche Bewegungen der Säkularisierung werden wenig thematisiert und tendenziell eher kritisch betrachtet; in einer Textstelle wird der Säkularismus innerhalb einer Aufzählung gleichgestellt mit „moralischem Relativismus und Hemmungslosigkeit" und „Werten wie Ordnung, Disziplin, Arbeit, Hilfsbereitschaft und Solidarität" gegenübergestellt (KdK: 148f.).[105]

Die geschichtliche Entwicklung des Westens habe Huntington zufolge im 8. und 9. Jahrhundert begonnen, zunächst dem Entwicklungsgrad anderer Hochkulturen hinterher gehinkt, sich dann ab dem 12. und 13. Jahrhundert jedoch gezielt und machtbewusst ausgebreitet (vgl. KdK: 65). Die europäische Expansion zwischen 1500 und 1750 sei bereits eine neue Ära der Weltpolitik, in der der Westen äußerst erfolgreich war, und zwar nicht aufgrund der „Überlegenheit seiner Ideen oder Werte oder seiner Religion [...], sondern vielmehr durch seine Überlegenheit bei der Anwendung von organisierter Gewalt. Oftmals vergessen Westler diese Tatsache; Nichtwestler vergessen sie niemals." (KdK: 68)[106]

---

[105] Es kann vorweg genommen werden, dass Huntington hier von vielen diskursiv kursierenden Vorstellungen des Westens abweicht, wenn er die Abnahme der Macht des Christentums bzw. die Emanzipierung von Religionsautoritäten negativ einschätzt oder gar deren Rückläufigkeit befürwortet. Huntingtons Zugehörigkeit zu dem Sozialmilieu, das in Kapitel 3.1.1 als „WASP (white anglo-saxon protestant)" beschrieben wurde, spielt hier sicher eine Rolle.

[106] Diese im Grunde hochrelevante Stelle im „Kampf der Kulturen" kann als Huntingtons primärer, mithin sehr kurz gefasster Kommentar zum Kolonialismus gelesen werden. Die Theoreme des Postkolonialismus oder Neokolonialismus spielen für SPH nota bene keine Rolle: Sie

Die Dynamik in der internen Entwicklung des Westens sei von verschiedenen Konflikten geprägt worden (vgl. KdK: 69f.), zunächst von Religionsschismen und Konfessionskriegen, dann von Kriegen zwischen Monarchien und Fürsten, später von Kriegen zwischen Nationen und damit zwischen den gesamten, hierfür eingespannten Völkern. Nach dem 1. Weltkrieg schließlich seien die Konflikte zwischen Nationen von Konflikten zwischen Ideologien wie Faschismus, Kommunismus und liberaler Demokratie abgelöst worden, die erst den 2. Weltkrieg, dann den Kalten Krieg und damit die Blockkonfrontation zwischen den zwei politisch definierten Supermächten bestimmt haben (vgl. ebd.). Die Ideologien seien laut Huntington jedoch ausschließlich Produkte des Westens und seien in den nicht-westlichen Weltregionen importiert worden, teilweise im Zuge gesellschaftlicher Modernisierungen (vgl. ebd.). Nach dem Ende des Kalten Krieges ergebe sich laut Huntington nun ein multikulturelles, multipolares System der internationalen Beziehungen, in dem der Westen nicht mehr eindeutig hegemoniale Führungsansprüche geltend machen könne (vgl. KdK: 72ff.). Die in den vorherigen Jahrhunderten gültigen Systeme der Geopolitik seien eben stark europäisch dominiert (17.–20. Jh.) bzw. ein bipolares, halbwestliches System (ab 1945) gewesen.

In späteren Buchkapiteln wird ersichtlich – und durch Verweise auf Oswald Spenglers Theorie vom notgedrungen ablaufenden „Untergang des Abendlandes" (Spengler 1918) verstärkt –, dass auch Huntington einen Dominanzverlust des Westens befürchtet, teilweise gar einen Niedergang des Westens angsterfüllt prognostiziert (vgl. bspw. KdK: 119ff.). Für Huntington vollzieht sich der Niedergang des Westens in einem langfristigen, nicht-geradlinigen Prozess, hauptsächlich bedingt durch einen Bevölkerungsrückgang[107] sowie durch abnehmende wirtschaftliche und militärische Macht (vgl. KdK: 120ff.).

Huntingtons Beschäftigung mit dem Westen ist selbstverständlich ungleich detaillierter, als es hier in aller Kürze dargestellt wurde. Ausführlich, teilweise

---

finden sehr wenig Beachtung (abgesehen von der zitierten, inhaltlich isolierten Textstelle) und beeinflussen die Argumentation auf der normativen Ebene in keiner Weise.

107 Dass ein demographisches Argument angeführt wird und die rückläufigen Populationsanteile Westeuropas und Nordamerikas an der Weltbevölkerung als problematisch thematisiert werden, kann kritisch beurteilt werden. Durch die Auffassung eines relativen Bevölkerungsrückgangs als notwendigerweise problematisch wird ein biopolitisches Bedrohungsszenario angedeutet, das enorm anschlussfähig für rassistische und ethno-nationalistische Diskurse ist. Siehe hierzu auch die Ausführungen im nachfolgenden Unterkapitel 5.1.3. Bezüglich der Migrations- und Biopolitik der USA positioniert sich Huntington in seiner späteren Schrift „Who Are We? The Challenges to America's National Identity" (Huntington 2004) in recht eindeutiger und kritikwürdiger Weise, vgl. hierzu das Kapitel 3.1.1.

in beeindruckender Tiefe und Detailfülle, werden vor allem folgende Aspekte behandelt: Erstens der Einfluss des Westens auf wirtschaftliche Veränderungen in den anderen Weltregionen, respektive das Verhältnis zwischen der ökonomischen Modernisierung und einer „Verwestlichung", welche Huntington gerade nicht gleichsetzt; zweitens die Involviertheit des Westens in die internationale Machtpolitik und in alle möglichen Konflikte ganz verschiedener Intensitätsgrade.

Es sollte an dieser Stelle der Arbeit zuvorderst darum gehen, Huntingtons Verständnis vom Westen als supranationaler Personengruppe in groben Zügen herauszuarbeiten. Zur Beschreibung von Personengruppen bietet sich das bereits kurz eingeführte Begriffspaar von „Extension und Intension" an, siehe hierzu das Kapitel 4.2.2.5. Gemeint ist die Unterscheidung von Zugehörigkeitsmarkierung einerseits – die extensionale Bestimmung fragt danach, wen genau eine Gruppe umfasst – und Inhaltsaspekten andererseits – die intensionale Bestimmung fragt, welche gemeinsamen Merkmale die Gruppe trägt. Zusammenfassend wird hier festgestellt, dass Huntingtons Konzeption des Westens als supranationaler Entität sowohl extensional als auch intensional unterspezifiziert ist. Die Unklarheit der räumlichen Zugehörigkeit betrifft ganze Staaten und Regionen und damit Millionen von Menschen. Innerhalb der als Kerngebiete charakterisierten Kontinente „Europa plus Nordamerika" leben wiederum Millionen von Menschen, auf die die intensionale Dimension der Religionskategorie „westliches Christentum" nicht zutrifft, bedingt durch Migration aus nicht-christlichen Ländern oder durch Abkehr von Religiosität im Sinne eines Atheismus bzw. politischen Säkularismus oder aus anderen Gründen. Die Annahme einer religiösen Determiniertheit des Westens oder anderer vermeintlich eindeutiger Zivilisationskategorien wird in dieser Arbeit daher als nicht überzeugend abgelehnt.[108]

Damit wird aber die entscheidende theoretische Konzeption Huntingtons, dass sich aus Religionen die enorm umfangreichen, nahezu global ausgedehnten Kultur- bzw. Zivilisations-Einheiten formieren, hinfällig. Hinsichtlich der multivarianten Ausprägungen von Kultur kann für „den Westen" nur eine eklatante Heterogenität konstatiert werden. Ungeachtet der undeutlichen Grenzfestlegung der westlichen Welt besteht bereits eine Assoziation der Kernregionen Nordamerika und (West-)Europa aus Hunderten von Millionen von Menschen, weshalb das derart gebildete Kollektiv übermäßig ausgedehnt, eben hyperextensiv ist.

---

[108] Dass Regionen und Religionen im Laufe der Geschichte völlig übereingestimmt hätten, kann grundlegend bezweifelt werden. Mit den soziokulturellen Entwicklungen der Moderne sowie den Migrationsbewegungen im 20. und 21. Jahrhundert wird die kategoriale Kopplung von räumlichen Konstruktionen mit Religionsmerkmalen noch problematischer.

Die hyperextensive Personengruppe des Westens setzt sich zusammen aus mehreren offensichtlich ungleichen Gesellschaften, die jeweils für sich genommen bereits vielfältig ausdifferenziert, sozioökonomisch hochkomplex und stratifiziert, politisch-ideologisch divers oder gar akut polarisiert sind. Die Charakterisierung des Westens als eine einheitliche Kulturformation, wie sie Samuel P. Huntington vornimmt, erscheint in Konsequenz dessen unpassend.

5.1.2 Geschichtliche Aspekte des Westens

Den Westen als eine historische Formation bzw. als eine feste geographische Einheit mit einer einheitlichen und klar beschreibbaren zeitlichen Entwicklung zu betrachten, ist für sich genommen ein hochkomplexes Unterfangen. Es sollen hier erneut nur einzelne Aspekte dessen beleuchtet werden. Für eine ausführliche Geschichtsschreibung der westlichen Welt sei auf das vierbändige Werk „Geschichte des Westens" von Heinrich August Winkler (2016a–d) verwiesen, das später in diesem Kapitel etwas näher behandelt wird.

Es wurde bereits angesprochen, dass Samuel P. Huntington die geschichtliche Entwicklung des Westens als religiös geprägte Kultureinheit charakterisiert, dergestalt dass der Westen zunächst nur aus dem Katholizismus, dann gleichermaßen aus dem Katholizismus und Protestantismus bestehe bzw. bestanden habe (vgl. bspw. KdK: 99).[109]

Huntington verwendet an entscheidender Stelle den Ausdruck „Western Christendom" (CoC: 46, 70). Der Übersetzer der deutschen Buchausgabe Holger Fließbach übersetzt dies mit „das christliche Abendland" (KdK: 60, 99), also mit dem Ausdruck *Abendland*, den es in äquivalenter Form im Englischen nicht gibt.

Den alternativen, historisch aufgeladenen Ausdruck „occident" benutzt Huntington nicht aktiv zur Referenz auf den Westen. Nur an einer Stelle im Buch wird er exemplarisch als Element einer binär antagonistischen Weltsicht verwendet, die zugleich kritisiert wird: „People are always tempted to divide people into us and them, the in-group and the other, our civilization and those barbarians. Scholars have analyzed the world in terms of the Orient and the

---

[109] Die diachrone Perspektive auf Huntingtons Vorstellung vom Westen offenbart verschiedene mögliche Kritikpunkte. Wegen der Fixierung des Zivilisationsbeginns auf das 8. und 9. Jahrhundert n. Chr. fallen die Epochen der klassischen Antike, also die kulturellen Entwicklungen in Athen, Rom und in deren Einflussgebieten weg. Die erweiterte Kulturgeschichte soll hier nicht Gegenstand der Überlegungen sein, dies soll aber als Hinweis auf eine Diskrepanz zwischen Huntington und anderen Positionen zum Westen gelten.

Occident [...]" (CoC: 32; bzw. in der deutschen Übersetzung: „Kriterien wie Orient und Okzident", siehe KdK: 36).

Demonstriert wird also ein Bewusstsein für die historisch wirkmächtigen Dualismen, ohne dass Huntington diese prominent revitalisieren möchte, da er eine Zwei-Welten-Theorie im Rahmen eines Modells der zukünftigen Geopolitik als unterkomplex und empirisch unbrauchbar ablehnt (vgl. KdK: 29, 36ff.).[110]

Der angesprochene historische Antagonismus zeigt sich in verschiedenen sprachlichen Ausprägungen, primär in mehreren, semantisch äquivalenten Benennungspaaren mit besonderen kulturgeographischen Nebenbedeutungen. Die lateinischen Ausdrücke *oriens* und *occidens* stehen am Anfang dieser vielschichtigen sprachgeschichtlichen Entwicklung. Ausgehend von den Wortbedeutungen ‚aufsteigen' für *orior* und ‚untergehen' für *occiduus* (vgl. Baier 2013: 3367, 3444) haben sich im Zuge von metaphorischen Übertragungen der beobachtbaren Sonnenbewegung die lateinischen Himmelsrichtungsbezeichnungen für „Ost und West" entwickelt. Im Zuge einer metonymischen Verschiebung wurden aus den Ausdrücken für die Himmelsrichtung dann Gebietsbezeichnungen, eben für die in diesen Richtungen gelegenen Territorien. Die Ausdrücke *Oriens/Occidens* wurden in viele Sprachen entlehnt, nicht zuletzt in die deutsche und englische Sprache. Im Deutschen kam es zusätzlich zur semantisch analogen Lehnbildung von *Morgenland* und *Abendland*. Im Englischen gibt es diese beiden Ausdrücke nicht.

So erklären sich die Nominationsalternativen der hier untersuchten Wir-Gruppe als *Westen, Okzident, Abendland*. Diese drei Lexeme sind damit also formseitig different, etymologisch betrachtet aber auf die gleiche Weise semantisch motiviert. Es handelt sich um Denotationen von Regionen, die relativ zu anderen Regionen in derjenigen Himmelsrichtung liegen, in der sich die Sonne im späten Tagesverlauf befindet bzw. in der die Sonne untergeht. Neben dieser denotativen Analogie treten aber noch unterschiedliche konnotative und asso-

---

110 Dieses Argument Huntingtons ist bemerkenswert. Es ist in seine Begründung dafür eingebettet, die Welt in sieben bis acht Groß-Zivilisationen einzuteilen und damit kompromisshaft eine ausreichend komplexe Analyseebene der internationalen Beziehungen aufzustellen, also zwischen zu wenigen Beschreibungsobjekten (im Ein- oder Zwei-Welten-Modell) und zu vielen (wenn alle einzelnen Staaten als internationale Akteure aufgefasst werden) zu vermitteln. Interessanterweise richtet sich ein Vorwurf (vgl. bspw. Metzinger 2000: 46ff.) gegen Huntingtons Paradigma genau darauf, dass nämlich das Bedrohungsszenario eines Konflikts zwischen dem Westen einerseits und einer islamisch-konfuzianischen Allianz andererseits doch wieder auf diesen binären Antagonismus hinauslaufe, dass also Huntington unter dem als „the West and the Rest" titulierten Antagonismus die von ihm explizit abgelehnte Zwei-Welten-Theorie reproduziere. Es sei hierzu auch auf die Ausführungen in Kapitel 3.1.4 dieser Arbeit verwiesen.

ziative Bedeutungsmerkmale hinzu. Diese werden vor allem durch Bewertungen geschichtlicher Ereignisse beeinflusst, die mit den religiös motivierten Konflikten zwischen „Orient und Okzident, Morgenland und Abendland" verbunden werden. Im nächsten Kapitel der Korpusanalyse 5.2.1.1 wird die Verwendung dieser Bezeichnungsalternativen detailliert analysiert.

Samuel Huntingtons Beitrag zum Verständnis des Westens als historischer Formation und damit eben seine Auffassung des Westens als Kontrahenten zur islamischen Welt ist letztlich ambivalent. In seinen Schriften ist teilweise eine Bemühung um Neutralität sowie größtenteils die Vermeidung von einseitig wertenden Sprachgebrauchsformen erkennbar. Hierzu kann ebenso die Nicht-Benutzung von *orient* und *occident* gerechnet werden. Der Annahme einer dem Westen inhärenten moralischen Überlegenheit wird mehr oder weniger explizit eine Absage erteilt (vgl. KdK: 67f., 292, 500f., 510f., 524f.). Wie bereits in Kapitel 3.1.3 dargestellt wurde, spricht sich Huntington nämlich gegen einen westlichen Universalismus aus, also gegen die Verbreitung von als westlich eingeschätzten Werten, die von anderen Zivilisationen nicht geteilt werden (vgl. bspw. KdK: 291ff., 511ff.).

Aus machtpolitischer Perspektive ist Huntington aber durchaus parteiisch pro-westlich. Sein Eintreten für eine fortgesetzte Hegemonie des Westens über den Islam ist offensichtlich und stellenweise wird diese Haltung auf die Dimension der historischen Bewertung des Westens, des Islams und deren Konflikte ausgeweitet (vgl. bspw. KdK: 335, 337, 348).

In Huntingtons Modell beansprucht das Verhältnis von Westen und Islam die meiste Aufmerksamkeit, trotz seiner übergeordneten und bisher nicht eingetretenen Prognose, dass erst eine Allianz aus islamischen und konfuzianischen Kräften dem Westen in der Zukunft gefährlich werde.

Der Antagonismus „Westen versus Islam" entspricht außerdem derjenigen Konstellation, die im hier zu analysierenden Diskurs am stärksten ausgeprägt ist. Dies ergibt sich bereits aus den Eigenschaften der zugrundeliegenden Korpora. Es soll in aller Kürze erwähnt werden, dass dies keine erschöpfende Darstellung aller Konfliktlagen mit westlicher Beteiligung sein kann. Unter anderen Fragestellungen und in anderen Diskursdomänen würden sich andere Konstellationen rund um die Wir-Gruppe des Westens als relevanter erweisen. Zu nennen wären die Beziehungen des Westens gegenüber Russland oder gegenüber China oder gegenüber Afrika. Alle diese Konstellationen haben historische Dimensionen – beispielsweise aufgrund der geschichtlichen Epoche des Kolonialismus – und Aktualitätsbezüge unterschiedlicher Ausprägungen.[111]

In geschichtlicher Perspektive stellt der Kalte Krieg unzweifelhaft eine sehr wichtige Entwicklungsetappe des Westens dar. Im Zuge der Blockkonfrontation bildeten sich feste, dauerhafte Verbindungen über Nationalstaaten hinaus. Bestimmte supranationale Institutionen werden seither gar als Repräsentationen des Westens betrachtet, wie die NATO als militärische Vertretungsorganisation. In mancher Hinsicht gilt der Westen seit dieser Geschichtsepoche als unumstößliche Weltmacht vor allem aufgrund wirtschaftlicher und finanzieller Vorrangstellung gegenüber anderen Staaten und Weltregionen. Hierauf rekurrieren die teilweise alternierend eingesetzten Label „Erste Welt", „Gruppe der Industrieländer", „globaler Norden", die allesamt nicht deckungsgleich zum Ausdruck *Westen* sind und sich auf verschiedene Aspekte geopolitischer Raumordnungen beziehen.

Es gibt einen weiteren Aspekt in der diachronen Entwicklung des Westens, den zu analysieren hochgradig interessant wäre, der aus Platzgründen hier aber nicht eingehender thematisiert werden kann. Gemeint sind die internen Konflikte und politischen Krisen innerhalb der als westlich aufgefassten Staaten, genauer gesagt die Zunahme von Rechtspopulismus bzw. Autoritarismus und Nationalismus seit etwa Mitte der 2010er Jahre. Im Kapitel 5.2.2.2.4 wird dieses Thema wieder aufgegriffen.

Die detaillierteste und ergiebigste Arbeit zum Westen aus geschichtswissenschaftlicher Perspektive ist das vierbändige Werk von H. A. Winkler (2016a–d). Das darin präsentierte Verständnis vom Westen unterscheidet sich deutlich von dem Huntingtons. Bezüglich der Entstehung und zeitlichen Entwicklung des Westens umfasst Winklers Arbeit einige Jahrhunderte mehr. Die Ursprünge des Westens werden in die Antike vorverlegt und inkludieren die griechische Antike (vgl. 2016a: 17), auf kultureller Ebene gar die noch frühere Erfindung des Monotheismus (vgl. 2016a: 25ff.). Winkler macht von Anbeginn deutlich, dass

---

111 Hierzu muss nun eine kurze Erläuterung ausreichen, obgleich das Thema der multilateralen Beziehungen und Konfliktpotenziale innerhalb des Paradigmas von Zivilisations-Großeinheiten eine viel tiefergehende Beschäftigung verdient hätte. Eine tentative Einschätzung zur den drei genannten geopolitischen Konstellationen sähe so aus, dass erstens die Konstellation „Westen versus Russland" vor allem in machtpolitischen und militärischen Kontexten auftritt – nicht zuletzt in sehr heftiger und dramatischer Form durch den Angriffskrieg Russlands gegen die Ukraine seit Februar 2022 –, dass zweitens die Konstellation „Westen versus China" vor allem wirtschaftspolitisch und ökologisch relevant ist, und dass drittens die Konstellation „Westen versus Afrika" vor allem entwicklungs- und migrationspolitisch diskutiert wird. Diese Einschätzungen beziehen sich auf deutschsprachige Mediendiskurse.

dies aber nur Vorformen mit ganz unterschiedlichen soziokulturellen Ausprägungen seien. Die inhaltlich entscheidenden Entwicklungen seien deutlich später anzusiedeln (Winkler 2016a: 21):

> Seit den beiden atlantischen Revolutionen des späten 18. Jahrhunderts, der Amerikanischen Revolution von 1776 und der Französischen Revolution von 1789, war das Projekt des Westens im Wesentlichen ausformuliert. Der Westen hatte einen Maßstab, an dem er sich messen konnte – und messen lassen mußte.

Eine konzise Zusammenfassung der Charakteristika dieses normativen Projekts bzw. die Selbstansprüche der westlichen Wertegemeinschaft formuliert Winkler ganz am Ende seiner Arbeit: Zentral seien die „Ideen der unveräußerlichen Menschenrechte, der Herrschaft des Rechts, der Gewaltenteilung, der Volkssouveränität und der repräsentativen Demokratie" (Winkler 2016d: 611).

Die Umsetzung der Normen sowie das bloße Bekenntnis zu diesen gestaltete sich laut Winkler aber sehr schwierig, verlief über mehr als zwei Jahrhunderte mit zahlreichen Rückschlägen, Kämpfen und Auflehnungen gegen die Ideen. Markant sei für den Westen seit 1776 „der Widerspruch zwischen dem normativen Projekt und der politischen Praxis" (Winkler 2016a: 21), offenbar sei der Widerspruch von Anbeginn durch die damals akute Sklaverei und den Kolonialismus.

Zudem sei im Verlauf des normativen Projekts des Westens eine starke Ungleichzeitigkeit evident. Dass sich Deutschland jahrhundertelang nicht zum Westen gezählt habe und sich über einen langen Sonderweg mit eklatanten Abweichungen von den genannten Werten entwickelt habe, verdeutlicht dies exemplarisch. Zum komplizierten historischen Verhältnis Deutschlands gegenüber dem Westen gibt es einige Schriften; zuerst zu nennen ist hier die frühere Arbeit Winklers „Der lange Weg nach Westen" (2000), aber auch „Grundlagen der politischen Kultur des Westens" von Hempfer/Schwan (1987) und „Wie westlich sind die Deutschen?" von Doering-Manteuffel (1999).[112]

Die Arbeiten von H. A. Winkler hätten selbstverständlich eine viel genauere Betrachtung verdient, sollen an dieser Stelle aber nur in aller Kürze zusammengefasst und mit den Ansichten Huntingtons kontrastiert werden. Die Werke „Kampf der Kulturen" und „Geschichte des Westens" unterscheiden sich hinsichtlich der Konzeptualisierung des Westens diametral. Huntington plädiert gegen den Universalismus westlicher Werte und gegen einen imperialistisch

---

112 Ob Deutschland zur westlichen Welt dazugehöre oder nicht, ist als eine historische Debatte zu charakterisieren. Aus aktueller Sicht ist diese Zugehörigkeit relativ deutlich gegeben, was beispielsweise die bereits dargestellten Verwendungen von *wir* mit Referenz auf den Westen vermitteln, siehe das Kapitel 4.3.3.3.

auftretenden Westen, aber für eine machtbewusste Interessenssicherung in der zukünftig multipolaren und multikulturellen Arena der Geopolitik.

Winkler setzt sich demgegenüber für die selbstkritische Verwirklichung des normativen Projekts des Westens ein, das dann ohne hegemoniale Machtpolitik aus sich selbst heraus eine globale Attraktivität für die Bevölkerungen anderer Weltregionen entwickeln werde.

Die Beschäftigung mit der diachronen Entwicklung des Westens ist demnach uneinheitlich. Fachlichen Dissens gibt es hinsichtlich mehrerer Aspekte der Geschichte der westlichen Welt: von der Genese über integrale Charakteristika sowie Entwicklungsetappen bis hin zur Historizität oder Persistenz von Konfliktkonstellationen.

5.1.3 Politische Aspekte des Westens

Nach der Betrachtung geschichtlicher Aspekte sollen nun politikbezogene und ideologiekritische Diskussionen aufgegriffen werden, um zum multiperspektivischen Verständnis der komplexen supranationalen Formation des Westens beizutragen.

Dies kann angesichts der unermesslichen Fülle an Schriften und Debatten, in denen die westliche Welt eine politisch relevante Rolle spielt, selbstverständlich nur abrisshaft und anhand einer engen Gegenstandsauswahl erfolgen. Am Ende dieses Unterkapitels werden aber weiterführende Arbeiten genannt. Konkret sollen hier zunächst zwei konkurrierende Begriffsverständnisse der Ideologie des sogenannten „Okzidentalismus" und dann zwei entgegengesetzte Positionen zur Offenheit bzw. Geschlossenheit des Westens behandelt werden.

Unter dem Stichwort „Okzidentalismus" kursieren zwei separate Theorieansätze, die sich jeweils mit unterschiedlichen Ideologien kritisch auseinandersetzen. Gemäß der ersten hier zu diskutierenden Version kann „Okzidentalismus" als ergänzende Erweiterung der Theorie zum „Orientalismus" von Edward Said (1979) betrachtet werden. In diesem Begriffsverständnis geht es um die Verwandlung von kulturellen Differenzen in Hierarchien und die Reproduktion von asymmetrischen Machtbeziehungen auf globaler Ebene. Kritisiert wird die von „westlich-europäische[n] Gesellschaften" (Brunner/Dietze/Wenzel 2009: 11) vollzogene Abgrenzung und Betonung der vermeintlichen eigenen kulturellen Überlegenheit. Zentral sind das Zusammenspiel der Abwertung von Fremden bzw. von „orientalisierten Anderen" (ebd.) und die Befürwortung einer Vormachtstellung aus der Binnenperspektive des Westens. Einschlägig für diese Theorie ist der Sammelband „Kritik des Okzidentalismus" von Brunner/Dietze/

Wenzel (2009) und die Arbeiten von Fernando Coronil (1996; dt.: 2013), die darin mehrmals zitiert werden. Der Begriffsgebrauch dieses Ansatzes ähnelt dem Terminus „Eurozentrismus", also der Annahme einer generellen Überlegenheit Europas sowie die Ausprägung unterschiedlicher Wertungen mit einem Bias zugunsten von allen als europäisch bzw. westlich eingeschätzten Entitäten.

Diesem Ansatz gegenüber steht das Verständnis von „Okzidentalismus", das Ian Buruma und Avishai Margalit in ihrem gleich lautenden Buch (2004; dt.: 2005) ausgearbeitet haben. Darin geht es um die Ideologien, die gegenüber dem Westen nicht einen positiven, sondern einen negativen Bias besitzen, also sich mit Vorurteilen, Ablehnungen bis hin zu offenem Hass auf die als westlich eingeschätzten Entitäten beziehen. Buruma/Margalit bezeichnen diese Haltungen auch als antimodern und gegen die Charakteristika des Westens wie Materialismus, Liberalismus, Säkularität und Aufklärung gerichtet (vgl. 2005: 10ff.). Die jeweiligen Ziele des Hasses seien vielfältig, beispielsweise die Populärkultur, der Kapitalismus, das Stadtleben und urbane Entfaltungsmöglichkeiten sowie sexuelle Freizügigkeit u. a. (vgl. 2005: 13). Versionen dieser antiwestlichen Abwertungsideologie identifizieren Buruma/Margalit im islamistischen Fundamentalismus, aber auch bei Nationalisten aus unterschiedlichen Weltregionen, bei Rechten und manchen Linken im Westen selbst und in gewissen Formen einer spirituell-antimaterialistischen Romantik (vgl. ebd.).

Auf den ersten Blick wirken diese beiden Konzeptionen vollständig kontradiktorisch zueinander, einmal als Kritik an Hass, der sich aus dem Westen heraus auf Andere bezieht, einmal als Kritik an Hass, der von verschiedenen Orten aus den Westen fokussiert. Damit besteht rund um den Ausdruck *Okzidentalismus* ein semantischer Kampf mit konkurrierenden „Bedeutungsfixierungsakten" (vgl. Felder 2006: 17).[113]

Die zugrundeliegende Gemeinsamkeit beider Theorien ist jedoch, dass sie reduktionistische Abwertungsideologien behandeln, die sich auf undeutlich bestimmte, ungemein umfangreiche Kultureinheiten beziehen. Kritisiert werden die verfestigten Formen von Denkweisen und Einstellungen, in denen andere Menschen aufgrund einer angenommenen Zugehörigkeit oder Nicht-Zugehörigkeit zu „Globalkollektiven" als minderwertig erachtet werden.

Im Rahmen der diskursiven Konstruktion von hyperextensiven Kollektiven können leicht darauf fokussierte negative Stereotype, Vorurteile, Generalisierungen und Ausgrenzungen auftreten. Aus einer kritischen Perspektive heraus

---

113 Alternative Termini zur Vermeidung von begrifflichen Verwechslungen wären möglicherweise „Okzident-Zentrismus" als Erweiterung des etablierten Konzepts „Eurozentrismus" einerseits und „Anti-Okzidentalismus" andererseits.

sollten die verschiedenen Spielarten von reduktionistischen Abwertungsideologien beobachtet und ernstgenommen werden.

Nach der Diskussion zur Theorie des „Okzidentalismus" sollen nun noch kurz zwei politisch entgegengesetzte Haltungen zum Westen thematisiert werden. Es geht darum, wie offen oder geschlossen der Westen vorgestellt wird.

Für eine ausgeprägte Offenheit der westlichen Welt plädiert Stefan Weidner in seiner Monographie „Jenseits des Westens. Für ein neues kosmopolitisches Denken" (2018). Im Zuge einer wertorientierten Beschäftigung mit diversen nicht-westlichen Entwürfen von Menschenwürde und anderen Menschenrechten werden darin Konzepte eines Kosmopolitismus entwickelt. Solche Programme wie die Aufklärung oder die Etablierung liberaler Demokratien sollen gerade nicht als ausschließlich „westlich" verklärt, kulturgeographisch verortet oder anderweitig identitär aufgeladen werden (vgl. Weidner 2018: 23ff., 34f., 38, 74, 83). Weidner liefert sowohl eine Kritik an Samuel Huntingtons Theorie des Westens (2018: 52ff., 59, 84ff.) als auch eine differenzierte Betrachtung verschiedener als „westlich" aufgefasster Freiheitsbegriffe (2018: 31ff., 305ff.). Darüber hinaus finden sich in Weidners Schrift weitere interessante ideen- und geistesgeschichtliche Anknüpfungspunkte für die Rolle des Westens bzw. einer entgrenzten Version dessen in einer möglichst aufgeklärten, solidarischen Welt. Diese Anknüpfungspunkte sind aber nicht Gegenstand dieser Arbeit, vielmehr sollte an dieser Stelle fokussiert werden, dass in Weidners Konzeption die gesellschaftliche Offenheit zum Grundprinzip des Westens erhoben wird (vgl. bspw. 2018: 121ff.).

Diesem Ansatz konträr gegenüber stehen solche Konzeptionen des Westens, die diesen primär als abgeschlossenen, von Veränderungen bedrohten Raum verstehen. Die Vorstellung eines unveränderlichen Kerns des Westens ist dabei zentral. Zumeist bezieht sich dieser Kern auf einen essenzialisierten Kulturbegriff, kann aber auch auf ethnische Merkmale bestimmter Bevölkerungsgruppen übertragen werden, womit die Möglichkeit der Zugehörigkeit für viele Personen eingeschränkt oder völlig negiert wird. Eine überzeugende und hellsichtige Analyse dieser besonders exklusionistischen Konstruktion des Westens findet sich in der bereits 1995 veröffentlichten Arbeit „Kulturkampf. Volk, Nation, der Westen und die Neue Rechte" von Mark Terkessidis. Er beschreibt, wie in den Diskursen der Neuen Rechten die Begriffe der „Kultur" und „Geschichte" mit denen der „Rasse" und „Natur" verquickt werden und als synonym betrachtet werden sollen (vgl. 1995: 50ff., 57ff.). „Kulturen" sollen demnach als fixierte, homogene und natürlich gewachsene Einheiten gelten. Dies kann auch als eine Ethnifizierung des Kulturbegriffs aufgefasst werden, der damit zugleich als Ersatz des wissenschaftlich obsoleten, gesamtgesellschaftlich teilweise verpönten Begriffs von „Rassen" fungieren kann. Terkessidis führt im Weiteren aus, dass bei manchen Vertretern der Neuen Rechten der „Okzident" für eine den Nationalkulturen übergeordnete, europäische bzw. „weiße" Kultur stehe (vgl. 1995: 69). Der „Westen" verweise gemäß dieser Konzeptionen auf eine von außen bedrohte, auf ethnischer Basis klar abgegrenzte Entität, die bisweilen gar an ein biologisch-kulturelles Merkmal des „Weiß-Seins" gekoppelt wird (vgl. 1995: 121).

Interessanterweise diskutiert Terkessidis bereits die geopolitische Theorie Samuel Huntingtons bzw. die 1993 veröffentlichten Aufsätze vor der Buchveröffentlichung von 1996 (siehe zur Publikationsgeschichte vom „Kampf der Kulturen" die Ausführungen in Kapitel 3.1.2). Terkessidis analysiert Huntington nicht als dezidierten Vertreter der Neuen Rechten, sondern als Verfechter einer demokratischen Kultur des Westens, allerdings habe auch er einen stark essenzialistischen Kulturbegriff und trage letztlich zur „Ethnifizierung von Politik" (1995: 121) bei.[114]

Die Vermischung eines essenzialistischen Kulturbegriffs mit der Vorstellung homogener, deutlich abgrenzbarer Ethnien kann also zu einem hochgradig exklusionistischen Konzept des Westens führen. Exemplarisch sollen dazu einzelne Arbeiten und Positionen behandelt werden.

Die umstrittene US-amerikanische Medienfigur Pat Buchanan hat 2001 eine Monographie mit dem Titel „The Death of the West" veröffentlicht, in der der nahende Niedergang der westlichen Zivilisation prophezeit wird. Verantwortlich dafür seien hauptsächlich ethnisch-demographische Faktoren, nämlich der prozentuale Rückgang europäischer bzw. europäisch-stämmiger Bevölkerungsgruppen und der gleichzeitige Anstieg afrikanischer, asiatischer und lateinamerikanischer Gruppen sowohl global betrachtet als auch innerhalb der USA (vgl. Buchanan 2001: 11ff.). Aufgrund der zunehmenden Immigration – vor allem aus Lateinamerika aber auch aus diversen anderen Weltregionen – werde die USA bald kein westlicher Staat mehr sein (vgl. ebd.). Zusätzlich beklagt Buchanan die Abnahme des christlichen Glaubens in den USA und beschuldigt liberale und marxistische Bewegungen ebenso wie den Feminismus und die „political correctness", die genannten Trends zu beschleunigen (vgl. 2001: 75ff., 89ff., 179ff.). Sei-

---

[114] Zusätzlich finden sich in der späteren Veröffentlichung Huntingtons Textstellen, die auf eine vermeintliche biologische Fundierung der von ihm entwickelten Zivilisationskollektive hinweisen (vgl. KdK: 52f.). Siehe hierzu auch die Ausführungen in Kapitel 3.1.3. Diese Bemerkung soll die Einschätzung von Mark Terkessidis stützen.

nen politischen Feinden wie der Frankfurter Schule wirft Buchanan sogar eine geplante Zerstörung der westlichen Zivilisation vor (vgl. 2001: 78ff.).[115]

In Buchanans Ansatz ergibt sich die Konsequenz, dass Personen nichteuropäischer Herkunft qua Definition nicht zum Westen gehören können. Unabhängig von ihren tatsächlichen Handlungen und Einstellungen, ihren politischen Bekenntnissen, ihren Wertorientierungen ist ihre Zugehörigkeit zu den riesigen Zivilisationseinheiten allein durch vermeintlich eindeutige Abstammungsmerkmale bestimmt. Die Ethnifizierung bzw. die Biologisierung sowohl der Kollektivkonstruktion des Westens als auch der Geopolitik insgesamt ist offensichtlich. Buchanan ist beileibe nicht deren einziger Vertreter. Vielmehr handelt es sich um ein fundamentales Ideologie-Versatzstück derjenigen Rechten, die sich affirmativ auf supranationale Einheiten beziehen, diese zugleich ethnifiziert-kulturalistisch auslegen und als existenziell bedroht darstellen.[116]

Viele exklusionistische Diskurse über Wir-Gruppen sind so konfiguriert, dass sie auf Bedrohungsszenarien basieren. In diesen Szenarien gelten vor al-

---

[115] Pat Buchanan (2001: 78ff.) erklärt die „Frankfurt School" offen zu seinen Feinden und versieht sie mit dem Label „cultural marxist". Ob dieses Label bereits vorher in Verwendung war, ist mir nicht bekannt, jedenfalls hat es seither eine unrühmliche Karriere als Feindbild der Extremen Rechten eingeschlagen. Der Massenmörder Anders Behring Breivik beispielsweise gebraucht dieses Label zuhauf (siehe auch die folgende Fußnote Nr. 116). Buchanan erklärt bemerkenswerterweise den entscheidenden Unterschied zwischen den Entwicklungsstufen des Marxismus folgendermaßen: „To old Marxists, the enemy was capitalism; to new Marxists, the enemy was Western culture." (2001: 79) Im Sinne eines „Othering" als Abgrenzung vom internen ideologisch verfassten Feindbild wird hier wiederum die eigene Vorstellung vom bedrohten, anti-marxistischen (eben christlich-konservativen) Westen aufgewertet.

[116] In den Diskursen der sogenannten „Identitären Bewegung" ebenso wie im sogenannten Manifest des Rechtsterroristen und Massenmörders Anders Behring Breivik stehen meistens ein „christliches Westeuropa" im Zentrum, das aber stellenweise auf Nordamerika ausgedehnt und das dann zur „rassisch" reinen, von innen und außen bedrohten und unbedingt im Kampf zu beschützenden „western civilisation" verbrämt wird. Vgl. bspw. das „Breivik-Manifest" unter: https://publicintelligence.net/anders-behring-breiviks-complete-manifesto-2083-a-european-declaration-of-independence/ [zuletzt aufgerufen am 04.01.2021]. Innerhalb der US-amerikanischen „Alt-Right"-Bewegung findet sich ebenfalls ein verklärender Identitätsbezug auf die „western civilisation". Der ehemalige Kongressabgeordnete Iowas, Steve King, erklärte die westliche Zivilisation als allen anderen grundsätzlich überlegen. Durch den Kontext seiner Äußerungen wird deutlich, dass King den Ausdruck zur Umschreibung von „white people" einsetzt, mithin im Sinne einer Umweg-Kommunikation als Grob-Kategorie eines vermeintlichen „Rassenmerkmals" intendiert. Vgl. hierzu bspw.: https://web.archive.org/web/20160721000707/http://www.nytimes.com/2016/07/19/us/politics/steve-king-nonwhite-subgroups.html [zuletzt aufgerufen am 22.09.2022]. Ein im Herbst/Winter 2020 hochaktuelles Beispiel liefert auch die US-amerikanische Bewegung der sogenannten „Proud Boys". Siehe hierzu die Ausführungen in Kapitel 5.2.2.2.1 im Rahmen der Analyse der Evaluierungsmuster zum Westen.

lem zwei strukturelle Gefahren. Bedroht wird die Wir-Gruppe, indem erstens Personen, die qua Ethnos oder Kultur als essenziell fremd deklariert werden, von außen in das Territorium der Wir-Gruppe eindringen wollen, und indem zweitens nicht-fremde Personen mit dem Status interner politischer Feinde dies zulassen, eventuell gar unterstützen.

Bereits Terkessidis beschreibt die von der Neuen Rechten propagierte „Ecology of Fear" (1995: 121), die sich ebenfalls auf den Westen als bedroht-verängstigtes Element beziehen könne. In einer anderen interessanten Arbeit wird dieser emotionale Zustand der Angst sogar zum zentralen Charakteristikum des Westens erklärt. Dominique Moïsi schildert in „The Geopolitics of Emotion" bzw. in der bemerkenswert betitelten deutschen Übersetzung „Kampf der Emotionen" (2009) eine weitere Simplifizierung der geopolitischen Theorie Samuel Huntingtons. Nurmehr drei relevante Zivilisations-Großeinheiten bestimmen die Entwicklung der Welt und werden dabei hauptsächlich von jeweils einem Gefühl dominiert, nämlich der Islam von Demütigung aufgrund der kolonialen Unterlegenheit, Ostasien bzw. Indien und China von Hoffnung aufgrund der dynamischen Modernisierungserfolge, und drittens der Westen von Angst und Depression aufgrund drohender Macht- und Identitätsverluste; ganz plakativ: „Demütigung in Ifrane [in Marokko, Anm. JHK], Hoffnung in Mumbai, Angst in London" (Moïsi 2009: 18).

Die theoretische Konzeption von „Kollektiven Emotionen" wird in dieser Arbeit tendenziell skeptisch betrachtet, was sich direkt aus den Überlegungen zum Phänomen der Kollektivität ergibt, siehe hierzu das Kapitel 4.2.1. Allerdings lässt sich die Attribuierung affektiver Zustände an den Westen zahlreich belegen, was im folgenden Kapitel 5.2.3.2 wieder aufgegriffen wird.

Es gibt unzählige weitere politikwissenschaftliche oder zumindest politisch relevante Arbeiten zum Westen, die eine ausführliche Behandlung verdient hätten, die hier aber nicht detailliert behandelt werden können. An dieser Stelle sollen jedoch einige wenige wissenschaftliche Arbeiten kurz genannt werden, sozusagen als skizzenhafte Kommentierung einer ausgewählten Bibliographie zum Westen als politischer Entität (nachfolgend gemäß des Erscheinungsjahres geordnet): Aus zeitgeschichtlicher Perspektive ist der Sammelband von Kempfer/Schwan „Grundlagen der politischen Kultur des Westens" (1987) interessant, da darin die westliche Welt gegen Ende des Kalten Kriegs diskutiert wird. Aus ideologiekritischer Perspektive aufschlussreich ist das Kapitel „Der Westen und der Rest. Diskurs und Macht" in Hall (1994). Im Sammelband „Occidentalism. Images of the West" (Carrier 1995) werden verschiedene geistes- und literaturgeschichtlich wichtige Episoden der Entstehung der westlichen Welt analysiert. Weitere anglophone Arbeiten, die historische und ideengeschichtliche

Aspekte des Westens thematisieren, sind erstens „Inventing Western Civilisation" (Patterson 1997), zweitens „The Idea of the West. Culture, Politics, and History" (Bonnett 2004) und drittens „From Plato to NATO. The Idea of the West and its Opponents" (Gress 2004). Etwas bekannter und deutlich affirmativer ausgerichtet ist zudem die Arbeit von Niall Ferguson „Civilization. The West and the Rest" (2011a), übersetzt als „Der Westen und der Rest der Welt. Die Geschichte vom Wettstreit der Kulturen" (Ferguson 2011b), in der die geschichtlich bedingte geopolitische Hegemonie des Westens ideologisch verteidigt wird. Eine sehr negative Darstellung des Westens aus antiimperialistischer Perspektive liefern Noam Chomsky und Andre Vltchek in einer Gesprächsmitschrift, die unter dem vielsagenden Titel „On Western Terrorism. From Hiroshima to Drone Wars" (2013) herausgegeben wurde. David Nirenberg (2013) arbeitet in seiner Studie „Anti-Judaism. The Western Tradition" den der abendländischen Geschichte inhärenten Antisemitismus detailliert heraus. Weitere geschichtliche Faktoren der Herausbildung der westlichen Zivilisation beschreibt Burger (2013) in „The Shaping of Western Civilization. From Antiquity to the Present". Neuere politikwissenschaftliche Arbeiten bietet der Sammelband „Uses of the West. Security and the Politics of Order" von Hellmann/Herborth (2017).

Im Fokus dieses Kapitels standen mehrere Aspekte, die die konzeptuelle Heterogenität und die inhaltliche Vielfalt in den Diskursen zum Westen vermitteln sollen. Es kursieren abweichende Vorstellungen davon, woraus der Westen besteht und was ihn fundamental charakterisiert. Geographisch-territoriale, religiös-kulturelle, historische, politisch-ideologische Merkmale wurden diesbezüglich diskutiert, aber allesamt als umstritten, uneinheitlich oder ungenau analysiert. Der Westen ist damit eine extensional und intensional unterbestimmte Gruppen-Konstruktion.

5.2 Korpusanalysen zum Westen

In diesem Kapitel geht es um die empirische Analyse der sprachlichen Konstruktion der Wir-Gruppe des Westens. Empirisch ausgerichtet ist dieser Teil insofern, als dass die Untersuchung korpusgestützt abläuft, also die gesammelten Daten der Pressetextkorpora nun auf die aus den bisherigen Diskussionen resultierenden Fragestellungen hin untersucht werden. Für detaillierte Beschreibungen des Korpus und des methodischen Vorgehens siehe das Kapitel 2.2.

Dass der Westen in deutschsprachigen Mediendiskursen als Wir-Gruppe vorkommt, wurde bereits anhand zahlreicher Appositionen zu den Personalpronomina der Gestalt *Wir im Westen* belegt, siehe dazu vor allem das Kapitel 4.3.3.2

mitsamt den dortigen Unterkapiteln. Auf dieser Erkenntnis aufbauend soll nun die Diskussion der Wir-Gruppen-Konstruktion erfolgen.

Im Sinne einer kognitionslinguistisch ausgerichteten Terminologie kann diese Aufgabenstellung derart reformuliert werden, dass nun die Konzeptualisierung des WESTENS[117] herausgearbeitet werden soll. Insofern als jeglicher Sprachgebrauch auf konzeptuell gebundenem Wissen basiert, sind konkrete Äußerungen – sowohl mündlicher Art wie in Gesprächsbeiträgen als auch schriftlicher Art wie in Zeitungsartikeln und anderen Pressetexten – immer auch Spuren der kognitiven Aktivität der Sprachbenutzer*innen (vgl. Schwarz-Friesel 2013: 18ff., Schwarz-Friesel 2014a: 10). Wenn die an deutschsprachigen Mediendiskursen beteiligten Personen also Aussagen über oder bereits Verweise auf den *Westen* herstellen, dann liegt dem stets ein Konzept des WESTENS als mentaler Repräsentation zugrunde. Ein solches Konzept ist selbstverständlich dynamisch und divers, d. h. bezüglich verschiedener Gesellschaftsmitglieder nicht gleichförmig, sondern unterschiedlich ausgeprägt.

Bevor die Konzeptualisierung Gegenstand der Analyse wird, sollen aber die verschiedenen sprachlichen Mittel untersucht werden, die zur Verfügung stehen, um auf den WESTEN und auf konzeptuell eng verwandte Elemente zu verweisen. Im Unterkapitel 5.2.1 werden also die Referenzmittel im Vordergrund stehen, unterteilt in substantivische Referenzalternativen in 5.2.1.1 und Kombinationen aus Adjektiv+Substantiv in 5.2.1.2. Der Abschnitt zur Konzeptualisierung 5.2.2 ist unterteilt in die Untersuchung der Perspektivierung des Westens in 5.2.2.1 und die Evaluierung des Westens in 5.2.2.2. Dieses Unterkapitel umfasst eine detaillierte Stichprobenanalyse und anhand dieser eine ausführliche Diskussion der unterschiedlichen Bewertungen zum Westen, die im Korpus kursieren, weshalb in diesem Abschnitt eine weitere Unterkapitel-Einteilung vorgenommen wurde. Zuerst wird darin die Vorstellung der drei identifizierten Evaluationsmuster erfolgen: „Der Westen wird uneingeschränkt positiv bewertet" in 5.2.2.2.1, „Der Westen wird tendenziell positiv bewertet" in 5.2.2.2.2, „Der Westen wird tendenziell negativ bewertet" in 5.2.2.2.3. Anschließend wird in Unterkapitel 5.2.2.2.4 die Verteilung dieser Evaluationsmuster dargestellt und kritisch betrachtet.

Zum Abschluss des Kapitels sollen in Kapitel 5.2.3 zwei eng miteinander verknüpfte Auffälligkeiten der Korpusanalyse diskutiert werden. Es geht dabei um relativ konstante Darstellungsweisen des *Westens*, aus denen sich Annahmen über seinen ontologischen Status erschließen lassen, genauer um „Der

---

117 Gemäß der in Kapitel 1 erläuterten Layout-Konvention soll die Großschreibung die konzeptuelle Ebene anzeigen, auf der die so geschriebene Einheit verortet wird. Die Spracheinheit *Der Westen* basiert auf dem Konzept des WESTENS.

Westen als kollektiver Akteur" in 5.2.3.1 und „Der Westen als Emotionsträger" in 5.2.3.2. Im Zuge dieser Diskussion werden auch Erkenntnisse der vorherigen Hauptteile dieser Arbeit zum *Kampf der Kulturen* (Kapitel 3), zum Begriff der Wir-Gruppe und dem philosophischen Phänomen der Kollektivität (Kapitel 4) wieder aufgegriffen und praktisch angewandt.

Die Zusammenfassung der Ergebnisse dieser mehrteiligen Korpusanalyse erfolgt dann separat in Form eines eigenen Kapitels 5.3.

5.2.1 Die sprachlichen Mittel zur Referenz auf den Westen

Im ersten Untersuchungsschritt sollen die verschiedenen sprachlichen Mittel behandelt werden, die zur Verfügung stehen, um auf die hier interessierende Einheit verweisen zu können. Diskursive Konstruktionen bauen darauf auf, dass den Sprachbenutzer*innen eine allgemein verständliche Bezugnahme auf ein mehr oder weniger gemeinsam geteiltes, bekanntes Konzept möglich ist. Dies passiert in Form der Referenzakte, die ein logisch unabdingbares Element aller Sprech- bzw. Kommunikationsakte darstellen. Referenzakte können durch vielfältige Ausdrucksmittel erfolgen. In den meisten Fällen bauen die Referenzausdrücke dabei nicht nur neutrale Verweise auf, sondern sie leisten auch einen integralen Beitrag zu den Perspektivierungen und Evaluierungen, die rezeptionsseitig erkannt und den Produzent*innen der jeweiligen Äußerungen zugeschrieben werden. Zum Phänomen der Referenz siehe Vater (2005), Schwarz-Friesel/Chur (2014), Schwarz-Friesel (2014a: 12).

Ein besonders wichtiger Teil dieser Arbeit bestand darin zeigen zu können, wie über Personalpronomina Menschengruppen ganz unterschiedlicher Größe und sozialer Verfasstheit referenzialisiert werden können, siehe hierzu das Kapitel 4. Speziell im Kapitel 4.3.2 wurde ausführlich dargestellt, inwiefern die Pronomina der 1. Person Plural zur eindeutigen Bezugnahme auf die Wir-Gruppe des Westens eingesetzt werden. Die pronominale Referenz bleibt für die gesamte Untersuchung hochgradig relevant. Oftmals läuft der Pronomen-Gebrauch jedoch nicht alleinstehend ab, sondern in Ergänzung anderer Referenzmittel. Ein Beispiel für die Kombination pronominaler und nicht-pronominaler Ausdrücke wurde bereits in Kapitel 4.3.2.1 mit der Textstelle (48) diskutiert, in der ein *wir* mit der Nominalphrase *westliche Zivilisation* zusammen vorkommt und dadurch eine phorische Qualität erhält. Solche Fälle der Kombination von pronominalen und nicht-pronominalen Referenzmitteln ist insgesamt überaus stark verbreitet. Im Folgenden wird hierauf bisweilen hingewiesen, ansonsten stehen die Wir-Vorkommen nicht im engen Analysefokus dieses

Unterkapitels. Nun werden vielmehr die verschiedenen Varianten von Nominalphrasen zur Referenzialisierung der Gruppen-Konstruktionen eingehender betrachtet.

5.2.1.1 Substantivische Alternativausdrücke

Im vorherigen Kapitel 5.1.2 wurde im Rahmen der historischen Perspektive darauf hingewiesen, dass neben dem Ausdruck *Westen* zwei etymologisch analoge bzw. semantisch betrachtet identisch motivierte Bezeichnungsalternativen mit differenten Gebrauchsgeschichten vorliegen, nämlich *Abendland* und *Okzident*. Zunächst werden daher diese drei Substantive hinsichtlich ihrer Verteilung im Korpus kontrastiert. Im folgenden Unterkapitel 5.2.1.2 werden dann diejenigen Nominalphrasen untersucht, in denen die Gruppen-Spezifizierung adjektivisch – mittels *westlich* oder den beiden anderen Adjektivderivaten *abendländisch*, *okzidental* – vollzogen wird, wobei dann der folgende substantivische Phrasenkopf zusätzlich relevante Einblicke in die sprachlichen Darstellungsmöglichkeiten der Wir-Gruppe erlaubt.

Eine tabellarische Auflistung der Häufigkeiten der substantivischen und adjektivischen Ausdrucksvarianten im Gesamtkorpus sieht folgendermaßen aus.

Tab. 3: Häufigkeiten relevanter Inhaltswörter im gesamten Untersuchungskorpus

Substantivische Referenzausdrücke	
Suchbegriff	**Trefferzahl**
westen	10.097
westen*	12.803
abendland	293
abendland*	498
okzident	195
okzident*	269
Adjektivische Formen	
westlich*	10.781
abendländisch*	333
okzidental*	48

Zur Erklärung der Tabellenspalten sei darauf hingewiesen, dass die Groß-/ Kleinschreibung für die Suche im Programm „antconc" unerheblich ist[118] und der Asterisk als Wildcard-Symbol für eine unbestimmte Buchstabenfolge innerhalb von Wortgrenzen steht, also die flektierten Wortformen der Suchbegriffe abdeckt.

Die Validität der Ergebnisse ist dergestalt eingeschränkt, dass der Ausdruck *Westen* mehrdeutig ist, im Grunde genommen sogar polysem und homonym ist. Neben der hier diskutierten Zivilisationseinheit respektive supranationalen Personengruppe kann im Sinne einer Polysemie mit diesem Ausdruck eben auch bloß die Himmelsrichtung oder ein westlich gelegener Teil eines Territoriums bezeichnet werden. Homonym zu diesen Formen ist der Plural des Lexems zur Bezeichnung eines ärmellosen Kleidungsstücks *Weste*. Eine kursorische Analyse legt jedoch nahe, dass der Großteil der Vorkommen im Gesamtkorpus tatsächlich auf die hier diskutierte Wir-Gruppe referieren soll.[119]

Die zahlenmäßige Überlegenheit des Ausdruckskomplexes *Westen/westlich* ist dadurch insgesamt etwas geringer, als die oben stehenden Zahlen angeben, aber immer noch überaus deutlich. Die Frequenzrelation zwischen den aufgelisteten Formen deckt sich in etwa mit den Gebrauchswerten, die sich im DWDS-Zeitungskorpus zu den drei Kontrast-Ausdrücken ermitteln lässt. Siehe hierzu die folgenden Verlaufskurven, wobei die x-Achse zur Verdeutlichung der Verhältniswerte gestaucht skaliert ist und die Abstände zwischen den Linien ansonsten, in einer anderen Skalierung um ein Vielfaches größer wären:

---

[118] Dies gilt, solange die Suchfunktion „case" nicht aktiviert ist. Im Fall des Suchbegriffs „okzidental*" wurden beide Einstellungen verglichen, da unter diesem Suchbegriff sowohl das Adjektiv als auch das deriverte Substantiv-Abstraktum *Okzidentalismus* zu finden ist. Tatsächlich ist die adjektivische Verwendung mit nur 12 Vorkommen deutlich seltener, als es die oben angegebene Trefferzahl 48 nahelegt. Dies ist aber der einzige Fall von einer Vermischung unterschiedlicher Wortarten innerhalb der Tabelle 3.
[119] Innerhalb der kursorischen Kontrollsuche waren es circa 95 Prozent der Treffer-Gesamtmenge, mit denen tatsächlich auf den supranationalen Westen referiert wird. Die restlichen Vorkommen bestanden größtenteils aus Bezugnahmen auf West-Territorien – entweder generisch referierend wie bspw. *der Westen der Stadt* oder spezifisch referierend wie *im Westen der USA*, *der Westen Deutschlands* – sowie in einzelnen, insgesamt sehr seltenen Fällen die homonyme Kleidungsstückbezeichnung.

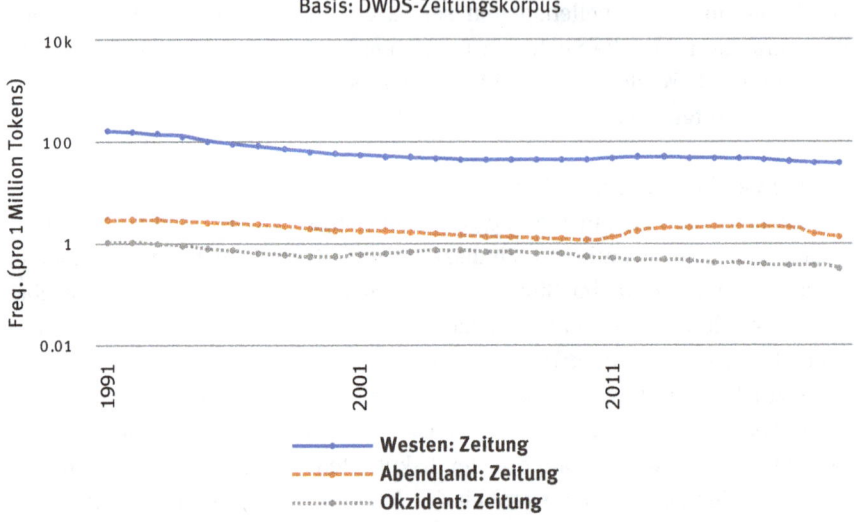

Abb. 6: Häufigkeitsvergleich relevanter Substantive[120]

Die mit „antconc" erfassten Häufigkeitswerte im Gesamtkorpus sowie die DWDS-Verlaufskurven beweisen die unterschiedlichen Verbreitungsgrade der Bezeichnungs-alternativen im öffentlichen Diskurs. *Westen/westlich* überragt die alternativen Formen und steht folglich als Default-Referenzmarker der Wir-Gruppe hauptsächlich im Vordergrund der weiteren Untersuchung. Zuvor sollen aber die Verteilungsauffälligkeiten der beiden anderen Optionen betrachtet werden.

Im zweithäufigsten Komplex *Abendland* ist der Treffer-Anstieg von der Stammform (293 Belege) zur Flexionsform (498 Belege) bemerkenswert. Zurückzuführen ist dies auf Nominalphrasen mit Genitivattributen. Zahlreich vertreten sind im Korpus Zitierungen des Buchtitels *Der Untergang des Abendlandes* (vgl. Spengler 1918) und ab 2014 in etwas geringerem Maße auch die Vollform des Akronyms *PEGIDA* (*Patriotische Europäer gegen die Islamisierung des Abendlandes*).

Hinsichtlich der Kotexte ist neben den genannten Nominalphrasen eine weitere Kollokation unzweifelhaft erkennbar. Die Phrase *christliches Abendland* ist mit ihren verschiedenen Flexionsformen überdurchschnittlich häufig belegt, mit anderen Worten ist das Adjektiv *christlich** das mit deutlichem Abstand häufigste linksseitige N-Gramm zum Suchwort. Die folgende Textstelle dient als

---

120 Vgl.: https://www.dwds.de/r/plot/?view=3&corpus=zeitungen&norm=date%2Bclass&smooth=spline&genres=0&grand=1&slice=1&prune=0&window=3&wbase=0&logavg=0&logscale=1&xrange=1991%3A2020&q1=Westen&q2=Abendland&q3=Okzident [zuletzt aufgerufen am 22.09.2022]

Beleg für eine solche Verwendung, in der zugleich ein möglicher Religionskonflikt durch das vom Personalpronomen abgeleitete Adverb *unsererseits* einseitig perspektiviert wird, während der Kontrahent *Islam* insgesamt negativ und als *wesensfremd* dargestellt wird:

(87)   Dass der Dialog nötig ist, steht außer Frage aber ohne Duckmäusertum unsererseits. Alle müssen wissen, dass das christliche Abendland und der Islam durch Welten getrennt sind. Demokratie, Sozialismus, Liberalität, selbst Anarchie wurzeln in der Tradition des Christentums und sind dem Islam wesensfremd. (Der Spiegel, 29.12.2001, Leserbrief)

Es scheint die inhaltliche Spezifik der Referenzvariante *Abendland* zu sein, auf religiöse und historische Konzeptdimensionen hinzuweisen. Im Diskurs sind jedoch einige Problematisierungen dieser Verwendungsweisen sowie der vornehmlich affirmativen Bezugnahme auf das *Abendland* vorzufinden. Gerade in späteren Zeitabschnitten ab 2014/2015 sind kritische Betrachtungen zum Gebrauch dieser Bezeichnung geläufig, wie auch die folgenden Überschriften allein aus derselben Zeitung aus zwei aufeinander folgenden Tagen belegen:

(88)   Wo liegt eigentlich dieses Abendland? [Überschrift] Pegida: Über das Abendland als Kampfbegriff (Die Welt, 13.12.2014)

(89)   Das „Abendland" ist eine Geburt der Islam-Angst [Überschrift] Wenn heute von „Rettung des Abendlandes" die Rede ist, knüpft das an die Jahrhundertealte Furcht der Europäer vor islamischer Eroberung an. Dabei gibt es dieses Land ebenso wenig wie das „Morgenland". (Die Welt, 14.12.2014)

Das Substantiv *Abendland* ist folglich kein unproblematischer Ausdruck, sondern eine Referenzvariante mit einer eigenen Diskursgeschichte.[121]

---

121 Eine zusätzliche adjektivische Attribuierung soll hier nur kurz genannt werden: Das „*christlich-jüdische Abendland*" ist eine Phrase, die sich bisweilen im öffentlichen Sprachgebrauch, vor allem von christlich-konservativen Politiker*innen, findet. Überraschenderweise ist sie im Korpus nur einmal belegt, während die Adjektivkombination andere Substantive häufiger attribuiert, wie z.B. *christlich-jüdische Zusammenarbeit, christlich-jüdischer Dialog*. Der einzige Korpusbeleg zur hier relevanten Phrase steht innerhalb einer Interview-Passage, in der ihr Gebrauch sogleich kritisiert wird: *„taz: Deutsche Konservative reden neuerdings gerne vom christlich-jüdischen Abendland. Ist das ein sinnvoller Begriff? Timothy Garton Ash: Wenn man die Geschichte Deutschlands*

Der Ausdruck *Okzident* ist insgesamt deutlich seltener. Er tritt vor allem in der Stammform auf, wie die in der Tabelle 3 dargestellten Trefferzahlen zeigen. Dabei bildet er auffällig oft innerhalb einer koordinierten Nominalphrase mit seinem kulturgeschichtlichen Gegenpart eine Kollokation, nämlich *Orient und Okzident*. In etwa 90 Prozent der Vorkommen stehen im engen Kotext von *Okzident* die antagonistischen Bezeichnungen wie *Orient, muslimisch, islamisch*. In einigen Fällen wird genau diese Konstellation historischer Formationen mit der als allgemein bekannt vorausgesetzten Zivilisationskonflikt-Hypothese Samuel Huntingtons in Verbindung gesetzt. Selbst wenn Huntington die hier diskutierten Ausdrücke nicht aktiv gebraucht, wie in Kapitel 5.1.2 gezeigt wurde, stellen sie nun die diskursive Aktualisierung des Deutungsmodells vom *Kampf der Kulturen* dar, wie die folgende Textstelle veranschaulicht:

(90) Mit dem 11. September 2001 und seinen apokalyptischen Bildern des Zusammenbruchs des amerikanischen Traums von Unverwundbarkeit und Reichtum verbanden die Menschen weltweit viele Gedanken: die Sorge um die eigene Sicherheit, Ängste um die Zerbrechlichkeit des Friedens, wirtschaftliche Ungewissheit, einen Kampf der Kulturen – Okzident gegen Orient. (Hamburger Abendblatt, 11.09.2002)

Der zitierte Pressetext verortet den Konfliktauslöser in den terroristischen Anschlägen von 9/11 und die sorgenvollen Reaktionen darauf. Ein anderes Ereignis, das eine ähnliche geopolitisch-mediale Funktion erfüllt, ist der in 2006 erstmals eskalierende Karikaturenstreit, der bereits in Kapitel 3.3.1 als Diskursetappe analysiert wurde. In der folgenden Textstelle wird die Gültigkeit des als *Schlagwort* charakterisierten Deutungsmodells in Zweifel gezogen und gleichzeitig durch die beiden lateinischen Ausdrücke spezifiziert.

(91) Kein Zweifel, es fehlt nicht an akuten Krisen und Spannungsfeldern zwischen dem islamischen und dem westlichen Kulturkreis. Im Streit um die Mohammed-Karikaturen bündeln sich mancherlei gegenseitige Ängste, Ressentiments, Frustrationen und harte Interessengegensätze

---

und seiner Juden bedenkt: Dann ist es schon problematisch, das Jüdische plötzlich auf diese Weise für sich zu instrumentalisieren." (taz, 08.11.2010) Das Kritikmoment, dass mit dieser Bezeichnung eine Instrumentalisierung stattfindet, ist meiner Ansicht nach überzeugend. Die Geschichte und die Gegenwart des europäischen Antisemitismus werden jedenfalls dann verdeckt, wenn die genannte Phrase von Deutschen unkritisch, womöglich gar zur Aufwertung der Wir-Gruppe intendiert gebraucht wird.

[...]. Dennoch bleibt es fragwürdig, diese Spannungen und Gegensätze pauschal auf das Schlagwort vom „Kampf der Kulturen" zwischen Orient und Okzident zu vereinfachen. (Neue Zürcher Zeitung, 11.02.2006)

Es finden hier mehrere Gleichsetzungen statt. Die simplifizierende Phrase vom *Kampf der Kulturen* ist in einem konkreten Sinne verstehbar als der Konflikt zwischen *Orient und Okzident* – selbst dann, wenn dies laut der/dem Journalist*in eine unangemessene Vereinfachung der Weltlage darstelle – und diese beiden Ausdrücke sind wiederum austauschbar zu den unmittelbar vorher benutzten vom *islamischen und dem westlichen Kulturkreis*. Die Kookkurrenz dieser Referenzmittel, die beiläufig erfolgt und im Textproduktionsprozess nicht explizit hervorgehoben werden muss, signalisiert eine zumindest für diesen Text gültige Synonymie der Bezeichnungsoptionen *Okzident* und *westlicher Kulturkreis*.

Insgesamt sind solche Kookkurrenzen von alternativen Ausdrücken nicht selten. Die folgenden Textstellen verdeutlichen dies in prägnanter Weise für die drei genannten Substantive:

(92)   Ist dies [9/11, Anm. JHK] der Auftakt zum Kampf der Kulturen, vor dem der Politologe Samuel Huntington von der Harvard-Universität seit einigen Jahren warnt? Der große Konflikt zwischen dem islamischen Morgen- und dem christlichen Abendland? Huntingtons Prophezeiung einer Entscheidungsschlacht der Zivilisationen, für die sich der Westen rüsten müsse, weil eine dauerhafte friedliche Koexistenz nicht vorstellbar sei, bekommt neue Aktualität. (Darmstädter Echo, 13.10.2001)

(93)   Es ist dies [9/11 und der Afghanistan-Krieg, Anm. JHK] ein neues Aufflackern der alten Fehde zwischen Okzident und Orient, Abendland und Morgenland, weit gehend sogar zwischen Moderne und rückständigem Traditionalismus. (Die Welt, 27.07.2002)

Thematisiert werden hier ebenso wie in unzähligen weiteren Pressetexten und Diskurselementen die Anschläge von 9/11 und die Gültigkeit des Theoriemodells Huntingtons in Reaktion darauf. Die Textstelle (92) wurde bereits in der diesbezüglichen Diskussion in Kapitel 3.3.4 herangezogen. Auffällig ist nun die unkommentierte, mithin unproblematische Verwendung mehrerer Referenzausdrücke für die jeweiligen Parteien in der diskutierten Konfliktkonstellation. Die Reihung der Phrasen *christlichen Abendland / der Westen* in (92) sowie *Okzident / Abendland* in (93) lässt sie in den konkreten Gebrauchsfällen referenzidentisch erscheinen. Zwischen den jeweiligen Ausdrücken herrscht also ein hochgradig synonymes Verhältnis.

Abweichende Verwendungen, die auf Bedeutungsdifferenzen hinweisen, sind um ein Vielfaches seltener. Im folgenden Beispiel wird die Nicht-Gleichsetzung von Europa und christlichem Abendland – mit Bezug auf kulturelle und normative Aspekte eines Konflikts mit dem Islam – betont:

(94) Früher wäre es um den Turm von Dom oder Kathedrale gegangen [anstatt um das Höhenverhältnis von Minaretten zu den Dächern von Fußballstadien, Anm. JHK]. Europa hat ein Problem mit dem Islam, aber nicht als christliches Abendland, sondern als moderne Konsum- und Freizeitgesellschaft, wo andere Werte zählen als die Gottgefälligkeit. (Die Zeit, 07.04.2004)

Im nächsten Beispiel wird in einem parenthetischen Einschub auf die zeitlichen und evaluativen Aspekte von *Abend- und Morgenland* hingewiesen, der Gebrauch der Ausdrücke aber letztlich doch als adäquat charakterisiert:

(95) Tatsächlich gibt es angesichts der religiös aufgeladenen Konfrontation von Ost und West – oder sollten wir altertümlich, aber aktualitätsgerecht sagen: des Abend- und des Morgenlands? – für das neu aufgestellte Europa gute Gründe, auch über das Verhältnis von Religion und Gesellschaft neu nachzudenken. (taz, 11.09.2004)

Hinsichtlich des Verhältnisses der substantivischen Bezeichnungsalternativen für die hier fokussierte Wir-Gruppe untereinander offenbart sich ein mehrschichtiges Bild. Im kookkurrenten Gebrauch mehrerer Ausdrücke sind diese in den meisten Fällen als referenzidentisch aufzufassen. Damit liegt eine starke Evidenz für die Annahme einer Synonymie zwischen *Westen*, *Abendland* und *Okzident* vor. Allerdings handelt es sich nur um eine partielle, textgebundene Synonymie. Insbesondere die zusätzlichen Bedeutungskomponenten führen zu einer Differenzierung der substantivischen Referenzmittel, dergestalt dass der Ausdruck *Abendland* vor allem religiöse und historische Konzeptdimensionen aufruft, während *Okzident* zumeist nur als Kontrahent in stereotypen Konfliktoppositionen und weniger als eigenständiges Element fungiert. Demgegenüber ist das Substantiv *Westen* neutraler – eben nicht *altertümlich*, wie es in der Textstelle (95) formuliert wurde – und zweifelsohne vielseitiger einsetzbar.

5.2.1.2 Referenzvarianten aus Adjektiv+Substantiv

Auch das Adjektivderivat *westlich* ist – im Gegensatz zu *abendländisch* und *okzidental* – hochfrequent, wie die obige Tabelle 3 eindeutig zeigt. Hierbei sind dann vor allem die entsprechenden Bezugsnomen, die als *westlich* attribuiert werden, für die Untersuchung der sprachlichen Mittel zur Wir-Gruppen-Konstruktion aufschlussreich.

Mehrere Phrasen wurden zunächst mittels N-Gramm-Analysen als Kollokationskandidaten identifiziert und dann durch spezifische Suchanfragen deren Frequenzen ermittelt. Die folgende Tabelle 4 zeigt die Trefferzahlen zu den entsprechenden Suchanfragen:

Tab. 4: Häufigkeiten relevanter Adj.+Nom.-Phrasen

Suchanfrage	Trefferzahl	untergeordnete Suche	Trefferzahl
westlich* welt*	1006		
westlich* zivilisation*	396		
westlich* staaten*	379		
westlich* werte*	295	westlich* wertegemeinschaft*	37
westlich* kultur*	285	westlich* kulturkreis*	17
westlich* länder*	267		
westlich* gesellschaften*	191		

Der Asterisk steht erneut für die verschiedenen Flexionsformen. Die Benutzung entweder der Singular- oder der Plural-Form der Substantive basiert auf einer referenzorientierten Vorauswahl der N-Gramm-Ergebnisliste, die unten stehend genauer begründet wird.

Mehrere Informationen der Tabelle 4 sind für die Analyse der Wir-Gruppen-Konstruktion des Westens relevant. Die mit deutlichem Abstand häufigste Formulierung ist *westliche Welt*. Beim grundsätzlich polysemen Substantiv *Welt* wird hier nicht die mögliche Ausdrucksbedeutung ‚Erde, gesamter Lebensraum aller bekannter Lebewesen' abgerufen, sondern die Bedeutungsoption einer größeren, aber eingeschränkten Einheit von Menschen, analog zu *Erste Welt*, *Dritte Welt*, *Alte Welt*, *Neue Welt* usw., sozusagen eine Welt unter vielen parallelen Welten. In der Verwendung von *westliche Welt* wird die Eigenheit und Differenz zu den anderen Welten präsupponiert sowie der enorme Umfang dieser Entität betont. Ohne den Westen im Detail näher spezifizieren zu müssen, wird er so als eindeutiges geopolitisches Element identifiziert und sprachlich verfügbar gemacht.

In der obigen Tabelle 4 ist das Verhältnis von *westliche Zivilisation* und *westliche Kultur* aussagekräftig. Die allgemein begriffshistorische und die spezielle translatologische Relation zwischen *Kultur* und *Zivilisation* wurde in Kapitel 3, vor allem in 3.2.2.1 detailliert diskutiert. Die entsprechenden Phrasen sind zahlreich belegt und damit zweifelsohne im Arsenal der sprachlichen Mittel zur Personengruppen-Referenz fest etabliert. In den erfassten Printmedien ist die Variante *westliche Zivilisation* signifikant häufiger, nämlich um etwa 28 Prozent. Im Kontrast dazu sind die Gesamthäufigkeiten aller Vorkommen der Ausdrücke – ohne Berücksichtigung etwaiger Attribuierungen – genau entgegengesetzt: *Kultur* (13483 Treffer) und *Kulturen* (4813) sind um ein Vielfaches zahlreicher belegt als *Zivilisation* (1778) bzw. *Zivilisationen* (538).

Dass *westliche Zivilisation* häufiger verwendet wird als *westliche Kultur*, ist notabene eine eklatante Abweichung von der Übersetzungsleistung in „Kampf der Kulturen" (Huntington 1996b), zur genaueren Beschreibung der Entstehungsgeschichte der Übersetzung siehe Kapitel 3.1.2. Die Abweichung zeigt sich auch darin, dass die Variante *westlicher Kulturkreis* mit nur 17 Treffern für alle Flexionsformen verhältnismäßig selten im Korpus vorkommt, wohingegen der Terminus *Kulturkreis* in der deutschsprachigen Version der Monographie Huntingtons durchaus oft zu finden ist. Der durch das Gesamtkorpus repräsentierte Diskurs orientiert sich in dieser Hinsicht stärker an dem englischsprachigen Originaltext Samuel P. Huntingtons als an der deutschen Buchübersetzung von Holger Fliessbach.

Für das gesamte Untersuchungskorpus lässt sich damit konstatieren, dass der Westen häufiger als eine „Zivilisation" denn als eine „Kultur" betrachtet wird, auch wenn beide Kategorisierungen weit verbreitet sind.

Die bisher besprochenen Substantive *Welt, Zivilisation, Kultur* haben die Gemeinsamkeit, dass sie in Kombination mit dem Adjektiv *westlich* auf eine singuläre Einheit referieren. Im Gegensatz dazu verweisen die anderen Nominalphrasen der Tabelle 4 auf eine plurale Gesamtheit von *westlichen Staaten* bzw. *westlichen Ländern* bzw. *westlichen Gesellschaften*, die erst als gemeinsamer Zusammenschluss die Wir-Gruppe des Westens ausmachen. Weitere analog funktionierende Formulierungen, die etwas seltener als die drei genannten Phrasen auftreten, sind *westliche Demokratien, westliche Regierungen* und *westliche Industrienationen*. Innerhalb dieses Komplexes sprachlicher Alternativen erscheint die supranationale Gestalt des Westens prononcierter, eben als mehr oder weniger aktive Koalition multipler, potenziell diverser politischer Formationen.

Während die Verwendung von *Welt, Zivilisation, Kultur* im Numerus Singular den Westen als ein einzelnes Element identifiziert, wird in jenen Verbalisierungen im Numerus Plural eine bestimmte Binnenstrukturierung implizit mittransportiert. Der Westen wird demzufolge als aus differenten, aber global betrachtet zusammengehörigen Elementen aufgebaut betrachtet. Insgesamt zeigt die Tabelle 4 mit den Summen der Trefferzahlen eindeutig, dass die homogenisierte, Einheitlichkeit fokussierende Darstellung durch Nominalphrasen im Singular deutlich häufiger ist.

Die verbliebene hochfrequente Formulierung *westliche Werte* ist die einzige, die weder den Westen als Ganzes noch als Zusammenschluss seiner Teile, sondern nur einen Merkmalskomplex verbalisiert. Der sprachliche Verweis auf die politisch-ideologische sowie auf die ethisch-moralische Verfasstheit des Westens gehört zur intensionalen Bestimmungsdimension, also zur Frage, was den Westen inhaltlich auszeichnet, wodurch er charakterisiert wird.

Welche konkreten Werte als *westlich* eingeschätzt werden, wird in der überwiegenden Mehrzahl der Fälle nicht weiter thematisiert. Diejenigen Fälle, in denen dies hingegen im Kotext spezifiziert wird, werden weiter unten besprochen.

Eine Besonderheit innerhalb der Suchergebnisse für die Anfrage „westlich* werte*" stellt die Nominalphrase inklusive des Kompositums *westliche Wertegemeinschaft* dar. Hierbei handelt es sich wiederum um eine Bezeichnung für den gesamten Westen, eben als eine ethisch definierte Formation. Ein Befürworter der hinter diesem Ausdruck stehenden Konzeptualisierung, der Westen sei ein normatives Projekt und damit eine über geteilte Werte definierte Gemeinschaft, ist H. A. Winkler (vgl. bspw. 2016d), wie in Kapitel 5.1.2 diskutiert wurde.

Eine weitere Formulierungsalternative, die den Westen als Wir-Gruppe der untersuchten deutschsprachigen Diskurse ausweist, besteht in der Verwendung von *westlich* und dem Possessivpronomen *unser*. Ermittelt wurden durch die Suchanfrage „unser* westlich*" 79 Textstellen im Gesamtkorpus. Die häufigsten nominalen Phrasenköpfe, die diese beiden Wörter ergänzen, sind erwartbarerweise *Zivilisation* (10 Vorkommen), *Kultur* (7), *Welt* (6). Mehrfach belegt sind zudem die bereits besprochenen Substantive *Gesellschaften*, *Werte* bzw. *Wertegemeinschaft*. Aussagekräftig sind aber auch die nachfolgenden Belege *unsere westliche Aufklärung*, *unseren westlichen Materialismus*, *unsere westliche Lebensweise* und *unser westlicher Wohlstand*. Hier wird die konzeptuelle Verbindung von politisch-historischen Prozessen und ökonomisch-materiellen Entwicklungsgraden zur merkmalsorientierten Beschreibung und zur gleichzeitigen Bewertung des Westens deutlich. Die obigen Phrasen dienen unzweifelhaft der positiven Darstellung der Wir-Gruppe als Vertreter der *Aufklärung* und als Träger von *Wohlstand*. Es handelt sich um die kotextuelle Spezifizierung der vorher erwähnten, diskursiv zentralen *westlichen Werte*. Für sich betrachtet bleiben die *westlichen Werte* oftmals unterbestimmt, da sie in der Mehrzahl der Fälle nicht erwähnt werden, aber wenn sie kotextuell spezifiziert werden, dann sind es ausnahmslos positiv wirkende Merkmale.

Während die Hochwertwörter als Insignien des westlichen Selbstverständnisses fungieren, gewährleistet das Possessivpronomen *unser* die Zuschreibung dieser erstrebenswerten Merkmale bzw. Errungenschaften auf alle Textrezipient*innen, die sich als Teil des Kollektivs des Westens verstehen. In der folgenden Textstelle wird die Aufwertung des Westens sprachlich eindeutig durch eine Reihung von Adjektiven und eine metasprachliche Parenthese vollzogen:

(96) Der feige Terrorakt auf das WTC ist ein Angriff auf unsere westliche – oder treffender ausgedrückt – säkularisierte, fortschrittliche Gesellschaftsordnung durch Verbrecher, die unter der Fahne eines islamistischen Fundamentalismus den Startschuss zu einer globalen Revolution gegen alle Nicht-fundamentalisten gegeben haben. (Focus, 24.09.2001, Leserbrief)

Durch die Gleichsetzung von *westlich* mit *säkularisiert* und *fortschrittlich* ist hier sowohl eine Abschwächung der religiösen Dimension als auch eine positive Evaluationsfunktion ersichtlich. Relevant ist zudem die syntaktische Einbettung dieser umfangreich attribuierten Beschreibung des Westens in die Nominalphrase *ein Angriff auf unsere westliche [...] säkularisierte, fortschrittliche Gesellschaftsordnung*, mittels der dem Westen eine defensive Position zugeteilt und ein gleichermaßen konkretes wie vages Bedrohungsszenario aufgemacht wird.[122]

Die Ausprägungen und Verbreitungen differenzieller Bewertungen zum Westen sollen im nächsten Unterkapitel tiefergehend ausgearbeitet werden, während dieses Unterkapitel den unterschiedlichen Mitteln zur Referenz auf die Wir-Gruppe vorbehalten ist. Dabei hat sich eine große sprachliche Vielfalt mit substantivischen sowie adjektivischen Ausdrucksmöglichkeiten gezeigt. Mehrere dieser Ausdrucksmöglichkeiten können kookkurrent auftreten und dann textgebunden als Synonyme verstanden werden. Außerdem finden sich unzäh-

---

[122] Solche Formulierungen wie in der Textstelle (96) sind insgesamt im Diskurs zu 9/11 nicht selten. In diesen findet eine inhaltliche Verschränkung statt, die bereits im Aufsatz „Wer wurde am 11.09.2001 angegriffen? Opferperspektiven und Wir-Gruppen-Konstruktionen" (Kromminga 2014) eingehend erläutert wurde. Es wird dabei ein konkreter Terroranschlag auf konkrete Gebäude beschrieben und dies zugleich als ein unbestimmter Anschlag auf abstrakte Werte interpretiert. Das daraus entstehende Bedrohungsszenario ist in dieser Hinsicht sowohl konkret als auch vage.

lige Verschränkungen der besprochenen Referenzmittel mit den koreferenten Personal- und Possessivpronomina der 1. Person Plural, die zugleich als Zugehörigkeitsmarkierungen für die Textproduzent*innen und das adressierte Publikum fungieren. Es wird deutlich, dass der Westen in den beobachteten Diskursen als Wir-Gruppe aufgefasst werden kann und dass die sprachliche Konstruktion dieser Wir-Gruppe vielschichtig zu beschreiben ist.

Ein weiterer Aspekt der sprachlichen Darstellung des Westens als Gruppen-Konstruktion, der hier nur kurz wiederaufgegriffen werden soll, betrifft die Nomination der Gruppenmitglieder. Dieser Aspekt wurde bereits in Kapitel 4.3.3.2.1 im Rahmen der korpusanalytischen Untersuchung zu dem appositionalen Gebrauchsmuster „Wir plus Personenbezeichnung" bearbeitet. Die Personenbezeichnungen *Westler* und *Abendländer* sind nur selten im Korpus belegt und es ist keine frequentere Alternative erkennbar. Dementsprechend ist es naheliegend, bezüglich der sprachlichen Optionen zur Referenz auf Gruppenmitglieder ein lexikalisches Defizit des Westens festzustellen und gleichfalls eine deutliche Bevorzugung der Referenz auf die Gesamtgruppe statt auf zugehörige Einzelindividuen zu schlussfolgern.

5.2.2 Zur Konzeptualisierung des Westens

Zur Einordnung des weiteren Vorgehens sei darauf verwiesen, dass sich kognitionslinguistische Analysen von „Konzeptualisierungen" oft auf die Untersuchung der Phänomene der „Perspektivierung" und der „Evaluierung" beziehen (vgl. bspw. Schwarz-Friesel 2014b: 52ff.).

Während die KONZEPTE nur innerhalb der menschlichen Individuen mental repräsentiert und deshalb nicht direkt für Andere zugänglich sind, geben die jeweils von den Individuen produzierten, konkreten sprachlichen Äußerungen als Spuren ihrer kognitiven Aktivität Aufschluss über jene zugrunde liegenden Konzeptualisierungen. Aus den sprachlichen Äußerungen als vermittelnden Materialisierungen lassen sich die spezifische Sichtweise, eben die „Perspektivierung", und die spezifischen Bewertungen, eben die „Evaluierung", eines Gegenstands oder Sachverhalts durch die/den Sprachbenutzer*in ableiten. Für weitere diesbezügliche Ausführungen siehe das Kapitel 2.1 zur theoretischen Verortung dieser Arbeit und zum Verständnis der Kognitiven Linguistik.

Es soll nicht verschwiegen werden, dass die Unterteilung in zwei Unterkapitel einen teilweise künstlichen Charakter trägt. Beide Phänomene sind eng miteinander verknüpft, vor allem da die spezifischen Sichtweisen auf ein Diskursobjekt sowie die dazugehörige Informationsauswahl normalerweise nicht-neutral, sondern bereits evaluativ wirksam sind. Hinzu kommt für diese Arbeit, dass viele Aspekte, die in anderen Unterkapiteln behandelt werden, ebenfalls die Konzeptualisierung des Westens ausmachen. Dies betrifft die sprachlichen Mittel zur Referenzialisierung (5.2.1) ebenso wie die später thematisierten sozialontologisch relevanten Darstellungsweisen des Westens (5.2.3).

Dieses Unterkapitel dient primär dazu, zentrale Aspekte der diskursiven Konstruktion des WESTENS zu klären. In 5.2.2.1 sind dies als Parameter der Perspektivierung die Zugehörigkeitsdimension und die direkten Fragen nach der Bestimmung des Westens, in 5.2.2.2 dann die vielfältigen Möglichkeiten der Bewertung des Westens und deren Verteilung im Korpus. Eine kurze metaterminologische Bemerkung zu dieser künstlichen Abtrennung von eigentlich eng verwandten Analysegegenständen findet sich in der Fußnote Nr. 123 am Ende des nun folgenden Unterkapitels 5.2.2.1.

5.2.2.1 Zur Perspektivierung des Westens

Die zentralen Punkte der Perspektivierung des Westens wurden bereits im Laufe der Arbeit angesprochen. Sie sollen an dieser Stelle kurz wiederholt, als solche eingeordnet und prägnant ergänzt werden.

Es wurde an mehreren Stellen dieser Arbeit und besonders explizit im Kapitel 4.3.3.2 herausgearbeitet, dass die meisten Sprachbenutzer*innen im deutschsprachigen Raum sich zum Westen zugehörig fühlen und diese Zugehörigkeit sprachlich ausdrücken. Der Gebrauch von *wir, uns, unser* mit einem solchen referenziellen Bezug auf den Westen, der in den meisten Fällen produktions- wie rezeptionsseitig unproblematisch abläuft, verdeutlicht die grundlegende Sichtweise, den Westen als das Eigene, als in-group aufzufassen. Für die absolute Mehrheit der Personen, die die hier untersuchten Diskurse hervorgebracht haben, ist der Westen somit zweifelsfrei die Wir-Gruppe und keine Fremd-Gruppe. Diese Feststellung kann als fundamentale Perspektivierung des Westens gelten.

Spezifische Sichtweisen über den Westen können entweder als extensionale oder intensionale Bestimmungen aufgefasst werden, wie in den Kapiteln 4.2.2.5 und 5.1.1 ausführlicher dargestellt wurde. Extensional orientierte Thematisierungen beziehen sich auf die Grenzen und den Umfang des Westens, intensional orientierte Thematisierungen dagegen auf inhaltliche Merkmale und signifikante Kennzeichen des Westens. In Kapitel 5.1 wurde bereits für die fachwissenschaftlich orientierten Diskurse gezeigt, dass beide Fragestellungen nicht eindeutig beantwortet werden können, da sich unter der Annahme eines westlichen Kollektivs eine heterogene Konstruktion mit diversen religiösen, geschichtlichen, politischen – und in problematischer Weise eventuell sogar mit ethnischen – Fundierungen verbirgt. Dies gilt in ähnlicher Form ebenso für die hier analysierten Mediendiskurse, wie im folgenden Unterkapitel zu den Evaluierungen des Westens (vgl. 5.2.2.2) gezeigt wird.

Interessanterweise lassen sich im Untersuchungskorpus fast keine expliziten Thematisierungen der extensionalen oder intensionalen Bestimmungen des Westens finden. Direkt formulierte Fragestellungen danach, *wer/was zum Westen gehöre* oder *was den Westen ausmache/auszeichne/kennzeichne/ bestimme/charakterisiere* usw., wurden im Rahmen einer dezidierten Korpusrecherche gesucht, konnten aber bis auf ganz wenige Ausnahmen, die dann nur Detailfragen betrafen und inhaltlich wenig ergiebig waren, nicht identifiziert werden. Die sehr seltenen Ausnahmen, in denen also nach Eigenschaften des Westens illokutiv-explizit gefragt wird, sind folgende:

(97) Die vielfach hochgehaltenen Begriffe von Westbindung, transatlantischer Kooperation, Aussöhnung mit Osteuropa bei einem besonderen Verhältnis zu Rußland verunklaren mehr, als sie klären. Beschränkt sich die Westbindung auf die NATO, oder gehört Schweden auch zum Westen? (Frankfurter Rundschau, 21.10.1997)

(98) Diese Aufteilung der Welt kommt uns sehr willkürlich vor. Warum zählen Sie beispielsweise Lateinamerika mit seiner spanisch geprägten Kultur nicht zum Westen? (Der Spiegel, 25.11.1996)

(99) Die Einteilung der Welt in multipolare Kulturkreise kommt als objektive Analyse daher, ist aber vielmehr Interpretation, und dazu noch eine oberflächliche: Denn was ist „der" Westen? Ist das McDonald's, Kapitalismus, Freiheit und Gleichheit, oder ist das Auschwitz? (Falter, 19.09.2001)

Die Extensionalität des Westens wird durch Bezugnahmen auf Schweden bzw. Lateinamerika angesprochen, jedoch in keiner Weise im darauf folgenden Kotext geklärt, auch nicht in der Interview-Antwort nach der Textstelle (98). Die Frage der Ausdehnung des Westens bleibt völlig unbeantwortet. Die Intensionalität des Westens wird in der Textstelle (99) durch eine Aufzählung inhaltlich disparater Substantive angerissen. Hierdurch wird primär die Vielfältigkeit der Assoziationen zum Westen nahegelegt: von dem umstrittenen Fastfood-Franchiseunternehmen *McDonald's* über das zeitgenössisch dominante Ökonomie-Modell des *Kapitalismus* über allgemein positiv beurteilte Wertbezeichnungen *Freiheit und Gleichheit* zur Ortsbezeichnung *Auschwitz*, die stellvertretend für die Shoah stehen soll, also das Projekt der Vernichtung der europäischen Jüdinnen und Juden durch den deutschen Nationalsozialismus. In dieser kurzen Aufzählung werden die Ambivalenz und die Bestimmungsschwierigkeiten des Konzepts des WESTENS überaus deutlich. Die metasprachliche Markierung des definiten Artikels *„der" Westen* vermittelt zusätzlich eine Distanzierung von der Annahme einer Homogenität des Westens.

Es muss an dieser Stelle betont werden, dass diese drei Korpusbelege die Gesamtmenge der identifizierten Vorkommen von Fragen nach dem Westen ausmachen. Anstatt die Wir-Gruppe des Westens also auf eine explizite Art und Weise zu erörtern, wird sehr viel häufiger ein Verständnis vom Westen vorausgesetzt, welches dann im medialen Sprachgebrauch abgerufen, aber nicht offen hinterfragt wird. In dieser Hinsicht bleibt die Wir-Gruppe des Westens in den untersuchten Diskursen deutschsprachiger Printmedien extensional und intensional unterspezifiziert.

Die nicht-explizite Form der Hinterfragung steht in einem klaren Gegensatz zu den in Kapitel 5.1 dargestellten fachwissenschaftlichen Beschäftigungen mit dem Westen, in denen die Fragen nach dem Wesen des Westens häufig gestellt und mannigfaltig beantwortet werden. Mit anderen Worten: Die Betrachtungsweisen darüber, was den Westen entscheidend charakterisiere und wie der Westen eingrenzbar sei, sind weder innerhalb der sozial- bzw. kulturwissenschaftlichen Fach-Communities noch in öffentlichen Diskursen einheitlich; in Fachdiskursen werden die vielfältigen Betrachtungsweisen aber detailliert behandelt, in der Öffentlichkeit hingegen eher selten und eben nur sehr selten auf eine explizite Art.

Trotzdem ist diese undefiniert-vage bzw. kontrovers festgelegte Wir-Gruppe der diskursive Gegenstand von zahlreichen Bewertungen und Positionierungen. Dass an dieser Stelle der Arbeit die Untersuchung der Perspektivierung abgeschlossen wird, soll nicht heißen, dass die im weiteren Verlauf behandelten Aspekte nicht auch zur Perspektivierung beitragen können, so wie es bei der eng verwandten Frage nach der Evaluierung des Westens klarerweise der Fall ist.[123] Die Evaluierungen zum Westen werden nun also im nächsten Unterkapitel ausführlich diskutiert.

---

[123] Die Problematik, welche Aspekte der Konzeptualisierung des WESTENS in welchem Abschnitt dieser Arbeit untersucht werden, die bereits am Anfang des Kapitels 5.2.2 angerissen wurde, soll kurz durch den Vorschlag einer terminologischen Differenzierung besprochen werden. Das Phänomen der „Perspektivierung", also die einer jeden konkreten Äußerung inhärente, dem sprachlich aktiven Subjekt eigene Sichtweise auf das komplexe Konzept, steht eben in einem sehr engen Zusammenhang mit der Evaluierung des Konzepts und mit den darauf bezogenen Referenzmitteln sowie mit den Emotions- und Persuasionspotenzialen etc.

5.2.2.2 Zur Evaluierung des Westens

Eine allgemeine Problematik bei der linguistischen Analyse von Evaluierungen besteht darin, dass sie sich auf ganz unterschiedliche Weise sprachlich ausdrücken lassen und auf verschiedenen Ebenen der Explizit- und Implizitheit verortet sind. Sie sind kontextabhängig und überaus dynamisch modifizierbar. Zum Phänomen der sprachlichen Evaluierung in allgemeiner Herangehensweise siehe u. a. Bednarek (2006), Schwarz-Friesel (2013); als diskursanalytischem Gegenstand siehe Bendel Larcher (2015); spezifischer zur Darstellung des Terrorismus in diesem Hinblick siehe Schwarz-Friesel (2014a,b).

Bei der Analyse der Bewertungen des Westens wird eine Spezifik dieser Arbeit und des Untersuchungsmaterials umgehend deutlich. Die Korpus-Beschaffenheit reflektiert die Kopplung der Fragen, was der *Kampf der Kulturen* sei und inwiefern darin der *Westen* den Status der Wir-Gruppe trägt.

Der entsprechende Diskurs ist zutiefst geprägt durch die Annahme einer Konfrontation zwischen „dem Westen und dem Islam". Auslösendes Moment eines gewichtigen Teils der im Korpus enthaltenen Pressetexte – also des Datenmaterials, das den empirischen Untersuchungen zugrunde liegt – sind Gewaltakte bzw. Konfliktpunkte zwischen diesen beiden als Kontrahenten aufgefassten Entitäten. Siehe zur detaillierten Korpus-Beschreibung das Kapitel 2.2. Aus diesen printmedial fokussierten Konstellationen leiten sich dann die (Selbst-)Reflexionen ab, die die Evaluierungen der Wir-Gruppe des Westens generieren. Die folgende Textstelle veranschaulicht die Verursachung der Selbstbetrachtung durch aggressive Fremdgruppen-Aktionen:

(100) [D]as [wird] vielleicht die entscheidende Frage auf die Herausforderung des fundamentalistischen Islam sein: Was ist der aufgeklärte Westen in den Augen der nicht-westlichen Welt; und wie betrachten wir uns selbst im Spiegel unserer kulturellen Hervorbringungen? (Frankfurter Rundschau, 25.10.2001)

---

innerhalb der hervorgebrachten Äußerungen. Die Konzeptualisierungsaspekte, die in diesem Unterkapitel nun untersucht wurden, können vielleicht als „primäre Perspektivierung" betitelt werden, nämlich erstens bei Gruppen-Konstruktionen die Klärung der fundamentalen Zugehörigkeit und zweitens die Suche nach Textstellen, in denen direkt nach den Gruppen-Charakteristika gefragt wird. Die anderen Aspekte können dann als „sekundäre Perspektivierungen" davon abgegrenzt werden und würden mit Bezug auf diese Arbeit dann diejenigen Ausführungen der empirischen Kapitel umfassen, die indirekt etwas zur Perspektivierung des Westens beitragen, wie die Diskussion der Referenzmittel in Kapitel 5.2.1, der Evaluierungen im folgenden Kapitel 5.2.2.2 und der kollektivitätstheoretisch relevanten Darstellungen in 5.2.3.

Das Selbstbild und das Fremdbild des *Westens* stehen im Fokus, während zugleich explizit ausgedrückt wird, dass der *fundamentalistische Islam* genau diese Einheit herausfordere, während implikatiert wird, dass nur der Westen *aufgeklärt* und der Rest der Welt dies gerade nicht sei. Durch den Gebrauch der Personalpronomina wird zudem die Zugehörigkeit der Redaktion und des Publikums der Zeitung zum Westen explizit festgelegt.

Die Erkenntnis, dass der Westen in sehr vielen Fällen als in einem Konflikt mit dem Islam stehend beschrieben wird, wurde bereits mehrfach in dieser Arbeit aufgegriffen. Siehe hierzu insbesondere die Kapitel 3.1.3, 3.3.4, 4.3.3.2.1, 5.1.2.

In vielen hier bereits zitierten Korpusbeispielen, d. h. in vielen Textstellen aus Presseartikeln deutschsprachiger Printmedien, ist die Konstellation „Westen versus Islam" der offensichtliche thematische Ausgangspunkt für die weiteren Überlegungen und Darstellungen. Es soll an dieser Stelle aber auf die thematische Einschränkung hingewiesen werden, dass in dieser Arbeit weder „der Islam" noch bestimmte Formen religiöser Fundamentalismen bzw. Verknüpfungen von religiös begründeter, organisierter Gewalt und umfangreichen Identitätskonstruktionen untersucht werden. Entsprechende deutschsprachige Diskursanalysen zum Islam oder zu Aspekten seiner medialen Darstellung bieten u. a. einige der Aufsätze des Sammelbands Schwarz-Friesel/Kromminga (2014) oder die Arbeiten von Halm (2008), Klug (2010), Kalwa (2013, 2020).

Ausgehend von der kontrastiven Gegenüberstellung lassen sich drei dominante Evaluationsmuster identifizieren: a) Entweder wird der Westen uneingeschränkt positiv charakterisiert und gegenüber dem Islam eindeutig bevorzugt oder b) die positive Wertung des Westens wird durch Verweise auf negative Aspekte mehr oder weniger stark eingeschränkt, ist aber dennoch überwiegend positiv oder c) die Bewertung des Westens ist insgesamt tendenziell negativ, auch wenn einige positive Aspekte anklingen können. Die vierte, logisch erwartbare Evaluationsoption, der zufolge der Westen eindeutig und uneingeschränkt negativ charakterisiert respektive bezüglich des genannten Kulturkontrasts der Islam deutlich positiver als der Westen eingeschätzt werden würde, findet sich im Korpus nicht. Sie wird dementsprechend im Folgenden nicht in die Liste der Evaluationsmuster aufgenommen.

Das muss aber nicht automatisch heißen, dass solche Positionen nicht auch in deutschsprachigen Diskursen vorkommen können. Die fundamentalistisch-islamistische Szene, für die der Westen zweifelsohne in vielen Fällen als zentrales Feindbild gilt, ist in der deutschsprachigen Öffentlichkeit insgesamt weniger aktiv. Daraus folgt aber nicht, dass sie nicht auch im weitesten Sinne diskursiv repräsentiert ist, zumal „Diskurs" ja absichtlich als möglichst mannigfaltiges Phänomen konzipiert und derartig terminologisch festgelegt ist, dass dieser abstrakte Diskurs-Begriff in potentia alle irgendwie relevanten Sprachmanifestationen bzw. Bedeutungsproduktionsakte umfassen soll. Für die vorliegende Arbeit gilt schließlich (vgl. Kapitel 2) die Einschränkung auf Korpora, die massenmediale Diskurse in Gestalt von einzelnen deutschsprachigen, auflagenstarken Printmedien in festgelegten Zeiträumen abdecken sollen. Und in genau diesen Diskursen sind die aus fundamentalistisch-islamistischer Perspektive vollzogenen Konzeptualisierungen DER WESTEN ALS FEINDBILD einfach nicht vorhanden.[124]

Die soeben genannten korpusanalytisch identifizierbaren Evaluationsmuster sollen nun grob zusammengefasst und in aller Kürze vorgestellt sowie darauffolgend hinsichtlich ihrer Verteilung über verschiedene Diskursabschnitte hinweg untersucht werden, wobei der eigentlich relevante Parameter der „Intensität" von Evaluierungen aus Platzgründen bei dieser Analyse unberücksichtigt bleibt.

5.2.2.2.1 Der Westen wird uneingeschränkt positiv bewertet

Als Variante a) wurde die uneingeschränkt positive Evaluierung des Westens festgelegt. Zahlreiche Textstellen, die für dieses Muster exemplarisch angeführt werden können, sind im Laufe dieser Arbeit bereits unter anderen Gesichtspunkten zitiert worden.

Ein sprachliches Mittel, das eine solche Evaluierung unzweifelhaft anzeigt, besteht in der Verwendung von Hochwertwörtern zur Attribuierung des Westens, solange diese Charakterisierung im gesamten Text nicht zurückgenom-

---

[124] Für die gesamtgesellschaftlich betrachtet marginalen Diskurse eindeutig islamistischer Akteure kann mit anderen Worten an dieser Stelle keine Aussage getroffen werden. Zur näheren Beschäftigung mit der Rolle des Westens als Feindbild innerhalb verschiedener Ideologien sei noch einmal auf die Arbeit „Occidentalism" von Buruma/Margalit (2004) verwiesen, die in Kapitel 5.1.3 bereits ausführlicher besprochen wurde. Es sei hier ein kleiner Exkurs zur Frage nach den Ausprägungen von „Hass auf den Westen" erlaubt: Einen solchen Hass kann man eben nicht nur im islamistischen Fundamentalismus finden, sondern auch in antiimperialistischen und in nationalistischen Kreisen (vgl. ebd.). Die beiden zuletzt genannten Kreise werden normalerweise ganz unterschiedlichen Bereichen des politischen Spektrums zugeordnet. Es wäre eine Hypothese für weiterführende Beschäftigungen mit dem Thema des Westens, dass eine eindeutige Verortung der drastischen Negativ-Evaluierungen des Westens innerhalb der politischen Raummetaphorik mit Links-Mitte-Rechts-Segmenten nicht funktioniert, da die ideologisierende Positionierung zum Westen zu komplex ist. Eine daran anschließende Vermutung wäre die, dass die Spaltung der politischen Linken in einerseits antiimperialistische und andererseits antinationalistisch-antivölkische Positionen, die sich spätestens seit der Jahrtausendwende vollzogen hat, die Polarisierung bezüglich der Bewertungen des Westens in gewisser Weise nachbildet.

men, hinterfragt oder anderweitig kritisiert wird. Die folgenden Textstellen verdeutlichen diese lexikalisch vollzogene Aufwertungsstrategie:

(101) Der freie Westen braucht keine Märtyrer [Überschrift] [...] Die offene Gesellschaft muss und wird auch diesem Bösen, dieser neuen religiösen Ideologie [des islamistischen Terrorismus, Anm. JHK] widerstehen. (Die Zeit, 20.01.2011)

Der Westen wird als *frei* attribuiert, damit zweifelsfrei aufgewertet und zugleich im weiteren Textverlauf mit der Bezeichnung *offene Gesellschaft* gleichgesetzt. Offensichtlich ist zudem die Polarisierung der Konflikt-Bewertung durch die Benennung des Antagonisten als *das Böse*.

Die positiv evaluierenden adjektivischen Attribute in Kontaktstellung zu *Westen* sind keineswegs selten. Mehrfach belegt sind unter anderem die Digramme *überlegene* Westen, reiche* Westen, aufgeklärte* Westen, mächtige* Westen, demokratische* Westen, fortschrittliche* Westen, tolerante* Westen, freiheitliche* Westen*. Der Asterisk steht jeweils für die verschiedenen Flexionsformen des Adjektivs, die in der mit dem Programm „antconc" durchgeführten N-Gramm-Analyse zunächst separat aufgelistet sind und anschließend manuell zusammengefasst wurden.

Die uneingeschränkt positive Bewertung des Westens vollzieht sich sprachlich betrachtet nicht allein durch Attribuierungen, sondern auch durch explizite, syntaktisch betrachtet vollständige Aussagen, wie die folgenden Textstellen allesamt belegen:

(102) Die beiden Seiten, die aneinander geraten sollen, sind so ungleich, was Macht, militärische Stärke, Produktionspotenzial, Leistungsfähigkeit, Effizienz der Institutionen, Wohlstand, Sozialstruktur, Wissenschaftsniveau und Technisierung angeht, dass es zu einem wahren Zusammenstoß gar nicht kommen kann. [...] Jeder kritische Beobachter auf arabisch-islamischer Seite wird sehen, wie mächtig, leistungsfähig, erfolgreich und vital der Westen ist [...]. (Frankfurter Rundschau, 05.09.2002)

(103) Der Westen ist wirtschaftlich, politisch, militärisch stärker [als die arabisch-muslimische Welt]. (Der Tagesspiegel, 27.09.2006)

(104) Berlusconi: Westen ist dem Islam überlegen. [Überschrift] [...] Die westliche Zivilisation ist nach den Worten des italienischen Ministerpräsi-

denten Silvio Berlusconi der islamischen Welt überlegen und sollte sich dessen im Kampf gegen den internationalen Terrorismus auch bewusst sein. Die Überlegenheit bestehe im Wertesystem des Westens, das zu einem breiten Wohlstand geführt habe und das den Respekt der Menschenrechte und der Religion garantiere, sagte Berlusconi am Mittwoch in Berlin. (Der Tagesspiegel, 27.09.2001)

In diesen Ausschnitten wird von den Autor*innen der Presseartikel bzw. vom in indirekter Rede zitierten Silvio Berlusconi eine mehrfache *Überlegenheit* und *Stärke* des Westens fokussiert und durch die Zuschreibung von verschiedenen vorteilhaften Eigenschaften expliziert. Dieser Topos – verstanden als musterhafte Argumentationseinheit – ist in mehrfacher Hinsicht spannend. Zum einen kann sich an die Feststellung der bisherigen Überlegenheit des Westens schnell ein Bedrohungsszenario koppeln, in dem ein relativer Machtverlust des Westens für die Zukunft befürchtet wird. Die konstatierte geopolitische Hegemonie könne aufgrund verschiedener Prozesse gefährdet sein – eventuell allein durch eine Tendenz zum Ausgleich eines Macht-Ungleichgewichts innerhalb der Internationalen Beziehungen – und solle bewahrt werden. Solche Bedrohungs- plus Bewahrungsszenarien sind ja auch sehr prominent von Samuel P. Huntington formuliert und als praktisch-instruktive Konsequenzen seines geopolitischen Modells vom „Kampf der Kulturen" vermittelt worden, siehe Kapitel 3.1.3. Wenn der westliche Macht-Überschuss dementsprechend zum sowohl prekären wie schützenswerten Zustand erklärt wird, kann das eine starke persuasive Funktion entwickeln und zu einer sich selbst verstärkenden, positiven Auflading der global-hegemonialen Wir-Gruppe des Westens beitragen. Tatsächlich lassen sich im Gesamtkorpus zahlreiche Textbeispiele identifizieren, in denen derartige Topoi der Bedrohung und Beschützung des Westens vermittelt werden.

Gleichzeitig kann die feste Annahme der *Überlegenheit* des Westens gegenüber dem Islam potenziell problematische, realpolitische Konsequenzen tragen, dann nämlich, wenn die *Überlegenheit* von einem aspektorientierten Kontrast zwischen eigentlich abstrakten und divers-heterogenen Einheiten als essenziell fixiert und gleichzeitig generalisiert wird. Wenn also die angenommene westliche *Überlegenheit* auf als zugehörig verstandene Einzelpersonen übertragen wird, dann können ausgehend von diesem Topos die Abwertung und Ausgrenzung von Muslima und Muslimen als legitim erscheinen. Für die zahlreichen, in als westlich verstandenen Staaten lebenden Menschen, denen eine Zugehörigkeit zum Islam in Selbst- oder Fremd-Perspektive zugeschrieben wird, können sich daraus hochproblematische Folgen ergeben. Dies gilt umso mehr dann, wenn die (als grundsätzlich „unterlegen" verstandene) Zugehörigkeit zum Islam nicht am „falschen" Ausüben der Religion oder an gewalttätigen und religiös legitimierten Handlungen – die es selbstverständlich aus religions- bzw. ideologiekritischer Perspektive gesamtgesellschaftlich zu diskutieren gilt – festgemacht wird, sondern als ein vermeintlich ethnisches Merkmal missverstanden wird. Ein solcher Konnex zwischen der Behauptung einer westlichen *Überlegenheit* und der essenzialisiert fixen, übergeneralisierten Zuschreibung einer Minderwertigkeit an umfangreiche Personengruppen – beispielsweise auch an nicht-religiöse Personen mit lange zurückliegenden Migrationshintergründen – ist allein aus demokratischen, bürgerrechtlichen Gesichtspunkten abzulehnen. Diejenigen politischen Überzeugungen, die auf solchen Verbindungen von Topoi der prinzipiellen Überlegenheit der hier exklusiv aufgefassten Wir-Gruppe mit essenzialisierenden Abwertungen anderer Gesellschaftsmitglieder basieren, können auch als pro-westlicher Kulturalismus aufgefasst werden.[125]

Zusätzlich kann aus diesen Ausführungen gefolgert werden, dass eine Auffassung des Westens als ethnisch eindeutiges Kollektiv umso kritischer betrachtet werden muss. Eine von der Generalisierung der westlichen Überlegenheit ausgehende Haltung kann in Verbindung mit der Ansicht, dass die Zugehörigkeit und Nicht-Zugehörigkeit zum Westen angeboren, damit unveränderlich und in irgendeiner Weise biologisch bedingt sei, verstärkt zu Ausgrenzungen und Abwertungen führen. Dergestalt kann sich an einen pro-westlichen Kulturalismus auch ein biologisch argumentierender Rassismus anschließen.[126]

---

125 In den zitierten Textstellen ist der beschriebene Konnex von Abwertungsdiskursen, also die Übertragung der vermeintlichen Überlegenheit des Westens auf die vermeintliche Unterlegenheit/Minderwertigkeit muslimischer Einzelpersonen, zwar nicht direkt explizit ausgedrückt. Allerdings handelt es sich um eine öffentlich durchaus bekannte Argumentation, die dem Spektrum der politischen Rechten zugeordnet werden kann. Die mehrfach zitierte PEGIDA-Bewegung und ähnlich argumentierende politische Akteure, mittlerweile in Gestalt der AfD im Deutschen Bundestag vertreten, stehen hierfür exemplarisch.

126 Gavin McInnes, der 2016 die rechtsextreme Männer-Bewegung „Proud Boys" gründete, welche wiederum im Herbst 2020 durch Aussagen Donald Trumps eine größere Bekanntheit erlangte, liefert hierfür ein aktuelles Exempel. Er bezeichnet sich selbst prominent als „western chauvinist" und erklärt den Westen als grundsätzlich allen anderen Teilen der Menschheit überlegen (vgl. bspw. https://en.wikipedia.org/wiki/Gavin_McInnes [zuletzt aufgerufen am 22.09.2022]). Eine kontrastive, ideologiekritisch sensible Diskursanalyse der extensional ausgreifenden Wir-Gruppen-Konstruktionen von Bewegungen wie PEGIDA oder der Identitären Bewegung in Kontinentaleuropa einerseits und von den „Proud Boys" oder anderen „western chauvinists" in den USA andererseits – also von Bewegungen, die als „extreme Rechte", „Alt-Right" oder „Neue Rechte" beschrieben werden – wäre sicherlich hochinteressant.

Eine hohe Relevanz innerhalb dieses Evaluierungsmusters besitzen die terroristischen Anschläge vom 11. September 2001, genauer gesagt diejenigen Diskursfragmente, die sich mit 9/11 auseinandersetzen und dabei dem Westen die Rolle des Anschlagsopfers zuweisen. Der Aufsatz „Wer wurde am 11.09.2001 angegriffen? Opferperspektiven und Wir-Gruppen-Konstruktionen" (Kromminga 2014) ist für diese Thematik einschlägig. Anhand von randomisierten Korpus-Stichproben wurde im Rahmen des Artikels überprüft, wie die Phrasen *Angriff/Angriffe auf/gegen, Anschlag/Anschläge auf/gegen, Attacke/Attacken auf/gegen* weitergeführt werden. Dadurch wurde eruiert, welche Konstituenten die semantische Rolle des Patiens innerhalb der Versprachlichung der Anschlagsereignisse erfüllen, d. h. welche Entitäten als die Angegriffenen verbalisiert wurden.

Zusätzlich wurden in einem weiteren Schritt Textstellen zur Diskussion der „Anschlagsgeltung" mittels des Suchbegriffs *gelten* und seiner Flexionsformen miteinbezogen. Es zeigte sich in dieser Untersuchung, dass drei Optionen für die Identifizierung der Anschlagsziele bestehen: nämlich Einheiten auf der nationalen Ebene (*USA*), auf der subnationalen Ebene (*New York City, Washington D.C.*, ebenso die teilweise oder vollständig zerstörten Gebäude *World Trade Center, Pentagon*) und drittens Einheiten auf der supranationalen Ebene. Die supranationale Ebene war in dieser Untersuchung (vgl. Kromminga 2014) zwar zahlenmäßig seltener als die beiden zuerst genannten, aber doch in statistisch signifikanter Weise vertreten und sie wird durch die Hinzuziehung der Anschlagsgeltung noch prominenter.

Auf dieser Ebene ist der *Westen* angesiedelt, als direktes oder als indirektes Ziel der Anschläge bzw. als dasjenige Objekt, dem die Anschläge gegolten haben sollen. Gleichzeitig wird der *Westen* als Träger der Merkmale *frei* und *zivilisiert* beschrieben oder zumindest wird diese Zuschreibung durch die kotextuelle Nähe der Spracheinheiten nahegelegt, wie die folgenden Textstellen belegen:

(105) Der Angriff richtete sich damit gegen die Zivilisation und den Westen als Ideengemeinschaft. Präsident Bush hatte Recht, als er in seiner ersten Stellungnahme sagte, die Freiheit selbst sei angegriffen worden. (Frankfurter Rundschau, 13.09.2001)

(106) Man hat die Anschläge auch eine Attacke auf die westliche Zivilisation genannt. Es war ein Angriff auf Grundwerte des zivilisierten Miteinander-Lebens. (Der Tagesspiegel, 02.10.2001)

Die Nominalphrase der *freien, zivilisierten Welt* ist in dieser Diskursetappe durchaus frequent vertreten. In der nächsten Textstelle wird die Phrase nicht nur als der *Westen* identifiziert, sondern durch den Einsatz der Personalpronomina *wir, uns* wird explizit gemacht, dass dies als eine Selbst-Zuschreibung verstanden werden soll:

(107)   Fünf Thesen, wie die Herausforderung durch den Terror den Westen stärken kann [...] Wenn wir unsere Leidenschaft mit Augenmaß verbinden, kann die freie, zivilisierte Welt gestärkt aus der Katastrophe hervorgehen [...] [W]ir können so reagieren, dass die Terroristen und ihre klammheimlichen Sympathisanten verstehen, dass sie die freie, zivilisierte Welt weder isoliert noch geschwächt haben. Wir können und werden uns behaupten. (Der Tagesspiegel, 17.09.2001)

Dass diese Textstellen dem Muster der uneingeschränkt positiven Evaluierung des Westens angehören, sollte unstrittig sein. Eine zusätzliche persuasive Funktion ist die der Selbst-Viktimisierung. Sie besteht darin, dass sich die deutschsprachigen Diskursbeteiligten durch die Einsetzung dieser supranationalen Wir-Gruppe als (tatsächliches) Opfer der 9/11-Anschläge verstehen können:

(108)   Der Angriff galt nur vordergründig den USA, er galt der gesamten westlichen Zivilisation. Mindestens 100 Deutsche, mindestens sechs Berliner waren unter den Opfern. (Die Welt, 27.09.2001)

(109)   Amerika ist nicht allein verwundet worden. Es hat die westliche Welt, es hat uns alle getroffen. (Die Welt, 12.09.2001)

Sowohl die Nennung der Nationalitäts- und Stadtbewohner-spezifischen Opferzahlen in (108) als auch die metonymische Verwendung von *verwundet* und *getroffen* in (109) tragen zu einer Intensivierung der Ereignisschilderung bei. Die Voraussetzung hierfür bildet die Eigenschaft des Westens, als ein transkontinentaler Zusammenschluss und als positive Identifikationsfläche fungieren zu können.

Die explizite Viktimisierung der Wir-Gruppe des Westens stellt eine persuasive Strategie zur diskursiven Verarbeitung der 9/11-Terroranschläge dar. Eine ähnliche, aber nicht äquivalente Strategie wurde in Kapitel 4.3.2.3 besprochen, nämlich die durch Formulierungsmuster wie *Wir sind alle Amerikaner/New Yorker* ausgedrückte Solidarisierungsstrategie. Es wurde festgehalten, dass solche Formulierungen metonymisch zu verstehen sind, da die deutschsprachigen Medienbenutzer*innen sich bewusst sind, nicht in einem tatsächlichen Sinne *Amerika-*

ner/New Yorker zu sein, sondern die Aussage der entsprechenden Zugehörigkeit vielmehr eine Anteilnahme am Leid der Terroropfer vermitteln soll.

Im Vergleich beider Strategien wird ersichtlich, dass die explizite Charakterisierung als 9/11-Opfer durch Formulierungen wie *Der Westen wurde getroffen/Wir wurden getroffen* die drastischere, stärker emotionalisierende Option bildet. Während beide Strategien sozusagen eine Wir-Gruppenhaftigkeit des Westens voraussetzen und nur auf dieser Basis funktionieren können, ist der Grad der Selbst-Viktimisierung in den Textstellen (108) und (109) um einiges höher als in den Korpusbeispielen, die in Kapitel 4.3.2.3 exemplarisch besprochen wurden. Nebenbei bemerkt unterscheiden sich beide Strategien hinsichtlich der impliziten Vermittlung einer Binnenstrukturierung der Wir-Gruppe. Durch Aussagen zur übergreifenden *Verwundung* in der Textstelle (109) wird die Annahme einer nicht weiter untergliederten Wir-Gruppe implikatiert, der zufolge es keinen Unterschied für den Opfer-Status des Westens bzw. von *uns allen* macht, ob Ziele in den USA oder in anderen westlichen Staaten attackiert wurden.

Solche Anschlagsopfer-Darstellungen und weitere Bedrohungsszenarien führen zu einer affektiven Aufladung des Westens. In denjenigen Fällen, in denen der Opfer-Status des Westens nicht relativiert wird, liegt dementsprechend eine uneingeschränkt positive Evaluierung des Westens vor.

5.2.2.2.2 Der Westen wird tendenziell positiv bewertet

Es wurde bereits angekündigt, dass nicht alle Äußerungen im Gesamtkorpus dem soeben behandelten Muster entsprechen, dass also bezüglich des Westens kein uniformes Evaluierungsschema, sondern vielmehr ein breites, ausdifferenziertes Spektrum an Bewertungen vorliegt. Es geht in diesem Abschnitt der Arbeit eben darum, die vielfältigen Meinungsäußerungen mitsamt der evaluativ wirksamen sprachlichen Mittel in vier potenzielle bzw. drei tatsächlich identifizierte Makro-Kategorien einzuteilen.

In diesem Unterkapitel werden diejenigen Diskursbeiträge vorgestellt, in denen eine Verringerung der Aufwertung des Westens stattfindet, die Evaluierung in ihrer werturteilshaften Gesamtheit aber dennoch als überwiegend positiv eingeschätzt werden kann.

Die Wert-Abschwächungen können in expliziter Form vorliegen, indem deutlich auf Fehler, Makel, Problemverursachungen oder sonstige negative Aspekte des Westens hingewiesen wird. Häufig werden derartige negative Hinweise in größtenteils positive Evaluierungen eingebettet, um einen argumentativ differenzierten Standpunkt zum Westen respektive zur Erklärung der terroristischen Angriffe einzunehmen, so wie im folgenden Korpusbeispiel:

(110) Der Angriff auf das World Trade Center in New York ist eine Negation unserer Lebensweise und Zivilisation. Die Befreiung des Lebens vom Joch der Religion, die Trennung von Staat und Kirche, die Freiheit des Individuums, nach seiner Façon glücklich zu werden. Die Toleranz, andere Götter neben den eigenen zu akzeptieren. Die nicht endende Revolution von Wissenschaft und Forschung. Alles sind Folgen der westlichen zivilisatorischen Entwicklung seit der Renaissance. [...] Gegen diese Angriffe auf seine Zivilisation hat der Westen allen Anlass, sich auch mit militärischen Mitteln zur Wehr zu setzen. Woran sich nichts geändert hat, ist indes die Gewissheit, dass die Segnungen westlicher Zivilisation auch viel Elend und Ungerechtigkeit über die Menschheit gebracht haben und bringen. Von der Ausbeutung und Zwangsbekehrung längst vergangener Zeiten bis zu weltweiten ökonomischen Interessen und Strukturen heute, die je nach Sachlage auch korrupte Regime und kriminelle Handlanger stützen, um den eigenen Vorteil zu sichern. (Frankfurter Rundschau, 20.09.2001)

Zunächst wird in der zitierten Textstelle (110) die oben erwähnte Strategie der Selbst-Viktimisierung bedient, wonach der Westen mit *unserer Lebensweise und Zivilisation* identifiziert, dann in historischer und aktueller Perspektive als Verfechter von Liberalismus, Fortschritt etc. positiv herausgestellt wird und als solches das Ziel der Terroranschläge ausmacht. Die Einschränkung dieser Evaluierung bezieht sich dann vornehmlich auf ökonomische *Ungerechtigkeiten*, die sowohl *heute* als auch *in vergangenen Zeiten* vom Westen ausgehen und ausgegangen seien, sowie auf nicht näher erläuterte *Zwangsbekehrungen*, die vermutlich als Verbrechen im Zuge des Kolonialismus elaboriert werden können. Differenziert betrachtet – also teilweise sehr positiv, teilweise eher negativ bis klar negativ – werden somit die historischen sowie aktuellen Praktiken des Westens und deren diverse globale Wirkungen, wohingegen die vom Westen vertretenen Normen zweifellos positiv eingeordnet werden. Dominant bleibt letztlich die Tendenz zur Aufwertung des Westens, die hinsichtlich der diagnostizierten Konfliktlage auch die Empfehlung einer militärischen Verteidigung einschließt.

Hiermit ist ein grundlegendes Schema der nuancierten, tendenziell positiven Evaluierungsmuster identifiziert. Der Westen wird demnach bezüglich seiner Werte und Normen komplett positiv eingeschätzt, zugleich nur bezüglich seiner diachronen und synchronen Praktiken und deren Effekte differenziert bzw. als latent defizitär betrachtet. Anschlussfähig an solche Konzeptualisierungen sind bestimmte Theoreme über den Westen, die im vorherigen Kapitel 5.1.2 besprochen wurden, wie die Arbeiten H. A. Winklers (v. a. Winkler 2016d), die die *westliche Wertegemeinschaft* als normatives Projekt mit gewissen Umsetzungsmängeln charakterisieren.

In diesem Kontext spielt eine oft als westlich deklarierte Eigenschaft respektive eine diskursive Kompetenz eine wichtige Rolle, nämlich die Selbstkritik. In einer Weiterführung der Kontrastierung von Westen und Islam wird die Fähigkeit zur Selbstkritik einseitig verortet und zugleich als Kulturmerkmal stilisiert. Die folgenden Textstellen stehen exemplarisch für dieses Argumentationsmuster, zweimal in einer Kurzversion, einmal länger ausgeführt:

(111)   [D]er Rechtswissenschaftler Ulrich K. Preuß und der Publizist Richard Herzinger [...] betonten beide, dass den Westen die Fähigkeit zur Selbstkritik auszeichne [...]. (Frankfurter Rundschau, 31.10.2001)

(112)   Eine der großen Stärken des Westens ist seine Fähigkeit zur Selbstkritik. Nur wer sich selbst hinterfragt, ist in der Lage, Fehler zu korrigieren. (Der Tagesspiegel, 10.07.2005)

(113)   Natürlich gibt es auch im Westen Barbarei, es gibt die Todesstrafe, Folter, postkoloniale Ausbeutung... all das wird im Westen allerdings angeprangert, Opposition ist möglich. Die Dinge können sich ändern. Der Gottesstaat aber kennt keine Opposition, keinen Wandel, nur den Teufel. [...] Deshalb sind im Westen Gläubige und Ungläubige fast immer Zweifler, und fast jeder hat heimlich zu Hause ein paar Aktien der anderen Firma. Nichts zivilisiert die Menschen so sehr wie eine Prise Zweifel an der Richtigkeit des eigenen Glaubens. (Der Tagesspiegel, 14.09.2001)

In (113) erlaubt die Einbettung in diese positive Gesamt-Evaluierung des Westens eine gleichzeitige Bezugnahme auf drastisch benannte, negative Aspekte wie *Barbarei, Todesstrafe, Folter, Ausbeutung*. Aufgrund der Existenz von *Opposition* und *Zweifel* ist der Westen trotzdem die eindeutig präferierte Zivilisationseinheit.

Allein die Notwendigkeit der Selbstkritik präsupponiert eine Einschätzung der eigenen Gruppe als nicht-perfekt, weswegen die zitierten Textstellen nicht in die zuvor dargestellte Evaluationskategorie der uneingeschränkten Aufwertung gehören. Verbunden mit einer vergleichsweise noch negativeren Diagnose der Fremdgruppe kann jedoch das Erkennen eigener Schwächen wiederum zu einer insgesamt vorteilhaften Beurteilung des Eigenen beitragen.

Außerdem kann die Aufwertungsstrategie durch eine zugeschriebene Selbstkritik-Fähigkeit auch genutzt werden, um Vorwürfe an den Westen aus islamischer Perspektive in die eigene Betrachtung zu integrieren und effektiv zu entkräften:

(114)   Die Verachtung, mit der viele Islamisten die vermeintlich ungeistige, materialistische, seelen- und schamlose Welt des Westens strafen, wird scheinbar bestätigt durch die treffliche Vorarbeit westlicher Selbstkritik – einer der Vorzüge des Westens ist schon die Tradition dieser Selbstkritik. (Der Spiegel, 22.12.2001)

Selbstkritik wird als Unterscheidungsmerkmal zwischen dem Westen und dem Islam angeführt, während die referierten Kritikpunkte wie *Materialismus*, *Seelenlosigkeit* durch die distanzierend eingesetzten Adjektive *vermeintlich*, *scheinbar* abgeschwächt werden.

Damit besteht eine Überleitung zum Phänomenbereich der Terrorismus-Motivation und -Legitimation. Die diskursive Verarbeitung von Anschlägen und Gewaltakten kann die Frage nach deren ideologisch-politischen Begründungen beinhalten, mithin auf eine Diskussion des anti-westlichen Hasses im islamistischen Fundamentalismus und weiteren angenommenen Feindbild-Faktoren abzielen. Die Positionierung gegenüber den anti-westlichen Kritikpunkten, die von den deutschsprachigen Textproduzent*innen vollzogen wird, entspricht dann wiederum einer Evaluierung der Wir-Gruppe des Westens.[127]

In vielen Fällen werden die anti-westlichen Inhalte nur kurz genannt und nicht näher erläutert. Entscheidend für die Kategorisierung der Evaluierung ist dann wiederum die Einbettung in den Gesamttext, also die Zustimmung oder der Widerspruch von Seiten der Autor*innen. Wenn den entsprechenden Negativ-Charakterisierungen nicht zugestimmt, aber möglicherweise eine geringe Gültigkeit oder minimale Richtigkeit eingeräumt wird, dann gehören die entsprechenden Diskursbeiträge zu dieser nuanciert-positiven Evaluierungskategorie. Dies sollen die folgenden Textstellen exemplifizieren, erneut in unterschiedlicher Ausführlichkeit:

---

[127] Die angerissene Problematik, wie genau sich Pressetextautor*innen auf bestimmte, im öffentlichen Diskurs marginale Stimmen beziehen, ist zwar hochrelevant, kann hier aber aus Platzgründen nicht in einer eigentlich angemessenen Detailtiefe weiterverfolgt werden. Eine ausführlichere Beschäftigung mit dieser Thematik könnte auf die in der anglophonen Soziolinguistik entwickelten Konzepte von „stance" und „stance-taking" (vgl. bspw. Jaffe 2009) zurückgreifen.

(115) Der Autor wiederholt die nur zu sehr bekannten Argumente vieler Vertreter des Islam gegen den „dekadenten" und „korrupten" Westen. Aber trifft das auch diejenigen, die ihren christlichen Glauben in überzeugender und glaubwürdiger Weise heute zu leben versuchen? (Die Welt, Leserbrief, 09.04.2011)

(116) Das Erbe der Aufklärung, der Universalismus, ist sehr geschwächt. Der Westen selber hat Mitschuld daran: Er hat die Frage der Gerechtigkeit den Radikalen überlassen und zugleich in überzogener philosophischer Selbstkritik die Aufklärung unterminiert. Der Westen wird in der arabischen Öffentlichkeit heute sehr oft auf kulturelle Dekadenz und ökonomischen Imperialismus reduziert, als dessen Opfer sich Muslime nicht ganz zu Unrecht sehen. Das Versprechen des Westens bedeutet für mich aber auch Rechtsstaat, Frauenemanzipation, wissenschaftlicher Fortschritt und wirtschaftliche Dynamik. (Die Zeit, 17.08.2006)

Interessanterweise wird in der Textstelle (116) die *philosophische Selbstkritik* als Kennzeichen des Westens beschrieben, aber zugleich – in klarer Abweichung zu fast allen anderen Thematisierungen von *Selbstkritik* – negativ evaluiert. Es sei an dieser Stelle betont, dass die zuletzt zitierten Textstellen keinen vollständig gleichen Bewertungsgrad des Westens vermitteln, die durch den Ausschnitt (115) repräsentierte Meinungsäußerung wirkt insgesamt stärker pro-westlich als die in (116). Letztlich sollen beide aber als eingeschränkt-positive Evaluierungen des Westens gelten können, die einen kategoriell greifbaren Ausschnitt aus der vielfältigen Menge und dem kontinuierlich-graduellen Spektrum von Ansichten zum Westen repräsentieren.

5.2.2.2.3 Der Westen wird tendenziell negativ bewertet

Diese nun vorzustellende Evaluationskategorie umfasst diejenigen Texte, in denen eine negative Bewertung des Westens dominiert, selbst wenn positive Aspekte partikulär enthalten sind.

Es wurde bereits festgehalten, dass kein Text im Korpus vorgefunden wurde, in dem eine vollständige und uneingeschränkte Zustimmung zu Darstellungen wie DER WESTEN ALS FEINDBILD formuliert wird. Das mag daran liegen, dass in den deutschsprachigen Mainstream-Medien fundamental-islamistische Stimmen zwar zitiert oder rezipiert werden, aber nicht aktiv partizipieren.

Demgegenüber gibt es durchaus Textstellen, in denen eine partielle Zustimmung zu anti-westlichen Haltungen deutlich wird. Es handelt sich bei den untersuchten Positionierungen oder Stances gegenüber dem Westen um ein komplexes Meinungsspektrum und die hier vorgenommene Reduktion auf vier bzw. drei Evaluationskategorien verursacht unweigerlich eine Simplifizierung.

Auf der lexikalischen Ebene drängt sich erneut die Frage nach adjektivischen Attribuierungen auf, nun eben nach pejorativ wirkenden Adjektiven. Unter den bereits beschriebenen Digrammen inklusive *Westen* sind die folgenden Phrasen zwar deutlich seltener als die in Kapitel 5.2.2.2.1 erwähnten positiv evaluierenden Varianten, aber es lassen sich doch einige Kandidaten für negative Bewertungen identifizieren: Dies sind Attribuierungen wie *dekadente* Westen, ungläubige* Westen, gottlose* Westen, imperialistische* Westen, verkommene* Westen, böse* Westen, verweichlichte* Westen, verhasste* Westen*. Zusätzlich sind bestimmte Phrasen prominent vertreten, die isoliert betrachtet evaluativ weniger eindeutig sind, aber potenziell pejorativ eingesetzt werden können wie *kapitalistische* Westen, materialistische* Westen*.

Die Aussagekraft der Aufzählung ist wiederum insofern eingeschränkt, als dass das bloße Vorkommen der Phrasen nicht automatisch eine negative Evaluierung mit sich bringt, sondern vielmehr auch in eine übergeordnet anders funktionierende Positionierung eingebettet sein kann, analog zu den zuvor besprochenen Einschränkungen. Trotzdem zeichnen sich in den gesammelten Fällen von versprachlichten Bewertungen gewisse gegen den Westen gerichtete Kritikmomente ab, nämlich religiöse, ökonomische, moralische und machtpolitische[128] Punkte.

Es können an dieser Stelle nicht alle Kritikdomänen en détail diskutiert werden. Unter den genannten Varianten ist das Adjektiv *dekadent* frequent vertreten, das oftmals durch Anführungsstriche hervorgehoben oder mit einer angedeuteten Distanzierung eingesetzt wird. Es rekurriert zumeist auf eine angenommene areligiös-amoralische Haltung bzw. auf negative Aspekte eines ungehemmten Liberalismus der Lebensentwürfe. In der folgenden, etwas kryptischen Textstelle werden beide Elemente mit ökonomischer Ungerechtigkeit sowie internationaler Kriminalität verbunden und dies dem „dekadenten" Westen angelastet:

---

[128] Teilweise weisen die Adjektive auf konträre Ausprägungen anti-westlicher Positionen hin. So können *verweichlicht* und *imperialistisch* im weitesten Sinne auf das geopolitische Durchsetzungsvermögen rekurrieren, tun dies aber hinsichtlich der hegemonialen Machtansprüche völlig entgegengesetzt. Ob der Westen als *imperialistisch* oder aber als *verweichlicht* angesehen wird, ist mithin ein starkes Indiz für die differente ideologische Verortung der verschiedenen anti-okzidentalen Ressentiments, so wie sie bei Buruma/Margalit (2004, 2005) Erwähnung finden.

(117)   Hier [in allen möglichen Krisenregionen der Welt, Anm. JHK] haben sich die Business-Zentren des Drogengeschäfts, des Pornografiegewerbes, des Menschen- und Organhandels, der Kinderprostitution eingerichtet, einschließlich eines weltweit operierenden politischen Terrorismus. [...] Die Absatzmärkte dieser im Schatten der neuen Weltordnung expandierenden Geschäftszweige liegen nämlich vorwiegend im „dekadenten" Westen, der die Kundschaft für die heiße Ware liefert. Es existiert eine untergründige Verbindung zwischen dem schmierigen Sex-Touristen, dem pädophilen Pornofreund, dem Todestrip des Großstadt-Junkies, dem fememordenden Satanisten, dem rassistischen Skinhead und dem religiös motivierten Selbstmordattentäter [...]. (taz, 24.11.2001)

In anderen Diskursbeiträgen ist die negative Evaluierung des Westens prägnanter formuliert:

(118)   Der Westen hat diese Diktaturen mit rassistischer Arroganz gerechtfertigt und unterstellt, dass uns die Araber unterlegen und unfähig seien, eine funktionierende zivile Regierung zu errichten. Bisher haben wir die Gewaltherrscher aus Eigennutz unterstützt, weil es dem Westen um Stabilität ging. (Die Zeit, 18.03.2004)

Dieses Korpusbeispiel (118) stellt den Vorwurf von westlicher *Arroganz, Rassismus* und machtpolitischem *Eigennutz* heraus. Zusätzlich ist der Gebrauch des *wir* zur Verstärkung der Selbstkritik auffällig.

Die folgende Textstelle verdeutlicht ebenfalls eine überwiegend negative Evaluierung des Westens, steht inhaltlich aber in einem Gegensatz zu den soeben zitierten Korpusbelegen:

(119)   Gerade weil die Taliban und andere Terroristen inzwischen bestens wissen, wie pflaumenweich, heuchlerisch und wenig belastbar der Westen wirklich ist, fahren sie genau die Strategie, die momentan zu beobachten ist. [...] Dem Guten zum Durchbruch zu verhelfen, gelingt manchmal aber nur mit Blut, Schweiß und Tränen. (Der Tagesspiegel, 19.08.2007)

Hier sind die an den Westen gerichteten Kritikpunkte offensichtlich anders gelagert als in den Korpusbelegen (117) und (118), und können als Schwäche und mangelnde Konfliktbereitschaft verstanden werden. Plädiert wird für *Blut,*

Schweiß und Tränen, was in diesem Kontext auf die Befürwortung eines aggressiveren Einsatzes militärischer Mittel hindeutet. Es ist naheliegend, dass einerseits diejenigen für die zuletzt zitierten Pressetexte verantwortlichen Personen konträre Ansichten über die jeweilige geopolitische Situation pflegen, dass sie andererseits dabei in ihrer überwiegend negativen Einschätzung der westlichen Politikmaßnahmen konvergieren.

Die hinter den eingeschränkt-negativen Evaluierungen sichtbaren Haltungen der Textproduzent*innen sind dementsprechend nicht monolithisch. Es zeigen sich ganz unterschiedliche Vorstellungen davon, wie sich der Westen gegenüber dem Islam bzw. gegenüber bestimmten Akteuren in muslimischen Ländern verhalten soll. Dass sich allein aus dieser Inferenz, der Westen solle sich auf eine bestimmte Art und Weise verhalten, wichtige Konsequenzen ergeben, wird im späteren Unterkapitel 5.2.3.1 aufgegriffen und vertieft.

5.2.2.2.4 Zur Verteilung der Evaluationskategorien

Nachdem nun anhand von mehreren Beispielen dargestellt wurde, welche Bewertungen des Westens sich im Gesamtkorpus identifizieren lassen, soll als nächstes das Verhältnis der damit beschriebenen Evaluationskategorien im Vergleich zueinander behandelt werden.

Es wurde eine umfangreiche Stichprobe von 50 Texten randomisiert zusammengestellt und ausgewertet. Diese Stichprobe soll das gesamte verfügbare Untersuchungskorpus ohne Einschränkung repräsentieren, weshalb in diesem Analyseschritt keine weiteren Differenzierungen vorgenommen wurden. Auf eine eventuelle Dynamik im Diskursverlauf zielte die Frage, wie der Westen evaluiert wird, zunächst schlichtweg nicht ab. Eine solche diachrone Veränderung der Auffassungen zum Westen – insbesondere ab 2016 – deutete sich jedoch im Laufe der Analyse an und sie wird deshalb später in diesem Unterkapitel exkurshaft skizziert.

Die Auszählung der zufällig selegierten Textmenge ergab folgende Verteilung: In 19 Texten wurde der Westen uneingeschränkt positiv evaluiert, in 21 Texten überwiegend positiv und in 10 Texten überwiegend negativ. Die Verweise auf die genauen Pressetexte finden sich im Quellenverzeichnis. Die folgende Graphik 7 veranschaulicht diese Ergebnisse:

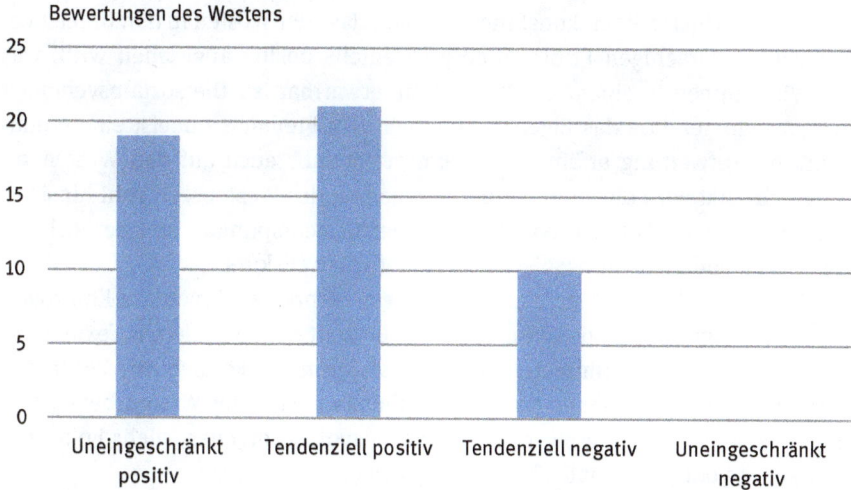

Abb. 7: Absolute Häufigkeiten der Evaluierungskategorie in einer randomisierten Stichprobe von 50 Pressetexten

Die Zahlenwerte der y-Achse beziehen sich auf absolute Trefferzahlen ausgehend von der Stichprobengröße von 50 Pressetexten, weshalb der prozentuale Anteil sich durch eine einfache Verdopplung des Trefferwerts errechnen lässt: 42 Prozent für die tendenziell positive Kategorie, 38 Prozent für die uneingeschränkt positive Kategorie, 20 Prozent für die tendenziell negative Kategorie, 0 Prozent für die uneingeschränkt negative Kategorie.

Eine Betrachtung der Frage, wie die Evaluierungen sich auf die im Korpus enthaltenen Medien verteilen, lieferte keine eindeutige Erkenntnis. Die im Korpus sowie in der Stichprobe überdurchschnittlich häufig vertretenen Medien wie „Der Spiegel", „Der Tagesspiegel", „Die Welt", „Die Zeit" steuern Texte bei, die allen drei Kategorien zugeordnet wurden, während „Frankfurter Rundschau" und „taz" in zwei Kategorien vertreten sind. Nur das „Handelsblatt" war mit zwei Texten in der Stichprobe vertreten und beide Texte gehörten derselben Kategorie an, nämlich den uneingeschränkt positiven Evaluierungen. Die anderen Medien kommen in der Stichprobe zu selten vor, um nun in einer aussagekräftigen Weise evaluativ verortet werden zu können. In den obigen Vorstellungen der Kategorien und der exemplarischen Textstellen sollte deutlich geworden sein, dass diese nicht auf politisch-ideologisch uniforme Charakterisierungen des Westen reduzierbar sind und nicht nur einzelnen Medienpositionen entsprechen. Die behandelten Evaluationskategorien bilden Abschnitte aus einem mehrfach komplexen Meinungsspektrum gegenüber dem Westen ab.

Als Konklusion kann konstatiert werden, dass der Westen in den untersuchten deutschsprachigen Printmedien größtenteils positiv angesehen wird, was für Wir-Gruppen in einem gewissen Sinne erwartbar ist. Die sozialpsychologische Annahme, dass das Eigene gegenüber dem Fremden zumeist eine grundsätzliche Aufwertung erfährt, trifft cum grano salis auch auf den Westen zu. Eingeschränkt wird dies durch die Heterogenität des Westens, sowohl hinsichtlich historischer als auch aktuell-politischer Gesichtspunkte, und der sich darauf beziehenden Meinungsvielfalt im öffentlichen Diskurs.

In der durchgeführten Analyse sind dementsprechend mehrere Kontroversen sichtbar geworden, da in immerhin 20 Prozent der analysierten Texte negative Evaluierungen dominieren. Diese Evaluierungen können wiederum auf stark differenten Positionen darüber beruhen, wie sich der Westen besser verhalten solle, ob er aggressiver oder rücksichtsvoller vorgehen, mehr Fokus auf militärische oder diplomatische Politikoptionen legen solle.

Während nur solche Ansichten, die den Westen als eindeutiges Feindbild kategorisieren und fundamental abwerten, nicht im Untersuchungskorpus belegbar sind, lassen sich viele andere Ansichten über den Westen korpusgestützt identifizieren. Es zeigt sich hierin die multiple Komplexität der Wir-Gruppen-Konstruktion des Westens.

Als Zusammenfassung der korpusgestützten Ausarbeitung der Evaluationsmuster soll auf die verschiedenen evaluativ wirksamen Eigenschaften und Merkmalsdimensionen des Westens eingegangen werden. Sehr positiv wird der Westen dann eingeschätzt, wenn er als akut bedroht oder sogar als Ziel von Gewaltakten dargestellt wird. Nur sehr selten wird dies im Korpus eingeschränkt durch Verweise auf historische Epochen wie den Kolonialismus, in denen der Westen Gewalt ausgeübt und zur Unterdrückung anderer Menschengruppen gezielt eingesetzt habe. Im Hinblick auf die Aspektebene der organisierten Gewalt dominiert im Untersuchungskorpus die positive Auflage des Westens. Genau diesbezüglich kann ein gravierender Unterschied zwischen den fachwissenschaftlichen und den massenmedialen Diskursen erkannt werden, dergestalt dass in Fachdiskursen ein stärkeres Bewusstsein für die dem Westen zugeschriebenen Verbrechen zu bestehen scheint als in der durchschnittlichen Berichterstattung deutschsprachiger Printmedien.[129]

---

[129] Ein möglicher Erklärungsansatz zur Divergenz zwischen Fach- und Mediendiskursen besteht darin, dass massenmedial enorm präsente Ereignisse wie bspw. 9/11 die Formen organisierter Gewalt, die vom Westen ausgegangen sind, überdecken bzw. in Vergessenheit geraten lassen, während dies womöglich für Fachdiskurse weniger stark zutrifft. Diese Vermutung betont eine Differenzierung zwischen der Dominanz der jeweils aktuellen Medienberichterstat-

Nahezu durchgängig positiv werden die sogenannten *westlichen Werte* beurteilt, vor allem die aus den Werten „Freiheit" und „Gleichheit" abgeleiteten Programme des „Liberalismus" und der „Demokratie", wobei es in späteren Zeiträumen zu einer diesbezüglichen Skepsis kommen kann, wie nachfolgend näher erläutert wird. Als positiver Wert des Westens gilt zudem die Fähigkeit zur „Selbstkritik". In dieser Beziehung weichen die öffentlichen und die fachwissenschaftlichen Diskurse weniger stark voneinander ab, siehe vergleichend das Kapitel 5.1.2. Zwar gibt es im Korpus einzelne Gegenstimmen, die die normative Selbstaufwertung des Westens in Zweifel ziehen – vor allem hinsichtlich der Legitimität der Selbstzuschreibung, wenn die Praxis die genannten Normen zu deutlich hintergeht –, aber diese Positionen sind in den Mainstreammedien insgesamt eher marginal.

Größtenteils positiv eingeschätzt werden ökonomische Aspekte, insbesondere der „Wohlstand" des Westens. Hier finden sich aber auch mehrere Gegenstimmen, die auf die globale Produktion von wirtschaftlicher Ungerechtigkeit verweisen und vor allem den Westen für die neoliberale Spielart des „Kapitalismus" im Zuge einer negativen Bewertung verantwortlich machen. Es liegt also eine inhaltliche Kontroverse innerhalb der ökonomischen Evaluierungsdomäne vor.

Tendenziell negative Bewertungen des Westens beziehen sich häufig auf die Ebene der internationalen Beziehungen und die westliche Machtpolitik. Allerdings sind die gegen den Westen gerichteten Kritikpunkte nicht einheitlich, da sowohl Vorwürfe des zu militaristischen als auch des zu diplomatischen Vorgehens enthalten sind, wie in Kapitel 5.2.2.2.3 dargestellt wurde.

Die religiöse Merkmalsebene war bei der Analyse der Evaluierungen ziemlich uneindeutig und insgesamt weniger stark ausgeprägt. Da bereits eine Ambivalenz in der Frage herrscht, ob der Westen als christlich oder als säkularisiert wahrgenommen werden solle (vgl. u. a. die Diskussionen in 5.1.1 und 5.1.2), soll es nicht überraschen, dass hier divergente Bewertungen vorliegen, die allerdings für die Stichprobenanalyse nicht besonders ausschlaggebend waren. Letztlich besitzen die konträren Zuschreibungen „christlich versus säkularisiert" eine wichtige Gemeinsamkeit: Beide vermitteln eine Distanzierung von der religiös charakterisierten Einheit des Islam.

---

tung einerseits und den Aufmerksamkeitsfoki einer wie auch immer aufgefassten Fach-Community andererseits. Die Fragestellung, welche Gewaltakte weshalb und wie stark in dem sogenannten „kollektiven Gedächtnis" abgespeichert werden, verdient sicherlich eine tiefergehende Behandlung.

Ein kurzer Exkurs zur diachronen Betrachtung der Evaluierungen und insbesondere zu den zeitgenössischen Entwicklungen ist an dieser Stelle angebracht. Die zeitliche Dimension der Stichprobenanalyse repräsentiert zunächst einmal in groben Zügen die Beschaffenheit des Gesamtkorpus, allerdings mit der Einschränkung, dass – allein aus Gründen der Zufälligkeit – die jüngsten und ältesten Bestandteile des Korpus nicht in der Stichprobe auftauchen. Von den 50 randomisiert ausgewählten Pressetexten ist genau die Hälfte im Jahr 2001 erschienen und die restlichen 25 Texte verteilen sich relativ gleichmäßig auf den restlichen Untersuchungszeitraum, mit dem frühesten Text aus dem Jahr 1997 und dem spätesten Text aus dem Jahr 2014.

Für diesen Zeitraum konnte in der Makro-Perspektive keine gravierende Veränderung der Evaluierungen des Westens eindeutig festgestellt werden. Mit Bezug auf einzelne Diskursereignisse – wie die mediale Verarbeitung von 9/11 und späteren Anschlägen in Europa – lässt sich jedoch eine Dependenz zwischen terroristischen Gewaltakten einerseits und der positiveren Wahrnehmung des Westens als Anschlagsopfer respektive der selbst-viktimisierenden Aufwertung des Westens andererseits vermuten. Dieser Zusammenhang wurde jedoch nicht näher fokussiert und konnte innerhalb der zufallsbedingten Erhebung der Stichprobentexte nicht eingehender untersucht werden werden.

Außerhalb der Stichprobenanalyse, nämlich etwa ab 2016, zeichnet sich jedoch eine diskursive Verschiebung ab. Bestimmte politische Ereignisse wie die Wahl Donald Trumps zum US-Präsidenten sowie die Abstimmung zum sogenannten „Brexit" und die Wahlerfolge rechtspopulistischer bzw. extrem rechter Parteien in mehreren Staaten Europas stellen sich als durchaus relevant für die Beurteilung des Westens dar. Diese Entwicklungen wurden als „Rechtsruck" oder auch als erkennbare Zunahme von autoritären bis hin zu faschistischen Einstellungen wahrgenommen.

Insbesondere das (Selbst-)Verständnis des WESTENS als LIBERAL, als DEMOKRATISCH (in einem institutionell-stabilen bzw. repräsentativ-parlamentarischen Sinne), als AUFGEKLÄRT erscheint angesichts solcher Entwicklungen prekär. Interessanterweise wird in einigen Pressetexten zur Diskussion dieser Phänomene das Deutungsmodell des „Kampfes der Kulturen" wieder aufgegriffen und neu bewertet. Die folgenden Textstellen zeigen dies exemplarisch:

(120) Aber anders als von Samuel Huntington am Ende des Kalten Kriegs Anfang der 90er-Jahre prognostiziert, kommt es nicht zu einem Konflikt zwischen den „sieben oder acht großen Weltkulturen – den westlichen, konfuzianischen, japanischen, islamischen, hinduistischen, slawisch-

orthodoxen, lateinamerikanischen und afrikanischen Zivilisationen". Vielmehr sind es mit Ted Cruz und Donald Trump westliche Populisten, die westliche Werte attackieren. Nicht die Fundamentalisten anderer Weltkulturen erweisen sich als ärgste Feinde des Westens. Sie werden lediglich als Feindbilder instrumentalisiert. Christliche Traditionalisten, selbst ernannte Kandidaten Gottes und stramme Nationalisten greifen die Prinzipien einer aufgeklärten, liberalen und offenen Gesellschaft frontal an. (Die Welt, 02.02.2016)

(121) Der Kampf der Kulturen hat begonnen. Nicht jener Clash zwischen Westen und Orient, den sich der Politologe Samuel Huntington einst ausmalte. Nein: der Clash zwischen konservativen und progressiven Werten, zwischen homogener und durchmischter Lebenswelt, zwischen liberalem Wirtschaftsnationalismus und globalem Gesellschaftsliberalismus innerhalb des Westens. Nirgends sind die Frontlinien härter als in den USA, wo sich Trump einen Krieg mit den Medien liefert – um nichts weniger als die Deutungshoheit über die Realität. In Europa verläuft der Konflikt weniger spektakulär, aber nicht weniger intensiv. (Handelszeitung, 26.01.2017)

(122) Huntington geht davon aus, dass es mit der Vormachtstellung des Westen [sic!] in der Welt vorbei ist. In seinen kühnsten Träumen hätte sich der Politologe hingegen nicht vorstellen können, dass die USA selbst den Westen zu Grabe tragen. Dass US-Präsident Trump die gemeinsame Basis des Wohlstands der G7 zertrümmert, ist in Huntingtons Drehbuch nicht vorgesehen. Für ihn sind die regionalen ökonomischen Bündnisse von Ländern, die derselben Kultur angehören, selbstverständlich. (Der Tagesspiegel, 24.06.2018)

Den drei Korpusbeispielen ist gemeinsam, dass die Erfolge Donald Trumps (und ähnlich argumentierender *Populisten* in *Europa* analog dazu) als gravierende Probleme für den Westen und gleichzeitig als Offenlegung von Irrtümern innerhalb der Theorie Samuel P. Huntingtons eingeschätzt werden. Wie in Kapitel 3.1.3 dargestellt wurde, sieht Huntington für die von ihm angenommenen Zivilisationen nur eine interne Homogenität vor. Die vermeintliche Homogenität ist nicht vereinbar mit der ideologischen Polarisierung und der politischen Zersplitterung, die sich im Westen nun deutlich abzeichnet. Stellenweise werden die inner-westlichen Konflikte zwar ebenfalls als *Kampf der Kulturen* bezeichnet, bspw. in der Textstelle (121), es wird aber umgehend auf die Inkongruenz mit dem Modell Huntingtons hingewiesen. Damit dominiert innerhalb der sich abzeichnenden neuen Diskursetappe die Ansicht, die weltpolitische Dynamik führe zur Widerlegung Samuel P. Huntingtons.[130]

Für die Evaluierung des Westens ergeben sich enorm relevante Konsequenzen. Die oben beschriebenen *ärgsten Feinde des Westens*, die *die westlichen Werte attackieren* und eine Reihe positiver *Prinzipien angreifen*, die letztlich sogar *den Westen zu Grabe tragen* und *die gemeinsame Basis des Wohlstands zertrümmern*, die dafür verantwortlichen Akteure sind nun nicht mehr externe Gegner in Gestalt essenziell-fremder Zivilisationen, sondern es sind Politiker in den höchsten Machtpositionen des Westens. Die schwerwiegenden inneren Konflikte und die Fliehkräfte des weltanschaulichen Auseinanderdriftens führen in den zitierten Texten sozusagen zur Diagnose einer Dissoziation des Westens.

Verursacht durch interne Prozesse innerhalb der USA und innerhalb von europäischen Staaten bilde sich eine vorher nicht erkannte, akute Gefahr für den Westen generell und für seine Kennzeichen der Werte und des Wohlstands im Speziellen. Damit liegt eine neue Form eines introspektiven Bedrohungsszenarios für die Wir-Gruppe des Westens vor. Insgesamt wird in diesem Diskursabschnitt die vorher bereits bestehende enorme Vielfalt der Konzeptualisierungen des WESTENS noch einmal erweitert.

5.2.3 Zur Darstellung des ontologischen Status des Westens

5.2.3.1 Der Westen als kollektiver Akteur

Zum Abschluss des empirischen Teils dieser Arbeit sollen bestimmte im Korpus identifizierbare Auffälligkeiten der Darstellung des Westens diskutiert werden,

---

130 Die geopolitische Schwäche des Westens wird ebenso in den Kreisen der sicherheitspolitischen Funktionseliten eingehend diskutiert. Die international renommierte Münchner Sicherheitskonferenz, zu der sich zahlreiche Außen- und Verteidigungsminister sowie NATO-Funktionäre treffen, lief im Februar 2020 unter dem vielsagenden Titel „Westlessness. Wird die Welt weniger westlich?" ab (vgl. https://securityconference.org/publikationen/munich-security-report-2020/ [zuletzt aufgerufen am 22.09.2022]). Als thematische Einordnung wird formuliert, dass das Konferenzthema „insbesondere der gegenwärtigen Krise des Westens" gewidmet sei (vgl. ebd.) und dass dies eine duale Krise sei, sowohl innerhalb der westlichen Gesellschaften als auch extern zwischen dem Westen und rivalisierenden Großmächten. Diese Diagnose spiegelt offensichtlich die hier diskutierten Einschätzungen deutschsprachiger Printmedien wider.

mit denen sich ein inhaltlicher Bogen zu bestimmten Argumentationen des dritten und vierten Kapitels schlagen lässt.

In der Beschreibung der Evaluierungsmuster zum Westen wurde herausgearbeitet, dass sich teilweise inhaltlich widersprüchliche Handlungsaufforderungen an den Westen richten. Siehe hierzu die Diskussion der partiell konträren Instruktionen in Kapitel 5.2.2.2.3. Trotz der kontroversen Ansichten darüber, was der Westen genau machen bzw. wie er also auf Terrorakte oder globalpolitische Missstände oder andere Krisen reagieren solle, besitzen die jeweiligen direktiven Sprachmanifestationen, die diese Aufforderungen in unterschiedlicher Form ausdrücken, eine wichtige Gemeinsamkeit. Den Handlungsaufforderungen liegt zugrunde, dass der Westen handeln könne, dass er folglich als eigenmächtiger, abgegrenzter Akteur verstanden wird; anderenfalls würden Aufforderungen keinen Sinn ergeben.

Hierbei handelt es sich keineswegs um eine unwichtige Trivialität, sondern vielmehr um eine im gesamten Mediendiskurs überaus robuste Inferenz über den ontologischen Status des Westens, die im Folgenden eingehender beschrieben werden soll.

Die folgenden Sätze enthalten allesamt die Wortfolge „*Der/der Westen muss*". Die zugrundeliegende Korpusrecherche wird nachfolgend eingehender beschrieben. Die ausgewählten Zitate entstammen alle einem nur etwa dreimonatigen Zeitabschnitt (September bis Dezember 2001) und sollen die an den Westen gerichteten, inhaltlich konträren Instruktionen exemplarisch veranschaulichen:

(123) Der Westen muss möglichst viele seiner [Ossama bin Ladens, Anm. JHK] Kumpane, Mitläufer und Nachahmer ausschalten. (Der Tagesspiegel, 24.09.2001)

(124) Aber auch der Westen muss über seine Fehler nachdenken. (Debattenbeitrag von Angela Merkel, Der Tagesspiegel, 30.09.2001)

(125) Der Westen muss einsehen, dass er nicht, wie ein englisches Sprichwort sagt, den Kuchen essen und ihn gleichzeitig aufheben kann. (taz, 18.10.2001)

(126) Der Westen muss seine politische, kulturelle, wirtschaftliche und militärische Vormachtstellung gegen nichtwestliche Staaten verteidigen. [...] Der Westen muss ein Verständnis für andere Kulturen entwickeln, internationale Einrichtungen stärken und die Mitarbeit nichtwestlicher

Staaten in internationalen Institutionen fördern. (Bonner General-Anzeiger, 25.10.2001)

(127) Der Westen muss Abschreckung wiederherstellen und zeigen, dass er beides einzusetzen weiß, die lasergesteuerten Systeme wie den Krieger auf dem Boden. (Die Welt, 01.11.2001)

(128) Der Westen muss für seine Ideale kämpfen [Artikel-Teaser] [...] Der Westen muss für seine Ideale eintreten [Artikel-Überschrift] (FOCUS, 26.11.2001)

(129) Der Westen muss mit Umsicht und Feingefühl reagieren, wenn er die Autorität seiner Partner nicht gefährden will. (B.Z., 29.12.2001)

Es sollen an dieser Stelle weniger die den Handlungsaufforderungen zugrundeliegenden Evaluierungen respektive die politischen Positionierungen der Textproduzent*innen diskutiert werden. Offensichtlich ist die Bandbreite der fokussierten Akte: von drastisch-militärischen Maßnahmen (*ausschalten, abschrecken*) über tendenziell eher diplomatische Vorgehensweisen (*für Ideale kämpfen/eintreten, umsichtig reagieren, Verständnis entwickeln*) bis hin zu aktionistisch uneindeutigen, rein kognitiven Prozessen (*nachdenken, einsehen*).

Fundamental für das sprachlich-pragmatische Gelingen aller dieser differenten Aussagen ist das Verständnis des Westens als potenzieller Akteur. Die zitierten Korpusbeispiele enthalten die basale Präsupposition, dass der Westen die angesprochenen Handlungen ausführen kann.

Auf die Relevanz des pragmatischen Phänomens der Präsupposition – also die impliziten Bedeutungselemente, die als selbstverständlich vorausgesetzt werden – wurde bereits in den Kapiteln 3.2.5 und 3.3.4 innerhalb der Diskussionen zur Phrase *Kampf der Kulturen* hingewiesen. Die dort getroffenen Einschätzungen bestätigen sich an dieser Stelle mit Blick auf die Darstellung der Wir-Gruppe des Westens wieder.

Analog zu den Diskussionen in Kapitel 3.2.5 kann nämlich herausgearbeitet werden, dass zwei eng gekoppelte Präsuppositionen vorliegen. In den Textstellen (123–129) wird vorausgesetzt, dass der Westen real existiert und dass der Westen zum *Ausschalten, Kämpfen, Nachdenken* etc. fähig ist. Es handelt sich um eine referentielle, durch die definite Nominalphrase getriggerte und um eine lexikalische, durch das Prädikat getriggerte Präsupposition. Nachfolgend wird darauf hingewiesen, dass diese beiden Präsuppositionen untereinander und zugleich mit der metonymischen Verwendung des Westens eng interagieren.

Diese impliziten Charakterisierungen des Westens qua Präsuppositionen sind selbstverständlich nicht nur auf die syntaktischen Konstruktionen mit *müssen* beschränkt, sondern sie lassen sich auch in Sätzen mit Vollverben bzw. mit Vollverben plus Hilfsverben oder anderen Modalverben identifizieren. Allerdings zeigt eine Suche nach den häufigsten Prädikaten zum Subjekt *Der Westen* eine Prävalenz von Instruktionen.

Genauer gesagt wurde eine N-Gramm-Analyse der rechtsseitigen Kookkurrenten mittels der Suchanfrage „der westen *" durchgeführt. Am häufigsten sind dabei Bildungen mit Auxiliarverben wie *der Westen hat* (102 Vorkommen), *der Westen ist* (64 Vorkommen), *der Westen war* (27 Vorkommen), was allein aus grammatischer Perspektive so erwartbar ist. In der Frequenzliste direkt danach erscheinen die Modalverben *der Westen muss* (63 Vorkommen), *der Westen sollte* (27 Vorkommen) und *der Westen darf* (16 Vorkommen), wobei alle Vorkommen von *der Westen darf* zusammen mit Negationen auftreten, also als negative Handlungsanleitung der Vermeidung: *der Westen darf nicht*.

Diese Satzkonstruktionen drücken Instruktionen im weitesten Sinne aus. Es handelt sich um sprachliche Akte, deren Illokutionen direktiv ausgerichtet sind und dem Westen zukünftige geopolitische Entscheidungen in unterschiedlich starker Ausprägung empfehlen oder nicht empfehlen, also um Handlungsanweisungen, -gebote, -verbote und funktional ähnliche Sprechakte.[131]

Unter den anderen, weniger zahlreichen Verbformen in Kontaktstellung finden sich noch die Modalverb-Konstruktionen *der Westen kann*, *der Westen will* und die Vollverb-Konstruktionen wie *der Westen glaubt*, *der Westen sieht*, *der Westen denkt*, *der Westen hilft*, *der Westen macht*, *der Westen schaut*, *der Westen versteht*, *der Westen fürchtet*, *der Westen unterstützt*.

Alle diese Wortfolgen sind im Korpus mehrfach – d. h. zwischen 16 und 4 Vorkommen – belegt und hier gemäß ihrer Häufigkeit angeordnet. Sie zeigen, dass der Westen nicht nur als Akteur im handlungslogischen Sinne (*hilft*, *macht*, *unterstützt*) dargestellt wird. Vielmehr erscheint der Westen in diesen Verbalmanifestationen als eine Entität mit Kompetenzen, die normalerweise für höher entwickelte Organismen charakteristisch sind. Durch die aufgelisteten

---

[131] Es sei an dieser Stelle an die Ergebnisse des Kapitels 4.3.1.2, besonders an die Ergebnisse der Häufigkeiten von Modalverben in direktem Kontakt zu *wir* erinnert. Die beiden Digramme *wir müssen* und *müssen wir* dominieren gegenüber allen anderen Modalverben, was bereits als Prävalenz der Handlungsinstruktionen gegenüber der „Wir"-Gruppe analysiert wurde. In dieser Hinsicht zeigt sich erneut eine Konvergenz der sprachlichen Darstellung des Westens und der Gebrauchsfaktoren der Personalpronomina der 1. Person Plural. Es handelt sich mit anderen Worten um eine weitere Evidenz dafür, den Westen als unzweifelhafte „Wir"-Gruppe einzuschätzen.

Vollverben werden nämlich spezifische Prozesse auf das Subjekt *der Westen* projiziert: dies sind Prozesse kognitiver Art (*glaubt, denkt, versteht*), sensorischer Art (*sieht, schaut*) und emotionaler Art (*fürchtet*).

Hieraus ergibt sich unzweifelhaft die zentrale Schlussfolgerung, dass erstens DER WESTEN von zahlreichen Pressetext-Produzent*innen als AKTEUR bzw. – in einem hyperonymen Verhältnis dazu – als LEBEWESEN konzeptualisiert wird, und dass zweitens *der Westen* im öffentlichen Diskurs dementsprechend versprachlicht wird.

Bemerkenswerterweise findet sich im gesamten Korpus kein expliziter Widerspruch gegen die Charakterisierung des Westens als Lebewesen.[132] Der diskursiv zugeschriebene Status des Westens als ein real lebendes, handlungsfähiges Individuum ist in diesen Korpuselementen also äußerst stabil.

Diese Erkenntnis kollidiert mit zwei zuvor erarbeiteten Ergebnissen dieser Arbeit, nämlich sowohl mit den zuvor korpusgestützt beschriebenen Eigenschaften des Westens als auch mit den theoretischen Festlegungen über die Bedingungen von Kollektiven.

In Kapitel 4.2 – vor allem in den Unterkapiteln 4.2.1.4 und 4.2.1.5 – wurde festgehalten, dass nur Kleingruppen aus wenigen, nämlich permanent physisch kopräsenten und potenziell interagierenden Einzelpersonen als kollektive Akteure aufgefasst werden sollen. Großgruppen, die keinen Definitionsaspekt außer dem niedrigschwelligen Kriterium der sprachlichen Referenzialisierbarkeit erfüllen, tragen hingegen gemäß der hier postulierten Theorie maximal den schwächsten Grad an Kollektivität, der eine Analyse als kollektiver Akteur gerade nicht rechtfertigt.

---

132 Die einzige identifizierte Textstelle, die eindeutig eine alternative ontologische Kategorisierung vermittelt, bezieht sich auf den Referenzausdruck *Abendland*, der, wie im Unterkapitel 5.2.1.1 beschrieben wurde, manchmal als teilsynonym zu *Westen* auftritt. Anlässlich des Auftauchens der rechtsextremen PEGIDA-Bewegung wird in einem essayistischen Artikel folgende Aussage getroffen: „*Es ist die Angst, dass das Abendland verloren gehen wird. Damit ist nicht ein existierendes Land gemeint, sondern ein Reich im Kopf. [...] Das Abendland gibt es nicht. Genauso wenig wie das Morgenland. Beides sind Begriffe, Wünsche, Träume, Sehnsuchtsorte [...].*" (Die Welt, 14.12.2014) In dem Pressetext wird die Kategorisierung als eine politisch und affektiv aufgeladene, mentale Repräsentation einer nicht real existierenden Entität nur auf das *Abendland* bezogen. Der *Westen* wird in diesem Text bedauerlicherweise nicht thematisiert, wenngleich ein Vergleich der beiden oftmals textgebunden austauschbar gebrauchten Ausdrücke hinsichtlich ihres Realitätsstatus sicherlich gewinnbringend wäre. Der Entstehungskontext des zitierten Presseartikels legt nahe, dass der Textproduzent sich auf die Reflexion der PEGIDA-eigenen Gebrauchsweise vom „vor der Islamisierung zu beschützenden, christlichen Abendland" beschränkt.

Außerdem wurde in Kapitel 5.1 für fachwissenschaftliche Diskurse und in Kapitel 5.2.2 für massenmedial-öffentliche Diskurse herausgearbeitet, dass der Westen eine extensional uneindeutige Konstruktion ist, die ohne eine explizite Angabe des Umfangs oder der Grenzen circa mehrere Hundert Millionen Menschen beinhalten soll. Hierauf bezieht sich eben die Bezeichnung als „hyperextensive Wir-Gruppe".

Diese Kollision soll dahingehend aufgelöst werden, dass die oben erörterten Sprachgebrauchsfälle, in denen der Westen als ein aktiv handelndes Lebewesen dargestellt wird, als unpräzises Formulieren eingeschätzt bzw. dem Bereich der semantischen Inkongruenzen zugeordnet werden. Dies betrifft die oben zitierten Textstellen (123–129) sowie die zahlreichen anderen aufgelisteten Phrasen, die aus *Der Westen* plus einem finiten Verb, das Aktivitäten eines komplexen Organismus denotiert, bestehen. Sie werden hier allesamt als Metonymien analysiert, also als Fälle von semantischen Verschiebungen.[133]

Der *Westen* entspricht dann weiterhin einer abstrakten, mehrfach unbestimmten, extensional überausgedehnten Entität, die aber im Sprachgebrauch häufig stellvertretend für konkrete, handelnde Einzelpersonen oder für fest institutionalisierte Kleingruppen eingesetzt wird. Der *Westen* handelt nicht tatsächlich, die Handlungen einzelner Akteure werden aber so versprachlicht, als würde der *Westen* sie ausführen, und daran anschließend wird der *Westen* so (miss)verstanden, als könnte er handeln und als sollten ihm Handlungen empfohlen werden. Diese Analyse zielt damit auf eine diskursive Verschränkung von Präsuppositionen und Metonymien ab.

5.2.3.2 Der Westen als Emotionsträger

Die soeben präsentierte Analyse ist nicht nur auf den ontologischen Phänomenbereich der Handlungen, also des Ausführens intentionaler Akte, sondern auch auf die Zuschreibung bestimmter Eigenschaften des Lebendig-Seins und interner Zustände

---

133 Mit Verweis auf die rhetorischen Diskussionen der Phrase *Kampf der Kulturen* in Kapitel 3.2.4 bieten sich hier erneut verschiedene Analysemöglichkeiten an. *Die Kulturen kämpfen* und *Der Westen handelt* sind analog zueinander, was die Beschreibung der semantischen Inkongruenz angeht. Sie können entweder – mit Fokus auf die Übertragung semantischer Merkmale – als „ontologische Metaphern" oder – mit Fokus auf eventuelle Handlungen einzelner – als generalisierende Synekdochen oder eben als Metonymien aufgefasst werden. Metonymien, die bisweilen auch als Ober-Kategorie die Synekdochen umfassen (vgl. Skirl/Schwarz-Friesel 2007: 15), sind m. E. für die weitere Beschreibung der Darstellung des Westens am besten geeignet. Zur detaillierten Erklärung dieser Mehrfach-Klassifikation sei auf das vorherige Kapitel 3.2.4 verwiesen.

anwendbar. Dies soll nun mit Bezug auf vermeintliche „kollektive Emotionen" exemplarisch demonstriert werden. Unter den oben genannten frequenten Trigrammen ist auch die komplexe Verbalphrase *der Westen fürchtet* zu finden. Zahlreiche andere Versprachlichungen drücken ähnliche Aussagen über interne Vorgänge des Westens aus. Die folgenden Textstellen dienen als Korpusbelege hierfür:

(130)   Das Abendland hat eine Höllenangst [...] Der Westen hat seiner Angst kaum etwas entgegenzusetzen. [...] Die unterentwickelten Länder fürchten sich vor der Macht des Westens, der Westen fürchtet sich vor Aufständen. Das ist, historisch gesehen, eine legitime Angst. (Die Zeit, 25.10.2001)

(131)   Der Westen hat nur noch Angst: vor dem Terrorismus, dem islamischen Fundamentalismus, den Flüchtlingsströmen aus dem Süden. Das ist zu wenig, Angst ist auf Dauer ein dürftiger Ratgeber. (Stuttgarter Zeitung, 29.09.2001)

(132)   Nicht nur der Westen hat Angst [Überschrift] [...] taz: Der Westen und die islamischen Länder haben also beide Angst um ihre Werte. Kurt-Jürgen Maaß: Ja. Die islamische Welt hat Angst, dass der Westen praktisch in jedem Land einmarschieren könnte. Wir haben Angst vor der nichtstaatlichen Gewalt aus diesen Ländern – vor dem Terror. (Interview mit Kurt-Jürgen Maaß, taz, 31.08.2006)

Das oben angesprochene Trigramm *der Westen fürchtet* ist in der Textstelle (130) zu finden. In allen drei Textstellen finden sich zusätzliche interessante sprachliche Variationen. Es werden ähnliche emotionale Zustände verbalisiert: *sich fürchten, Angst haben, Höllenangst haben*. Zwei bereits herausgearbeitete Beobachtungen über die sprachliche Konstruktion des Westens lassen sich hier erneut identifizieren. In (130) werden die Referenzausdrücke *Abendland* und *Westen* variiert, weshalb sie auch als textsynonym aufgefasst werden können, siehe hierzu auch das Kapitel 5.2.1.1. In (132) werden die substantivische und die pronominale Referenzoption *Westen* und *wir* kombiniert, wodurch die fundamentale Perspektivierung als Wir-Gruppe deutlich wird.

Im Detail unterscheiden sich die drei zitierten Textstellen zudem durch die Benennung der Angst auslösenden Momente, durch die Annahme von komplementären Angstzuständen gegenüber dem Westen und durch die Beurteilungen der Ängste. In (130) werden gegenseitige Ängste zwischen dem Westen und *unterentwickelten Ländern* fokussiert und zumindest partiell als *legitim* eingeschätzt, in (132) gegenseitige Ängste zwischen dem Westen und dem Islam, in

(131) werden hingegen unterschiedliche Ängste des Westens mit Bezug auf Terror, Fundamentalismus und Migration[134] aufgelistet.

Die Gemeinsamkeit der Korpusbeispiele ist unzweifelhaft diejenige, dass der Westen als Emotionsträger dargestellt wird, genauer gesagt als ein Lebewesen, das ANGST und FURCHT empfindet. Bevor diese Inferenzen kritisch betrachtet werden, soll zur argumentativen Einordnung auf zwei im Laufe dieser Arbeit bereits kurz genannte Werke hingewiesen und die hier als gültig erachtete Definition von „Emotionen" zitiert werden.

Erstens wurde in Kapitel 4.2.1.1 die Schrift „Emotionen und soziale Strukturen. Die affektiven Grundlagen sozialer Ordnung" von Christian von Scheve (2009) erwähnt, in der die sozialphilosophischen Diskussionen zur Kollektivität rezipiert und auf die Emotionssoziologie bzw. auf die Verbreitung von Emotionen innerhalb von sozialen Gruppen ausgeweitet werden. In dieser Schrift wird sehr überzeugend dargestellt, wie sich Menschen in Interaktionen gegenseitig affizieren, also quasi emotional anstecken können, und warum daher soziale Gruppen eine besondere Relevanz für emotionale Prozesse haben. Gemäß des in dieser Arbeit vertretenen kollektivitätstheoretischen Verständnisses (vgl. diesbezüglich v. a. das Kapitel 4.2.1.5) sollte das aber nicht dazu führen, dass soziale Gruppen bzw. Kollektive als die Inhaber von Emotionen deklariert werden.[135]

---

134 Bezüglich der Textstelle (131) ist bemerkenswert, dass die Angst vor *Flüchtlingsströmen* und die Angst vor *Terrorismus* durch die syntaktische Koordination als gleichrangig vermittelt wird. Daran anschließend kann entweder die Implikatur gezogen werden, dass Flüchtlinge zu Terroristen werden würden, oder dass das Ausmaß der Migration aus anderen Gründen eine äquivalente Bedrohung für den Westen bedeuten würde. Es soll erneut darauf hingewiesen werden, dass die Auffassung von Migration als gravierendes Bedrohungsszenario nahelegt, dass die „bedrohte Wir-Gruppe" als ethnisch definierte Einheit wahrgenommen wird. Dies muss nicht notwendigerweise der Fall sein, aber es kennzeichnet eine häufige Argumentationslinie in migrations- und integrationspolitischen Diskursen. Immigrierte Personen können selbstverständlich leichter ihre ideellen, normativen, kulturellen, politischen Charakteristika usw. an die aufnehmende Mehrheitsgesellschaft anpassen als ihre „ethnischen" Charakteristika. Sollte der Westen nur als eine „Wertegemeinschaft" und nicht als eine ethnische Einheit aufgefasst werden, müssten neu aufzunehmende Personen nicht automatisch als Bedrohung kategorisiert, geschweige denn analog zum Gefährdungspotenzial des Terrorismus eingeschätzt werden. Diese kritische Anmerkung bezieht sich wohlgemerkt weniger auf die/den Autor*in der Textstelle (131), da der Folgesatz eine inhaltliche Distanzierung von den vorher aufgelisteten Angst-Ursachen ausdrückt.

135 Es ist zwar richtig, dass die Ausbreitungs- und Ansteckungstendenzen von Emotionen eine rein singularistische Sozialstrukturanalyse als zu restriktiv erscheinen lassen. Das heißt aber nicht automatisch, dass eine kollektivistische Perspektive die einzige Alternative darstellt. Eine relationale Perspektive betont vielmehr die verschiedenen Beziehungen zwischen den Individuen und innerhalb der zu Gruppen zusammengefassten Einzelpersonen, ohne diese Gruppen als völlige analytische Ersetzung der menschlichen Individuen zu betrachten. Diese Zwischen-

Zweitens wurde in Kapitel 5.1.3 die Schrift „Kampf der Emotionen" von Dominique Moïsi (2009) erwähnt [englischer Originaltitel: „The Geopolitics of Emotion"]. Interessanterweise wird der Westen darin gerade als „die Kultur der Angst" (Moïsi 2009: 134ff.) bezeichnet, da der westlichen Welt die eigene Verwundbarkeit und der relative Bedeutungsverlust immer stärker klar werde und dies Angst auslöse (vgl. ebd.). Die kollektive Zuschreibung eines bestimmten Emotionszustands auf unterschiedliche Kontinente der Welt und die gleichzeitige Auflading dieser Zuschreibung als entscheidendes geopolitisches Moment wird in folgendem Zitat offensichtlich (Moïsi 2009: 135):

> Die Identitätskrise, in der sich die westliche Welt befindet, lässt sich unter dem Begriff der Angst subsumieren. [...] [Es ist] keine allzu grobe Vereinfachung, wenn wir behaupten, dass die beiden >>Zweige<< des Westens, Amerika und Europa, durch Angst miteinander verbunden sind.

Eine gewisse partielle Bestätigung der Thesen von Moïsi mag in der Analyse der Textstellen (130–132) gesehen werden. Insofern als der Westen so aufgefasst wird, dass ihm Emotionen zugeschrieben werden können, sind dies tatsächlich in sehr dominanter Weise *Angst* und *Furcht*. Wie oben erläutert wurde, stehen die zitierten Korpusbelege exemplarisch für mehrere andere, inhaltlich ähnliche Presseartikel. Konkurrierende Emotionszuschreibungen wurden im Korpus nicht gefunden. Damit hat Moïsi offensichtlich die emotive Seite der Wir-Gruppen-Konstruktion des Westens für den deutschsprachigen Mediendiskurs zutreffend erkannt.

Allerdings dient die hier präsentierte Argumentation gerade dazu, die Zulässigkeit der über-individuellen Emotionszuschreibungen kritisch zu betrachten. Während Moïsi entweder den unbelebten Kontinenten *Amerika und Europa* oder aber – in einer metonymischen Lesart auf deren Bevölkerung bezogen – mehreren Hundert Millionen von Menschen einen einzelnen Emotionszustand attestieren will, besteht er darauf, dass das „keine allzu grobe Vereinfachung" (ebd.) sei. In dieser Arbeit wird dafür plädiert, dies doch als eine zweifelhafte Über-Generalisierung einzuschätzen. Einerseits machen *Angst* und *Furcht* also tatsächlich dominante Aspekte für die Emotionsebene innerhalb der diskursiven Darstellung des Westens aus,[136] gleichzeitig stellt die eindeutige Zuschrei-

---

Dimension der intersubjektiven Relationalität steht handlungslogisch zwischen entweder singulären oder kollektivistischen Ansätzen (vgl. Schweikard 2011: 285ff.) und sie bietet sich m. E. auch für die Betrachtung der sozialen Vermittlung von Emotionen an.

[136] Die Thematisierung von ANGST stellt insgesamt einen relevanten Aspekt der komplexen diskursiven Konstruktion des Westens dar, zumal diesbezüglich eine gewisse Diskurstradition

bung eines affektiven Zustands aber eine völlig inadäquate Simplifizierung der zuvor festgestellten multiplen Heterogenität des Westens dar.

Zur Beantwortung der Frage, wer oder was Emotionen hat, bzw. wo genau sich Emotionen lokalisieren lassen, ist die Definition aus dem Grundlagenwerk zu „Sprache und Emotion" hervorragend geeignet (Schwarz-Friesel 2013: 55):

> Emotionen sind mehrdimensionale, intern repräsentierte und subjektiv erfahrbare Syndromkategorien, die sich vom Individuum ich-bezogen introspektiv-geistig sowie körperlich registrieren lassen, deren Erfahrenswerte an eine positive oder negative Bewertung gekoppelt sind und die für andere in wahrnehmbaren Ausdrucksvarianten realisiert werden (können).

Dass Emotionen sich innerhalb von Individuen abspielen und von diesen intern geistig und/oder körperlich registriert werden, ist der entscheidende Punkt für die weitere Argumentation. „Der Westen" als abstrakte Kollektiv-Konstruktion erfüllt die sich aus der Definition abgeleiteten Bedingungen nicht, da er kein lebendes Individuum ist und keinen unikalen psychophysiologischen Apparat zur Registrierung von Emotionen besitzt. Folglich kann der Westen keine Emotionen in sich tragen.

Die Sprachverwendungen mit Darstellungen des *Westens* als Träger der Emotion *Angst* lassen sich als Metonymien analysieren. Dies steht analog zur in Kapitel 5.2.3.1 beschriebenen Kategorisierung, dass die Verbalmanifestationen mit dem Westen als kollektivem Akteur ebenfalls Metonymien entsprechen.

Menschen können Emotionen in sich tragen und Menschen können gleichzeitig, in Selbst- oder Fremdperspektive mehr oder weniger eindeutig, auf Grundlage unterschiedlicher Merkmale zu Gruppen zusammengefasst werden. In einem weiteren Schritt können diese Gruppen-Bildungen die Verbreitung von

---

zu bestehen scheint. Im Laufe der Analyse wurden verschiedene (reale, potenzielle, nur so wahrgenommene) Bedrohungslagen erwähnt. Die Bedrohung des Westens – oder etwas allgemeiner formuliert: Die Drohung einer negativen Entwicklung des Westens, verursacht durch innere Probleme und/oder äußere Feinde – steht seit jeher im Vordergrund vieler Arbeiten zum und Reflexionen über den Westen, von Oswald Spengler über Samuel P. Huntington hin zu vielen Betrachtungen der aktuellen weltpolitischen Lage. Gleichzeitig handelt es sich beim „Westen" um eine sehr heterogene, normativ-politisch disparate Konstruktion. Es würde sicherlich viel Klarheit bringen, wenn in den öffentlichen Diskursen nicht nur der Westen als Ganzes, sondern vielmehr spezifische Aspekte als *bedroht* dargestellt werden würden: Soll eine zum Westen gehörige Person *Angst haben* um Frieden, um ihre Sicherheit, um Formen des zivilisierten Kontakts in den internationalen Beziehungen oder aber um einen Kulturverfall aufgrund von „Dekadenz" oder um die bisherige geopolitische Hegemonie des Westens? Oder geht es in manchen Bedrohungsszenarien (zumindest teilweise) um eine Angst vor Fremden, also eine Angst um eine imaginierte ethnische Homogenität des Westens?

Emotionen stark beeinflussen und Menschen reagieren auf bestimmte Ereignisse in Abhängigkeit von ihrer Gruppen-Zugehörigkeit. Trotzdem bleiben die individuellen Menschen die Emotionsträger und die Darstellungen der Gruppen als Emotionsträger sind semantisch-kategorielle Verschiebungen, eben Metonymien.

Die Charakterisierung als *ängstlich*, *furchterfüllt* mag eine treffende Umschreibung der emotionalen Reaktionen von zahlreichen Gruppen-Mitgliedern sein und diese Reaktionen können auch die gemeinsame Gruppen-Zugehörigkeit direkt betreffen (beispielsweise bei einem Terroranschlag und der eigenen Wahrnehmung als Anschlagsziel), allerdings trifft die Charakterisierung *ängstlich*, *furchterfüllt* in einem sprachanalytisch präzisen Sinne weiterhin nur auf Menschen und nicht auf Gruppen eindeutig zu.

Hinzu kommt, dass Menschen über die internen, also kognitiven und emotionalen Zustände anderer Menschen nur auf eine vermittelte Art und Weise, d. h. niemals direkt-unmittelbar Kenntnis erlangen können, da das sogenannte Black-Box-Phänomen greift (vgl. hierzu Schwarz-Friesel 2013: 44). Menschen, die selbst den eigenen Wir-Gruppen Emotionen zuschreiben wollen, können also niemals unvermittelt überprüfen, ob alle Mitglieder ihre emotionalen Zustände teilen. Die Übertragungsleistung von Einzelpersonen auf Gruppen basiert immer auf Annahmen, Generalisierungen und bestenfalls auf Zeichenprozessen, nämlich in physisch kopräsent ablaufender Interaktion. Im Fall des Westens mit seinem hyperextensiven Umfang von mehreren hundert Millionen Menschen ist die überprüfende Vergewisserung über die Emotionen der Mitglieder absolut unmöglich. Die metonymische Zuschreibung von Emotionen an den Westen kann dementsprechend nur auf schwachen Annahmen über sehr kleine Teile der Gruppenmitglieder und niemals auf starker Evidenz beruhen.

Die Erörterungen zu den Darstellungen des Westens als kollektivem Akteur und als Emotionsträger sollen somit zu einer Klärung der Frage nach dem ontologischen Status des Westens beitragen. Da der Westen nicht als ein real existentes Lebewesen kategorisiert werden kann, müssen diejenigen Verbalmanifestationen, die (zumindest implizit) auf einer solchen Kategorisierung beruhen, als Fälle von semantischen Inkongruenzen beschrieben werden. Hier wurden sie vor allem als metonymische Verschiebungen analysiert, wobei auf die Möglichkeit von Mehrfach-Klassifikationen, u. a. als ontologische Metaphern, hingewiesen wurde. Die beschriebenen Inkongruenzen laufen nicht vollständig an der sprachlichen Oberfläche ab, sondern lassen sich teilweise erst auf der Ebene der Präsuppositionen, bezüglich der an den Westen gerichteten Handlungsinstruktionen, erschließen.

Diese Ergebnisse können dergestalt erklärt werden, dass die Präsuppositionen und Metonymien sich gegenseitig verstärken und stabilisieren. Das hochfrequente Vorkommen von Darstellungen des Westens als Akteur und als Emotionsträger begünstigt weitere unhinterfragte Verwendungen, selbst wenn deren unpräziser Charakter zumindest manchen sprachbewussten Diskursbeteiligten ersichtlich sein sollte. Die zu einer besonderen Robustheit von Präsuppositionen führende Eigenschaft, unter einer Negation konstant zu sein, leistet hier vermutlich einen großen Beitrag. Ob es den *Kampf der Kulturen* gebe oder nicht, ob es ihn geben solle oder nicht, wurde vielfältig diskutiert. Implizit vorausgesetzt wird dabei stets, dass es den *Kampf der Kulturen* geben könne, folglich dass die *Kulturen* existieren und kampffähig seien, dass der *Westen* als ebensolche angenommene Kultur-Einheit kämpfen könne, dass der *Westen* sich für den *Kampf der Kulturen* entweder wappnen oder ihn aktiv vermeiden solle. Ob der *Westen* diese oder jene Maßnahme ausführen oder nicht ausführen solle, ergibt sich also aus den bereits etablierten Präsuppositionen und setzt gleichzeitig seine Akteurs-Potenzialität wiederum voraus. Die Zuschreibung von Emotionen an den Westen schließt sich hier in zweierlei Hinsicht an, als mögliche Handlungsmotivation und als mögliche Ereignisreaktion: wer kämpfen könne, könne auch Angst empfinden; wer Angst empfinde, solle darauf mit bestimmten Handlungen reagieren.

Gleichzeitig tragen diese Metonymien zu einer tendenziell undifferenzierten, übergeneralisierenden Darstellung des Westens bei. Die metonymische Prädikation einer einzelnen Handlung oder einer einzelnen Emotion verdeckt die inhärente Heterogenität des hyperextensiven Westens sowie die unbestimmbare Konstitution der Gesamtmenge der ihm zugehörigen Menschen.

Nachdem in den vorherigen Unterkapiteln dieser Diskursanalyse die uneindeutigen Bestimmungen, die vagen Grenzziehungen und die kontroversen Evaluierungen des Westens herausgearbeitet wurden, zeigt sich hinsichtlich seines ontologischen Status das gegensätzliche Ergebnis der Vereinfachung. Mit anderen Worten: Während die in den Unterkapiteln 5.2.1, 5.2.2.1 und 5.2.2.2 gewonnenen Erkenntnisse darauf hinauslaufen, dass *der Westen* heterogen und mannigfaltig ausgeprägt erscheint, dominiert in diesem Unterkapitel eine Komplexitätsreduzierung. Damit ist „der Westen" zugleich ein komplexer, mehrfach heterogener und ein latent simplifizierter Diskursgegenstand.

5.3 Kapitelzusammenfassung

Der „Westen" – also die Konzeptualisierung des WESTENS mitsamt seinen vielfältigen Versprachlichungen – ist die im deutschsprachigen Diskurs zum „Kampf der Kulturen" vorherrschende Wir-Gruppen-Konstruktion. Er ist ein komplexer und kontroverser Diskursgegenstand, der auf eine hyperextensive supranationale Formation rekurriert.

Sowohl in politik- und geschichtswissenschaftlichen Fachdiskursen als auch im Sprachgebrauch der Massenmedien ist die Extension und die Intension des Westens uneindeutig bestimmt. Der Westen ist also in mehrfacher Weise vage, bezüglich seines Umfangs und seiner elementaren Charakteristika unterspezifiziert. Gleichzeitig wird er in den Massenmedien häufig latent simplifiziert dargestellt, nämlich durch metonymische Sprachverwendungen als kollektiver Akteur und als Emotionsträger, mithin als wäre er ein menschliches Einzelindividuum.

Die Uneinheitlichkeit der Auffassungen dazu, was der Westen sei, lässt sich in vielen Diskussionen wiederfinden. Für Samuel P. Huntington ist der Westen bzw. *the western civilization* die wichtigste und (noch) mächtigste Zivilisationseinheit. Huntington versteht darunter hauptsächlich Nordamerika plus Westeuropa. Deren entscheidendes Merkmal sei die Religionszugehörigkeit zum Christentum nicht-orthodoxer, quasi west-römischer Prägung, kurz gesagt zum Katholizismus oder Protestantismus. Huntington benutzt die alternative Bezeichnung *occident* nicht, allerdings setzt er den Westen in Verbindung zu historischen Entwicklungen mit einem Beginn im 8./9. Jahrhundert und einer lange währenden Phase globaler Dominanz etwa seit der europäischen Expansion ab ungefähr 1500. Huntington befürwortet einerseits das Hegemoniestreben des Westens, das historisch betrachtet als erfolgreichere Anwendung organisierter Gewalt betrachtet werden könne, argumentiert zugleich gegen vielfältige vermeintliche Bedrohungen und mobilisiert gegen den befürchteten Machtverlust des Westens. Andererseits solle der Westen seine als Interessensicherung verstandene Machtpolitik laut Huntington nicht als Universalismus seiner Werte verbrämen, da dies der normativ multikulturellen Welt nicht gerecht werde.

Diesbezüglich unterscheidet sich Huntingtons Vorstellung vom Westen eklatant von denen anderer Stimmen in den Fachdiskursen. H. A. Winklers vierbändige, enorm detailreiche „Geschichte des Westens" läuft darauf hinaus, den Westen als eine Wertegemeinschaft aufzufassen, deren normatives Fundament auf der Deklaration der universalen Menschenrechte und auf demokratischen Systemen mit Gewaltenteilung, Volkssouveränität und fairen Rechtssystemen beruhe. Winkler diagnostiziert zwar zahlreiche Diskrepanzen zwischen diesem normativen Projekt und der tatsächlichen politischen Praxis, betont aber den Erfolg dieser Werte seit der geschichtlichen Wende 1989/1990 sowie das Vertrauen in deren globale Attraktivität.

Ein deutlicher Dissens zeichnet sich nicht nur hinsichtlich der Geschichte des Westens ab, sondern auch hinsichtlich der politischen Auffassungen und ideologischen Verortungen zum Westen. Interessanterweise werden inhaltlich konträre Formen von Ressentiments als „Okzidentalismus" beschrieben: einmal – sozusagen als erweiterter Eurozentrismus –diejenigen Abwertungen, die aus dem Westen heraus auf vermeintlich inferiore andere Zivilisationen gerichtet sind, und zum anderen diejenigen anti-westlichen Haltungen, die gegen Liberalismus, Säkularismus, Materialismus und ähnliche als „westlich" aufgefasste Werte Stellung beziehen. Um den politischen aufgeladenen Ausdruck *Okzidentalismus* gibt es also eine Bedeutungskonkurrenz mit diametral ausgeprägten Positionen.

Kontrovers ist zusätzlich dazu die normative Einschätzung zur Offenheit oder Geschlossenheit der angenommenen Zivilisationseinheit des Westens. Einerseits kursiert die Ansicht, dass zur Verwirklichung des normativen Projekts des Westens vor allem offene, tolerante Einstellungen dienen, und dass gleichzeitig die positive Bezugnahme auf eine nicht-exklusionistische Version des Westens als Etappe hin zu einem Kosmopolitismus begriffen werden kann. Demgegenüber stehen Positionen, die vor allem der politischen Rechten zugewiesen werden können, in denen der Westen als eine einheitliche, abgeschlossene Formation verstanden wird, deren Abgeschlossenheit unbedingt bewahrt werden solle. Der Westen kann dabei als eine feste, kulturell definierte oder als eine ethnisch homogene Einheit charakterisiert werden, wobei die Versionen eines pro-westlichen Kulturalismus und einer Ethnifizierung des Westens oftmals in Diskursen der extremen Rechten konvergieren. In manchen Texten der US-amerikanischen Alt-Right-Bewegung drängt sich sogar der Verdacht auf, *the western civilization* diene als Umweg-Bezeichnung für „die Rasse der weißen Menschen" – im Sinne einer absichtlich indirekt formulierten, Kritik abwehrenden Umweg-Kommunikation.

Aus lexikalisch-semantischer Perspektive lässt sich feststellen, dass das Substantiv *Westen* mehrfach polysem (als Himmelsrichtungsbezeichnung, als Hemisphärenbezeichnung, als Toponym für in dieser Himmelsrichtung gelegene Regionen eines größeren Gebiets u. a.) und homonym (zum Plural des Kleidungsstücks *Weste*) ist. Die Variante zur Bezeichnung einer supranational transkontinentalen Personengruppe, die eben im Untersuchungsmaterial eindeutig als Wir-Gruppe fungiert, ist die mit deutlichem Abstand häufigste Variante.

Die empirische Korpusanalyse hat gezeigt, dass der Referenzausdruck *Westen* sehr frequent im Sprachgebrauch der untersuchten Printmedien belegt ist und dass er bisweilen kotextuell synonym zu den Alternativausdrücken *Abendland*, *Okzident* auftritt. Diese drei Substantive sind auf eine analoge Art etymologisch motiviert, als metonymische Übertragungen von der Himmelsrichtungsbezeichnung hin zur Bezeichnung einer vage umgrenzten Weltregion. *Abendland* und *Okzident* sind jedoch insgesamt deutlich seltener als *Westen* und zudem historisch stärker aufgeladen sowie teilweise in ihrer Verwendung eingeschränkt. *Abendland* wird oft in speziellen Phrasen als Genitivattribut oder mit dem Adjektiv *christlich* kombiniert. *Okzident* wird meistens in einer inhaltlich dichotomen Kookkurrenz zu *Orient* eingesetzt. Aufgrund dieser empirisch feststellbaren Gebrauchseigenschaften sind die drei Ausdrücke eben nur partiell synonym im Sinne einer fallweise textgebundenen Referenzidentität mit potenziell divergierenden assoziativen und konnotativen Merkmalen, wobei *Westen* den Status des neutralen Default-Ausdrucks innehat.

Das Adjektivderivat *westlich* zeigt im untersuchten Sprachgebrauch mehrere interessante Kombinationen. Im Singular vorkommende, als *westlich* attribuierte Nomina wie *Welt, Zivilisation, Kultur, Wertegemeinschaft* vermitteln eine Einheitlichkeit der so referenzialisierten Gruppen-Konstruktion. Währenddessen signalisieren die Nominalphrasen im Plural mit den Phrasenköpfen *Staaten, Länder, Gesellschaften* eine potenziell heterogene Formation mit einer Binnenstrukturierung aus diversen, eventuell sogar partiell disparaten Elementen. Die erstgenannten Singular-NPs sind zahlenmäßig häufiger als die Plural-NPs und die homogenisierte Wir-Gruppen-Darstellung ist diskursiv um Einiges dominanter als die Darstellungsvariante, dass der Westen nur eine politische Koalition selbständiger Einheiten sei.

Korpusanalytisch ergibt sich also eine Priorisierung der Referenz auf die Gesamtheit der Wir-Gruppe statt auf deren Bestandteile. Dies ist auch unter dem Gesichtspunkt interessant, dass die sprachlichen Möglichkeiten zur Bezugnahme auf die Mitglieder als Gruppen-zugehörige Einzelpersonen eingeschränkt sind. Die Mitgliederbezeichnung *Westler* ist zwar noch ein wenig häufiger als die alternative Bezeichnung *Abendländer*, aber beide sind relativ selten. Der Gruppen-Konstruktion des Westens scheint dementsprechend eine dominante, fest etablierte Option zur Mitgliedsreferenz bislang zu fehlen.

Die wichtigste Nominalphrase inklusive *westlich*, mit der nicht auf die gesamte Wir-Gruppe als solche, sondern nur auf einen inhaltlichen Aspekt referiert wird, ist *westliche Werte*. Elaboriert werden die derart kategorisierten Werte nicht oft, meistens wird eine Vorstellung davon, welche Werte gemeint seien, vorausgesetzt. Wenn es jedoch kotextuelle Präzisierungen gibt, dann sind die Substantive *Aufklärung* und *Wohlstand* signifikant. Es werden also Rekurse auf eine ideengeschichtliche Epoche mit einem hochgeschätzten philosophischen

Programm sowie auf eine erstrebenswerte Charakterisierung ökonomischer Strukturen etabliert. Beide Vokabeln verdeutlichen die affirmative Aufwertung der Wir-Gruppe innerhalb der expliziten Thematisierungen von „eigenen Werten".

Angesprochen ist damit bereits die Frage der im Diskurs verbreiteten Bewertungen des Westens. Zuvor sollte aber noch klargestellt werden, dass solche Textstellen, in denen der Westen präzise definiert bzw. seine Ausdehnung oder seine Charakteristika explizit erfragt werden, im Korpus sehr selten bzw. quasi nicht vorhanden sind. Die extensionale und intensionale Bestimmung der Wir-Gruppe steht nicht im Vordergrund der medialen Bezugnahmen auf den Westen. Vielmehr wird ein Verständnis von dieser Formation entweder vorausgesetzt oder eher indirekt mit-vermittelt, aber nicht ausdrücklich fokussiert. Als im prototypischen Diskurs gültige, aber eben nur selten explizierte Umschreibung kann festgehalten werden, dass der Westen aus (West-)Europa plus Nordamerika bestehe und dass alle Personen, die deutschsprachige Printmedien produzieren oder konsumieren, dem Westen eindeutig angehören.

Im Rahmen der Untersuchung der Bewertungen zum Westen wurden drei Evaluationsmuster im Korpus identifiziert: ein total positives, ein partiell positives (also im Sinne einer differenzierten, aber mehrheitlich positiven Sicht auf den Westen) und ein partiell negatives; ein total negatives Muster wurde hingegen nicht gefunden. Viele dieser Bewertungen beziehen sich auf die kontextuell bedingte Annahme eines zumindest möglichen oder tatsächlichen Konflikts zwischen dem Westen und dem Islam.

Innerhalb der uneingeschränkt positiven Evaluierungen ist die Annahme einer Superiorität des Westens gegenüber dem Islam zentral. Als Ausdruck der angenommenen westlichen *Überlegenheit* werden v. a. machtpolitische, militärische, ökonomische, aber auch allgemein-politische sowie institutionell-demokratische Aspekte genannt. Außerdem finden sich zahlreiche Textstellen, in denen der Westen als Ziel und Opfer islamistischer Terroranschläge dargestellt wird, besonders im Diskurs zu 9/11. Eine Gleichsetzung des Westens mit der *freien* und *zivilisierten Welt*, die akut angegriffen werde und grundsätzlich bedroht sei, führt dabei zu einer uneingeschränkten Aufwertung der nicht näher differenzierten Wir-Gruppe.

Im zweiten Evaluationsmuster finden sich Erwähnungen teilweise negativ wirkender Merkmale des Westens, die aber nicht überwiegen und eine eher positive Gesamtbewertung zulassen. Als wichtige Kompetenz des Westens wird die *Selbstkritik* dargestellt, mittels derer auch Fehler und Mängel der tatsächlichen Außenpolitik westlicher Staaten eingestanden werden können. Solche negativen Aspekte der politischen Praxis werden manchmal auch historisch verortet, beispielsweise in Bezugnahmen auf vergangene *Ungerechtigkeiten*, allerdings geschieht dies eher selten, evaluativ untergeordnet und ohne deutliche Nennung der konkreten, zu kritisierenden Akte.

In den Textstellen, die als tendenziell negative Bewertungen des Westens kategorisiert wurden, lassen sich Zuschreibungen von *Rassismus, Dekadenz, Arroganz* und interessenspolitischem *Eigennutz* an den Westen erkennen. Interessanterweise gibt es in diesem Evaluationsmuster aber auch konträre Ansichten darüber, wie der Westen zukünftig geopolitisch auftreten solle, ob er sich eher diplomatisch oder eher militärisch-aggressiv aufstellen solle.

Die Analyse der Verbreitung dieser Evaluationsmuster wurde mittels einer quantitativen Stichproben-Auswertung erhoben, wobei sich zeigte, dass der Westen grundsätzlich positiv evaluiert wird, nämlich in 80 Prozent der untersuchten Daten. Genauer gesagt wurden 42 Prozent der randomisiert ausgewählten Pressetexte der Kategorie „tendenziell positive Evaluierung" zugeordnet, 38 Prozent der noch stärkeren Kategorie „uneingeschränkt positive Evaluierung" und die verbliebenen 20 Prozent der Kategorie „tendenziell negative Evaluierung". Der stark-negativen Evaluierungskategorie entsprach kein Pressetext der Korpus-Stichprobe.

Innerhalb des von der Stichprobe abgedeckten Zeitraums, der durch den Faktor der Zufälligkeit auf 1997–2014 begrenzt war, sind keine deutlichen Veränderungen der Bewertungen des Westens ersichtlich. Dies ändert sich jedoch mit den politischen Entwicklungen ab spätestens 2016 respektive mit dem Erstarken autoritär-antiliberaler Bewegungen und deren Wahlerfolge in mehreren Ländern des Westens. Folgenreich sind diese Entwicklungen insofern, als dass das robust-demokratische, freiheitlich-offene Selbstverständnis des Westens prekär wird bzw. die starke ideologische und gesellschaftliche Polarisierung die Annahme eines homogenen Werte-Konsens im Westen zweifelhaft erscheinen lässt. Teilweise wurden diese Entwicklungen in den untersuchten Printmedien des Gesamtkorpus als Widerlegungen der Thesen vom *Kampf der Kulturen* interpretiert, sie können auch als Dissoziation der angenommenen Einheitlichkeit normativer und kultureller Grundlagen der Wir-Gruppe des Westens gedeutet werden.

Erkennbar ist insgesamt eine mehrfache Konkurrenz um die Sichtweisen und Bewertungen des Westens. Es handelt sich beim Westen also um eine multipel heterogene Gruppen-Konstruktion.

Neben den erörterten Tendenzen zur diskursiven Diversität des Westens gibt es jedoch auch Tendenzen der Vereinheitlichung und latenten Simplifizierung. Verschiedene Korpusanalysen haben gezeigt, dass die Wir-Gruppe des Westens sehr oft der Empfänger von Handlungsinstruktionen ist. Inhaltlich sind die konkreten Anweisungen durchaus kontrovers, gemeinsam ist ihnen aber die

Auffassung vom Westen als kollektivem Akteur. Dass der Westen genauso wie ein hochentwickeltes Lebewesen Aktionen ausführen könne, ist eine überaus konstante Inferenz der verschiedenen sprachlichen Darstellungen. Eingedenk der bisherigen Arbeitsergebnisse sowohl zu Kollektivitätsklassifikationen als auch zur Hyperextensivität des Westens mit mehreren hundert Millionen Mitgliedern ist diese Inferenz als unpräzise zu kategorisieren bzw. als eine metonymische Verschiebung.

Analog dazu wird der Westen nicht nur als kollektiver Akteur versprachlicht, sondern in signifikanter Weise auch als Träger von Emotionen, genauer gesagt als Inhaber von *Angst* und *Furcht*. Dieser Sprachgebrauch wurde ebenfalls – unter dem zuvor theoretisch diskutierten Begriffsverständnis von Kollektivität – als ein Fall von Metonymie eingeschätzt, nämlich ausgehend von der unbeweisbaren Annahme eines mehrheitlich unter den Mitgliedern des Westens gegebenen emotionalen Zustands wird dieser Zustand auf die gesamte Wir-Gruppen-Konstruktion als solche übertragen.

Sowohl die Metonymien *der Westen muss handeln / der Westen handelt* als auch die Metonymie *der Westen fürchtet sich* verdeutlichen eine ganz bestimmte, diskursiv dominante Hypothese über den ontologischen Status der Wir-Gruppe des Westens: nämlich wie ein menschliches Individuum (oder zumindest wie ein höher entwickeltes Lebewesen) zu funktionieren. Zur Einordnung dieser irrealen Hypothese wurde auf die vorherigen Erkenntnisse zum Diskurs vom *Kampf der Kulturen* und der darin eingebetteten Präsuppositionen sowie den Akteursspezifizierungen verwiesen. Jede mögliche Reaktion auf einen drohenden oder einen aktuellen *Kampf* setzt die Zuschreibung ontologischer Merkmale, die höheren Lebewesen vorbehalten sind, voraus. Die Präsuppositionen und die Metonymien sind miteinander verschränkt und bedingen gemeinsam ein unpräzises, aber vereinfachendes Bild des Westens.

Das im Mediendiskurs erkennbare Verständnis der eigentlich hyperextensiven, extensional vage und intensional kontrovers bestimmten Wir-Gruppen-Konstruktion des Westens wird von diffizilen Sprachgebrauchsmustern und Bedeutungseffekten entscheidend beeinflusst.

6 Fazit und Ausblick

Das Schlusskapitel dieser Arbeit soll in der gebotenen Kürze drei Aufgaben erfüllen. Erstens wird die Zusammenfassung der Ergebnisse nur einen kurzen Abschnitt einnehmen, da aufgrund der Untergliederung des Hauptteils in drei (mehr oder weniger separate, zumindest aber isoliert rezipierbare) Fragestellungen jeweils am Kapitelende diese Zusammenfassungen bereits erfolgt sind. Sie sollen hier nur in extrem komprimierter Form wiederholt werden, während für die umfassendere Synopse der in der gesamten Arbeit gewonnenen Erkenntnisse auf die Kapitel 3.4, 4.4 und 5.3 verwiesen sei. Zweitens soll daran anschließend ein kurzer konzeptorientierter Ausblick folgen, also eine vorsichtige Prognose über die diskursive Relevanz der Wir-Gruppen-Konstruktion des Westens und des Slogans vom *Kampf der Kulturen*. Drittens wird ein kurzes, tendenziell eher forschungsorientiertes Fazit gezogen.

Im Zuge einer kombiniert korpuslinguistischen und interdisziplinär ausgerichteten Diskursanalyse wurden die Fragen beantwortet, was der „Kampf der Kulturen", was eine „Wir-Gruppen-Konstruktion" und was der „Westen" sei. Beantwortet wurden die Hauptfragen wie folgt:

Der „Kampf der Kulturen" bzw. „Clash of Civilizations" ist als Deutungsmodell für die Geopolitik der Ära nach dem Kalten Krieg von Samuel P. Huntington entwickelt worden. Es wurde vom politik- und kulturwissenschaftlichen Fachpublikum zumeist deutlich kritisiert. Trotzdem wurde es außerhalb des Fachpublikums weit verbreitet und ein großer Publikationserfolg, wozu die hypertrophe Diskursprominenz des Autors Huntington sicherlich beigetragen hat. Aus der deutschen Übersetzung, die für sich genommen eine zweiteilige Entstehungsgeschichte hat, wurde schnell ein medial frequenter, allgemein bekannter Slogan, der aber eine doppelt unpräzise, martialisch wirkende Übersetzungsparaphrase darstellt. Der Slogan kann als eine Metonymie klassifiziert werden und beinhaltet konsequenzenreiche Präsuppositionen über den Status der „Kulturen". Im printmedialen Sprachgebrauch ist der Slogan in Gestalt von drei Diskursetappen zunehmend präsent: als Publikationselement, als Theorie zur Interpretation von konkreten Terrorakten und letztlich zum Verständnis unklarer internationaler Konfliktlagen. Es überwiegen im Korpus die negativen Evaluierungen zur Aussagekraft und Richtigkeit des Slogans, allerdings nimmt über die Diskursetappen hinweg die Annahme seiner Plausibilität zu. Unter gewissen kontextuellen Bedingungen wirkt der Slogan selbstverstärkend. Entscheidend ist zudem, dass die Inferenz vom Westen als kampffähigem Akteur allein durch den Bezug auf den Slogan sehr robust verbreitet wird.

Der Terminus „Wir-Gruppen-Konstruktionen" meint die sprachliche Herstellung und Darstellung von Eigengruppen, also von vielfältig ausgeprägten Assoziierungen, zu denen eine kommunikativ aktive Person zugehört. Integral für den Ausdruck von Zugehörigkeit sind die Personalpronomina der 1. Person Plural. Das *wir* ist ein ganz besonderes Sprachelement und kann als metasprachliches Symbol für alle möglichen sozialen Beziehungen fungieren. Grammatisch ist es ebenfalls hochinteressant und vielseitig, mit diversen Referenzoptionen einsetzbar. Im typologischen Vergleich kann es als „Einheits-Wir" charakterisiert werden, das eine prinzipielle Vagheit und die Möglichkeit der unscharf umgrenzten Referenz-Ausdehnung mit sich bringt. Gleichzeitig ist der Wir-Gebrauch auch für die philosophische Diskussion des Phänomens der „Kollektivität" relevant. In den sozialtheoretischen Überlegungen wurde für eine Berücksichtigung von Kollektivitätsgraden unter genauer Analyse des Sprachgebrauchs und der Diskurskontexte plädiert, wofür der Begriff der „Gruppen-Konstruktion" in mehrfacher Hinsicht sinnvoll erscheint – nämlich auch zur Untersuchung von Gruppen-Dichotomien und als Ersatzterminus zum problematischen Begriff der „kollektiven Identität". Daran anschließend wurde der konkrete Wir-Gebrauch im empirischen Datenmaterial des Korpus untersucht: zunächst hinsichtlich seiner überproportionalen Frequenzwerte und mit Bezug auf verschiedene Auffälligkeiten. Bemerkenswert ist das Sprachmuster der spezifizierenden Apposition zum *wir*. Darunter fallen auch die häufigen Vorkommen von *wir im Westen*, die detaillierter analysiert und als präzise, multifunktionale Formulierungsoption zur Bezugnahme auf die konkrete Wir-Gruppe herausgestellt wurden.

Der „Westen" ist also als die Wir-Gruppen-Konstruktion im Diskurs zum „Kampf der Kulturen" anzusehen. Es handelt sich um eine mehrfach umstrittene, nicht eindeutig bestimmte, heterogene Formation. Sowohl aus geschichtlicher als auch aus politischer Perspektive gibt es zahlreiche Meinungsverschiedenheiten über die entscheidenden Charakteristika des Westens. Er kann in disparaten politischen Diskursen ganz unterschiedlich wirksam sein, beispielsweise als Umschreibung einer liberal-demokratisch offenen Wertegemeinschaft oder als kulturalistischer, potenziell ethnifizierender Ausgrenzungsbegriff. Da normalerweise Nordamerika und (West)Europa als Hauptbestandteile des Westens angesehen werden, umfasst diese Wir-Gruppen-Konstruktion mindestens mehrere hundert Millionen Menschen. Sie ist daher als hyperextensiv (übermäßig ausgedehnt) aufzufassen. Trotzdem funktioniert die sprachliche Darstellung dieser Personengruppe derart, als wäre sie ein kollektiver Akteur und zugleich ein Träger realer Emotionen. Dieser Sprachgebrauch entspricht Metonymien, die mit den zuvor analysierten Präsuppositionen, dass der Westen als unikale

Einheit existiere und kämpfen könne, in einem engen, sich gegenseitig stabilisierenden Verhältnis stehen. Die weiteren massenmedial beobachtbaren sprachlichen Elemente zur Wir-Gruppen-Konstruktion sind sehr vielfältig. Es gibt teilsynonyme Referenzmittel wie *Abendland* und *Okzident*, die sich auf historische Dimensionen beziehen, und zahlreiche Ausdrucksmöglichkeiten mit Nominalphrasen inklusive dem Adjektiv *westlich*, während die Variante der Referenz auf Gruppenmitglieder hingegen nur schwach ausgeprägt ist. In den untersuchten Mediendiskursen wird eine explizite Klärung der Frage, was genau der Westen sei, nicht angestrebt, vielmehr wird ein gewisses Verständnis von dieser eigentlich sehr vagen Formation vorausgesetzt. Die medial kursierenden Bewertungen des Westens sind kontrovers, wobei die positiven Einschätzungen insgesamt überwiegen und gerade im Kontrast zum angenommenen Konfliktgegner des Islam eindeutig sind. In vielen Texten entspricht der Westen einem bedrohten Akteur im Sinne eines Empfängers von Instruktionen darüber, wie er als Opfer auf die Angriffe reagieren solle. Dies geschieht ungeachtet der Tatsache, dass der Westen nur den geringsten Grad an Kollektivität aufweist und daher gerade nicht als „kollektiver Akteur" aufgefasst werden sollte.

In Conclusio handelt es sich beim „Westen" um eine komplexe, extensional vage und prototypisch überausgedehnte, intensional ambige, heterogen evaluierte, vielfältig versprachlichte, wiederholt metonymisch dargestellte Wir-Gruppen-Konstruktion. Die signifikante Phrase *Wir im Westen* demonstriert die dominante Zugehörigkeits-Perspektivierung zu dieser supranationalen Formation in deutschsprachigen Diskursen.

Zum „Ausblick" nach dieser Zusammenfassung: Der im weitesten Sinne umrahmende Kontext dieser Erkenntnisse besteht aus vielfältigen Diskursen eines beinahe dreißig-jährigen Zeitraums: nämlich von dem Diskurs eines Einzelautors am Ausgang des Kalten Kriegs über die sich auf dessen Publikationen beziehenden Fachdiskurse (plus weitere philosophische und sozialtheoretische Fachdiskurse) hin zu diversen Diskursen deutschsprachiger Printmedien von 1993 bis 2019, mit einem besonderen Fokus auf den islamistischen Terrorismus und die Ereignisse vom 11. September 2001. Diese kontextuelle Einschränkung ergab sich aus der mehrteiligen Fragestellung nach der „Wir-Gruppe im Kampf der Kulturen". Es wurde in Kapitel 5.1.2 im Zuge der geschichtlichen Kontextualisierung des Antagonismus vom „Westen versus Islam" bereits kurz angerissen, dass der Westen auch im Konflikt mit anderen geopolitisch relevanten Formationen stehen kann. Hier lässt sich primär „der Westen versus Russland" als machtpolitisch prekäre (und gerade im Frühjahr 2022 mit Russlands Angriffskrieg gegen die Ukraine eskalierende) Auseinandersetzung nennen, wobei zukünftig wohl auch im Antagonismen „der Westen versus China" ein dynamisches Konfliktpotenzial zu vermuten ist. Eingedenk der sozialtheoretischen Überlegungen in Kapitel 4.2.2.5 zu Gruppen-Dichotomien und deren Einfluss auf die Wahrnehmung antagonistischer Parteien ist dies zu beachten: In den spezifischen, diskursiv vermittelten, potenziellen und/oder realen Konfliktlagen zwischen dem Westen einerseits und nicht-islamischen „Anderen" wie Russland und China andererseits könnte eben auch der Westen anders verstanden, anders sprachlich dargestellt und anders bewertet werden als in den hier analysierten Untersuchungskorpora. Daraus folgt, dass mit dieser Arbeit die Geschichte der Wir-Gruppen-Konstruktion des Westens nicht auserzählt ist, dass der Diskursgegenstand nicht fertig analysiert ist. Im Sinne eines Desideratbezogenen Ausblicks könnte also die eventuelle Variabilität des Konzepts WESTEN und dessen Versprachlichungen in unterschiedlichen Antagonismen und in verschiedenen Diskurskontexten näher beleuchtet werden.[104] Die besonderen militärischen und makropolitischen Entwicklungen rund um die Ukraine seit Februar 2022 – wohlgemerkt nach der eigentlichen Fertigstellung dieser thematisch anders fokussierten Studie – verdeutlichen die Relevanz der diskursanalytischen Auseinandersetzung mit Globalkonflikten und Wir-Gruppen-Konstruktionen.

Ein eher diskurs-prognostischer Ausblick könnte danach fragen, wie sich der „Kampf der Kulturen" und der „Westen" möglicherweise in Zukunft entwickeln werden. Die Rede vom *Kampf der Kulturen* in den Printmedien war seit jeher von einem starken Zweifel an der Richtigkeit der Thesen geprägt, siehe hierzu die Unterabschnitte zur Evaluationsanalyse in Kapitel 3.3.3. Die aktuellen politischen Entwicklungen mit dem Erstarken autoritär-antiliberaler Ideologien, die in Kapitel 5.2.2.2.4 eingehender beschrieben und dabei als Dissoziation der politischen Grundlagen des Westens eingeschätzt wurden, bewirken eine weitere Abnahme der Plausibilität der Kulturkampf-Thesen.[105]

---

[104] Eine tentative, hier nicht näher zu verhandelnde Vermutung ist diejenige, dass sich einerseits Unterschiede hinsichtlich mancher Evaluierungsmuster und der Auswahl gewisser Referenzmittel (*Abendland, Okzident*) zeigen würden, dass andererseits viele Gemeinsamkeiten im Sprachgebrauch (beispielsweise der Einsatz der Pronomina) sowie hinsichtlich der meisten Konzeptaspekte erkennbar wären, wenn die Rolle der Wir-Gruppe in divergenten Konflikten untersucht werden würde. Die Medienberichterstattung seit Februar 2022 zur völkerrechtswidrigen Invasion Russlands in die Ukraine ruft nicht selten das Konzept des WESTENS auf und würde sicherlich enorm viel Untersuchungsmaterial liefern.
[105] In einem gewissen Sinne vollzieht sich hiermit eine Annäherung des Mediendiskurses an den Fachdiskurs, dergestalt dass im politik- und kulturwissenschaftlichen Fachdiskurs seit jeher die angenommene Homogenität der von Samuel P. Huntington deklarierten „Civiliza-

Andererseits ist der Slogan *Kampf der Kulturen* bereits tief im Floskel-Arsenal der Produzent*innen deutschsprachiger Printmedien verankert. Sollten in näherer Zukunft Ereignisse eintreten, die sich medial möglicherweise als „Konflikte zwischen dem Westen und dem Islam" oder gar als Eskalationsakte islamistischer Akteure repräsentieren lassen, dann ist das Zurückgreifen auf den bekannten Slogan sehr wahrscheinlich. Vermutlich würde es dann erneut Widerspruch gegen das Deutungsmodell und Hinweise auf die Mängel der originären Theorien Samuel P. Huntingtons geben. Doch für manche Segmente der Massenmedien (und deren Konsument*innen) ist erwartbar, dass jeder Akt islamistisch motivierter Aggression zur Bestätigung des Deutungsmodells dient, inklusive der Aktualisierung geradezu globaler Bedrohungsszenarien für die hochgeschätzte Wir-Gruppe. Selbstverständlich sollte allein aus humanistischen Erwägungen die Hoffnung[106] bestehen, dass solcherart interpretierbare Ereignisse zukünftig nicht eintreten werden. Die Zukunft des Slogans vom *Kampf der Kulturen* könnte also eine generelle Tendenz der Gebrauchsabnahme mit potenziell punktuellen, kontextuell determinierten, aber jeweils inhaltlich kontroversen Episoden höherer Vorkommensfrequenzen enthalten.

Prognostische Aussichten zur möglichen Entwicklung der supranationalen Formation namens „der Westen" sind etwas komplizierter. Die verschiedenen geopolitischen Konstellationen, die zukünftig relevant werden könnten, wurden weiter oben kurz skizziert (Russland, China). Es liegt nahe zu vermuten, dass „der Westen" darin ein umstrittenes Konstrukt bleibt.

In einem besonderen Verhältnis der tiefgehenden Umkämpftheit stehen die konkurrierenden Auffassungen zur intensionalen Bestimmung und zur damit verbundenen politischen Funktionalität. Gemeint sind die in Kapitel 5.1.3 diskutierten Auffassungen, ob der Westen entweder eine genuin offene, tolerante

---

tions" und das apolitische Ignorieren interner Konflikte skeptisch betrachtet wurden. Siehe hierzu auch das Kapitel 3.1.4 mit den Kritikpunkten in der Fachrezeption zu Huntingtons Publikationen.

106 Hierbei sollte es sich natürlich nicht um eine naive, irgendwie Ideologie-unkritische Hoffnung handeln. Islamistisch-fundamentalistische Ideologeme und anti-westliche (bzw. anti-liberale, anti-materialistische, anti-säkulare usw.) Ressentiments sind wahrscheinlich weiterhin in Teilen europäischer Gesellschaften virulent. Es macht zwar an dieser Stelle wenig Sinn, konkrete Gewalt-Akte oder Terrorismus-Szenarien gemäß der Motivationen der Ausführenden hier gegeneinander aufzuwiegen; allerdings besteht der Eindruck, dass „Rechtsterrorismus" die derzeitig deutlich größere Gefahr für demokratische Wertegemeinschaften darstellt. Es sollte klar geworden sein, dass nationalistisch-faschistischer Terror zwar ebenfalls den „Westen" zum Feindbild haben kann (vgl. Kapitel 5.1.3 und die dortigen Bemerkungen zum „Okzidentalismus"), er aber eben nicht als Auslöser des „Kampfes des Kulturen" verstanden wird.

Wertegemeinschaft oder aber eine kultur-essenzialistische oder gar eine ethnische Einheit sein soll, die von außen bedroht und durch Abschottung zu beschützen sei. Diese beiden zueinander kontradiktorischen Auffassungen werden möglicherweise aufgrund der fortschreitenden politisch-ideologischen Polarisierung zunehmend aufeinander prallen, sozusagen gegeneinander „clashen". Aus ideologiekritischer Perspektive sollte natürlich gerade der zweite Part dieser unvereinbaren Vorstellungen aufmerksam analysiert werden. Das politische Segment der extremen Rechten – beispielsweise die „Alt-Right"-Bewegung mit dem in ihren Diskursen zirkulierenden sogenannten „western chauvinism"[107] – braucht fortwährend neue Begrifflichkeiten zur Umweg-Kommunikation, also unbelastete Ausdrücke zu dem Zweck, sich affirmativ auf „weiße Menschen" beziehen und andere Menschen rabiat ausschließen zu können, ohne dabei den „Rassenbegriff" explizit zu gebrauchen. Dass solche persuasiven Strategien – in ähnlicher Form in politisch-sprachkritischen Kreisen manchmal auch als „dog-whistling" bezeichnet – für einen verstärkten Bezug auf eine „überlegene westliche Identität" ausschlaggebend sein werden, ist zu befürchten.

Mit anderen Worten wird es in prospektiver Hinsicht umso wichtiger, die konzeptuellen Grundlagen der Wir-Gruppen-Konstruktion des Westens genauestens zu betrachten. Innerhalb der politisch polarisierten Diskurse können essenzialistische und exklusionistische Bezugnahmen auf den Westen eine besondere, hochgradig problematische Relevanz entwickeln. Es sei an dieser Stelle auf die Thematisierung der vermeintlichen *Überlegenheit* des Westens im Rahmen der Korpusanalyse zu den uneingeschränkt positiven Evaluierungen in Kapitel 5.2.2.2.1 zurückverwiesen. Eine als unzweifelhaft angenommene, übergeneralisierte und auf alle möglichen Konzeptaspekte übertragene „Überlegenheit des Eigenen" gegenüber Fremden bereitet den Weg für Chauvinismus. Wenn dieser Chauvinismus dann kultur-essenzialistisch und/oder ethnisch fundiert wird, dann ist er für viele ausgeschlossene Menschen (potenziell oder akut) gefährlich. Aus einer aufgeklärt-humanistischen Position heraus verdienen demnach gewisse, eben exklusionistische Varianten der Wir-Gruppen-Konstruktion des Westens eine besonders kritische Beachtung.

---

[107] Ein aktuelles Exempel sind offensichtlich die „Proud Boys" mit der Selbst-Kategorisierung als „western chauvinists" und Anhänger eines „western culturalism". Sie stehen bekanntlich in identitätspolitischer Gegnerschaft zur „Black Lives Matter"-Bewegung. Darüberhinaus sind ihre erklärten Feindbilder die „Antifa"-Bewegung, der Islam und jeder Feminismus. Ein deutlicher Antisemitismus wird ihnen ebenso attestiert. Vgl. bspw. folgenden Online-Artikel: https://www.thefocus.news/opinion/what-do-proud-boys-stand-for/ [zuletzt aufgerufen am 22.09.2022]. Diese Bewegung ist keineswegs isoliert, sondern hat einige internationale Anknüpfungspunkte wie die sogenannte „Identitäre Bewegung" in mehreren europäischen Ländern.

Interessant für zukünftige Diskursanalysen zum Westen wäre vermutlich auch die diachrone Stabilität der intensionalen Charakteristika und der evaluativen Parameter. Auf diese Art könnte die angesprochene Kontextgebundenheit dieser Korpusanalysen sinnvoll aufgebrochen und die Aussagekraft der hier gewonnenen Erkenntnisse erweitert werden. Bleiben die in den Kapiteln 5.2.2 untersuchten Merkmalszuschreibungen und -bewertungen im Zeitverlauf gleich? Wie entwickelt sich die Annahme einer globalen Hegemonie des Westens? Werden ihm weiterhin einerseits *Aufklärung* und *Wohlstand* und andererseits *Dekadenz* und *Arroganz* o. ä. zugewiesen und wird dies ähnlich bewertet? Oder verschieben sich diese Aspekte?[108]

Nach diesen ausblickshaft-weiterführenden Überlegungen soll nun noch eine kurze „Bilanz" im Sinne einer forschungsorientierten Einordnung gezogen werden. Das Ziel dieser Arbeit bestand in der Klärung dreier aufeinander aufbauender Themenkomplexe: von dem „Kampf der Kulturen" über den Begriff der „Wir-Gruppen-Konstruktion" hin zur Analyse des „Westens". Dazu wurde eine kritische Diskursanalyse mit einer dreiteiligen, hauptsächlich datenbasiert-qualitativen Korpusanalyse durchgeführt. Die Untergliederung in drei Hauptteil-

---

108 Eine Beobachtung aktueller Entwicklungen in öffentlichen Diskursen ist bisher – thematisch bedingt – noch überhaupt nicht angesprochen worden: Gemeint ist die Bewertung des relativen Wohlstands in einer global-ökonomischen Perspektive respektive die wirtschaftliche Überlegenheit des Westens. Im Korpus ist dies unzweifelhaft ein total-positiver Evaluierungsaspekt (vgl. das Kapitel 5.2.2.2.1). Von dieser Bewertungshaltung weichen vermutlich bisher eher nur solche Stimmen ab, die im öffentlichen Diskurs zwar vorhanden, aber tendenziell eher marginal vertreten sind und daher im Korpus nicht repräsentiert wurden: nämlich antiimperialistische und/oder postkoloniale Stimmen. Möglicherweise kommen in näherer Zukunft aber Wachstumsökonomie-skeptische bzw. Kapitalismus-kritische Stimmen hinzu, welche nicht den beiden genannten, tendenziell marginalen Politik-Theoremen entsprechen und die einen stärkeren Einfluss auf die „Meinungsmitte der Gesellschaft" haben könnten: Gemeint sind „Fridays for future" und ähnliche Bewegungen, die sich für ökologische Gerechtigkeit auf globaler Ebene einsetzen. Die historische Bilanz der Verursachung von Klimaschäden respektive des globalen CO_2-Ausstoßes sieht sehr schlecht aus für die „frühen Industrienationen", also vor allem für die USA, Deutschland, England, Frankreich. Seit etwa 2010 überragt zwar China die genannten Länder in absoluten Emissionszahlen, prozentual auf die Bevölkerung gerechnet ist aber weiterhin eindeutig, aus welcher „Civilization" die größten Verursacher des menschengemachten Klimawandels stammen und in geschichtlicher Perspektive ist dies umso klarer. Vgl. bspw. https://de.wikipedia.org/wiki/Liste_der_gr%C3%B6% C3%9Ften_Kohlenstoffdioxidemittenten [zuletzt aufgerufen am 22.09.2022]. Ob diese Verantwortlichkeit vermehrt der Gruppen-Konstruktion des Westens angerechnet werden wird, ob sich neue Topoi der negativen Evaluierung einstellen, ob solche Argumentationen zukünftig die massenmedialen Diskurse stärker beeinflussen werden als bisher, ist eine interessante, bislang nicht absehbare Zukunftsperspektive.

le folgte den genannten Themen und führte zur Verbindung verschiedener interdisziplinär orientierter und linguistischer Diskussionen: Kapitel 3.1 war publizistisch-medienwissenschaftlich sowie politik- und kulturwissenschaftlich ausgerichtet, Kapitel 3.2 im weiteren Sinne linguistisch (bzw. translatologisch, grammatisch, rhetorisch, pragmalinguistisch), Kapitel 3.3 dann korpusanalytisch; Kapitel 4.1 war wiederum linguistisch (bzw. sprachtheoretisch, grammatisch inklusive morphologisch-typologisch, rhetorisch, pragmalinguistisch) ausgerichtet, Kapitel 4.2 sozialwissenschaftlich sowie begriffstheoretisch-philosophisch, Kapitel 4.3 dann erneut korpusanalytisch; Kapitel 5.1 war politik- und geschichtswissenschaftlich ausgerichtet und Kapitel 5.2 dann abschließend korpusanalytisch.

Infolgedessen soll die Vielseitigkeit der Aufgabenstellung und die tatsächliche Multidisziplinarität des hier präsentierten wissenschaftlichen Vorgehens hervorgehoben werden. Diskursanalytische Arbeiten haben aufgrund der Komplexität ihrer Forschungsgegenstände die Tendenz, nicht nur im Rahmen einer einzigen Disziplin oder Denktradition angesiedelt zu sein. Dies gilt umso stärker, wenn die Multidimensionalität von Sprache im Allgemeinen und die Rolle der Sprache bei der Konstruktion sozialer Gruppen im Besonderen hinzugezogen wird. Trotz der folglich relativ anspruchsvollen, mehrgliedrigen Aufgabenstellung besteht die Hoffnung, dass mit dieser Monographie gegenstandsadäquate, aussagekräftige und intersubjektiv nachvollziehbare Ergebnisse präsentiert werden konnten.

Wenn diese Arbeit als exemplarisch für zukünftige diskurslinguistische Analysen von Gruppen-Konstruktionen betrachtet werden soll, dann muss die hier erfolgte Gliederung nicht unbedingt sinnvoll sein. Die Gliederung war insofern aus sich heraus motiviert, dass die empirische Analyse in den folgenden Schritten vollzogen wurde: Zuerst wurde der komplexe diskursive Kontext einer Gruppen-Konstruktion untersucht (in Kapitel 3.3 in Gestalt des „Kampfes der Kulturen"), danach der Gebrauch von Pronomina (in Kapitel 4.3 als entscheidende linguistische Aufgabe zur Identifizierung von „Wir- oder Ihr-Gruppen") und anschließend in Kapitel 5.2 die resultierende Gruppen-Konstruktion als Diskursgegenstand und als Konzeptualisierung (genauer: in 5.2.1 die verschiedenen Referenzmittel, in 5.2.2 Perspektivierung und Evaluierung des zugrundeliegenden Konzepts, in 5.2.3 weitere Auffälligkeiten der sprachlichen Darstellung, hier besonders die Vermittlung eines ontologischen Status).

Für die vorliegende Arbeit mit ihrem spezifisch mehrteiligen Erkenntnisinteresse waren alle diese Analyseschritte notwendig, für die Erforschung anderer Gruppen-Konstruktionen gilt das nicht notwendigerweise. Als metatheoretische Bemerkung sei festzuhalten: Der Pronomen-Gebrauch, die weiteren Referenzmittel, die Konzeptualisierung (respektive die extensionalen und intensionalen Gruppen-Bestimmungen sowie die dominanten Bewertungen) sind diejenigen Untersuchungsaspekte, die nicht ausgelassen werden sollten und die für ein adäquates Verständnis einer jeden diskursiv hergestellten bzw. sprachlich vermittelten Personengruppe unentbehrlich sind.

Demgegenüber sind die präzise Erforschung eines Diskurskontextes (Kapitel 3.3) sowie spezieller Darstellungsformen (Kapitel 5.2.3) vermutlich nicht ohne Weiteres auf andere Aufgabenstellungen mit anderen Gruppen-Konstruktionen übertragbar. In dieser Arbeit waren die beiden genannten Analysefoki den diskursiven und strukturellen Besonderheiten des Westens geschuldet. Gerade die Ergebnisse der genannten Kapitel bildeten einen Argumentationsrahmen und lieferten quasi den besonderen Erkenntnis-Mehrwert dieser komplexen Diskursanalyse: Der Westen fungiert im Diskurs vom „Kampf der Kulturen" als Akteursspezifizierung und wird dergestalt massenmedial als Wir-Gruppe etabliert, während er trotz seiner Vagheit und Hyperextensivität als vermeintlich konkrete, kampffähige, einem individualen Lebewesen analoge Entität aktualisiert wird.

Die erkennbare Besonderheit des Westens als spezifische Wir-Gruppen-Konstruktion liegt an dem Widerspruch zwischen seiner Ausdehnungsform und seinen Darstellungsmustern. Aufgrund des Personenumfangs von vielen hundert Millionen Individuen (eben den Populationen von mindestens Nordamerika und Westeuropa und eventuell einigen weiteren Weltregionen) sollte eigentlich klar sein, dass seine Mitglieder keine wirkliche Gemeinsamkeit und keine reale Verbundenheit („commonality" und „connectedness", siehe zu dieser Terminologie das Kapitel 4.2.2.4) aufweisen. Dennoch produzieren zahlreiche Diskurse (nicht zuletzt die hier untersuchten vom „Kampf der Kulturen") eine robuste Gruppenhaftigkeit („groupness") des Westens inklusive der metonymischen Zuschreibung von Handlungsmacht und Emotionalität. Der Westen ist einerseits ein „Globalkollektiv" (im schwächsten Sinne von Kollektivität) zur Einteilung der Menschheit und wird andererseits als eine intakte, aktive Gemeinschaft imaginiert.

Selbstverständlich beziehen sich nicht alle Gruppen-Konstruktionen auf Verbindungen aus nahezu Milliarden Menschen, die trotzdem wiederholt wie ein einzelner Mensch versprachlicht werden. Prinzipiell sollte der hier stipulierte Terminus der „Wir-Gruppen-Konstruktionen" dennoch für vielfältige Diskursanalysen zu ganz unterschiedlichen sozialen Strukturphänomenen anwendbar sein. Lohnenswert ist eine Untersuchung des Zusammenhangs von Sprache und sozialer Welt allemal, wie die vorliegende Arbeit in hoffentlich überzeugender Weise gezeigt hat.

Anhang

Auflistung der Stichproben-Pressetexte

1.) Stichprobe aus Kapitel 3.3.3 „Zur Evaluierung der Thesen vom *Kampf der Kulturen*"
– Siehe zur Auswertung v. a. Kapitel 3.3.3.4

Auswertung der Evaluationsmuster zu den "Kampf der Kulturen"-Thesen	M. 1: KdK-Thesen sind falsch	M. 2: KdK-Thesen sind in Zukunft möglich	M. 3: KdK-Thesen sind richtig	M. 4: Unentschieden (Unklare Positionier.)
Diskursetappe 1: 1993-2001				
Muster 1: KdK-Thesen sind falsch				
Der Tagesanzeiger, 09.06.1997	taz, 12.05.1997			Die Zeit, 29.11.1996
Die Zeit, 06.12.1996	Handelsblatt, 26.06.1997			Focus, 02.12.1996
Die Zeit, 22.09.1995	Leipziger Volkszeitung, 08.03.1997			Der Spiegel, 27.06.1994
Rhein-Zeitung, 05.04.1997	Der Tagesanzeiger, 26.03.1997			Nürnberger Nachrichten, 04.10.1995
Nürnberger Nachrichten, 08.04.1997	Rhein-Zeitung, 21.04.1997			taz, 04.03.1997
taz, 22.04.1997	Die Zeit, 29.11.1996			Die Zeit, 16.07.1998
	Die Zeit, 27.08.1998			
	Frankfurter Rundschau, 21.10.1997			
6	8	0	6	
Diskursetappe 2: 2001-2006				
M. 1: KdK-Thesen sind falsch	M. 2: KdK-Thesen sind in Zukunft möglich	M. 3: KdK-Thesen sind richtig	M. 4: Unentschieden	
Frankfurter Rundschau, 15.09.2001	Der Tagesspiegel 18.09.2001	Die Zeit, 28.07.2005	Focus, 08.10.2001	
Die Zeit, 08.11.2001	Der Tagesspiegel 18.10.2001	Der Spiegel, 15.09.2001		
Frankfurter Rundschau, 20.09.2001	Die Zeit, 13.09.2001	Die Welt 12.09.2001		
Die Zeit, 20.09.2001	taz, 22.09.2001	Der Tagesspiegel, 08.08.2005		
Le monde diplomatique (dt), 12.10.2001	Frankfurter Rundschau, 02.11.2001			
taz, 21.09.2001	Frankfurter Rundschau, 18.02.2004			
Frankfurter Rundschau, 26.09.2001	B.Z, 17.09.2001			
	Focus, 15.10.2001			
7	8	4	1	
Diskursetappe 3: 2006-2019				
M. 1: KdK-Thesen sind falsch	M. 2: KdK-Thesen sind in Zukunft möglich	M. 3: KdK-Thesen sind richtig	M. 4: Unentschieden	
Basler Zeitung, 11.04.2007	Berliner Zeitung, 29.12.2008	Welt am Sonntag, 12.06.2006	Nürnberger Nachrichten, 20.09.2012	
Aargauer Zeitung, 26.10.2002	Der Spiegel, 23.10.2006	Kleine Zeitung, 04.02.2006	Der Bund, 29.12.2008	
NZZ, 11.02.2006	Kurier, 05.02.2006	Der Tagesspiegel, 24.06.2018		
Hamburger Morgenpost, 04.02.2006	Mainpost, 05.02.2006	Mitteldeutsche Zeitung, 04.02.2006		
Aachener Zeitung, 20.05.2009	Nord-West-Zeitung, 28.09.2012	Handelsblatt, 29.12.2008		
Kölner Stadtanzeiger, 10.09.2011	taz, 14.3.2018	Basler Zeitung, 19.01.2015		
6	6	6	2	

2.) Stichprobe aus Kapitel 5.2.2.2 „Zur Evaluierung des Westens"
– Siehe zur Auswertung v. a. Kapitel 5.2.2.2.4

Vergleich der Evaluationskategorien zum Westen			
Ev.-kat. 1: Total positiv	Ev.-kat. 2: Differenziert positiv	Ev.-kat. 3: Differenziert negativ	Ev.-kat. 4: Total negativ
Frankfurter Rundschau, 25.10.2001	Frankfurter Rundschau, 20.09.2001	taz, 24.11.2001	
Die Zeit, 20.01.2011	Frankfurter Rundschau, 31.10.2001	Die Zeit, 18.03.2004	
Frankfurter Rundschau, 05.09.2002	Der Tagesspiegel, 14.09.2001	Der Tagesspiegel, 19.08.2007	
Der Tagesspiegel, 27.09.2006	Der Spiegel, 22.12.2001	Die Zeit, 31.10.2001	
Der Tagesspiegel, 27.09.2001	Welt, 09.04.2011	taz, 07.05.2011	
Frankfurter Rundschau, 13.09.2001	Die Zeit, 17.08.2006	taz, 07.05.2011 (anderer Artikel)	
Der Tagesspiegel, 02.10.2001	Der Tagesspiegel, 10.07.2005	Der Spiegel, 16.10.2014	
Der Tagesspiegel, 17.09.2001	taz, 11.09.2004	taz, 09.05.2011	
Welt, 27.09.2001	Die Zeit, 04.10.2001	Welt, 05.01.2010	
Welt, 12.09.2001	Der Spiegel, 21.09.2009	Magazin, 01.08.1998	
Welt, 10.10.2001	Handelsblatt, 13.09.2001		
Handelsblatt, 09.09.2002	taz, 06.09.2007		
Handelsblatt, 26.06.1997	Frankfurter Rundschau, 08.08.2006		
Welt, 23.10.2001	Die Zeit, 30.06.2005		
Focus, 01.10.2001	Frankfurter Rundschau, 07.02.2004		
Der Tagesspiegel, 20.09.2001	Falter, 19.09.2001		
Der Spiegel, 29.12.2001	Der Tagesspiegel 15.12.2001		
Die Zeit, 18.10.2001	Der Tagesspiegel, 13.10.2001		
Der Spiegel, 11.09.2006	taz, 11.09.2002		
	Der Standard, 31.08.2002		
	Welt, 09.10.2001		
19	21	10	0

Quellenverzeichnis

Verzeichnis der benutzten Online-Quellen

Online verfügbare Analyse-Hilfsmittel

Pressetext-Datenbank „wiso": https://www.wiso-net.de <letzter Zugriff am 22.09.2022>
Konkordanz-Manager „antconc":https://www.laurenceanthony.net/software/antconc/
    <letzter Zugriff am 22.09.2022>
Referenzkorpus des IDS „Cosmas-II": https://cosmas2.ids-mannheim.de/cosmas2-web/
    <letzter Zugriff am 22.09.2022>
Referenzkorpus des DWDS: https://www.dwds.de/ <letzter Zugriff am 22.09.2022>
Referenzkorpus des Projekts „Deutscher Wortschatz", Universität Leipzig:
    https://wortschatz.uni-leipzig.de/de <letzter Zugriff am 22.09.2022>

Online-Quellen

https://www.genios.de/dosearch/%3A2%3APRESSE?searchlater=t&selectedNavigationPath=
    %3A2%3APRESSE <letzter Zugriff am 22.09.2022>
https://en.wikipedia.org/wiki/Bernard_Lewis <letzter Zugriff am 22.09.2022>
https://en.wikipedia.org/wiki/Clash_of_Civilizations <letzter Zugriff am 22.09.2022>
https://de.pons.com/übersetzung/italienisch-deutsch/scontro <letzter Zugriff am
    22.09.2022>
https://corpora.uni-leipzig.de/de/res?corpusId=deu_newscrawl-public_2018&word=wir
    <letzter Zugriff am 22.09.2022>
https://www.dwds.de/d/korpussuche <letzter Zugriff am 22.09.2022>
https://www.dwds.de/r/plot?view=1&corpus=zeitungen&norm=date%2Bclass&smooth=spli
    ne&genres=0&grand=1&slice=1&prune=0&window=3&wbase=0&logavg=0&logscale=0
    &xrange=1991%3A2019&q1=wir <letzter Zugriff am 22.09.2022>
https://www.dwds.de/r/plot?view=1&corpus=zeitungen&norm=date%2Bclass&smooth=spli
    ne&genres=0&grand=1&slice=1&prune=0&window=3&wbase=0&logavg=0&logscale=0
    &xrange=1991%3A2019&q1=%40wir%20%7C%7C%20%40Wir <letzter Zugriff am
    22.09.2022>
https://www.dwds.de/r/plot?view=2&corpus=zeitungen&norm=abs&smooth=line&genres=0
    &grand=1&slice=1&prune=0&window=0&wbase=0&logavg=0&logscale=0&xrange=194
    6%3A2019&q1=Wir-Gruppe <letzter Zugriff am 22.09.2022>
https://publicintelligence.net/anders-behring-breiviks-complete-manifesto-2083-a-european-
    declaration-of-independence/ <letzter Zugriff am 04.01.2021>
https://web.archive.org/web/20160721000707/http://www.nytimes.com/2016/07/19/us/pol
    itics/steve-king-nonwhite-subgroups.html <letzter Zugriff am 22.09.2022>
https://www.dwds.de/r/plot/?view=3&corpus=zeitungen&norm=date%2Bclass&smooth=spl
    ine&genres=0&grand=1&slice=1&prune=0&window=3&wbase=0&logavg=0&logscale=1

&xrange=1991%3A2020&q1=Westen&q2=Abendland&q3=Okzident <letzter Zugriff am 22.09.2022>
https://en.wikipedia.org/wiki/Gavin_McInnes <letzter Zugriff am 22.09.2022>
https://securityconference.org/publikationen/munich-security-report-2020/ <letzter Zugriff am 22.09.2022>
https://www.thefocus.news/opinion/what-do-proud-boys-stand-for/ <letzter Zugriff am 22.09.2022>
https://de.wikipedia.org/wiki/Liste_der_gr%C3%B6%C3%9Ften_Kohlenstoffdioxidemittenten <letzter Zugriff am 22.09.2022>

Literaturverzeichnis

Abdi, Jamal (2018): „Clash of Civilizations without Civilizational Groups. Revisiting Samuel P. Huntington's Clash of Civilizations Theory". In: *World Academy of Science, Engineering and Technology. International Journal of Humanities and Social Sciences*, 12/9, S. 1204–1207.

Allport, Gordon (1979): *The Nature of Prejudice*. Reading: Addison-Wesley Publishing.

Altmayer, Claus (2004): *Kultur als Hypertext. Zu Theorie und Praxis der Kulturwissenschaft im Fach Deutsch als Fremdsprache*. München: Iudicium.

Anderson, Benedict (2006): *Imagined Communities*. London: Verso. [Erstveröffentlichung 1983; Titel der deutschen Übersetzung: „Die Erfindung der Nation. Zur Karriere eines folgenreichen Konzepts" (1988)]

Angermuller, Johannes/Nonhoff, Martin/Herschinger, Eva/Macgilchrist, Felicitas/Reisigl, Martin/Wedl, Juliette/Wrana, Daniel/Ziem, Alexander (Hgg.) (2014): *Diskursforschung. Ein interdisziplinäres Handbuch*. Bielefeld: Transcript.

Appiah, Kwame Anthony (2019): *Identitäten. Die Fiktionen der Zugehörigkeit*. Berlin: Hanser. [englischer Originaltitel: „The Lies That Bind. Rethinking Identity. Creed, Country, Color, Class, Culture"]

Baier, Thomas (Hg.) (2013): Lemma: „occidens/occiduus". In: Baier, Thomas: *Der neue Georges. Ausführliches Lateinisch-Deutsches Handwörterbuch. Zweiter Band I – Z*. Darmstadt: Wissenschaftliche Buchgesellschaft, S. 3367.

Baier, Thomas (Hg.) (2013): Lemma: „oriens/orior". In: Baier, Thomas: *Der neue Georges. Ausführliches Lateinisch-Deutsches Handwörterbuch. Zweiter Band I – Z*. Darmstadt: Wissenschaftliche Buchgesellschaft, S. 3444.

Baldauf, Christa (1997): *Metapher und Kognition. Grundlagen einer neuen Theorie der Alltagsmetapher*. Frankfurt am Main: Peter Lang.

Baltzer, Ulrich (2002): „Joint Action of Large Groups". In: Meggle, Georg (Hg.) (2002): *Social Facts and Collective Intentionality*. Frankfurt am Main: Hänsel-Hohenhausen, Deutsche Bibliothek der Wissenschaften, S. 1–18.

Barker, Chris/Galasinski, Dariusz (2003): *Cultural Studies and Discourse Analysis. A Dialogue on Language and Identity*. London: Sage Publications.

Bednarek, Monika (2006): *Evaluation in Media Discourse. Analysis of a Newspaper Corpus*. London: Continuum.

Bendel Larcher, Sylvia (2015): *Linguistische Diskursanalyse. Ein Lehr- und Arbeitsbuch*. Tübingen: Narr.

Benveniste, Emile (1974): *Probleme der allgemeinen Sprachwissenschaft*. München: List.
Berding, Helmut (Hg.) (1994): *Nationales Bewußtsein und kollektive Identität*. Frankfurt am Main: Suhrkamp.
Berger, Peter/Luckmann, Thomas (1969): *Die gesellschaftliche Konstruktion der Wirklichkeit. Eine Theorie der Wissenssoziologie*. Frankfurt am Main: S. Fischer.
Bierwisch, Manfred (1979): „Wörtliche Bedeutung. Eine pragmatische Gretchenfrage". In: Grewendorf, Günther (Hg.): *Sprechakttheorie und Semantik*. Frankfurt am Main: Suhrkamp, S. 119–148.
Billig, Michael (1995). *Banal Nationalism*. London: Sage Publications.
Blommaert, Jan (2005): *Discourse. A critical introduction*. Cambridge: Cambridge University Press.
Bonnett, Alastair (2004): *The Idea of the West. Culture, Politics, and History*. Basingstoke: Palgrave Macmillan.
Bourdieu, Pierre (1996): „Die Logik der Felder". In: Bourdieu, Pierre/Wacquant, Loïc (Hgg.): *Reflexive Anthropologie*. Frankfurt am Main: Suhrkamp. S. 124–146.
Brewer, Marilynn/Chen, Ya-Ru (2007): „Where (Who) Are Collectives in Collectivism? Toward Conceptual Clarification of Individualism and Collectivism". In: *Psychological Review*, 114/1, S. 133–151.
Brewer, Marilynn/Gardner, Wendi (1996): „Who Is This ‚We'? Levels of Collective Identity and Self Representations". In: *Journal of Personality and Social Psychology*, 71/1, S. 83–93.
Bröning, Michael/Hillebrand, Ernst (Hgg.) (2014): „Samuel P. Huntington revisited. Eine Debatte". In: *IPG-Journal, Internationale Politik und Gesellschaft*. Sonderheft Februar 2014.
Brubaker, Rogers (2007): *Ethnizität ohne Gruppen*. Hamburg: Hamburger Edition.
Brubaker, Rogers/Cooper, Frederick (2000): „Beyond ‚Identity'". In: *Theory and Society*, 2000/29, S. 1–47.
Brunner, Claudia/Dietze, Gabriele/Wenzel, Edith (Hg.) (2009): *Kritik des Okzidentalismus. Transdisziplinäre Beiträge zu (Neo-)Orientalismus und Geschlecht*. Bielefeld: Transcript.
Bubenhofer, Noah (2009): *Sprachgebrauchsmuster. Korpuslinguistik als Methode der Diskurs- und Kulturanalyse*. Berlin: de Gruyter.
Bubenhofer, Noah/Scharloth, Joachim (2013): „Korpuslinguistische Diskursanalyse. Der Nutzen empirisch-quantitativer Verfahren". In: Meinhof, Ulrike Hanna/Reisigl, Martin/Warnke, Ingo H. (Hgg.): *Diskurslinguistik im Spannungsfeld von Deskription und Kritik*. Berlin: Akademie, S.147–168.
Buchanan, Patrick (2001): *The Death of the West. How Dying Populations and Immigrant Invasions Imperil Our Country and Civilization*. New York: St. Martin's Press.
Bucher, Hans-Jürgen (1992): „Informationspolitik in der Presseberichterstattung. Kommunikationsstrategien bei der Darstellung gesellschaftlicher Konflikte". In: Hess-Lüttich, Ernest W.B. (Hg.): *Medienkultur – Kulturkonflikt. Massenmedien in der interkulturellen und internationalen Kommunikation*. Opladen: Westdeutscher Verlag, S. 259–290.
Burger, Harald (2011): *Mediensprache. Eine Einführung in Sprache und Kommunikationsformen der Massenmedien*. Berlin: de Gruyter.
Burger, Michael (2013): *The Shaping of Western Civilization. From Antiquity to the Present*. Toronto: University of Toronto Press.
Buruma, Ian/Margalit, Avishai (2004): *Occidentalism. The West in the Eyes of its Enemies*. New York: Penguin.
Buruma, Ian/Margalit, Avishai (2005): *Okzidentalismus. Der Westen in den Augen seiner Feinde*. München: Hanser.

Busch, Albert (2007): „Der Diskurs. Ein linguistischer Proteus und seine Erfassung. Methodologie und empirische Gütekriterien für die sprachwissenschaftliche Erfassung von Diskursen und ihrer lexikalischen Inventare". In: Warnke, Ingo H. (Hg.): *Diskurslinguistik nach Foucault. Theorie und Gegenstände.* Berlin: de Gruyter, S. 141–164.

Busse, Dietrich (1997): „Das Eigene und das Fremde. Annotationen zu Funktion und Wirkung einer diskurssemantischen Grundfigur". In: Jung, Matthias/Wengeler, Martin/Böke, Karin (Hgg.): *Die Sprache des Migrationsdiskurses. Das Reden über „Ausländer" in Medien, Politik und Alltag.* Opladen: Westdeutscher Verlag, S. 17–35.

Bußmann, Hadumod (Hg.) (2008): *Lexikon der Sprachwissenschaft.* Stuttgart: Kröner.

Çağlar, Gazi (2002): *Der Mythos vom Krieg der Zivilisationen. Der Westen gegen den Rest der Welt.* Münster: Unrast.

Carrier, James (Hg.) (1995): *Occidentalism. Images of the West.* Oxford: Oxford University Press.

Chomsky, Noam/Vltchek, Andre (2013): *On Western Terrorism. From Hiroshima to Drone Wars.* London: Pluto Press. [Titel der deutschen Übersetzung: „Der Terrorismus der westlichen Welt"]

Coronil, Fernando (1996): „Beyond Occidentalism. Toward Nonimperial Geohistorical Categories". In: *Cultural Anthropology*, 11/1, S. 51–87.

Coronil, Fernando (2013): „Jenseits des Okzidentalismus. Unterwegs zu nicht-imperialen geohistorischen Kategorien". In: Conrad, Sebastian/Randeria, Shalini/Römhild, Regina (Hgg.): *Jenseits des Eurozentrismus. Postkoloniale Perspektiven in den Geschichts- und Kulturwissenschaften.* Frankfurt am Main: Campus, S. 466–505.

Coupland, Nikolas (2010): „,Other' representation". In: Jaspers, Jürgen/Östman, Jan-Ola/Verschueren, Jef (Hgg.): *Society and Language Use. Handbook of Pragmatics Highlights Volume 7.* Amsterdam: John Benjamins, S. 241–260.

Cysouw, Michael (2002): „,We' rules. The impact of an inclusive/exclusive opposition on the paradigmatic structure of person marking". In: Simon, Horst/Wiese, Heike (Hgg.): *Pronouns. Grammar and Representation.* Amsterdam: John Benjamins, S. 41–62.

Cysouw, Michael (2003): *The Paradigmatic Structure of Person Marking.* Oxford: Oxford University Press.

de Bruyn, Boudewijn (2009): „We and the Plural Subject". In: *Philosophy of the Social Sciences*, 2009/39, S. 235–259.

Delitz, Heike (2018): *Kollektive Identitäten.* Bielefeld: Transcript.

Detering, Heinrich (2019): *Was heißt hier „wir"? Zur Rhetorik der parlamentarischen Rechten.* Stuttgart: Reclam.

Diaz-Bone, Rainer (2010): *Kulturwelt, Diskurs und Lebensstil: Eine diskurstheoretische Erweiterung der bourdieuschen Distinktionstheorie.* Wiesbaden: VS Springer.

Dietz, Simone (2007): „Kulturphilosophie: Kampf der Kulturen? Über Huntingtons Thesen". In: *Information Philosophie*, 2007/3, S. 20–26.

Doering-Manteuffel, Anselm (1999): *Wie westlich sind die Deutschen? Amerikanisierung und Westernisierung im 20. Jahrhundert.* Göttingen: Vandenhoeck & Ruprecht.

Dolon, Rosana/Todoli, Julia (Hgg.) (2008): *Analysing Identities in Discourse.* Amsterdam: John Benjamins.

Duszak, Anna (2002): *Us and Them. Social Identities across Languages, Discourses, and Cultures.* Amsterdam: John Benjamins.

Edwards, John (2012): *Language and Identity. An Introduction.* Cambridge: Cambridge University Press.

Ehlich, Konrad (2007): *Sprache und sprachliches Handeln. Band 2: Prozeduren des sprachlichen Handelns.* Berlin: de Gruyter.
Eisfeld, Rainer (2019): *Empowering Citizens, Engaging the Public. Political Science for the 21st Century.* Singapur: Palgrave Macmillan.
Elias, Norbert (1976): *Über den Prozeß der Zivilisation. Soziogenetische und psychogenetische Untersuchungen. Band 1: Wandlungen des Verhaltens in den weltlichen Oberschichten des Abendlandes.* Frankfurt am Main: Suhrkamp. [Erstveröffentlichung 1939]
Elsen, Hilke (2014): *Grundzüge der Morphologie des Deutschen.* Berlin: de Gruyter.
Elwert, Georg (1999): Lemma: „Wir-Gruppe". In: Hirschberg, Walter (Hg.): *Wörterbuch der Völkerkunde.* Berlin: Reimer, S. 414.
Emcke, Carolin (2000): *Kollektive Identitäten. Sozialphilosophische Grundlagen.* Frankfurt am Main: Campus.
Fairclough, Nathan (1995): *Critical Discourse Analysis. The Critical Study of Language.* London: Longman.
Fairclough, Nathan (2008): *Analysing Discourse. Textual analysis for social research.* London: Routledge.
Felder, Ekkehard (Hg.) (2006): *Semantische Kämpfe. Macht und Sprache in den Wissenschaften.* Berlin: de Gruyter.
Ferguson, Niall (2011a): *Civilization. The West and the Rest.* London: Penguin Books.
Ferguson, Niall (2011b): *Der Westen und der Rest der Welt. Die Geschichte vom Wettstreit der Kulturen.* Berlin: Ullstein.
Fisch, Jörg (1992): Lemma: „Zivilisation, Kultur". In: Brunner, Otto/Conze, Werner/Koselleck, Reinhart (Hgg.): *Geschichtliche Grundbegriffe. Historisches Lexikon der politisch-sozialen Sprache in Deutschland.* Stuttgart: Klett-Cotta, S. 679–774.
Fuchs, Werner/Klima, Rolf/Lautmann, Rüdiger/Rammstedt, Otthein/Wienold, Hanns (Hgg.) (1975): Lemma: „Eigengruppe". In: Fuchs, Werner/Klima, Rolf/Lautmann, Rüdiger/ Rammstedt, Otthein/Wienold, Hanns: *Lexikon zur Soziologie.* Reinbek: Rowohlt, S. 152.
Fukuyama, Francis (1992): *The End of History and the Last Man.* New York: Free Press.
Fukuyama, Francis (2019): *Identität. Wie der Verlust der Würde unsere Demokratie gefährdet.* Hamburg: Hoffmann & Campe. [englischer Originaltitel: „Identity. The Demand for Dignity and The Politics of Resentment"]
Fütterer, Sabine (2016): „Schreckgespenst oder Zukunftsvision? The Clash of Civilizations and the Remaking of World Order von Samuel P. Huntington". In: Sebaldt, Martin/Friedel, Andreas/Fütterer, Sabine/Schmid, Sarah (Hgg.): *Aufstieg und Fall westlicher Herrschaft. Zum Grundproblem globaler Politik im Spiegel moderner Klassiker.* Wiesbaden: VS Springer. S. 203–228.
Gabriel, Markus (2016): *Sinn und Existenz. Eine realistische Ontologie.* Frankfurt am Main: Suhrkamp.
Garcia, Tristan (2018): *Wir.* Berlin: Suhrkamp. [französischer Originaltitel: „Nous"]
Giesen, Bernhard (Hg.) (1991): *Nationale und kulturelle Identität.* Frankfurt am Main: Suhrkamp.
Giesen, Bernhard (1999): *Kollektive Identität. Die Intellektuellen und die Nation.* Frankfurt am Main: Suhrkamp.
Gilbert, Margaret (1989): *On Social Facts.* Princeton: Princeton University Press.

Gilbert, Margaret (2002): "Considerations on Joint Commitment. Responses to Various Comments". In: Meggle, Georg (Hg.) (2002): *Social Facts and Collective Intentionality*. Frankfurt am Main: Hänsel-Hohenhausen, Deutsche Bibliothek der Wissenschaften, S. 73–102.
Glück, Helmut (Hg.) (2010): *Metzler Lexikon Sprache*. Stuttgart: Metzler.
Goossens, Louis (1995): "Metaphtonymie. The Interaction of Metaphor and Metonymy in Figurative Expressions for Linguistic Action". In: Goossens, Louis/Pauwels, Paul/Rudzka-Ostyn, Brygida/Simon-Vandenbergen, Anne-Marie/Vanparys, Johan (Hgg.): *By Word of Mouth. Metonymy and Linguistic Action in a Cognitive Perspective*. Amsterdam: John Benjamins, S. 159–174.
Grad, Hector/Rojo, Luisa Martin (2008): "Identities in discourse". In: Dolon, Rosana/Todoli, Julia (Hgg.): *Analysing Identities in Discourse*. Amsterdam: John Benjamins, S. 3–28.
Gress, David (2004): *From Plato to NATO. The Idea of the West and its Opponents*. New York: Simon & Schuster.
Haase, Martin (2008): "Neusprech im Überwachungsstaat. Politikersprache zwischen Orwell und Online". In: Mehldau, Matthias (Hg.): *Nothing to hide. Chaos Communication Congress Proceedings*. Bielefeld: Foebud, S. 295–305.
Hacking, Ian (1999): *The Social Construction of What?* Cambridge MA: Harvard University Press.
Hall, Stuart (1992): "The Question of Cultural Identity". In: Hall, Stuart/Held, David/McGrew, Tony (Hgg.): *Modernity and its Futures*. Milton Keynes: Polity Press, The Open University, S. 273–316.
Hall, Stuart (1994): *Rassismus und kulturelle Identität. Ausgewählte Schriften 2*. Hamburg: Argument.
Halm, Dirk (2008): *Der Islam als Diskursfeld. Bilder des Islams in Deutschland*. Wiesbaden: VS Springer.
Hansen, Klaus P. (2000): *Kultur und Kulturwissenschaft*. Tübingen: Francke.
Hansen, Klaus P. (2009): *Kultur, Kollektiv, Nation*. Passau: Stutz.
Hartmann, Stefan/Sties, Nora (2017): "Implizite Aggression in Online-Kommentaren anlässlich der Debatte um rassistische Sprache in Kinderbüchern". In: Bonacchi, Silvia (Hg.): *Verbale Aggression. Multidisziplinäre Zugänge zur verletzenden Macht der Sprache*. Berlin: de Gruyter, S. 305–328.
Hauck, Gerhard (2006): *Kultur. Zur Karriere eines sozialwissenschaftlichen Begriffs*. Münster: Westfälisches Dampfboot.
Hausendorf, Heiko (2000): *Zugehörigkeit durch Sprache. Eine linguistische Studie am Beispiel der deutschen Wiedervereinigung*. Tübingen: Niemeyer.
Hawel, Marcus (2006): "Identitätspolitik und die Kultur der Moderne. Kritische Anmerkungen zu Samuel Huntingtons ,Kampf der Kulturen'". In: *Vorgänge*, 174/2, S. 115–129.
Hellmann, Gunther/Herborth, Benjamin (Hgg.) (2017): *Uses of the West. Security and the Politics of Order*. Cambridge: Cambridge University Press.
Hempfer, Klaus/Schwan, Alexander (Hgg.) (1987): *Grundlagen der politischen Kultur des Westens*. Berlin: de Gruyter.
Hess-Lüttich, Ernest W.B. (1987): *Angewandte Sprachsoziologie. Eine Einführung in linguistische, soziologische und pädagogische Ansätze*. Stuttgart: Metzler.
Hess-Lüttich, Ernest W.B. (2003): "Interkulturelle Kommunikation". In: Wierlacher, Alois/Bogner, Andrea (Hgg.): *Handbuch interkultureller Germanistik*. Stuttgart: Metzler, S. 75–81.

Hummel, Hartwig/Wehrhöfer, Birgit (1996): „Geopolitische Identitäten. Kritik der Ethnisierung einer sich regionalisierenden Welt als paradigmatische Erweiterung der Friedensforschung". In: *WeltTrends*, 12, S. 7–34.
Huntington, Samuel P. (1993a): „The Clash of Civilizations?" In: *Foreign Affairs* 72/3. S. 22–49.
Huntington, Samuel P. (1993b): „Im Kampf der Kulturen". In: *Die Zeit* 1993/33, 13.08.1993. Übersetzt von Stefan Schreiber.
Huntington, Samuel P. (1993c): „If Not Civilizations, What?" In: *Foreign Affairs* 72/5. S. 186–194.
Huntington, Samuel P. (1996a): *The Clash of Civilizations and the Remaking of World Order*. New York: Simon & Schuster. [Sigle: CoC]
Huntington, Samuel P. (1996b): *Der Kampf der Kulturen. Die Neugestaltung der Weltpolitik im 21. Jahrhundert*. Übersetzt von Holger Fliessbach. München: Goldmann. [Sigle: KdK]
Huntington, Samuel P. (2004): *Who Are We? Die Krise der amerikanischen Identität*. Hamburg: Europa. [englischer Originaltitel: „Who are we? The Challenges to America's National Identity"]
Huntington, Samuel P./Harrison, Lawrence (2000): *Streit um Werte. Wie Kulturen den Fortschritt prägen*. München: Goldmann. [englischer Originaltitel: „Culture Matters. How Values Shape Human Progress"]
Huntington, Samuel P./Rose, Gideon (Hgg.) (2013): *The Clash of Civilizations? The Debate: Twentieth Anniversary Edition*. New York: Foreign Affairs.
Jackendoff, Ray (1972): *Semantics and Cognition*. Cambridge: MIT Press.
Jaffe, Alexandra (Hg.) (2009): *Stance. Sociolinguistic Perspectives*. Oxford: Oxford University Press.
Jäger, Siegfried (2001): *Kritische Diskursanalyse. Eine Einführung*. Münster: Unrast.
Jäger, Siegfried/Januschek, Franz (Hgg.) (2004): *Gefühlte Geschichte und Kämpfe um Identität*. Münster: Unrast.
Janich, Nina/Thim-Mabrey, Christiane (Hgg.) (2003): *Sprachidentität – Identität durch Sprache*. Tübingen: Narr.
Janis, Irving (1972): *Victims of Groupthink. A Psychological Study of Foreign-Policy Decisions and Fiascoes*. Boston: Houghton Mifflin.
Jurewicz, Arkadius (2008): *„Clash of Civilizations"? Huntington im Spiegel seiner Kritiker. Die politische und politikwissenschaftliche Diskussion um die These vom Kampf der Kulturen*. Saarbrücken: Verlag Dr. Müller.
Kalverkämper, Hartwig (2008): „,Kampf der Kulturen' als Konkurrenz der Sprachkulturen. Anglophonie im globalen Spannungsfeld von Protest, Prestige und Gleichgültigkeit". In: *trans-kom, Zeitschrift für Translationswissenschaft und Fachkommunikation*, 2/1, S. 123–163.
Kalwa, Nina (2013): *Das Konzept „Islam". Eine diskurslinguistische Untersuchung*. Berlin: de Gruyter.
Kalwa, Nina (2020): „Islamdiskurs". In: Niehr, Thomas/Kilian, Jörg/Schiewe, Jürgen (Hgg.): *Handbuch Sprachkritik*. Stuttgart: Metzler, S. 252–258.
Kannetzky, Frank (2007): „Levels of Collectivity". In: Psarros, Nikos/Schulte-Ostermann, Katinka (Hgg.): *Facettes of Sociality*. Frankfurt am Main: Ontos Verlag, S. 209–242.
Kastner, Jens/Susemichel, Lea (2020): *Identitätspolitiken. Konzepte und Kritiken in Geschichte und Gegenwart der Linken*. Münster: Unrast.
Kermani, Navid (2016): *Wer ist Wir? Deutschland und seine Muslime*. München: C.H. Beck.

Kirchhoff, Susanne (2014): „,Wie hat sich unsere Welt seither verändert?' Die Entwicklung metaphorischer Konstruktionen des Medienereignisses 9/11". In: Schwarz-Friesel, Monika/Kromminga, Jan-Henning (Hgg.): *Metaphern der Gewalt. Konzeptualisierungen von Terrorismus in den Medien vor und nach 9/11*. Tübingen: Narr Francke Attempto, S. 75–92.

Klug, Petra (2010): *Feindbild Islam? Der Diskurs über Muslime in Bundestagsdebatten vor und nach dem 11. September*. Marburg: Tectum.

Kordic, Snjezana (1999): „Personal- und Reflexivpronomina als Träger von Personalität". In: Jachnow, Helmut/Meckovskaja, Nina/Norman, Boris/Plotnikov, Bronislav (Hgg.): *Personalität und Person*. Wiesbaden: Harrassowitz, S. 125–154.

Krämer, Gudrun (2015): „Arabische Welt". In: Jaeger, Friedrich/Knöbl, Wolfgang/Schneider, Ute (Hgg.): *Handbuch Moderneforschung*. Wiesbaden: VS Springer, S. 27–37.

Kretzenbacher, Heinz (1995): „Wie durchsichtig ist die Sprache der Wissenschaften?" In: Kretzenbacher, Heinz/Weinrich, Harald (Hgg.): *Linguistik der Wissenschaftssprache*. Berlin: de Gruyter, S. 15–40.

Kroeber, Alfred L./Kluckhohn, Clyde (1952): *Culture. A critical review of concepts and definitions*. Cambridge: The Museum.

Kromminga, Jan-Henning (2014): „Wer wurde am 11.09.2001 angegriffen? Opferperspektiven und Wir-Gruppen-Konstruktionen". In: Schwarz-Friesel, Monika/Kromminga, Jan-Henning (Hgg.): *Metaphern der Gewalt. Konzeptualisierungen von Terrorismus in den Medien vor und nach 9/11*. Tübingen: Narr Francke Attempto, S. 93–110.

Kurilla, Robin (2020): *Theorie der Gruppenidentitäts-Fabrikation. Ein kommunikationsökologischer Entwurf mit sozialtheoretischen Implikationen*. Wiesbaden: VS Springer.

Lakoff, George/Johnson, Mark (1980): *Metaphors we live by*. Chicago: University of Chicago Press.

Leggewie, Claus (1994): „Ethnizität, Nationalismus und multikulturelle Gesellschaft". In: Berding, Helmut (Hg.): *Nationales Bewußtsein und kollektive Identität*. Frankfurt am Main: Suhrkamp, S. 46–65.

Lemnitzer, Lothar/Zinsmeister, Heike (2010): *Korpuslinguistik. Eine Einführung*. Tübingen: Narr.

Liedtke, Frank (2019): „Sprechhandlung und Aushandlung". In: Meier, Simon/Bülow, Lars/Liedtke, Frank/Marx, Konstanze/Mroczynski, Robert (Hgg.): *50 Jahre Speech Acts. Bilanzen und Perspektiven*. Tübingen: Narr, S. 77–102.

Linke, Angelika/Nussbaumer, Markus (2001): „Konzepte des Impliziten. Präsuppositionen und Implikaturen". In: Brinker, Klaus/Antos, Gerd/Heinemann, Wolfgang/Sager, Sven (Hgg.): *Text- und Gesprächslinguistik. Handbücher zur Sprach- und Kommunikationswissenschaft*. Berlin: de Gruyter, S. 435–448.

Llamas, Carmen/Watt, Dominic (Hgg.) (2010): *Language and Identities*. Edinburgh: Edinburgh University Press.

Mau, Steffen (2019): *Das metrische Wir. Über die Quantifizierung des Sozialen*. Bonn: Schriftenreihe der Bundeszentrale für politische Bildung.

Mautner, Gerlinde (1998): „We are not like them and never have been. Zum persuasiven Potential der Wir-Gruppen-Konstruktion." In: Hoffmann, Michael/Keßler, Christine (Hgg.): *Beiträge zur Persuasionsforschung. Unter besonderer Berücksichtigung textlinguistischer und stilistischer Aspekte*. Frankfurt am Main: Peter Lang, S. 177–190.

Meggle, Georg (Hg.) (2002): *Social Facts and Collective Intentionality*. Frankfurt am Main: Hänsel-Hohenhausen, Deutsche Bibliothek der Wissenschaften.

Meier, Simon (2013): *Gesprächsideale. Normative Gesprächsreflexion im 20. Jahrhundert.* Berlin: de Gruyter.
Meinhof, Ulrike Hanna/Reisigl, Martin/Warnke, Ingo H. (Hgg.) (2013): *Diskurslinguistik im Spannungsfeld von Deskription und Kritik.* Berlin: Akademie.
Melchers, Carl (2018): „Die Berechenbarkeit der Zukunft. Wo Samuel Huntington mit seiner These vom ‚Clash of Civilizations' irrte und was Linke trotzdem aus ihr lernen können". In: *Jungle World*, 2018/33, S. 3–5.
Menzel, Ulrich (1996): *Globalisierung versus Fragmentierung.* Frankfurt am Main: Suhrkamp.
Metzinger, Udo (2000): *Die Huntington-Debatte. Die Auseinandersetzung mit Huntingtons „Clash of Civilizations" in der Publizistik.* Köln: SH-Verlag.
Miller, Seumas (2002): „Against Collective Agency". In: Meggle, Georg (Hg.) (2002): *Social Facts and Collective Intentionality.* Frankfurt am Main: Hänsel-Hohenhausen, Deutsche Bibliothek der Wissenschaften, S. 273–298.
Moebius, Stephan/Quadflieg, Dirk (Hgg.) (2011): *Kultur. Theorien der Gegenwart.* Wiesbaden: VS Springer.
Moïsi, Dominique (2009): *Kampf der Emotionen. Wie Kulturen der Angst, Demütigung und Hoffnung die Weltpolitik bestimmen.* München: Deutsche Verlagsanstalt. [englischer Originaltitel: „The Geopolitics of Emotion"]
Mokre, Monika (Hg.) (2000): *Imaginierte Kulturen – reale Kämpfe. Annotationen zu Huntingtons „Kampf der Kulturen".* Baden-Baden: Nomos.
Mühlhäusler, Peter/Harré, Rom (1990): *Pronouns and people. The linguistic construction of social and personal identity.* Oxford: Basil Blackwell.
Müller, Albrecht (2014): „Modisch agitatorische Propagandaformel". In: Bröning, Michael/Hillebrand, Ernst (Hgg.): *Samuel P. Huntington revisited. Eine Debatte.* IPG-Journal 2014/2, S. 25–26.
Müller, Gerd (2014): *Das Wahlplakat. Pragmatische Untersuchungen zur Sprache in der Politik am Beispiel von Wahlplakaten.* Tübingen: Niemeyer.
Müller, Harald (1998): *Das Zusammenleben der Kulturen. Ein Gegenentwurf zu Huntington.* Frankfurt am Main: Fischer.
Müller, Jost (1995): *Mythen der Rechten. Nation, Ethnie, Kultur.* Berlin: ID Verlag, Edition ID-Archiv.
Niethammer, Lutz (2000): *Kollektive Identität. Heimliche Quellen einer unheimlichen Konjunktur.* Reinbek: Rowohlt.
Nirenberg, David (2013): *Anti-Judaism. The Western Tradition.* New York City: Norton.
Nunberg, Geoffrey (1993): „Indexicality and Deixis". In: *Linguistics and Philosophy*, 16/1, S. 1–43.
Ostendorf, Berndt (2011): „Samuel Huntington. From Creed to Culture". In: Moebius, Stephan/Quadflieg, Dirk (Hgg.): *Kultur. Theorien der Gegenwart.* Wiesbaden: VS Springer, S. 92–105.
Paech, Norman (1994): „Krieg der Zivilisationen oder dritte Dekolonisation?" In: *Blätter für deutsche und internationale Politik*, 94/3, S. 310–321.
Patterson, Thomas (1997): *Inventing Western Civilization.* New York: Cornerstone.
Paul, Jobst (2018): *Der binäre Code. Leitfaden zur Analyse herabsetzender Texte und Aussagen.* Frankfurt am Main: Wochenschau.
Pavlidou, Theodossia-Soula (Hg.) (2014): *Constructing Collectivity. ‚We' across languages and contexts.* Amsterdam: John Benjamins.

Peters, Stephan (2014): „Schein-Evidenz als persuasive Strategie in der Berichterstattung zum 10. Jahrestag von 9/11". In: Schwarz-Friesel, Monika/Kromminga, Jan-Henning (Hgg.): *Metaphern der Gewalt. Konzeptualisierungen von Terrorismus in den Medien vor und nach 9/11*. Tübingen: Narr Francke Attempto, S. 173–196.
Pittner, Karin/Berman, Judith (2015): *Deutsche Syntax. Ein Arbeitsbuch*. Tübingen: Narr.
Plamper, Jan (2019): *Das neue Wir. Warum Migration dazugehört*. Frankfurt am Main: S. Fischer.
Reckwitz, Andreas (2017): *Die Gesellschaft der Singularitäten. Zum Strukturwandel der Moderne*. Frankfurt am Main: Suhrkamp.
Reisigl, Martin (2002): „Anmerkungen zu einer Tropologie des Historischen und Politischen". In: Panagl, Oswald/Stürmer, Horst (Hgg.): *Politische Konzepte und verbale Strategien. Brisante Wörter, Begriffsfelder, Sprachbilder*. Frankfurt am Main: Peter Lang, S. 185–220.
Reisigl, Martin (2006): „Rhetorical Tropes in Political Discourse". In: Brown, Keith (Hg.): *Encyclopedia of Language & Linguistics*. Oxford: Elsevier, S. 597–604.
Reisigl, Martin (2012): Lemma: „Feindbild". In: Ueding, Gerd (Hg.): *Historisches Wörterbuch der Rhetorik*, Band 10. Berlin: de Gruyter, S. 291–304.
Reisigl, Martin (2014): „Argumentation Analysis and the Discourse-Historical Approach. A Methodological Framework". In: Hart, Christopher/Cap, Piotr (Hgg.): *Contemporary Critical Discourse Studies*. London: Bloomsbury, S. 67–96.
Reisigl, Martin (2016): „Persuasive Tropen. Zur argumentativen Funktion semantischer Figuren". In: Germanistik in der Schweiz, 2016/13, S. 37–53.
Reisigl, Martin/Warnke, Ingo H. (2013): „Diskurslinguistik im Spannungsfeld von Deskription, Präskription und Kritik. Eine Einleitung". In: Meinhof, Ulrike Hanna/Reisigl, Martin/Warnke, Ingo H. (Hgg.): *Diskurslinguistik im Spannungsfeld von Deskription und Kritik*. Berlin: Akademie, S. 7–35.
Reisigl, Martin/Wodak, Ruth (2009): „The Discourse-Historical Approach". In: Wodak, Ruth/Meyer, Michael (Hgg.): *Methods of Critical Discourse Analysis*. London: Sage, S. 87–121.
Said, Edward (1979): *Orientalismus*. Frankfurt am Main: S. Fischer.
Said, Edward (2001): „The Clash of Ignorance. Labels like ‚Islam' and ‚the West' serve only to confuse us about a disorderly reality". In: *The Nation*, 273/12, S. 11–13.
Salzborn, Samuel/Stich, Torben (2013): „‚Clash of Civilizations' oder ‚Kampf der Kulturen'? Annäherungen an Samuel P. Huntingtons staats- und ordnungspolitisches Denken". In: Bergbauer, Harald (Hg.): *Kulturtheoretiker denken den Staat. Der Staat im Werk ausgewählter Kulturdenker des 20. Jahrhunderts*. Baden-Baden: Nomos, S. 167–185.
Salzborn, Samuel/Stich, Torben (2016): „Samuel P. Huntington. The Clash of Civilizations and the Remaking of World Order". In: Salzborn, Samuel (Hg.): *Klassiker der Sozialwissenschaften*. Wiesbaden: VS Springer, S. 401–404.
Schmid, Hans Bernhard/Schweikard, David P. (Hg.) (2009): *Kollektive Intentionalität. Eine Debatte über die Grundzüge des Sozialen*. Frankfurt am Main: Suhrkamp.
Schmidt-Brücken, Daniel (2016): *Diskurs. Literaturhinweise zur Linguistik, Band 3*. Heidelberg: Winter.
Schobert, Alfred/Jäger, Siegfried (Hgg.) (2005): *Mythos Identität. Fiktion mit Folgen*. Münster: Unrast.
Schröter, Melanie/Carius, Björn (2009): *Vom politischen Gebrauch der Sprache. Wort, Text, Diskurs*. Frankfurt am Main: Peter Lang.
Schwarz, Monika (2008): *Einführung in die Kognitive Linguistik*. Tübingen: Francke.

Schwarz-Friesel, Monika (2013): *Sprache und Emotion*. Tübingen: Francke.
Schwarz-Friesel, Monika (2014a): „Metaphern der Gewalt. Konzeptualisierungen von Terrorismus in den Medien vor und nach 9/11". In: Schwarz-Friesel, Monika/Kromminga, Jan-Henning (Hgg.): *Metaphern der Gewalt. Konzeptualisierungen von Terrorismus in den Medien vor und nach 9/11*. Tübingen: Narr Francke Attempto, S. 7–24.
Schwarz-Friesel, Monika (2014b): „,Hydra, Krake, Krebsgeschwür, Sumpf, Killer-GmbH, Franchise-Unternehmen und Nebelwolke'. Perspektivierung und Evaluierung von islamistischem Terrorismus durch Metaphern im deutschen Pressediskurs nach 9/11". In: Schwarz-Friesel, Monika/Kromminga, Jan-Henning (Hgg.): *Metaphern der Gewalt. Konzeptualisierungen von Terrorismus in den Medien vor und nach 9/11*. Tübingen: Narr Francke Attempto, S. 51–74.
Schwarz-Friesel, Monika/Chur, Jeannette (2014): *Semantik. Ein Arbeitsbuch*. Tübingen: Narr.
Schwarz-Friesel, Monika/Consten, Manfred (2014): *Einführung in die Textlinguistik*. Darmstadt: Wissenschaftliche Buchgesellschaft.
Schwarz-Friesel, Monika/Kromminga, Jan-Henning (2013): „9/11 als globale Katastrophe. Die sprachlich-kognitive Verarbeitung des 11. September 2001 in der Berichterstattung deutscher Medien. Eine Analyse im Rahmen der kritischen Kognitionslinguistik". In: *Sprachtheorie und germanistische Linguistik. Eine internationale Zeitschrift*, 23/1, S. 1–22.
Schwarz-Friesel, Monika/Kromminga, Jan-Henning (Hgg.) (2014): *Metaphern der Gewalt. Konzeptualisierungen von Terrorismus in den Medien vor und nach 9/11*. Tübingen: Narr Francke Attempto.
Schweikard, David P. (2011): *Der Mythos des Singulären. Eine Untersuchung der Struktur kollektiven Handelns*. Paderborn: Mentis.
Searle, John (1995): *The Construction of Social Reality*. New York: Free Press.
Seiler Brylla, Charlotta (2016): „Wir sind die Alternative! Protestdiskurs in den Gründungskonzepten der grünen Parteien in Schweden und Deutschland". In: Kämper, Heidrun/Warnke, Ingo H./Schmidt-Brücken, Daniel (Hgg.): *Textuelle Historizität*. Berlin: de Gruyter. S. 225–246.
Sen, Amartya (2007): *Die Identitätsfalle. Warum es keinen Kampf der Kulturen gibt*. München: C.H. Beck. [englischer Originaltitel: „Identity and Violence. The Illusion of Destiny"]
Senghaas, Dieter (1997): „Die fixe Idee vom Kampf der Kulturen". In: *Blätter für deutsche und internationale Politik*. 97/2, S. 215–221.
Skirl, Helge/Schwarz-Friesel, Monika (2007): *Metapher*. Heidelberg: Winter.
Soanes, Catherine/Stevenson, Angus (2005): Lemma: „clash". In: Soanes, Catherine/Stevenson, Angus (Hgg.): *Oxford Dictionary of English, Second Edition revised*. Oxford: Oxford University Press, S. 318.
Spencer, Alexander (2014): „Bilder der Gewalt. 9/11 in der Boulevardpresse". In: Schwarz-Friesel, Monika/Kromminga, Jan-Henning (Hgg.): *Metaphern der Gewalt. Konzeptualisierungen von Terrorismus in den Medien vor und nach 9/11*. Tübingen: Narr Francke Attempto, S. 111–128.
Spengler, Oswald (1918): *Der Untergang des Abendlandes. Umrisse einer Morphologie der Weltgeschichte*. Wien: Verlag Braumüller.
Spitzmüller, Jürgen (2017): „,Kultur' und ,das Kulturelle'. Zur Reflexivität eines begehrten Begriffs. In: *Zeitschrift für Angewandte Linguistik*, 2017/67, S. 3–23.
Spitzmüller, Jürgen/Warnke, Ingo H. (2011): *Diskurslinguistik. Eine Einführung in Theorien und Methoden der transtextuellen Sprachanalyse*. Berlin: de Gruyter.

Spivak, Gayatri Chakravorthy (1987): *In Other Worlds. Essays in Cultural Politics*. London: Routledge.
Stahl, Bernhard (2014): „Stammtisch: Hui, Hochschule: Pfui". In: Bröning, Michael/Hillebrand, Ernst (Hgg.): *Samuel P. Huntington revisited. Eine Debatte*. IPG-Journal 2014/2, S. 34–35.
Streck, Bernhard (2000): Lemma: „Wir-Gruppe". In: Streck, Bernhard (Hg.): *Wörterbuch der Ethnologie*. Wuppertal: Peter Hammer, S. 299–302.
Tajfel, Henri (1974): „Social identity and intergroup behaviour". In: *Social Science Information*, 1974/13, S. 65–93.
Tajfel, Henri (1981): *Human Groups and Social Categories*. Cambridge: Cambridge University Press.
Taylor, Charles (1989): *Sources of the Self. The Making of Modern Identity*. Cambridge MA: Harvard University Press.
Terkessidis, Mark (1995): *Kulturkampf. Volk, Nation, der Westen und die Neue Rechte*. Köln: Kiepenheuer & Witsch.
Tibi, Bassam (1998): *Krieg der Zivilisationen. Politik und Religion zwischen Vernunft und Fundamentalismus*. München: Heyne.
Todorov, Tzvetan (2010): *Die Angst vor den Barbaren. Kulturelle Vielfalt versus Kampf der Kulturen*. Hamburg: Hamburger Edition. [französischer Originaltitel: „La peur des barbares. Au-déla du choc des civilisations"]
Tomasello, Michael (2010): *Warum wir kooperieren*. Frankfurt am Main: Suhrkamp.
Tomasello, Michael (2016): *Eine Naturgeschichte der menschlichen Moral*. Frankfurt am Main: Suhrkamp.
Tomasello, Michael (2019): „Die Geburt des ‚Wir'". In: *Spektrum der Wissenschaft*, 2019/5, S. 34–39.
Tuomela, Raimo (1995): *The Importance of Us. A Philosophical Study of Basic Social Notions*. Stanford: Stanford University Press.
Tuomela, Raimo (2002): „Joint Intention and Commitment". In: Meggle, Georg (Hg.) (2002): *Social Facts and Collective Intentionality*. Frankfurt am Main: Hänsel-Hohenhausen, Deutsche Bibliothek der Wissenschaften, S. 385–418.
van Dijk, Teun (2001): „Critical Discourse Analysis". In: Schiffrin, Deborah/Tannen, Deborah/Hamilton, Heidi E. (Hgg.): *The Handbook of Discourse Analysis*. Malden: Blackwell, S. 352–371.
Vater, Heinz (2005): *Referenz-Linguistik*. Paderborn: Fink UTB.
Volmert, Johannes (1989): *Politikerrede als kommunikatives Handlungsspiel. Ein integriertes Modell zur semantisch-pragmatischen Beschreibung öffentlicher Rede*. München: Fink.
von Polenz, Peter (2008): *Deutsche Satzsemantik. Grundbegriffe des Zwischen-den-Zeilen-Lesens*. Berlin: de Gruyter.
von Scheve, Christian (2009): *Emotionen und soziale Strukturen. Die affektiven Grundlagen sozialer Ordnung*. Frankfurt am Main: Campus.
Warnke, Ingo H. (Hg.) (2018): *Handbuch Diskurs*. Berlin: de Gruyter.
Warnke, Ingo H./Spitzmüller, Jürgen (Hgg.) (2008): *Methoden der Diskurslinguistik. Sprachwissenschaftliche Zugänge zur transtextuellen Ebene*. Berlin: de Gruyter.
Weidner, Stefan (2018): *Jenseits des Westens. Für ein neues kosmopolitisches Denken*. München: Hanser.
Weller, Christoph (2004): „Die Aktualisierung kollektiver Identitäten bei der Deutung der Terroranschläge am 11. September 2001". In: Jäger, Siegfried/Januschek, Franz (Hgg.): *Gefühlte Geschichte und Kämpfe um Identität*. Münster: Unrast, S. 221–237.

Winkler, Heinrich August (2000): *Der lange Weg nach Westen*. München: C.H. Beck.
Winkler, Heinrich August (2016a): *Geschichte des Westens, Band 1, Von den Anfängen in der Antike bis zum 20. Jahrhundert*. München: C.H. Beck.
Winkler, Heinrich August (2016b): *Geschichte des Westens, Band 2, Die Zeit der Weltkriege 1914–1945*. München: C.H. Beck.
Winkler, Heinrich August (2016c): *Geschichte des Westens, Band 3, Vom Kalten Krieg zum Mauerfall*. München: C.H. Beck.
Winkler, Heinrich August (2016d): *Geschichte des Westens, Band 4, Die Zeit der Gegenwart*. München: C.H. Beck.
Wodak, Ruth/de Cilia, Rudolf/Reisigl, Martin/Liebhart, Karin/Hofstätter, Klaus/Kargl, Maria (1998): *Zur diskursiven Konstruktion nationaler Identität*. Frankfurt am Main: Suhrkamp.
Wodak, Ruth/Meyer, Michael (Hgg.) (2009): *Methods of Critical Discourse Analysis*. London: Sage.
Wolfe, Alan (2004): „Native Son. Samuel Huntington Defends the Homeland". In: *Foreign Affairs*, 83/3. S. 120–125.
Zürn, Michael (2014): „Vereinseitigung zugunsten der Imagination". In: Bröning, Michael/Hillebrand, Ernst (Hgg.): *Samuel P. Huntington revisited. Eine Debatte*. IPG-Journal 2014/2, S. 46–47.

www.ingramcontent.com/pod-product-compliance
Lightning Source LLC
Chambersburg PA
CBHW050517170426
43201CB00013B/1989